全球矿业发展报告 2024

自然资源部中国地质调查局国际矿业研究中心 编

地质出版社

·北 京·

图书在版编目（CIP）数据

全球矿业发展报告．2024：汉英对照 / 自然资源部中国地质调查局国际矿业研究中心编．-- 北京：地质出版社，2024. 10. -- ISBN 978-7-116-14342-5

Ⅰ．F416.1

中国国家版本馆 CIP 数据核字第 2024328EV6 号

QUANQIU KUANGYE FAZHAN BAOGAO 2024

责任编辑：郭玉洁　陈奎莲　王丽丽
责任校对：王　瑛
出版发行：地质出版社
社址邮编：北京市海淀区学院路 31 号，100083
电　　话：（010）66554403（邮购部）；（010）66554318（编辑室）
网　　址：https://www.gph.clmpg.com
传　　真：（010）66554686
印　　刷：北京地大彩印有限公司
开　　本：889mm × 1194mm　1/16
印　　张：18.5
字　　数：340 千字
版　　次：2024 年 10 月北京第 1 版
印　　次：2024 年 10 月北京第 1 次印刷
定　　价：256.00 元
书　　号：ISBN 978-7-116-14342-5

ISBN 978-7-116-14342-5

《全球矿业发展报告 2024》编委会

新周期下的全球矿业

当前，百年变局持续演进，世界经济面临增长困境。各国致力于修复新冠疫情“疤痕”、控制通胀，但现有技术模式释放动能减弱，投资收益下降，发达国家债务高企，地缘政治危机持续诱发区域冲突，全球产业链供应链体系深度调整，推动矿业产业链供应链调整。科技革命和产业变革出现新机遇，全球矿业发展进入新周期。

一、世界经济进入低速增长通道，能源资源产消贸持续增长但结构分化

2023 年以来，世界经济增长动力明显不足，总体处于低速增长通道。地缘政治和金融政策渗入全球制造业格局演变，产业链供应链风险上升。全球通胀高位回落，大宗商品价格回稳，资本市场表现分化。全球能源资源生产、消费和贸易持续增长，供需结构调整。全球化石能源整体供需双升。大宗固体矿产供需分化明显，钢铁供需双降，供应过剩程度增加；铜供给增速高于需求增速，供需缺口大幅缩小；铝供给增速高于需求增速，供过于求。战略性新兴矿产产量快速增长，锂、钴、镍均供过于求，贸易量下降明显。贵金属供需分化明显，黄金需求冲高后回落，供应小幅增长，供大于求；白银供增需降，供需缺口大幅缩小；铂金供需双降，供应过剩程度减小。中国的矿产资源供给和消费显著增长，为全球矿业发展作出新贡献。

二、勘查投入回落，钻探活动减少，但战略性矿产资源储量大幅增加

2023年，全球主要固体矿产勘查投入为127.6亿美元，同比下降1.8%。黄金和铜矿的勘查投入占据主导地位，锂矿的勘查投入快速增长；详查阶段和矿山勘探阶段投入占比较大，草根勘探占比下降；大型矿业公司在全球固体矿产勘查投入中仍占据主导地位。全球固体矿产钻探活动大幅减少，钻探项目数量和钻孔数分别同比减少23.7%和23.5%。其中，贵金属钻探项目数量减少，战略性新兴矿产和大宗固体矿产钻探项目数量增多。固体矿产钻探项目矿种集中度降低，黄金钻探项目数量在固体矿产钻探项目数量中的占比下降，但仍居于主导地位，黄金、白银钻探项目数量占比分别较2022年下降8.3%、1.7%。大宗固体矿产和战略性新兴矿产钻探项目数量呈现上升趋势，分别较2022年上升1.5%、9.1%。2023年，全球能源矿产储量总体小幅上涨，战略性新兴矿产储量大幅增长，部分大宗固体矿产储量小幅调整，贵金属储量涨幅较大。石油、天然气储量分别同比增长0.5%、0.7%，铝土矿储量同比下降3.2%，铁矿石、铜矿储量分别同比增长5.6%、12.4%，锂矿、钴矿和镍矿储量分别同比增长7.1%、32.5%和30.0%，黄金、白银和铂金储量分别同比增长13.5%、10.9%和1.4%。

三、矿产品价格、矿业公司利润总体下行，矿业融资下降但并购快速增加

2023年，全球矿产品价格总体震荡下行。全球经济疲软、银行风险加剧等因素导致能源矿产品价格总体下行，较2022年均价下降超二成；大宗固体矿产价格分化，价格震荡加剧；战略性新兴矿产供强需弱，价格持续下跌，电池级碳酸锂年内价格跌幅超八成。矿业公司股价震荡下行。主要油气公司股价下滑，净利润下降明显；主要固体矿产公司股价先抑后扬，净利润下降超二成，但总体仍保持高位；战略性新兴矿产公司股价大幅下降，净利润同比下降超六成。黄金业务公司净利润和市值持续上涨。全球固体矿业融资有所下降。主要固体矿产融资额度少量减少，大宗固体矿产降幅最大，黄金次之，战略性新兴矿产有所增加，股权融资仍是主要方式。主要固体矿产并购总体回暖但结构分化，贵金属并购火热，大宗固体矿产并购量价齐减，但均聚焦大型项目，战略性新兴矿产并购降温。

四、头部矿业企业总市值相对稳定但结构变化大，矿业产业链竞争加剧

2023 年，全球 50 强矿业公司总市值季度波动在 4% 以内，但全球 50 强矿业公司构成变化较大。铜、金价格的上涨和战略性新兴矿产价格下跌诱发相应矿业企业市值变化。全球矿业资本市场震荡分化，大型矿业企业变动明显。中国矿业公司总数增加 5.9%，主要聚焦于非金属开采公司与煤炭开采公司，总利润下降。战略性新兴矿产供应过剩导致矿业公司产业链资本缩减。全球锂电产业链整体需求放缓，动力电池产能出现结构性过剩，头部锂矿企业追求与下游用户深度绑定。全球氢能项目规模正在持续扩大，但实际部署不及预期，总体发展不平衡。矿业环境、社会和公司治理（ESG）挑战和机遇并存。ESG 政策标准日趋严格，主要经济体加强 ESG 投资监管力度，头部矿业企业将 ESG 标准嵌入企业架构，并融入未来发展战略。矿业企业为响应全球减碳趋势，采取了一系列综合性措施推进减碳。

五、各国围绕产业链竞争持续更新战略性矿产政策，双多边矿产联盟持续增加

全球能源结构转型进程不断加速，关键矿产在未来能源体系中扮演的角色受到高度关注。2023 年，各国政府关注到关键矿产需求快速增加及供应链集中的潜在风险，采取激励和干预措施，通过达成关键矿产政府间战略合作或贸易协议、出台发展关键矿产及供应链的法律法规及政策、推进矿业项目与基础设施协同等方式，促进本国矿产产业链本土化和矿业可持续发展，保障供应链安全。

六、人工智能（AI）找矿探索变革矿产勘查范式，矿业发展新质生产力未来可期

新一轮科技革命和产业变革深入发展，全球各主要经济体持续加大对关键矿产资源开发利用战略布局，矿业开发技术装备成为国际矿业合作博弈中的关键变量，前沿技术领域成为大国竞争的重要战略阵地。全球利用 AI 技术进行矿产勘查方兴未艾。当前，利用 AI 技术找矿总体还在探索阶段，需突破诸多技术难题。全球勘查开发、资源回收利用等技术装备加速发展，呈高效化、智能化、高精度、低碳化等态势。低品位难选矿技术向

绿色化、自动化方向发展。大型化、多力场、自动化与多学科交叉是低品位矿产资源选矿设备研发重点。全球主要经济体持续加大矿产资源回收利用布局，美国、加拿大、欧盟、日本等矿业发达国家和地区持续加大关键矿产资源回收利用投入，大宗固体矿产和新兴矿产回收利用技术专利数量明显增长。

展望未来，全球经济总体进入低速运行通道，制造业增速放缓，矿产资源供应消费虽有所增加，但矿产品价格总体下行，矿业行业利润率下降，地缘政治冲突增加了产业链供应链风险。地缘政治格局演化持续推动全球矿业结构演变，矿业产业链总体黏性较大。矿业市场经济力量展现韧性。资源民族主义持续冲击矿产资源产权方合法权益，降低矿业可持续发展能力。新质生产力赋予矿业高质量发展新动能。卫星遥感、大数据、物联网等先进技术将持续催生 AI 找矿、智能矿山等新产业。数据资产定价将引领全球矿业新基建、矿产资源综合利用水平提升和城市矿产利用，为矿业发展带来新动能。在人类命运共同体理念指引下，矿产原产地产业链延伸不可逆转，制造业大国和基建大国凸显竞争优势，将为全球矿业合作持续贡献产业力量。各国应加强关键矿产领域协作，共同维护产业链供应链稳定畅通，引导推动矿业节约集约和绿色发展，为世界经济增长贡献力量。

本书编委会

2024 年 8 月

目　录

>>> 第一章

矿产资源供需形势

当前，世界经济增长动力明显不足，面临诸多不稳定、不确定、难预料因素，通胀压力有所缓解，债务风险高位累积，贸易投资增长乏力，世界经济总体处于低速增长轨道。全球制造业格局加速转变，产业链供应链体系深度调整。全球通胀高位回落，大宗商品价格回稳，资本市场表现分化。

全球能源资源生产、消费和贸易持续增长，供需结构调整。全球化石能源整体供需处于紧平衡状态，石油供应端结构调整，北美地区[1]成为增产主力，消费领域实现恢复性增长；天然气供需双升，供应结构上“美升俄降”，消费市场回暖；全球煤炭消费量和产量双双创下历史新高，预计未来煤炭供需将有所回调。大宗固体矿产供需分化明显，钢铁供需双降；铜、铝供给增速超过需求增速，供需格局逆转。战略性新兴矿产产量快速增长，均表现为供过于求，贸易量下降明显。锂矿供需均大幅提升，转向供应严重过剩；钴和镍供给增长超过需求，钴延续了供应过剩现象，镍转为供应过剩。贵金属供需分化明显，黄金、白银需求冲高后回落，铂金供需双降，贸易总体下降。农用矿产供需双降，均处于过剩阶段，钾盐贸易增长，磷矿贸易减少。

2023 年，中国的矿产资源供给和消费显著增长，为全球矿业发展作出新贡献。能源矿产产量、进口量、消费量均有不同程度增长，煤炭产消占比居于首位，油气产消占比排名靠前。大宗固体矿产中，铜、铝产消稳定增长；铁、铜、铝产消均居于全球首位，且占比超 50%。战略性新兴矿产中，锂、钴和镍产量均大幅增长，消费量和进口量出现分

[1] 本书中，北美地区指美国、加拿大、墨西哥三国。

化。贵金属产消均有不同程度回升，黄金进口量大幅减少。农用矿产钾、磷进口量陡增，消费量稳步增长，而产量出现分化。

一、全球经济增长放缓背景下产业链供应链深度调整

（一）全球经济增长放缓，面临多方面下行压力

一是全球经济增长持续放缓，总体进入低速增长轨道。

全球经济增长动力明显不足，面临诸多不稳定、不确定、难预料因素。2023 年是新冠疫情后的全面重启之年，全球就业形势有所改善，通胀压力有所缓解，但债务风险高位累积，贸易投资增长乏力，美欧维持高利率政策导致货币贬值和流动性降低等问题仍然存在，世界经济总体处于下行通道。展望 2024 年，大选周期扰动，美联储降息预期，全球经济需求弱化，债务压力不减，世界经济仍将处于重塑增长动力的阶段。据国际货币基金组织（IMF）2024 年 4 月发布的《世界经济展望》报告数据，2023 年全球经济增速为 3.2%，较 2022 年下降了 0.3 个百分点（图 1-1；表 1-1），明显低于疫情前（2010—2020 年期间）的 3.7% 及 2000—2008 年期间的 4.4%。

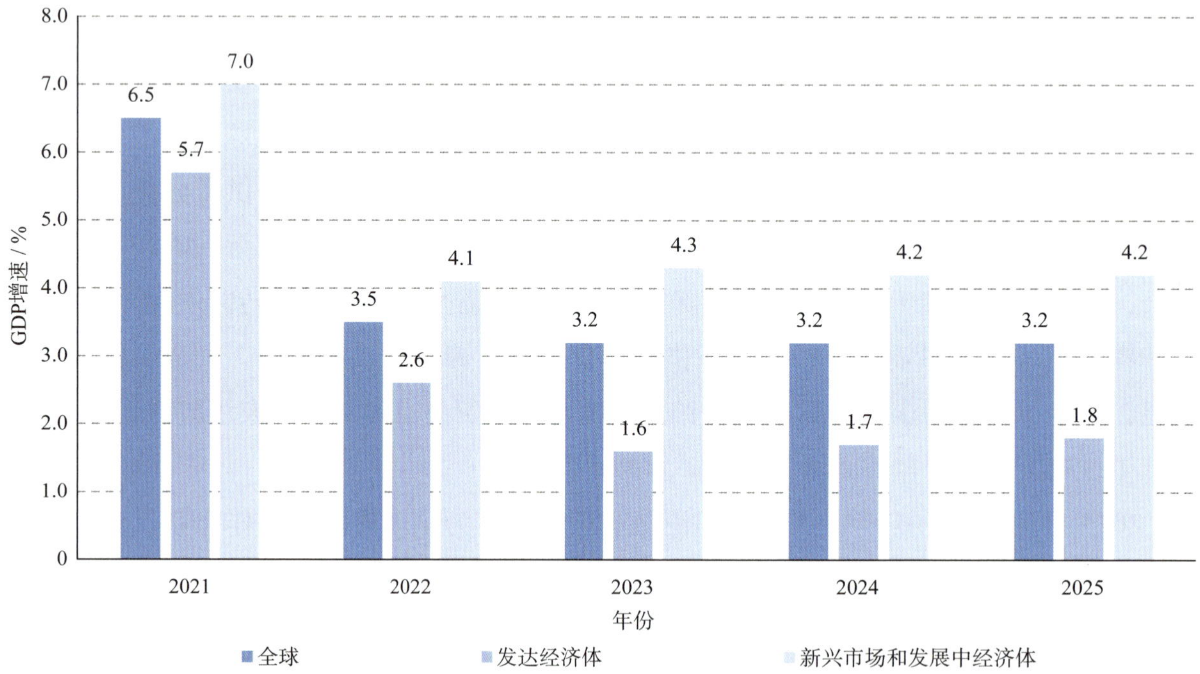

图 1-1　全球主要经济体 2021—2023 年 GDP 增速及 2024—2025 年 GDP 增速预测

数据来源：IMF

表 1-1 全球主要经济体 2021—2023 年 GDP 增速及 2024—2025 年 GDP 增速预测

主要经济体	增速 / %				
	2021 年	2022 年	2023 年	2024 年	2025 年
全球	6.5	3.5	3.2	3.2	3.2
发达经济体	5.7	2.6	1.6	1.7	1.8
美国	5.8	1.9	2.5	2.7	1.9
欧元区	6.1	3.6	0.6	1.1	1.8
德国	3.2	1.8	−0.3	0.2	1.3
法国	6.3	2.5	0.9	0.7	1.4
意大利	8.3	4.0	0.9	0.7	0.7
西班牙	6.4	5.8	2.5	1.9	2.1
日本	2.6	1.0	1.9	0.9	1.0
英国	8.7	4.3	0.1	0.5	1.5
加拿大	5.3	3.8	1.1	1.2	2.3
新兴市场和发展中经济体	7.0	4.1	4.3	4.2	4.2
中国	8.5	3.0	5.2	4.6	4.1
印度	9.7	7.0	7.8	6.8	6.5
俄罗斯	6.0	−1.2	3.6	3.2	1.8
巴西	4.8	3.0	2.9	2.2	2.1
墨西哥	5.7	3.9	3.2	2.4	1.4
沙特阿拉伯	5.1	7.5	-0.8	2.6	6.0
尼日利亚	3.6	3.3	2.9	3.3	3.0
南非	4.7	1.9	0.6	0.9	1.2
其他国家和地区	—	—	—	—	—
东盟五国	4.1	5.5	4.1	4.5	4.6
中东和中亚	4.5	5.3	2.0	2.8	4.2
G7 国家	5.5	2.2	1.7	1.7	1.6
撒哈拉以南非洲地区	4.7	4.0	3.4	3.8	4.0

数据来源：IMF。

全球经济依旧呈现“双速增长”的发展格局，发达经济体增速普遍下降，新兴市场和发展中经济体发挥动力作用。2008 年金融危机以来，全球发达经济体与新兴市场和发展中经济体的 GDP 增速差距持续减小，目前保持在 2 个百分点左右。发达经济体 2023 年 GDP 增速为 1.6%，较 2022 年降低 1 个百分点，预计 2024 年 GDP 增速为 1.7%，进入低增长阶段；新兴市场和发展中经济体 2023 年 GDP 增速为 4.3%，较 2022 年提高 0.2 个百分点，预计 2024 年 GDP 增速为 4.2%，为全球经济复苏和发展提供持续动力（见图 1–1；表 1–1）。中国依然是世界经济最大的增长引擎。据中华人民共和国国家统计局（以下简称国家统计局）数据，2023 年，中国 GDP 超过 126 万亿元，按不变价格计算，比上年增长 5.2%，对世界经济增长贡献率为 32%；人均 GDP 为 8.94 万元，折合 1.27 万美元，超过世界平均水平。

二是地缘政治冲突延宕叠加“超级大选年”，世界经济不稳定性和不确定性加剧。

当前，俄乌冲突延宕、巴以冲突持续发酵及难以遏制的扩散性效应，使得全球地缘政治格局出现危机态势。英国经济与和平研究所发布的 2023 年全球和平指数显示，全球和平水平已经连续 9 年下降。俄乌冲突和新一轮巴以冲突加剧全球地缘政治紧张局势，对相关国家政治、经济和社会造成深远影响，加剧了全球安全危机和安全困境；同时，冲突导致全球贸易网络中关键链路物流受影响或中断，影响全球产业链、供应链稳定，世界经济复苏和通胀水平短期内难以摆脱冲突影响（表 1–2）。地缘政治形势紧张和可能继续扩大的军事冲突危险正在使全球地缘政治冲突与对抗结构化、整体化和长期化，将对世界经济产生长期持续压力。

表 1–2　部分国家或经济体 2022—2023 年 GDP 增速及 2024—2025 年 GDP 增速预测

国家或经济体	增速 / %			
	2022 年	2023 年	2024 年	2025 年
欧元区	3.6	0.6	1.1	1.8
德国	1.8	−0.3	0.2	1.3
法国	2.5	0.9	0.7	1.4
意大利	4.0	0.9	0.7	0.7
英国	4.3	0.1	0.5	1.5
俄罗斯	−1.2	3.6	3.2	1.8
乌克兰	−29.1	5.0	3.2	6.5
白俄罗斯	−4.7	3.9	2.4	1.1

数据来源：IMF。

2024 年，全球迎来历史上最大规模的选举年。据统计，全球五大洲将有 76 个国家和地区举行选举，既包括美国、俄罗斯和欧盟等国际政治重要“角色”，也涵盖日本、印度尼西亚、印度等多个中国周边重要国家，覆盖近 42 亿人口，世界经济发展面临巨大不确定性。选举既对本国政治和经济造成考验，也将会极大影响国际政治格局走向。

三是美联储加息并维持高利率的“溢出效应”，引发大规模货币贬值和国际市场动荡，持续抑制经济增长。

2023 年，在抗通胀取得进展、金融环境收紧导致经济增速放缓的背景下，全球央行放缓加息步伐，但加息仍是货币政策的主基调。据路透社数据，2023 年，监管全球 10 种交易最活跃货币的央行共加息 38 次，累计加息幅度为 1200 个基点，少于 2022 年的 54 次加息和 2700 个基点；新兴市场和发展中经济体央行累计加息 5075 个基点，少于 2022 年的 7425 个基点。美联储激进加息导致全球美元流动性快速收紧，多种货币大幅贬值，以美元计价借贷的国家清偿债务压力骤增。美元加息导致国际融资成本提高，美元负债国还本付息负担增加，对其他经济体的经济复苏和增长造成极大负面影响。多种非美元货币经历了多轮大幅贬值，尤以亚洲货币受冲击最严重，如日元、印度卢比、印度尼西亚卢比、马来西亚林吉特、越南盾、菲律宾比索等均持续下行，人民币兑美元汇率 2024 年初至 7 月下降了 2.0%。

四是全球债务高位增长，对经济复苏和产业发展造成严重冲击。

据国际金融协会数据，2023 年全球债务总额为 313 万亿美元，较 2022 年增加超 15 万亿美元（图 1–2），再创历史新高，其中，政府债务已接近 90 万亿美元，近四年来增速最快，全球债务总额占 GDP 总量的比例为 298.7%，同比增加 2.7 个百分点。在经济增长乏力情况下，新兴市场和发展中经济体财政赤字持续扩大。部分新兴市场和发展中经济体增长乏力，偿债付息压力加大，主权国家评级屡遭下调，加剧了融资紧张，财政赤字进一步扩大。截至 2023 年，全球 31 个新兴市场和发展中经济体的政府、居民和企业债务总额高达 104.6 万亿美元，这一数据相当于这些国家 GDP 总和的 255%，创下了历史新

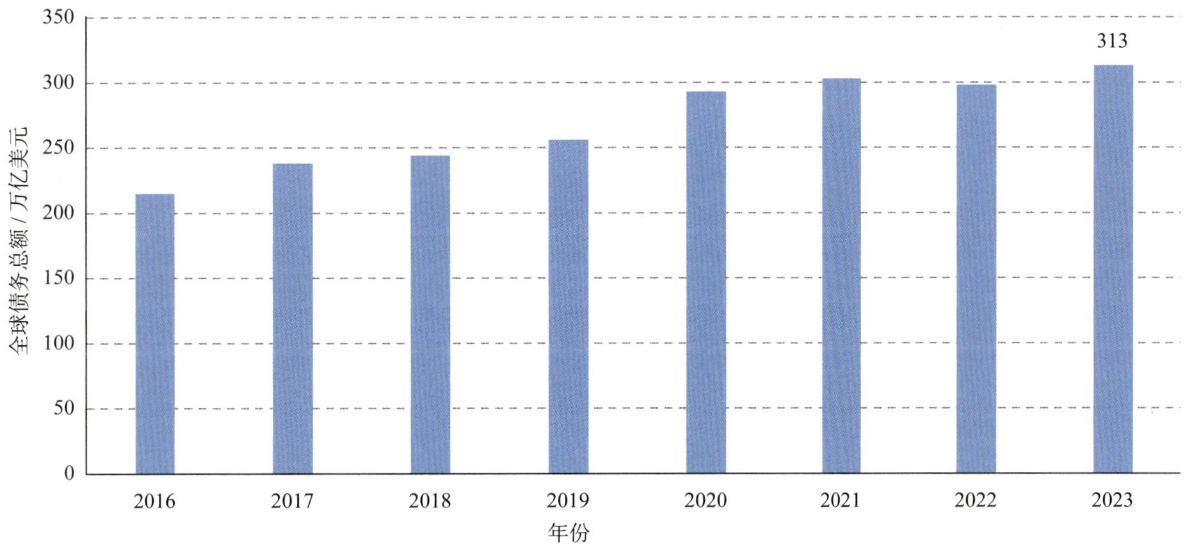

图 1–2 2016—2023 年全球债务总额

数据来源：国际金融协会

高。其中，巴西、印度、阿根廷等国家的债务增幅较大。2024 年第一季度，全球债务总额上升至 315 万亿美元，第二个季度保持增长，其中，新兴市场和发展中经济体债务升至 105 万亿美元，较 10 年前累计增加 55 万亿美元，是本轮债务增长的主要推动力。

（二）全球制造业格局加速转变，产业链供应链调整

一是全球制造业高度中心化，中国持续推进制造业转型升级。

2023 年，全球制造业增加值为 16.18 万亿美元，同比增长 0.9%，占比排名前五的国家分别为中国（28.8%）、美国（17.3%）、日本（5.3%）、德国（5.2%）和印度（2.8%），合计占比 59.4%。其中，中国制造业增加值约为 4.66 万亿美元，连续 14 年稳居制造业第一大国的地位，但中国制造业增加值同比减少 3.7%，主要受人民币兑美元汇率下跌影响（图 1-3）。据国家统计局数据，2023 年中国制造业增加值规模达到 32.98 万亿元，同比减少 1.55%，占我国 GDP 总量的 26.2%，同比减少 1.5 个百分点，主要原因在于，房地产建筑行业持续收缩，制造业转型升级持续推进，导致总规模阶段性下降。

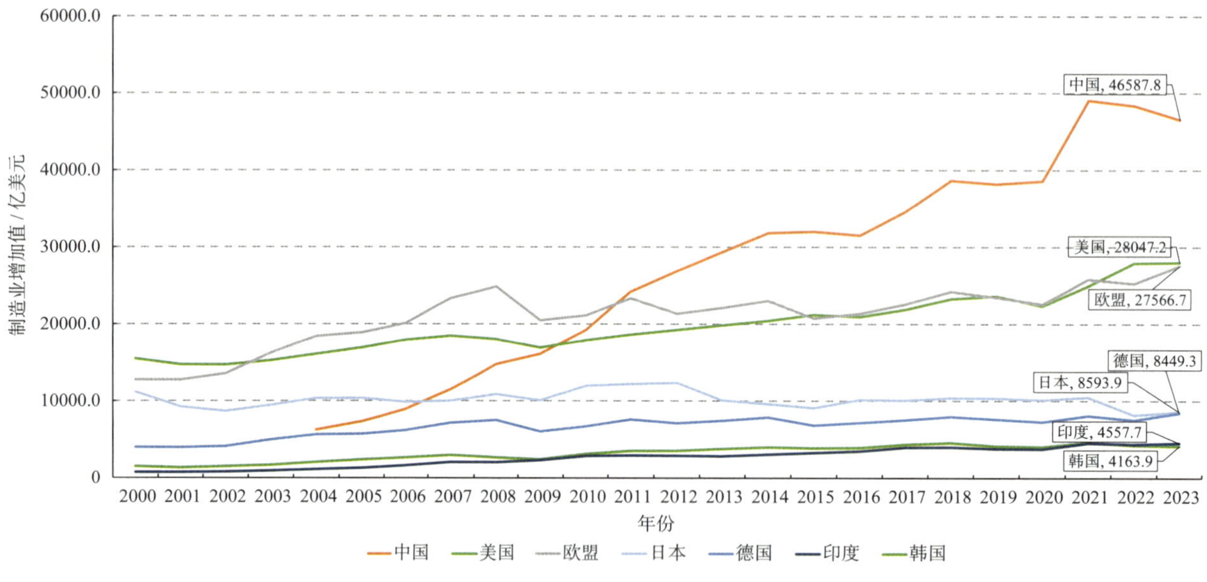

图 1-3　2000—2023 年中国、美国、欧盟、日本、德国、印度、韩国制造业增加值

数据来源：世界银行

二是大国博弈推动全球产业链供应链重新配置，“中间商”国家贸易和投资快速增长。

中美大国博弈持续升级，全球产业链供应链重构加速。当前，全球产业链供应链去全球化趋势尚未显现，但纵向长度明显延长，“中间商”国家贸易显著增长。中国与美国的

直接贸易量显著下降，中国供应商和美国客户之间增加了中间企业，东南亚、墨西哥等成为中美贸易的“中间商”，间接贸易明显增多，中国对东盟、拉丁美洲、俄罗斯、非洲的出口份额显著提升。

三是地缘政治冲突导致全球产业链供应链稳定受到极大损害。

俄乌冲突以来，部分国家在能源、贸易、科技、金融、运输等领域对俄罗斯实施超10000项制裁措施，俄罗斯逐渐被西方国家限制甚至逐出其能源需求市场，改变了全球范围内油气供求的地缘政治结构，提升了石油输出国组织（OPEC）主要成员国等产油国家在石油行业的话语权，同时将减缓全球特别是欧洲国家的能源转型乃至碳中和进程。此外，俄乌冲突造成沿俄罗斯、地中海、里海的物流中断，影响全球供应链的稳定性和通胀水平。巴以冲突以来，红海—苏伊士运河航线中断，为全球产业链供应链稳定和能源价格带来巨大不确定性。红海是通往阿拉伯、以色列、地中海和欧洲的一条重要运输通道，是商船必经之地，新一轮巴以冲突以来，也门封锁红海航线，埃及在苏伊士运河收取高额过路费，多数商船不得不绕道南非好望角，带来额外的运输时间和费用成本。

四是全球供应链呈现区域化、本土化和碎片化趋势。

全球供应链交易环节多，各环节之间错综复杂，一旦遭遇自然灾害、地缘政治冲突等外部冲击，线性化的平衡关系容易被打破。各国纷纷将供应链安全上升为国家战略，推动供应链多元化布局。当前，逆全球化趋势加强，贸易保护主义加剧，地缘政治形势复杂严峻，在产业回流、近岸外包和友岸外包等政策影响下，全球供应链的发展相较前些年呈现出区域化、本土化和碎片化的趋势。

（三）全球通胀水平高位回落，资本市场表现分化

一是全球通胀水平高位回落，发达经济体与发展中经济体通胀初始差异显现，中国通胀维持低位运行。

2023年，在主要发达经济体持续收紧货币政策的背景下，全球通胀的严峻形势大幅缓解。根据IMF数据，2023年，全球全年平均通胀率为6.8%，较2022年回落1.9个百分点；发达经济体通胀率为4.6%，较2022年回落2.7个百分点，其中，美国通胀率为4.1%，欧元区为6.3%，分别回落3.9个和3.0个百分点；新兴市场和发展中经济体通胀率为8.3%，较2022年回落1.5个百分点，其中，中国通胀率为0.2%，较2022年回落1.7个百分点，达2010年以来最低水平（图1–4）。预计2024年全球通胀率将下降至5.9%，

与 2023 年相比降低 0.9 个百分点，其中，发达经济体通胀率预计为 2.6%，新兴市场和发展中经济体预计为 8.3%，中国通胀率预计为 1.0%，同比略有上涨。预计未来几年全球通胀将持续回落，到 2026 年将回到 4.0% 以下的水平（图 1–4）。

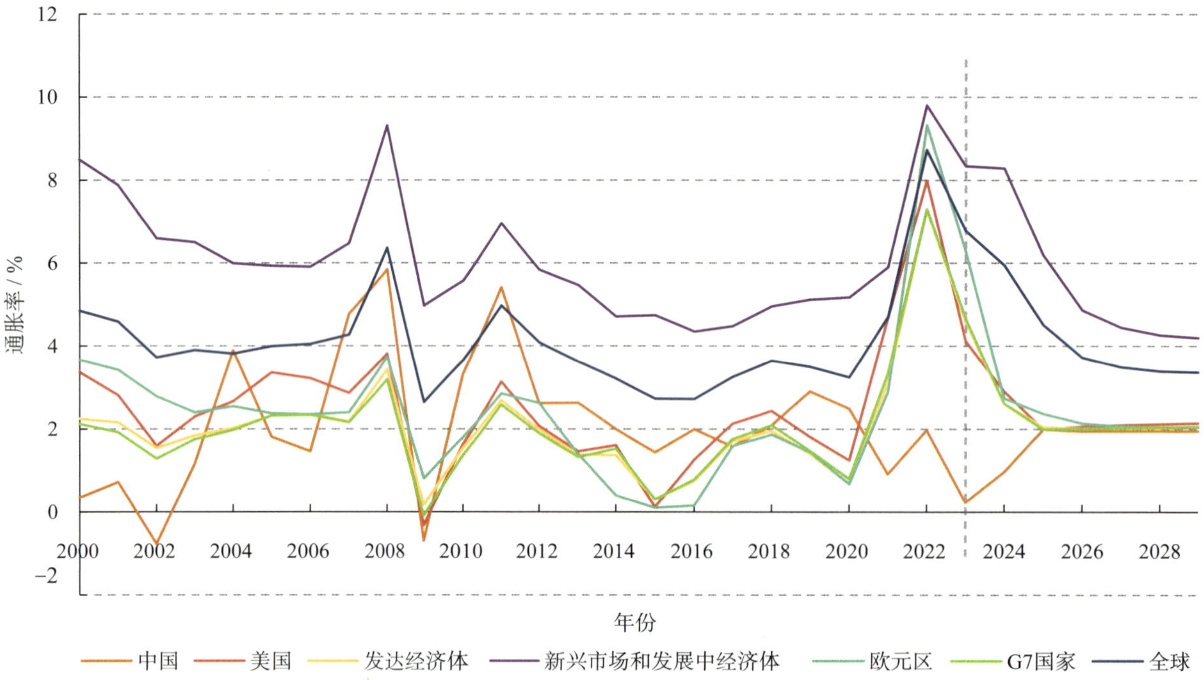

图 1–4　全球主要经济体 2000—2023 年通胀水平及 2024—2029 年通胀预期

数据来源：IMF、世界经济展望数据库

二是地缘政治冲突延宕，不确定性增加，大宗商品价格回稳。

2022 年年中至 2023 年年中，全球大宗商品价格暴跌近 40%，助推 2023 年通胀缓解。IMF 的数据显示，2023 年，全球大宗商品平均价格指数（2016 年 = 100，下同）为 165.65，较 2022 年下降 23.3%，较 2022 年 8 月的高点则下降了 31.5%。其中，2023 年，能源平均价格指数为 189.51，同比下降 36.7%（图 1–5）。自 2023 年年中以来，世界银行大宗商品价格指数基本没有变化。全球增长和大宗商品价格之间正在出现显著背离，其关键原因就是地缘政治局势紧张，不仅对主要大宗商品价格持续带来上行压力，而且增加了价格大幅波动的风险。进入 2024 年，大宗商品市场结束了过去两年的“熊市”，原油、有色金属等主要能源、资源大宗商品价格均有所回升。2024 年上半年，IMF 大宗商品价格指数上涨了 5.0%，其中，能源价格指数上涨 7.1%，非能源价格指数上涨 6.1%，能源中，原油、天然气和煤炭价格指数分别上涨 7.3%、14.1% 和 7.3%（图 1–5）。

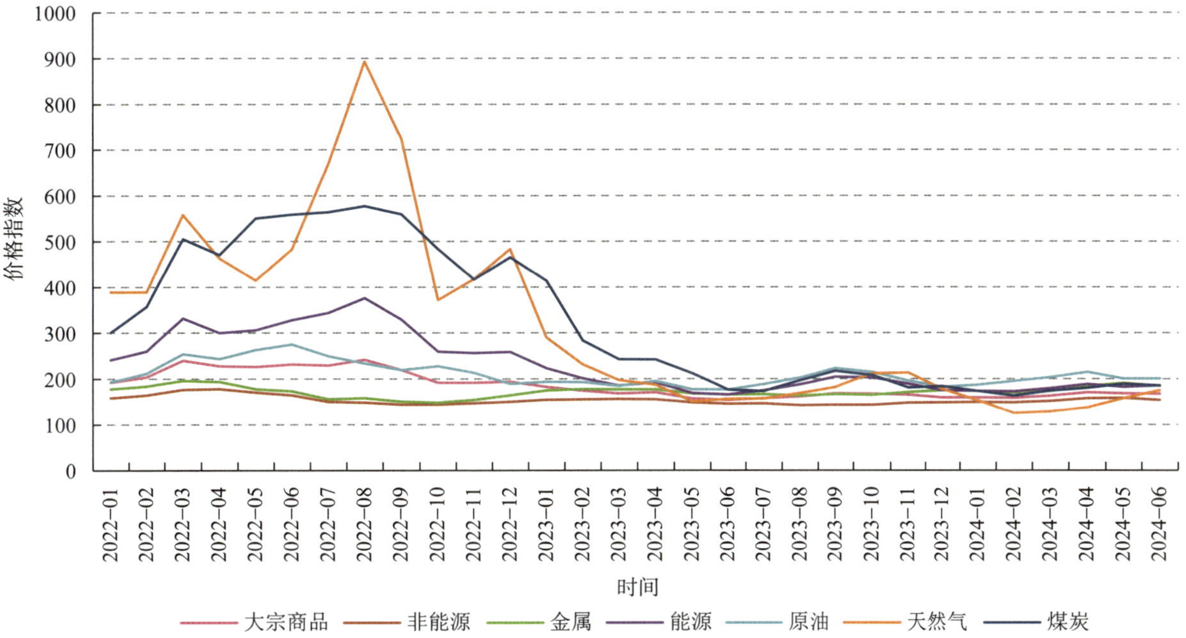

图 1-5　2022 年 1 月至 2024 年 6 月主要大宗商品价格指数

数据来源：IMF、世界经济展望数据库

三是全球资本市场动荡加剧，不同经济体表现分化。

2023 年，全球资本市场股票表现优于债券，发达市场超越新兴市场。全球债券和股票市场总市值增加了近 20 万亿美元，其中，全球股票市值增加 13.3 万亿美元，债券市值增加 6.1 万亿美元。股票市场方面，美国通胀预期降温，提高了市场对经济软着陆的预期，技术突破带动 AI 产业革命浪潮，美联储加息并维持高利率导致全球资金涌向美国，美国股市表现强劲，纳斯达克指数领涨，年涨幅高达 43.4%，在全球主要股指中位列第一，标普 500 全年上涨 24.2%；欧洲央行上调经济复苏预期和通胀预期，释放降息信号，叠加能源价格回稳和优势稀缺资产驱动，欧洲股市大涨，德国、法国、英国等股市均一度创下历史新高，德国 DAX 指数全年上涨 20.31%，法国 CAC40 指数全年上涨 16.5%；国际资本涌入导致日韩股市表现亮眼，日经 225 指数年内涨幅达 28.2%，创 30 年来新高；经济复苏疲软、股票市场供需失衡及美联储加息导致人民币贬值和资金外流，A 股、港股和中概股普遍受挫，表现相对落后，2023 年全年，上证指数累计下跌 3.7%，深证成指下跌 13.5%，沪深 300 指数下跌 11.3%，港股恒生指数下跌 13.8%。债券市场方面，全球主要经济体 10 年期债券收益率涨跌互现，发达经济体中，英美日长端利率先涨后跌，中国、巴西等部分新兴经济体长端利率降幅明显，主要受通货膨胀率及央行加息和降息（预期）影响。2023 年，10 年期美债收益率经历了较大波动，但年末微涨约 2 个基点至约

3.9%；中国 10 年期国债利率下跌 29 个基点至约 2.6%；日本 10 年期国债利率先升后降，全年上升 21 个基点至约 0.6%。

2024 年第一季度，主要股市均为上涨态势，但第二季度全球主要股指出现分化。美国股市出现分化，纳斯达克指数继第一季度上涨 9.1% 后第二季度再上涨 8.3%，道琼斯指数第二季度下跌 1.7%；欧洲股市以下跌为主，其中，法国股市下跌近 9%，全球表现最差；日经 225 指数第一季度上涨幅度超过 20%，第二季度下跌 2%。中国 A 股整体表现不佳，上证指数累计下跌 0.25%，创业板指数下挫约 11%；据万得（Wind）数据，2024 年上半年，A 股总市值蒸发超过 4 万亿元，共有 1900 多只股票跌逾 30%。

二、全球能源资源供需总体增长

（一）能源矿产供需持续紧平衡

1. 石油：生产和消费稳步增长，市场整体维持供需紧平衡

2023 年，全球石油产量同比增长 1.8%，北美地区为增产主力。全球石油供应端结构性调整，OPEC+ 国家普遍减产，美国填补供应缺口，全球石油总产量为 101.9 百万桶[1]/天。沙特阿拉伯和俄罗斯的供应削减计划使 OPEC+ 国家石油产量下降至 51.8 百万桶/天，同比下降 0.8%；美国油井产能提高使非 OPEC+ 国家石油产量提升至 50.1 百万桶/天，同比增长 4.6%。2024 年，全球石油产量预计增长 1.3% 至 103.2 百万桶/天。其中，OPEC+ 国家石油产量预计为 51.8 百万桶/天，与 2023 年一致；非 OPEC+ 国家石油产量预计为 51.4 百万桶/天，同比增长 2.6%（表 1–3；图 1–6）。

表 1–3　2020—2023 年全球石油产量及 2024 年产量预测

地区及其他	产量/(百万桶·天$^{-1}$)				
	2020 年	2021 年	2022 年	2023 年	2024 年
非洲	5.0	7.4	7.1	7.2	7.2
北美地区	23.8	24.4	25.7	27.2	27.9
拉丁美洲	5.3	5.9	6.4	7.0	7.6
亚太地区	7.0	7.5	7.4	7.4	7.3
欧洲	3.6	3.5	3.3	3.3	3.2
独联体地区	13.5	13.8	13.9	13.8	13.7

[1] 1 桶 ≈ 159 升。

续表

地区及其他	产量 /（百万桶 · 天$^{-1}$）				
	2020 年	2021 年	2022 年	2023 年	2024 年
中东	30.9	27.9	31.1	30.4	30.5
其他	4.7	5.1	5.2	5.6	5.7
总供给	93.8	95.5	100.1	101.9	103.2

数据来源：国际能源署（IEA）。

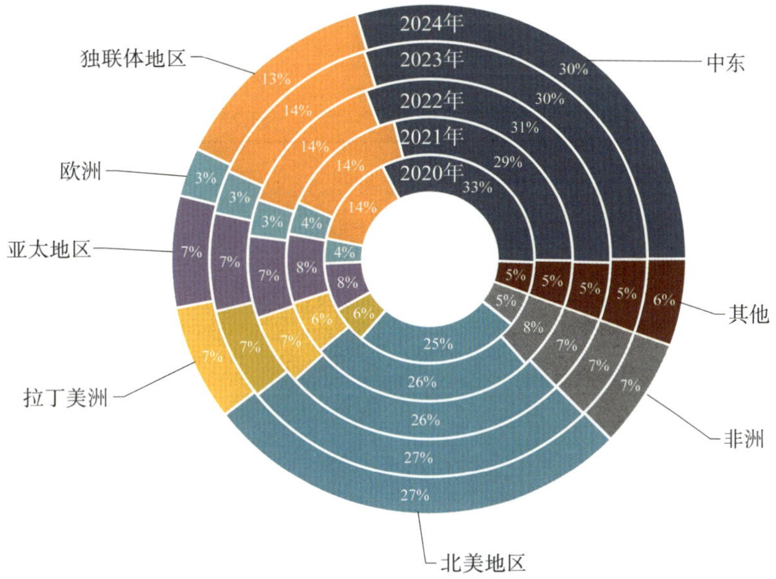

图 1–6 2020—2023 年全球分地区石油产量占比及 2024 年石油产量占比预测

数据来源：IEA

2023 年，工业生产和交通运输等行业开始复苏，全球石油消费实现恢复性增长。全年石油消费为 101.73 百万桶 / 天，同比增长 2.3%。消费增量主要来自亚太地区（增长 2.12 万桶 / 天）。2024 年，全年石油消费总量预计达到 102.79 百万桶 / 天，同比增长 1.0%，增量主要来自中东（增长 10 万桶 / 天）和亚太地区（增长 103 万桶 / 天）（表 1–4；图 1–7）。

表 1–4 2020—2023 年全球石油消费量及 2024 年石油消费量预测

国家、地区和国际组织	消费量 /（百万桶 · 天$^{-1}$）				
	2020 年	2021 年	2022 年	2023 年	2024 年
非洲	3.77	3.99	4.28	4.22	4.34
美洲	27.90	30.25	31.00	31.35	31.26
美国	18.19	19.17	20.20	20.37	20.37
亚太地区	34.09	36.19	36.10	38.22	39.25

续表

国家、地区和国际组织	消费量 /（百万桶・天⁻¹）				
	2020 年	2021 年	2022 年	2023 年	2024 年
中国	13.89	15.16	14.66	16.44	17.16
印度	4.54	4.72	5.28	5.49	5.63
欧洲	13.14	13.90	14.30	14.16	14.09
独联体地区	4.56	4.86	4.95	4.92	4.89
中东	8.07	8.48	8.84	8.86	8.96
全球	91.52	97.67	99.45	101.73	102.79
经济合作与发展组织	42.03	44.83	45.68	45.76	45.50
非经济合作与发展组织	49.49	52.85	53.77	55.97	57.29

数据来源：IEA。

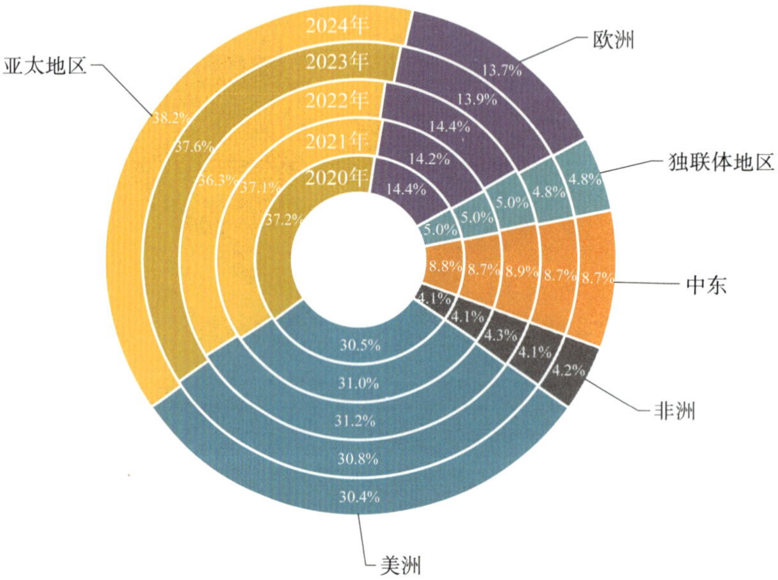

图 1-7　2020—2023 年全球分地区石油消费量占比及 2024 年石油消费量占比预测❶

数据来源：IEA

2023 年，全球石油供需总体维持紧平衡状态，库存小幅下降。2024 年第一季度，全球石油供需转向供不应求。2024 年 2 月，全球石油库存增加至 1.49 百万桶 / 天，主要来自水上浮油（增长量为 2.34 百万桶 / 天）；相较之下，陆上石油库存连续 7 个月下降，其中，2024 年 2 月下降了 0.85 百万桶 / 天；经济合作与发展组织工业、经济合作与发展组织政府、非经济合作与发展组织原油库存产生不同幅度下降，总计下降了 0.93 百万桶 / 天（表 1-5）。

❶ 受进位的影响，各分项之和不一定等于 100%，余同。

表 1-5　2020—2023 年及 2024 年 1—3 月全球分地区石油供需平衡及库存

项目	库存量 /（百万桶 · 天$^{-1}$）						
	2020 年	2021 年	2022 年	2023 年	2024 年 1 月	2024 年 2 月	2024 年 3 月
全球石油供需平衡	2.23	−2.00	0.36	0.16	0.20	−0.66	−0.33
观察到的库存变化							
经济合作与发展组织工业	0.41	−1.06	0.35	−0.01	0.11	−0.26	0.71
经济合作与发展组织政府	0.02	−0.16	−0.74	−0.02	0.11	−0.03	0.09
非经济合作与发展组织原油	0.43	−0.46	0.26	0.02	−0.27	−0.64	0.07
选定的非经济合作与发展组织产品	0.12	−0.02	−0.01	0.03	−0.15	0.08	0.06
水上浮油	0.04	−0.05	0.28	−0.04	−0.82	2.34	—
总计	1.02	−1.74	0.16	−0.02	−1.02	1.49	—
未说明余额	1.21	−0.26	0.21	0.17	1.22	−2.16	—

数据来源：IEA。

2. 天然气：供需双升，各地区供应普遍上升，整体供需紧平衡

全球天然气产量小幅上升，除欧洲、独联体地区和中南美洲地区外，其他地区均呈上升态势。2023 年，全球天然气产量为 41160 亿立方米，同比上升约 0.3%。其中，北美地区、亚太地区、中东天然气产量分别为 12750 亿立方米、6690 亿立方米、7220 亿立方米，分别同比增长 3.5%、1.4%、0.8%。独联体地区天然气产量降幅明显，同比下降 3.8% 至 8320 亿立方米。主要净供给国中，俄罗斯 2023 年天然气产量为 6400 亿立方米，同比下降 4.8%；美国 2023 年天然气产量为 10610 亿立方米，同比增长 3.9%，成为全球增产主力。2024 年，全球天然气产量预计为 42140 亿立方米，同比上升约 2.4%。除北美地区外，其余地区均预计出现不同幅度的增长（表 1-6；图 1-8）。

表 1-6　2020—2023 年全球天然气产量及 2024 年天然气产量预测

国家和地区	天然气产量 / 10 亿立方米				
	2020 年	2021 年	2022 年	2023 年	2024 年
非洲	240	260	251	253	260
北美地区	1145	1183	1232	1275	1250
美国	954	984	1021	1061	1081
中南美洲	150	148	151	149	153
亚太地区	622	648	660	669	683
中国	189	205	216	229	239
欧洲	230	222	230	215	220

续表

国家和地区	天然气产量 / 10 亿立方米				
	2020 年	2021 年	2022 年	2023 年	2024 年
独联体地区	866	961	865	832	855
俄罗斯	692	762	672	640	664
中东	670	692	716	722	745
全球	3922	4112	4105	4116	4214

数据来源：IEA。

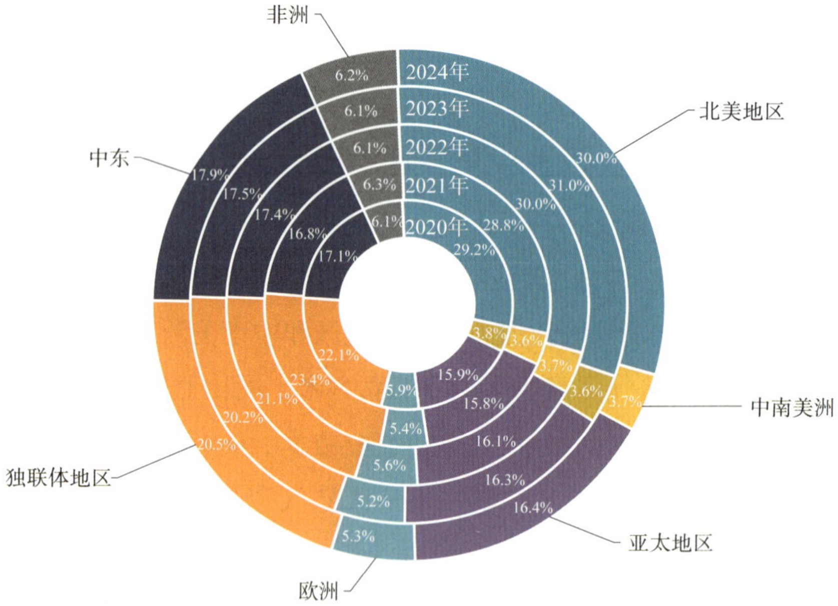

图 1-8　2020—2023 年全球分地区天然气产量占比及 2024 年天然气产量占比预测

数据来源：IEA

2023 年，国际气价回落推升亚洲等地的市场需求，全球天然气消费量缓慢恢复。2023 年，全球天然气消费总量达 40890 亿立方米，同比上升约 0.5%（表 1-7；图 1-9）。

表 1-7　2020—2023 年全球天然气消费量及 2024 年天然气消费量预测

国家和地区	天然气消费量 / 10 亿立方米				
	2020 年	2021 年	2022 年	2023 年	2024 年
非洲	161	169	170	175	180
北美地区	1079	1091	1144	1156	1173
美国	868	874	919	926	939
中南美洲	142	153	150	149	151
亚太地区	834	891	877	901	937

续表

国家和地区	天然气消费量 / 10 亿立方米				
	2020 年	2021 年	2022 年	2023 年	2024 年
中国	325	367	364	391	414
欧洲	576	609	524	488	502
独联体地区	585	649	622	629	641
俄罗斯	461	516	487	493	503
中东	546	562	580	591	605
全球	3924	4124	4067	4089	4190

数据来源：IEA。

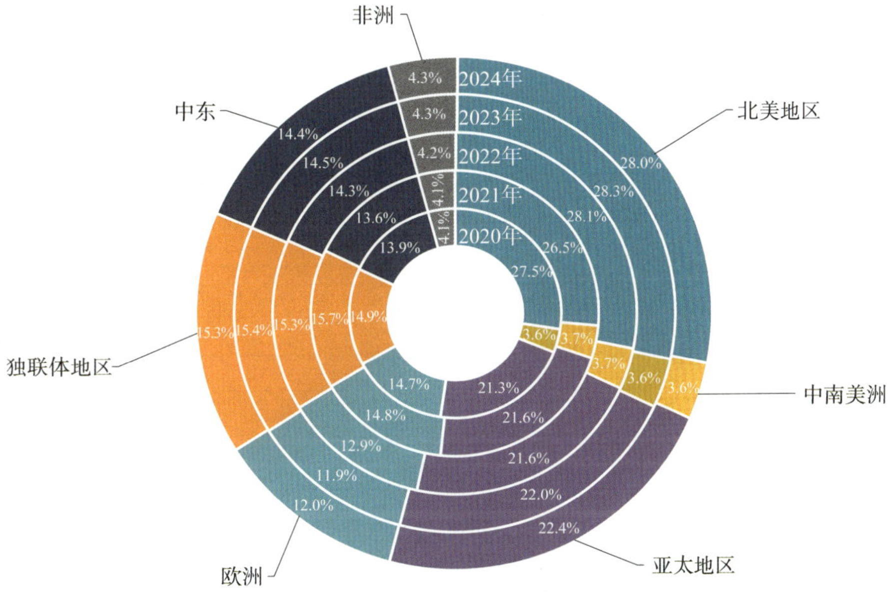

图 1-9　2020—2023 年全球分地区天然气消费量占比及 2024 年天然气消费量占比预测

数据来源：IEA

2023 年，欧洲主要经济体天然气消费量延续 2022 年的下降趋势，下降 6.9% 至 4880 亿立方米；亚太地区、中东和北美地区天然气消费量增幅较大，分别增长了 2.7%、1.9% 和 1.0%。2024 年，全球天然气消费总量预计上升至 41900 亿立方米，同比上升约 2.5%。预计欧洲、亚太地区、非洲和中东天然气消费量会产生较大幅度增长（见表 1-7；图 1-9）。

3. 煤炭：产量和消费量双双创下历史新高，亚太地区成为全球煤炭增产和消费主力

2023 年，全球煤炭产量同比增长 1.8%，达 87.41 亿吨，创下历史新高。产量实现增长的地区有亚太地区、独联体地区和中南美洲，2023 年产量分别为 68.42 亿吨、6.06 亿吨和 0.68 亿吨，分别同比增长 3.9%、3.6% 和 11.5%。北美地区和欧洲煤炭产量分别为 5.39 亿吨和 4.34 亿吨，分别同比下降 9.0% 和 12.9%（表 1-8；图 1-10）。据 IEA 数据，2024 年

全球煤炭产量预计为 89.39 亿吨，同比增长 2.3%，预计增量主要来自印度和印度尼西亚。

2023 年，油气供应紧张及价格飙升推动能源消费转向相对便宜的煤炭。全球煤炭消费创下 85.36 亿吨的新纪录，消费结构出现新变化，亚太地区为全球煤炭消费主力，欧洲煤炭消费冲高后回落。全球煤炭消费量同比增长 1.4%，创历史新高。

表 1-8　2020—2023 年全球煤炭产量

国家和地区	煤炭产量 / 亿吨			
	2020 年	2021 年	2022 年	2023 年
非洲	2.60	2.45	2.57	2.50
北美地区	5.38	5.79	5.92	5.39
美国	4.86	5.24	5.39	4.84
中南美洲	0.61	0.66	0.61	0.68
亚太地区	57.47	59.47	65.87	68.42
中国	37.89	39.42	43.74	44.29
印度	7.58	8.05	9.22	10.27
澳大利亚	4.74	4.70	4.43	4.39
欧洲	4.47	4.85	4.98	4.34
独联体地区	5.39	5.64	5.85	6.06
俄罗斯	4.02	4.37	4.44	4.57
中东	0.02	0.02	0.02	0.02
全球	75.94	78.88	85.82	87.41

数据来源：IEA。

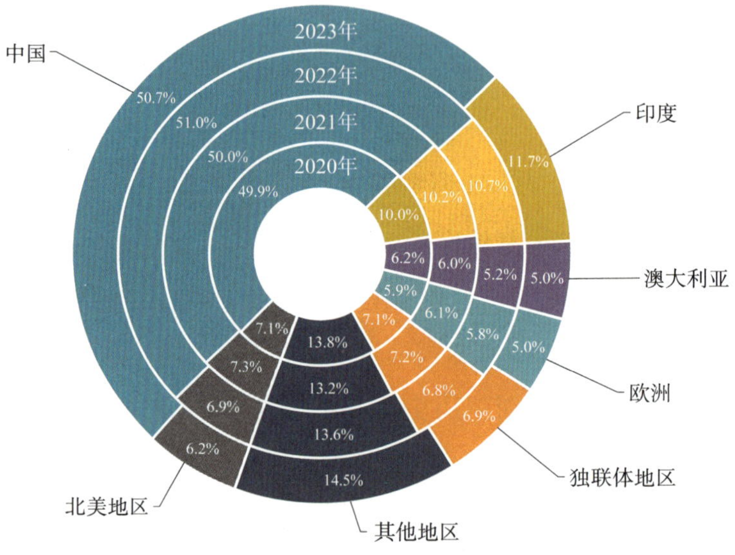

图 1-10　2020—2023 年全球分地区煤炭产量占比

数据来源：IEA

分地区来看，全球煤炭消费增量主要来自亚太地区和独联体地区，消费量分别为69.71亿吨和3.78亿吨，分别同比增长5.0%和2.7%。北美地区、中南美洲、欧洲和非洲煤炭消费分别同比下降19.8%、20.8%、16.4%、2.1%（表1–9；图1–11）。据IEA数据，2024年全球煤炭消费量预计为87.37亿吨，同比增长2.4%，消费量增长原因主要是水电发电量疲软导致的火电使用量增加。

表1–9 2020—2023年全球煤炭消费量

国家和地区	煤炭消费量/亿吨			
	2020年	2021年	2022年	2023年
非洲	1.95	1.89	1.87	1.83
北美地区	4.62	5.29	4.89	3.92
美国	4.30	4.96	4.55	3.60
中南美洲	0.48	0.50	0.48	0.38
亚太地区	58.30	61.53	66.39	69.71
中国	40.45	42.32	45.20	47.40
印度	9.05	10.33	11.62	12.60
欧洲	5.85	6.49	6.71	5.61
独联体地区	3.44	3.48	3.68	3.78
俄罗斯	2.17	2.25	2.49	2.58
中东	0.13	0.12	0.13	0.13
全球	74.77	79.30	84.15	85.36

数据来源：IEA。

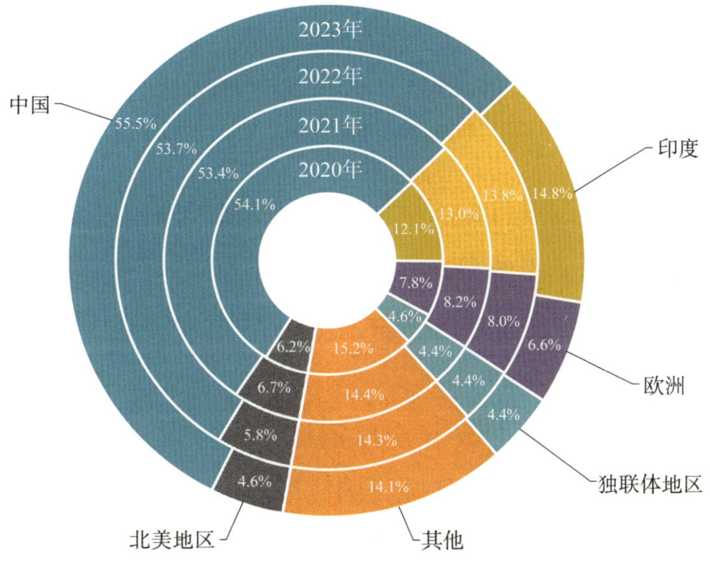

图1–11 2020—2023年全球分地区煤炭消费量占比

数据来源：IEA

（二）大宗固体矿产供需分化明显

1. 钢铁：供需双降，供应过剩程度增加

2023 年，全球粗钢产量为 18.50 亿吨，同比下降 1.5%（图 1–12），全球前十大生产国中，日本、德国、土耳其和巴西粗钢产量出现不同程度下降。亚太地区、欧盟、北美洲粗钢产量分别为 13.82 亿吨、1.26 亿吨、1.10 亿吨，分别同比下降 0.9%、7.9%、1.2%。独联体地区粗钢产量为 9033.00 万吨，同比上升 4.7%。2024 年 1—5 月，全球粗钢产量为 7.93 亿吨，同比下降 0.1%。其中，亚太地区产量最大，共生产 5.86 亿吨粗钢，同比下降 0.6%；非洲、中东和部分欧洲国家增产约 470 万吨粗钢，弥补了亚太地区的产量下降，使全球总产量与去年同期基本持平。

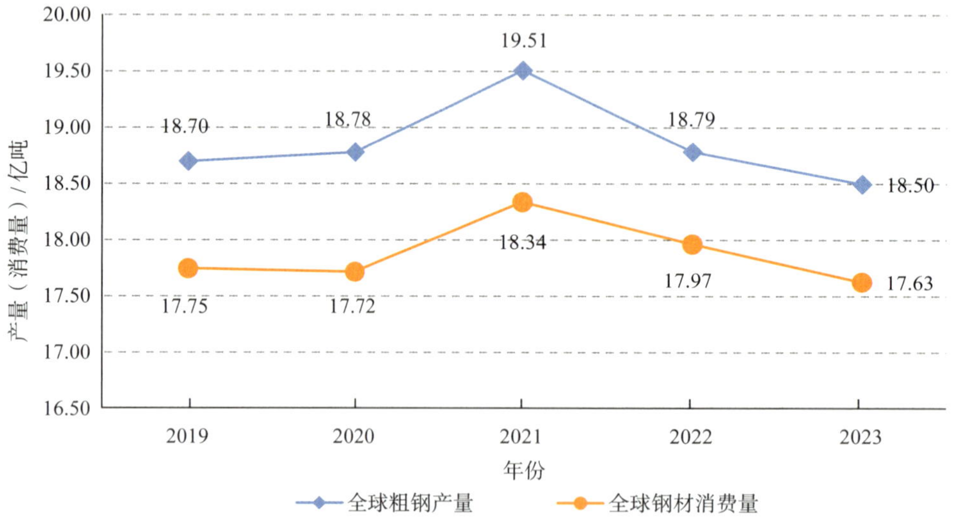

图 1–12　2019—2023 年全球粗钢产量和钢材消费量

数据来源：世界钢铁协会

2023 年，全球钢材消费量为 17.63 亿吨，同比下降 1.9%（图 1–12）。其中，欧盟国家消费者信心受地缘政治冲突影响最大，区域内国家经济发展受挫，钢材消费量同比下降 10.0%。其他欧洲国家、独联体地区、中南美洲钢材消费量增加，分别增长了 13.5%、4.1% 和 0.9%。

据世界钢铁协会分析，预计 2024 年全球钢材消费量为 17.93 亿吨，同比增长 1.7%；预计 2025 年全球钢材消费量为 18.15 亿吨，同比增长 1.2%。

2. 铜：供给增速高于需求增速，供需缺口大幅缩小

2023 年，电网、家电、电动车等领域支撑铜需求上涨，全球精炼铜消费量为 2696.57

万吨，同比增长 4.4%；精炼铜产量为 2688.05 万吨，同比增长 5.9%（图 1-13）。全球精炼铜供给增速超过需求增速，供需缺口由 44.65 万吨大幅缩小至 8.52 万吨，较 2022 年减小了 80.9%。2023 年，全球铜矿总产量为 2199.08 万吨，同比增长 0.2%，本轮精炼铜供给增长主要归因于冶炼产能的扩张。据国际铜研究组织（ICSG）数据，2024 年 1—4 月，全球精炼铜（原生与再生合计）产量为 915.50 万吨，精炼铜消费量为 885.60 万吨，精炼铜供给过剩约 29.90 万吨，供需格局逆转。2024 年 1—4 月，智利、印度尼西亚、刚果（金）、秘鲁和美国铜矿产量的增加以及中国、刚果（金）铜精炼厂的持续扩建，共同提升了全球精炼铜产量；全球精炼铜消费增长主要得益于中国的强劲需求，中国的表观需求量增长了约 6.5%，世界其他地区仅增长约 1.0%。。

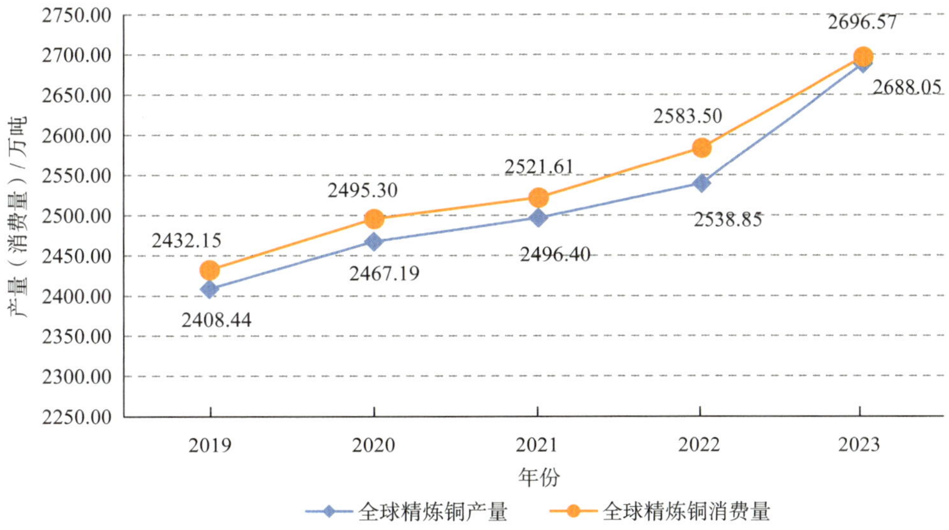

图 1-13 2019—2023 年全球精炼铜产量和消费量

数据来源：国际铜业协会

3. 铝：供给增速高于需求增速，供需格局逆转

2023 年，全球原铝产量为 6975.87 万吨，同比增长 2.1%，增量主要来源于中国和东南亚地区；同年原铝消费量为 6918.45 万吨，同比增长 1.0%（图 1-14）。全球原铝市场供应过剩 57.42 万吨，原铝供需格局逆转。据上海有色网（SMM）统计，2024 年全球电解铝产量约为 7292 万吨，主要的增量来自中国（同比增长约 3.0%）。

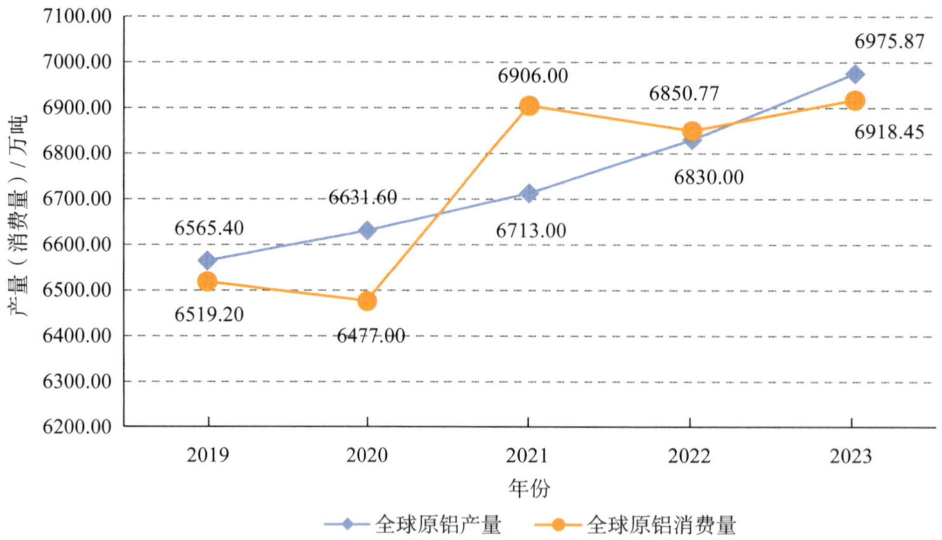

图 1-14 2019—2023 年全球原铝产量和消费量

数据来源：世界金属统计局

（三）战略性新兴矿产供需快速增长

1. 锂：供需均大幅提升，由供不应求转变为供应过剩

2023 年，全球金属锂产量约为 22.22 万吨，同比增长 70.9%（图 1-15）。中国利用国内盐湖卤水、锂云母、锂辉石等生产的锂盐折金属锂约 6.52 万吨。2023 年，全球金属锂消费量为 19.29 万吨，同比增长 44.0%（图 1-15），市场供需过剩 2.93 万吨。据 SMM 统

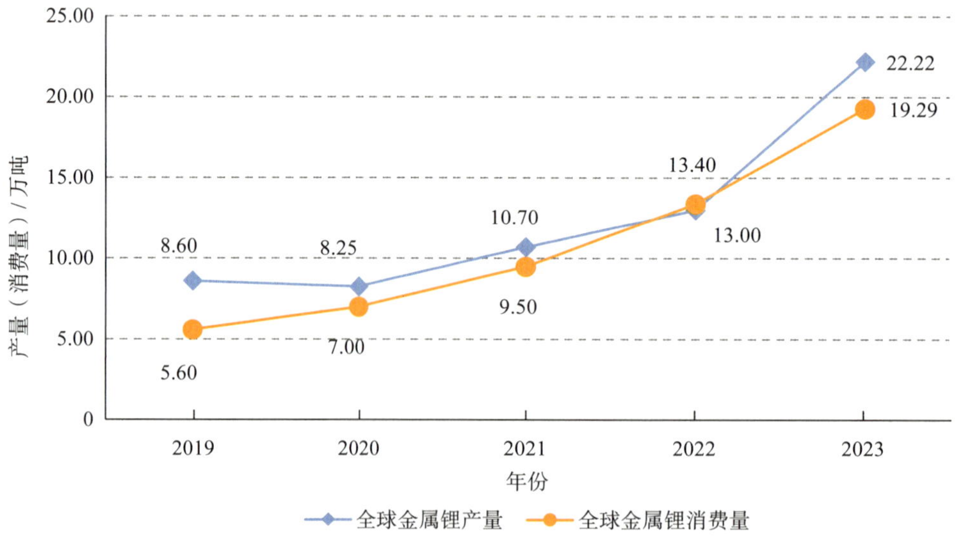

图 1-15 2019—2023 年全球金属锂产量和消费量

数据来源：美国地质调查局（USGS）《锂矿产品年鉴 2023》

计，2024 年全球碳酸锂产能预计将超过 200 万吨碳酸锂当量，碳酸锂供应量约为 130 万吨碳酸锂当量，同比增长 28.0%。

2. 钴：供需同步提升，维持供应过剩局面

2023 年，全球钴产量为 23.00 万吨，同比上涨 18.6%（图 1–16）。刚果（金）是全球钴产量最高的国家，产量同比增长 30.8%，达 17.00 万吨，全球占比达 73.9%。印度尼西亚 2023 年钴产量激增，达 1.70 万吨，同比增长 77.1%。2023 年，全球钴消费量约为 21.48 万吨，同比增长 18.0%（图 1–16），其中，30% 的钴被应用于清洁能源领域。据国际钴业协会估计，2024 年，全球钴产量增幅约为 5%，主要的产量增长来源于刚果（金）和印度尼西亚的矿山；全球钴需求量将在 2023 年的基础上再增长 14%，新增的需求主要应用于电池阴极材料。

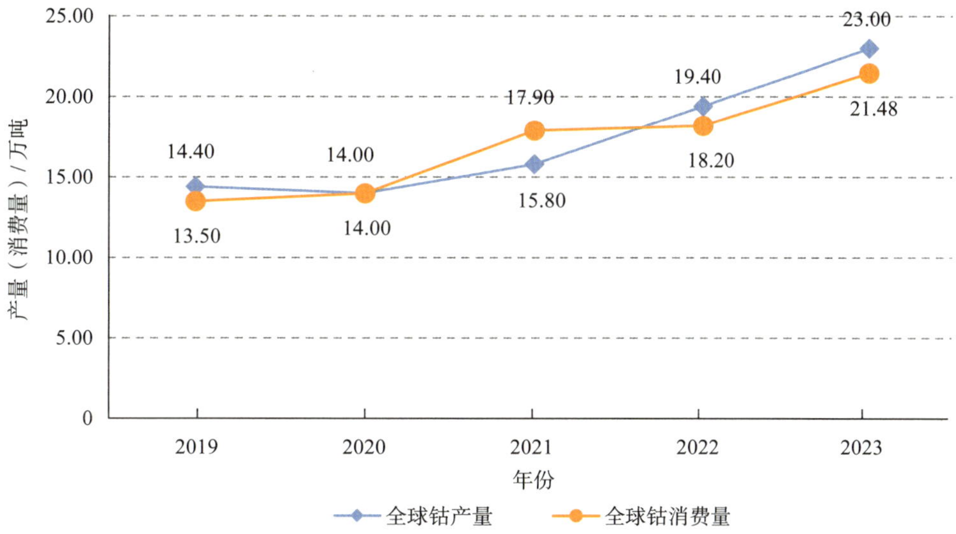

图 1–16 2019—2023 年全球钴产量和消费量

数据来源：USGS《钴矿产品年鉴 2024》

3. 镍：产量快速提高，需求小幅增长，由供不应求转变为供应过剩

2023 年，全球精炼镍总产量为 345.27 万吨，同比增长 15.1%（图 1–17）；中国不锈钢产业受印度尼西亚低成本不锈钢冲击，新增产能对镍消费贡献有限。2023 年，全球精炼镍消费量为 318.99 万吨，同比增长 4.2%（图 1–17）。全球镍矿产量为 381.52 万吨，同比增长 18.3%。全球精炼镍市场供应过剩 26.28 万吨，供应形势逆转。据世界金属统计局数据，2024 年 1—5 月，全球精炼镍产量为 140.14 万吨，同比增长 17.4%；消费量为 137.13 万吨，同比增长 15.5%，供应过剩 3.01 万吨。

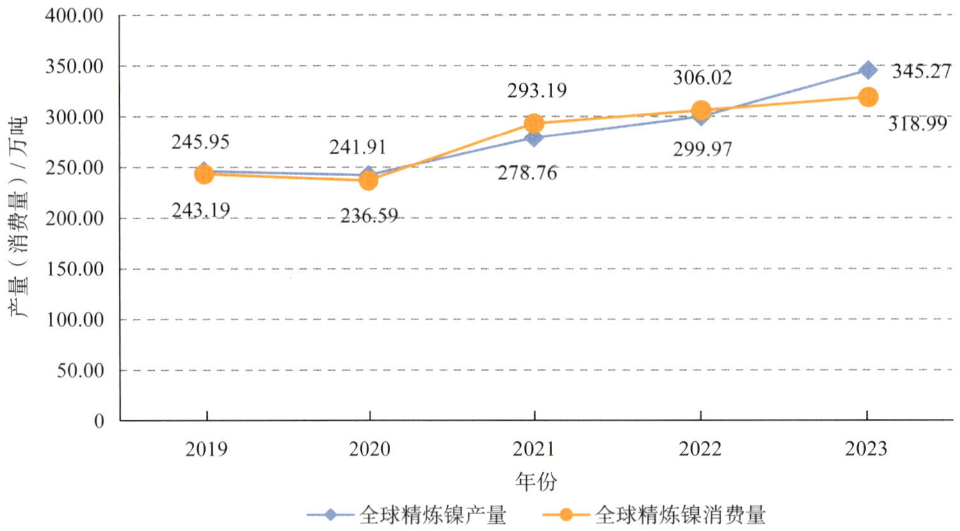

图 1-17　2019—2023 年全球精炼镍产量和消费量

数据来源：世界金属统计局《2023 年金属平衡报告》

（四）贵金属矿产供需结构分化

1. 黄金：需求冲高后回落，供应小幅增长，供需格局由基本平衡转回供大于求

2023 年，在各国央行购金数量降低、投资者购买降低以及黄金 ETF（交易所交易基金）加速流出的多重作用下，黄金需求冲高后回落。2023 年，全球黄金消费量同比下降 5.3% 至 4448.40 吨（图 1-18）。其中，金饰消费量小幅上升 0.2% 至 2092.60 吨；黄金净投资需求（不含场外交易）大幅下降至 945.10 吨，降幅为 17.8%；全球央行购金量为 1037.4 吨，较 2022 年的 1081.90 吨同比下降 4.1%；科技用金全年需求量下滑 3.7% 至 297.80 吨。全球黄金总供应量同比增长 3.1%，达到 4898.80 吨（图 1-18），其中，金矿产量创下 5 年来新高，增加至 3644.40 吨。据世界黄金协会统计，2024 年第一季度，央行净购金、金饰、科技用金和场外交易共同推进黄金需求增长，全球黄金总需求达 1283.30 吨，同比增长 2.6%。全球金矿产量同比增长 4.4% 至 893.00 吨，创下第一季度产量纪录。金价上涨推动黄金回收量升高，同比增长 12.5% 至 350.80 吨。

2. 白银：供增需降，供需缺口大幅缩小

2023 年，全球白银消费量同比下降 6.1% 至 36468.75 吨（图 1-19）。其中，白银在工业制造应用中的需求同比增长 3.5% 至 18012.50 吨；银饰生产使用约 6234.38 吨，同比下降 17.3%；实物白银投资需求（包括银条和银币购买）同比下降 7.7% 至 9656.25 吨。全球白银供应量达到 32028.13 吨，同 2022 年相比增长了 2.0%（图 1-19）。其中，矿山生产银

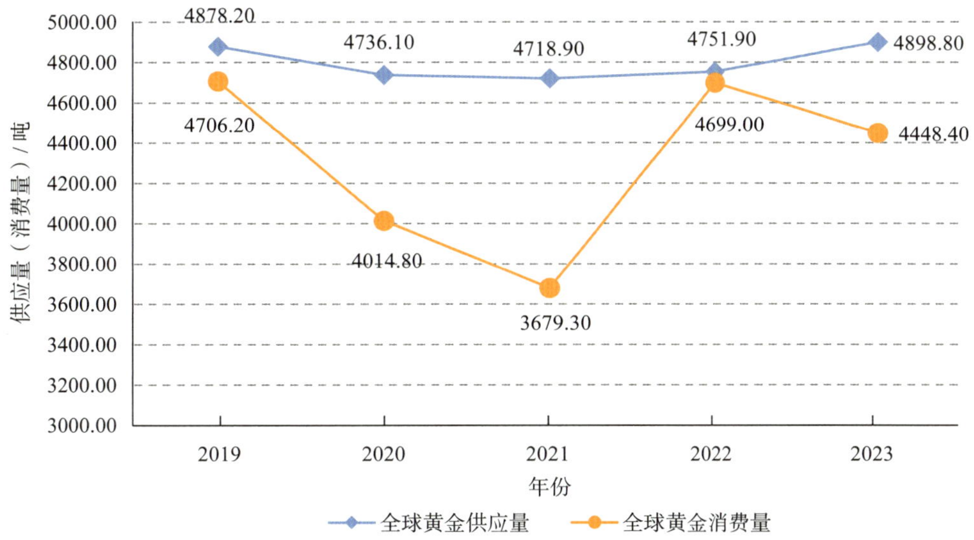

图 1-18 2019—2023 年全球黄金供应量和消费量

数据来源：世界黄金协会

锭产量达 26315.63 吨，同比增长 2.4%；回收白银产量同比增长 0.3%，达 5659.38 吨。全球供应缺口为 4440.63 吨，小幅缩小。据世界白银协会统计，2024 年，白银总需求量预计会有 2% 的增幅，主要来源于工业制造中的增长；总供给量预计会小幅下降 1%。2024 年会产生较大供需缺口，预计达 5754.95 吨，是 20 年以来的第二大市场缺口。

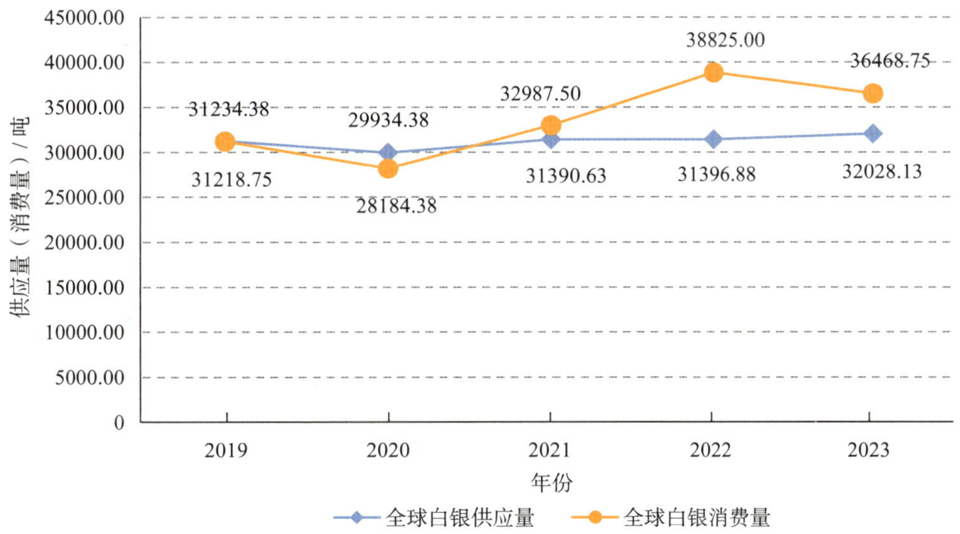

图 1-19 2019—2023 年全球白银供应量和消费量

数据来源：世界白银协会

3. 铂金：供需双降，供应过剩程度减小

2023 年，全球铂金总消费量为 227.45 吨，同比上升 25.9%（图 1–20）。其中，汽车尾气催化剂铂金消费量最大，达 91.03 吨，同比增长 16.2%；工业应用消费量为 74.45 吨，同比增长 13.4%；首饰消费量为 52.96 吨，同比减少 1.6%；投资用铂金条（币）、全球铂金 ETF 和交易所库存需求分别增长 1.82 吨、15.26 吨和 9.11 吨，全球铂金净投资需求总计增长 26.19 吨。2023 年全球铂金总供应量为 203.32 吨，同比减少 2.1%(图 1–20）。其中，精炼铂金产量为 158.87 吨，同比增长 1.5%；回收铂金 44.14 吨，同比减少 11.7%。南非是全球第一大铂金生产国，2023 年铂金产量为 112.15 吨，同比增长 1.1%。2023 年全球铂金市场总体供应短缺 24.13 吨，由供应过剩转为供不应求。据世界铂金投资协会统计，2024 年全球铂金总消费量预计为 215.09 吨，同比减少 5.4%；铂金总供应量预计为 201.59 吨，同比减少 0.9%，供需缺口缩小为 13.50 吨，比 2023 年减少 10.63 吨（图 1–20）。

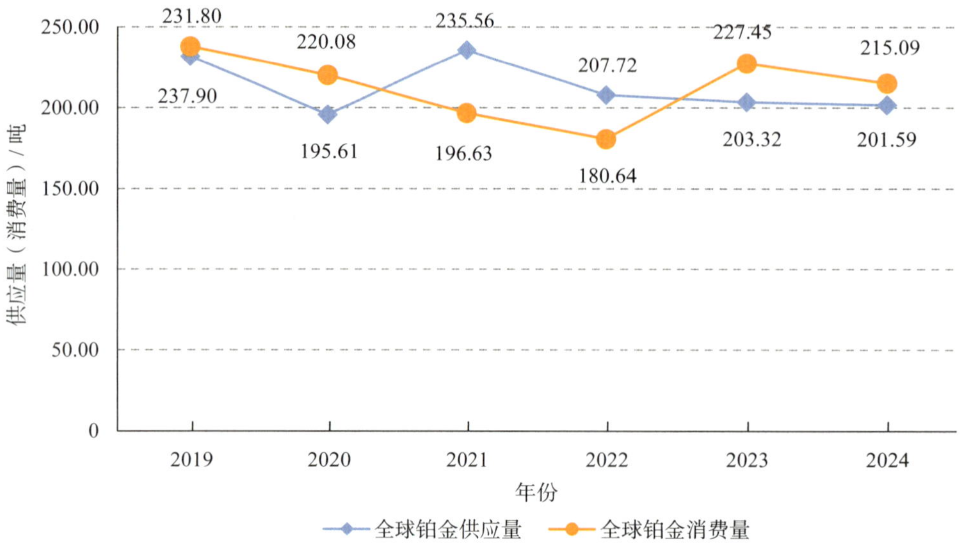

图 1–20　2019—2023 年全球铂金供应量和消费量及 2024 年预测

数据来源：世界铂金投资协会《2024 第一季度铂金季刊》

（五）农用矿产供需双降

1. 钾肥：供需双降，供应过剩程度增大

2022 年，全球钾肥消费量为 3555.44 万吨（折氧化钾，下同），同比下降 12.2%（图 1–21）。中国、巴西和美国是钾肥消费大国，消费量分别占全球的 25.3%、21.6% 和 12.0%，合计占比 58.9%。2022 年受俄乌冲突影响，全球主要钾肥消费国消费量下降明

显，中国、巴西、印度和印度尼西亚分别下降 5.8%、6.2%、32.2% 和 20.7%，总计下降 238.75 万吨。2022 年全球钾肥产量为 4291.42 万吨，同比下降 7.7%。俄罗斯钾肥产量受俄乌冲突影响较大，产量下滑 31.9% 至 729.72 万吨。据 Wind 和彭博（Bloomberg）数据，钾肥可负担性指数已回到正常水平，估计 2023 年钾肥消费量将回升 2.0% 至 3627 万吨左右；据美国地质调查局数据，估计 2023 年钾肥产量已下降至 3900 万吨左右[1]。

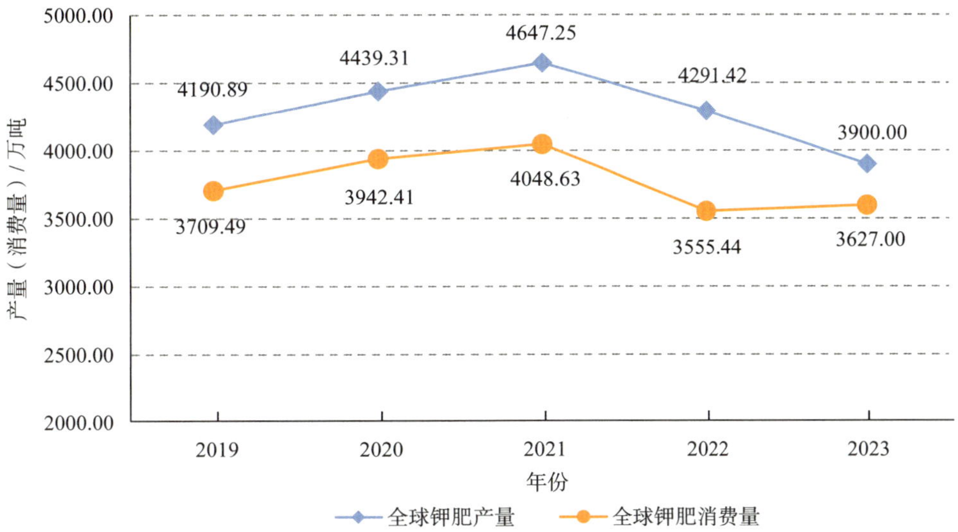

图 1-21 2019—2022 年全球钾肥产量和消费量及 2023 年预测

数据来源：联合国粮食及农业组织统计数据库、USGS

2. 磷肥：供需双降，供应过剩程度增大

2022 年，全球磷肥消费量为 4195.67 万吨（折五氧化二磷，下同），同比下降 8.1%（图 1-22）。全球磷肥消费前三的国家为中国、印度和巴西，分别占全球消费总量的 23.1%、18.9% 和 13.7%，合计占比 55.7%。2022 年，全球主要磷肥消费国家中仅有印度消费量小幅上涨，其余国家均出现不同幅度下跌。2022 年，全球磷肥产量为 4611.09 万吨，小幅下降 5.2%。磷肥产量最大的中国出现较大幅度产量下降，由 1591.33 万吨下降至 1289.89 万吨，同比下降 18.9%。国际肥料协会估计 2023 年磷肥产量和消费量会出现不同程度的回升，分别回升 1.0% 和 3.8%。美国美盛公司（Mosaic）预计到 2025 年，全球磷肥出货量将会有每年 1.7% 左右的提升。

[1] 截至本书出版前，2023 年全球钾肥和磷肥产量和消费量数据尚未公布。

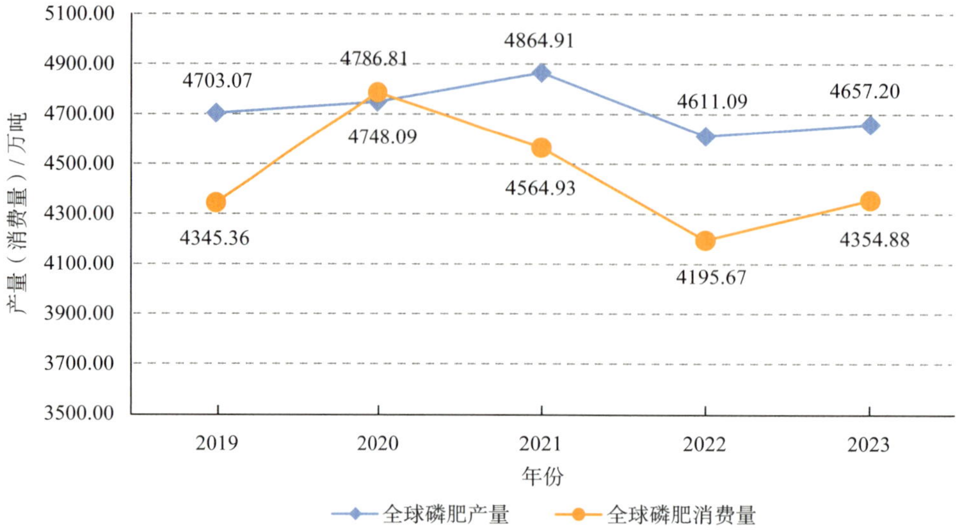

图 1-22　2019—2022 年全球磷肥产量和消费量及 2023 年预测

数据来源：联合国粮食及农业组织统计数据库、国际肥料协会

三、全球主要矿产贸易结构分化

（一）能源矿产贸易量总体减少

1. 全球原油贸易量下降，出口国相对集中

2023 年，全球原油贸易量为 21.27 亿吨，同比下降 9.4%，主要原因是多个 OPEC+ 国家执行原油减产计划，以维持国际油价稳定。2023 年，全球前五大原油出口国分别为沙特阿拉伯、俄罗斯、加拿大、美国和伊拉克，分别占全球总出口量的 16.4%、11.3%、9.7%、8.7% 和 8.7%（表 1-10）。其中，沙特阿拉伯、俄罗斯、伊拉克出口量较 2021 年分别减少 0.19 亿吨、0.22 亿吨、0.07 亿吨。

全球前五大原油进口国（地区）分别为中国、欧盟、美国、印度和日本，分别占全球总进口量的 26.5%、20.5%、15.2%、10.9%、5.9%（表 1-10）。其中，欧盟和日本进口量较 2021 年分别减少 0.56 亿吨和 0.52 亿吨。中国稳居全球第一大原油进口国地位，主要从俄罗斯（19.0%）和沙特阿拉伯（15.2%）等国家进口，进口量较 2021 年增加 0.56 亿吨，其中从俄罗斯进口增加 0.21 亿吨。2024 年 1—4 月，全球原油贸易量为 6 亿吨。

表 1-10 2023 年全球前五原油贸易国（地区）及其贸易量

出口量 / 亿吨	沙特阿拉伯	俄罗斯	加拿大	美国	伊拉克
	3.49	2.41	2.07	1.85	1.84
进口量 / 亿吨	中国	欧盟	美国	印度	日本
	5.64	4.37	3.24	2.31	1.26

数据来源：能源研究所（Energy Institute）。

2. 全球天然气贸易量总体下降，PNG 贸易量下降，LNG 贸易量持续增长

2023 年，全球天然气贸易量为 1.23 万亿立方米，同比减少 3.0%。其中，液化天然气（简称 LNG）贸易量为 5492 亿立方米（占比 45%)(表 1-11），同比增加 1.3%；管道天然气（简称 PNG）贸易量为 6770 亿立方米（占比 55%）（表 1-12），同比减少 5.8%。美国首次超过卡塔尔和澳大利亚成为全球第一大 LNG 出口国，就其去向来看，出口至欧洲 762 亿立方米，同比增长 5.7%，增速较 2022 年大幅放缓；出口至亚洲 293 亿立方米，同比增长 21.6%，增速显著回升。俄罗斯向欧洲出口 PNG 498 亿立方米，同比下降 41.7%。2024 年 1—4 月，全球天然气贸易量为 3738 亿立方米，其中，LNG 贸易量为 1335 亿立方米（占比 36%），PNG 贸易量为 2403 亿立方米（占比 64%）。

表 1-11 2023 年全球前五液化天然气（LNG）贸易国及其贸易量

出口量 / 亿立方米	美国	卡塔尔	澳大利亚	俄罗斯	马来西亚
	1144	1084	1074	427	363
进口量 / 亿立方米	中国	日本	韩国	印度	法国
	978	903	606	310	307

数据来源：Energy Institute。

表 1-12 2023 年全球前五管道天然气（PNG）贸易国（地区）及其贸易量

出口量 / 亿立方米	挪威	俄罗斯	美国	加拿大	土库曼斯坦
	1107	954	891	790	395
进口量 / 亿立方米	欧盟	美国	中国	墨西哥	加拿大
	2691	790	613	611	280

数据来源：Energy Institute。

2023 年，欧洲 LNG 进口量由高位回落，亚洲 LNG 进口量恢复增长。受经济走弱、制造业疲软、库存高企等因素影响，欧洲 LNG 进口量由 2022 年大幅增长转为下降，全年进口量为 1691 亿立方米，同比下降 0.7%。在中国、印度和新兴市场带动下，亚洲

LNG 进口稳步复苏，增速由负转正，全年进口总量为 3525 亿立方米，同比增加 1.3%，但仍未恢复到 2021 年水平。中国超越日本成为全球第一大 LNG 进口国，进口量全球占比 17.8%，进口量同比上涨 4.9%，其中从澳大利亚、卡塔尔和马来西亚进口的 LNG 均减少，但从俄罗斯和美国进口的 LNG 分别增加 49 亿立方米和 17 亿立方米。

3. 全球煤炭贸易量上涨，中国进口量创历史新高

2023 年，全球煤炭贸易量为 35.43 艾焦，同比增长 9.0%，达到 2018 年以来的最高水平。前五大出口国为印度尼西亚、澳大利亚、俄罗斯、美国和蒙古，分别占全球煤炭总出口量的 28.2%、25.4%、15.2%、7.0% 和 5.5%，五国合计煤炭出口量占全球煤炭总出口量的 81.3%（表 1–13）。其中，印度尼西亚和澳大利亚增长明显，分别同比增长 8.8% 和 7.3%。

中国是全球第一大煤炭进口国，占总贸易量的 28.7%，进口量同比增长接近一倍，从印度尼西亚、俄罗斯、蒙古和澳大利亚进口的煤炭分别增加 0.82 亿吨、0.96 亿吨、1.05 亿吨和 1.28 亿吨。欧盟进口量同比下降 26.9%，降至 2000 年以来最低水平。2024 年 1—4 月，全球煤炭贸易量为 3.6 亿吨。

表 1–13　2023 年全球前五煤炭贸易国（地区）及其贸易量

出口量 / 艾焦	印度尼西亚	澳大利亚	俄罗斯	美国	蒙古
	10.00	9.00	5.39	2.47	1.96
进口量 / 艾焦	中国	印度	日本	欧盟	韩国
	10.16	5.35	4.39	3.56	3.19

数据来源：Energy Institute。

（二）大宗固体矿产贸易量均增加

1. 全球铁矿石均价下跌拉动需求增长，带动铁矿石贸易量上涨

2023 年，受到全球紧缩货币政策的持续影响，以美元计价的商品价格持续下移。2023 年，铁矿石均价为 119.46 美元 / 吨，同比下降 0.5%。2023 年，全球铁矿石贸易量为 15.63 亿吨，同比增长 3.25%。澳大利亚、巴西铁矿石出口量分别同比增长 0.6% 和 7.0%，主要原因在于：澳大利亚、巴西发运受天气影响整体小于往年；海外各矿山作业效率有所提高；澳大利亚新项目逐步达产后出现了一定的增量，下半年矿价走高，刺激其他国家矿山积极生产、出口。中国是全球第一铁矿石进口大国，进口量占全球的 75.5%（表 1–14）。2024 年 1—4 月，全球铁矿石贸易量为 4.8 亿吨。

表 1–14　2023 年全球铁矿石前五贸易国及其贸易量

出口量 / 亿吨	澳大利亚	巴西	南非	加拿大	印度
	9.37	3.78	0.60	0.58	0.40
进口量 / 亿吨	中国	日本	韩国	德国	埃及
	11.80	1.02	0.65	0.36	0.10

数据来源：联合国商品贸易统计数据库（UN Comtrade）。

2. 全球铜矿砂及其精矿贸易量上涨，增量主要来自中国

2023 年，全球铜矿贸易量为 4128 万吨，同比增加 11%。智利是全球第一铜矿砂及其精矿出口大国，出口量占全球的 31%；其次为秘鲁，占比 19%；铜矿出口量前五的国家占全球总出口量的 66%；中国是全球第一大铜矿进口国，进口量占全球的 67%（表 1–15）。2024 年 1—4 月，全球铜矿贸易量为 1296 万吨。

表 1–15　2023 年全球铜矿石前五贸易国及其贸易量

出口量 / 万吨	智利	秘鲁	墨西哥	哈萨克斯坦	澳大利亚
	1300	800	273	200	140
进口量 / 万吨	中国	日本	韩国	德国	西班牙
	2753	480	250	123	115

数据来源：UN Comtrade。

3. 全球铝土矿贸易量上涨，增量主要来自中国

2023 年，全球铝土矿贸易量为 1.7 亿吨，同比增长 13%；中国是全球第一大铝土矿进口国（表 1–16），进口量占全球进口总量的 83%，同比增长 13%。2023 年 6 月，印度尼西亚铝土矿出口禁令开始实施，以此促进转型，吸引外资赴印度尼西亚投资并增加当地就业机会，鼓励矿产冶炼和下游产业的发展。部分国家或将在全球多点布局，增加几内亚和澳大利亚的铝土矿进口。2024 年 1—4 月，全球铝土矿贸易量约为 6000 万吨，同比增长 13%。

表 1–16　2023 年全球铝土矿前五贸易国及其贸易量

出口量 / 万吨	几内亚	澳大利亚	土耳其	加纳	马来西亚
	12659	3747	264	174	56
进口量 / 万吨	中国	印度	加拿大	爱尔兰	美国
	14124	400	383	343	337

数据来源：UN Comtrade。

（三）战略性新兴矿产贸易量总体增加

1. 全球碳酸锂贸易量大幅上涨

2023 年，全球碳酸锂贸易量为 27.62 万吨，同比上涨 9%。智利和阿根廷碳酸锂出口量分别占全球出口总量的 79% 和 11%；之后是中国，占 3%。中国是全球第一大碳酸锂进口国，进口量占全球进口总量的 58%（表 1–17）。2024 年 1—4 月，全球碳酸锂贸易量约为 10 万吨。

表 1–17　2023 年全球碳酸锂前五贸易国及其贸易量

出口量 / 万吨	智利	阿根廷	中国	荷兰	美国
	21.80	2.95	0.96	0.55	0.44
进口量 / 万吨	中国	韩国	日本	美国	荷兰
	16.00	4.50	1.92	1.62	0.46

数据来源：UN Comtrade。

2. 全球钴矿砂及其精矿贸易量总体下降

2023 年，全球钴矿贸易量为 2.5 万吨，同比下降 20.6%。其中，刚果（金）钴矿出口量占全球出口总量的 80%；中国是全球第一大钴矿进口国，进口量占全球进口总量的 75%（表 1–18）。2024 年 1—4 月，全球钴矿贸易量约为 4000 吨。

表 1–18　2023 年全球钴矿前五贸易国及其贸易量

出口量 / 吨	刚果（金）	意大利	马来西亚	赞比亚	德国
	20000	1961	1438	342	43
进口量 / 吨	中国	芬兰	马来西亚	意大利	德国
	18651	1784	592	311	44

数据来源：UN Comtrade。

3. 全球镍矿砂及其精矿贸易量总体上涨

2023 年全球镍矿贸易量为 4609.00 万吨，同比增长 6%。其中，菲律宾镍矿出口量占全球出口总量的 87%；中国是全球第一大镍矿进口国，进口量占全球进口总量的 96%（表 1–19）。2024 年 1—4 月，全球镍矿贸易量约为 700 万吨，菲律宾出口量占比降至 74%。

表 1–19　2023 年全球镍矿前五贸易国及其贸易量

出口量 / 万吨	菲律宾	危地马拉	津巴布韦	巴西	美国
	4026.00	92.18	18.00	11.13	7.42
进口量 / 万吨	中国	日本	北马其顿	芬兰	加拿大
	4439.00	112.00	24.00	12.00	11.00

数据来源：UN Comtrade。

（四）贵金属矿产贸易量总体下降

1. 全球黄金贸易量有所下滑，瑞士贸易居高位

2023 年，全球黄金贸易量为 9808.17 吨，同比下降 7.7%。瑞士是第一大黄金出口国和第二大黄金进口国，其黄金出口量和进口量分别占全球黄金贸易量的 15.9% 和 24.3%（表 1–20）。2024 年上半年，全球黄金贸易量为 2652.36 吨，同比下降 44.9%。

表 1–20　2023 年全球前五黄金贸易国及其贸易量

出口量 / 吨	瑞士	英国	阿拉伯联合酋长国	中国	美国
	1564	1055	862	711	418
进口量 / 吨	中国	瑞士	阿拉伯联合酋长国	英国	印度
	2451	2387	1266	770	744

数据来源：UN Comtrade。

2. 全球白银贸易量有所下滑，中国进出口均居首位

2023 年，全球白银贸易量为 3.51 万吨，同比下降 4.8%。中国是第一大白银出口国和进口国，出口量和进口量分别占全球白银贸易量的 29.8% 和 20.9%（表 1–21）。2024 年上半年，全球白银贸易量为 2.01 万吨，同比下降 5.6%。

表 1–21　2023 年全球前五白银贸易国及其贸易量

出口量 / 吨	中国	日本	德国	瑞士	波兰
	10450	6065	2718	2089	1963
进口量 / 吨	中国	马来西亚	印度	加拿大	日本
	7322	6282	3625	3014	1781

数据来源：UN Comtrade。

3. 全球铂金贸易量大幅增加，中国贸易居高位

2023 年，全球铂金贸易量为 955.25 吨，同比增长 12.7%。中国是第一大铂金进口国和第二大铂金出口国，进口量和出口量分别占全球铂金贸易量的 29.0% 和 11.7%（表 1–22）。2024 年上半年，全球铂金贸易量为 425.46 吨，同比下降 16.8%。

表 1–22　2023 年全球前五铂金贸易国及其贸易量

出口量 / 吨	英国	中国	美国	德国	意大利
	145	112	101	71	70
进口量 / 吨	中国	美国	英国	德国	日本
	277	159	119	110	106

数据来源：UN Comtrade。

（五）农用矿产贸易量钾升磷降

1. 全球钾盐贸易量上升，结构相对稳定

2023 年，全球钾盐贸易量为 7427 万吨，较 2022 年增加 2.4%。其中，加拿大是全球第一大钾盐出口国，出口钾盐 2279 万吨。巴西是全球第一大钾盐进口国；中国是全球第三大钾盐进口国，2023 年进口钾盐 1173 万吨（表 1–23）。

表 1–23　2023 年全球前五钾盐贸易国及其贸易量

出口量 / 万吨	加拿大	德国	美国	中国	西班牙
	2279	328	296	51	44
进口量 / 万吨	巴西	美国	中国	比利时	波兰
	1344	1185	1173	82	56

数据来源：UN Comtrade。

2. 全球磷矿贸易量下降，进出口国相对集中

2023 年，全球磷矿贸易量为 2550 万吨，同比减少 17.9%。其中，摩洛哥是全球第一大磷矿出口国，出口磷矿 457 万吨；印度是全球第一大磷矿进口国，进口磷矿 940 万吨（表 1–24）。

表 1–24　2023 年全球前五磷矿贸易国及其贸易量

出口量 / 万吨	摩洛哥	约旦	多哥	哈萨克斯坦	荷兰
	457	456	167	54	41
进口量 / 万吨	印度	美国	巴西	土耳其	比利时
	940	260	149	73	72

数据来源：UN Comtrade。

四、中国持续为全球矿业市场作出新贡献

（一）能源矿产生产保持稳定，进口、消费双增

2023 年，中国能源矿产产量、进口量、消费量均有不同程度增长，煤炭产消占比居于首位，油气产消占比排名靠前。2023 年，国内煤炭产能稳步释放，产量达 46.60 亿吨的新高，同比增长 2.9%，全球占比 54.3%。国内煤炭进口大幅增长，创历史新高，全年进口煤炭 4.70 亿吨，同比增长 62.1%，全球占比 33.9%；累计进口金额为 530 亿美元，同比增长 24%。煤炭全年消费量为 31.60 亿吨，同比增长 5.6%，全球占比 37.6%（表 1–25；

图 1–23）。2024 年 1—6 月，国内原煤产量，累计 22.70 亿吨，同比下降 1.7%；煤炭进口保持较高水平，增速放缓，累计 2.50 亿吨，同比增长 12.5%。

表 1–25　2023 年中国能源矿产产量、进口量和表观消费量

矿产品	产量	单位	增幅 / %	进口量	单位	增幅 / %	表观消费量	单位	增幅 / %
煤炭	46.60	亿吨	2.9	4.70	亿吨	62.1	31.60	亿吨	5.6
石油	2.09	亿吨	2.0	5.64	亿吨	11.0	7.38	亿吨	9.2
天然气	2297.00	亿立方米	5.8	1672.29	亿立方米	9.9	3946.40	亿立方米	7.2

数据来源：国家统计局、中华人民共和国海关总署（以下简称海关总署）。

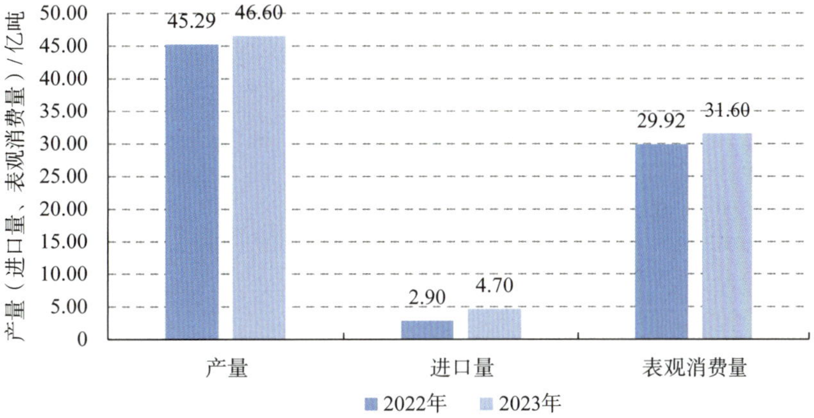

图 1–23　2022—2023 年中国煤炭产量、进口量、表观消费量

数据来源：国家统计局、海关总署

2023 年，国内油气生产保持平稳增长。据国家统计局数据，国内原油连续两年稳产在 2 亿吨以上，2023 年累计产量 2.09 亿吨，同比增长 2.0%，全球占比 4.6%；天然气产量为 2297.00 亿立方米，同比增长 5.8%，全球占比 18.0%。石油和天然气进口出现新的变化，石油和天然气进口量在 2022 年下降的基础上增长，石油进口量为 5.64 亿吨，同比增长 11.0%，主要从俄罗斯（19.0%）和沙特阿拉伯（15.0%）等国家进口；天然气进口量为 1672.29 亿立方米，同比增长 9.9%。油气需求总体提高，表观消费增速回升，石油表观消费量为 7.38 亿吨，同比增长 9.2%，全球占比 16.3%；天然气表观消费量为 3946.40 亿立方米，同比增长 7.2%，全球占比 10.4%（表 1–25；图 1–24，图 1–25）。2024 年 1—6 月，规模以上工业原油产量 1.07 亿吨，同比增长 1.9%；原油进口量同比微降，累计 2.75 亿吨，同比下降 2.3%。国内天然气产量增速稳定，累计 1236.00 亿立方米，同比增长 6.0%；天然气进口量增幅明显，累计 892.17 亿立方米，同比增长 14.3%；全国天然气表观消费量超预期增长，累计 2114.18 亿立方米，同比增长 8.3%。

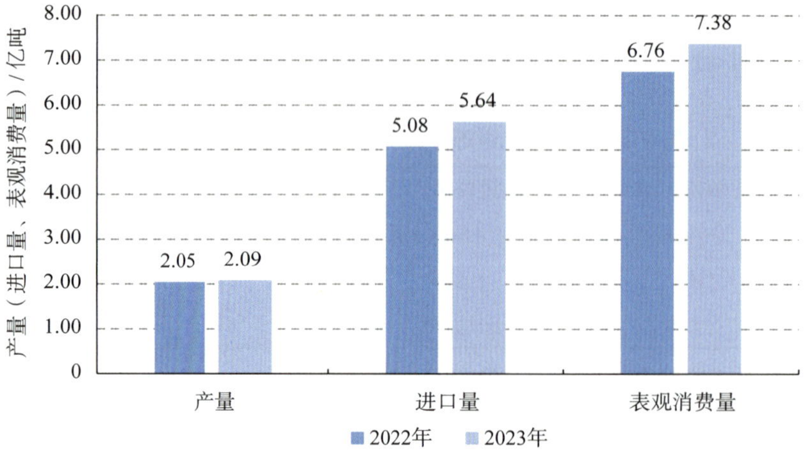

图 1-24　2022—2023 年中国石油产量、进口量、表观消费量

数据来源：国家统计局、海关总署

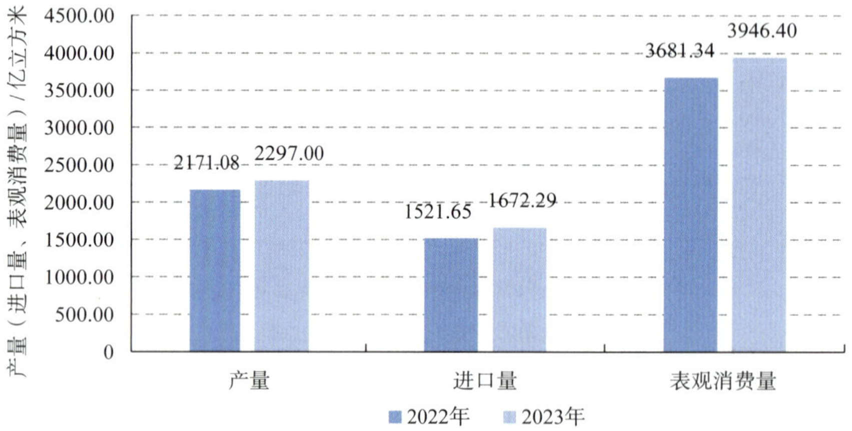

图 1-25　2022—2023 年中国天然气产量、进口量、表观消费量

数据来源：国家统计局、海关总署

（二）大宗固体矿产消费出现分化，铜铝产量高位增长

大宗固体矿产中铜、铝产消稳定增长，钢铁产消表现分化，消费进入下降通道；铁、铜、铝产消均居于全球首位，且占比超 50%。2023 年，中国钢铁产量约 10.19 亿吨，同比增长 0.6%，全球占比 55.1%。中国是全球第一大铁矿石进口国，据海关总署数据，2023 年全年进口铁矿石 11.80 亿吨，同比增加 6.6%，全球占比 75.0%。其中，从印度进口铁矿石 3653.20 万吨，同比增长 259.2%，增长幅度最明显。钢铁需求有所萎缩，钢材表观消费量约为 8.90 亿吨，同比下降 3.3%，全球占比 50.5%（表 1-26；图 1-26）。2024 年 1—6 月，中国钢铁产量为 5.31 亿吨，同比下降 1.1%，钢材日产水平处于相对低位；

进口铁矿石 6.11 亿吨，同比增长 6.2%；钢材表观消费量约为 4.78 亿吨，同比下降 3.3%，需求下降幅度大于产量。

表 1-26　2023 年中国大宗固体矿产产量、进口量和表观消费量

矿产品	产量	单位	增幅 / %	进口量	单位	增幅 / %	表观消费量	单位	增幅 / %
钢铁	10.19	亿吨	0.6	11.80（铁矿石）	亿吨	6.6	8.90（钢材）	亿吨	-3.3
铜	1298.80	万吨	13.5	2753.40	万吨	9.1	1498.00	万吨	7.0
铝	4159.40	万吨	3.7	14128.50	万吨	12.9	4112.00	万吨	1.1

数据来源：国家统计局、海关总署。

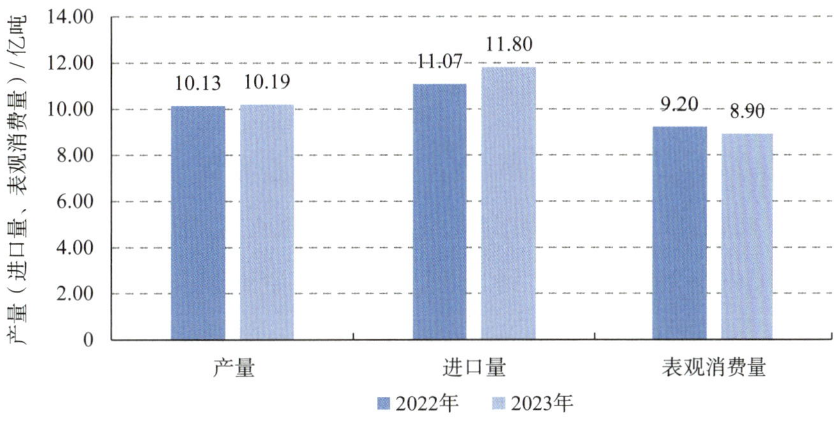

图 1-26　2022—2023 年中国钢铁产量、进口量、表观消费量

数据来源：国家统计局、海关总署

2023 年，中国精炼铜产量大幅提升。根据国家统计局数据，2023 年，中国精炼铜产量约 1298.80 万吨，同比增长 13.5%，全球占比 51.8%。中国是全球第一大铜进口国，海关总署数据显示，2023 年，铜矿石进口量为 2753.40 万吨，同比增长 9.1%，全球占比 67.0%，主要从智利（31.0%）和秘鲁（26.0%）进口。2023 年，精炼铜表观消费量增速强于预期，表观消费量达 1498.00 万吨，同比增长 7.0%，全球占比 55.6%（表 1-26；图 1-27）。2024 年 1—6 月，国内铜精矿产量达到 667.20 万吨，同比增长 7.0%，增速显著；铜矿砂及其精矿累计进口量为 1390.00 万吨，同比增长 3.7%；精铜表观消费量达到 747.43 万吨，同比增长 6.5%。

根据国家统计局数据，2023 年，中国电解铝产量为 4159.40 万吨，同比增长 3.7%，全球占比 58.6%。中国是全球第一大铝土矿进口国，海关总署数据显示，2023 年，铝土矿进口量约为 14128.50 万吨，全球占比 83.0%，同比增长 12.9%，再创历史新高。其中有 70.0% 和 25.0% 的进口量来自几内亚和澳大利亚，从印度尼西亚（1893.00 万吨，15.0%）

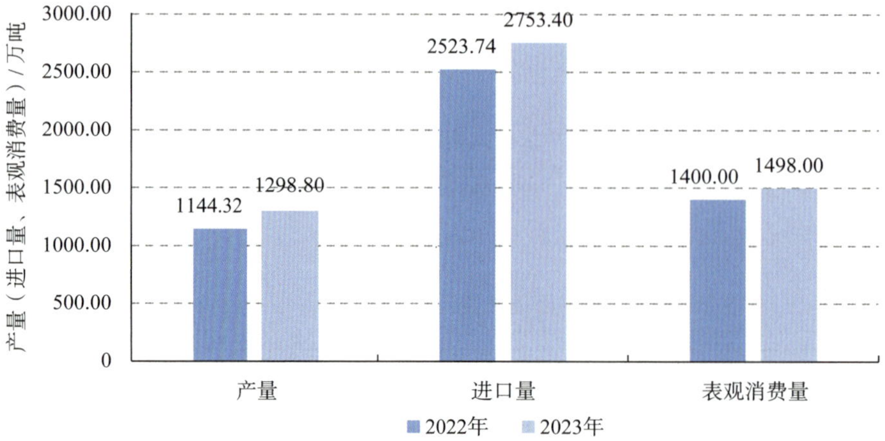

图 1-27　2022—2023 年中国铜产量、进口量、表观消费量

数据来源：国家统计局、海关总署

进口的铝土矿大幅降低，同比降低 90.0%。国内铝消费整体规模呈扩张态势，2023 年，电解铝消费量约为 4112.00 万吨，同比增长 1.1%，全球占比 59.9%（表 1-26；图 1-28）。2024 年 1—6 月，国内电解铝产量达到 2155.20 万吨（金属量），同比增长 9.5%；铝矿砂及其精矿累计进口量为 7735.00 万吨，同比增长 7.4%；电解铝消费量达到 2180.21 万吨，同比增长 8.2%。

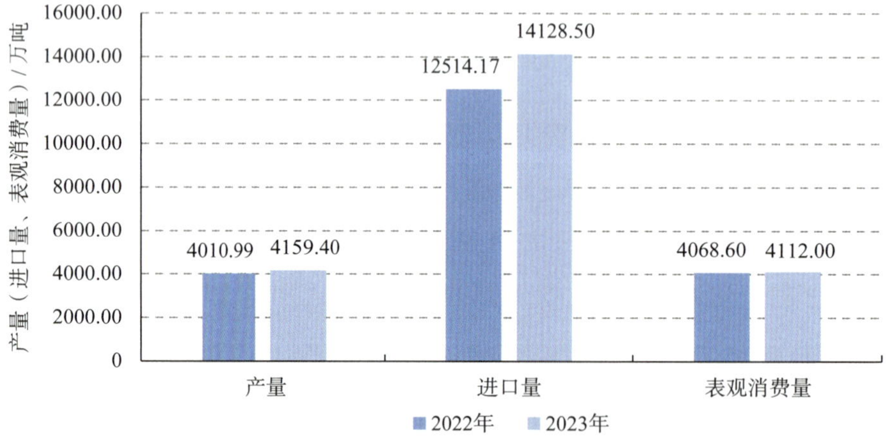

图 1-28　2022—2023 年中国铝产量、进口量、表观消费量

数据来源：国家统计局、海关总署

（三）战略性新兴矿产需求旺盛，产量大幅增长

战略性新兴矿产中，锂和镍均大幅增长，钴产量增长，消费量和进口量不同程度缩减，中国消费量居全球首位。2023 年，战略性新兴矿产保持了旺盛的需求，国内碳酸锂

产量为 51.79 万吨，同比增长 31.1%，全球占比 43.7%；碳酸锂进口量为 15.87 万吨，同比增长 16.7%，全球占比 58.0%，其中 87.0% 的进口量来自智利，12.0% 的进口量来自阿根廷；碳酸锂表观消费量为 59.50 万吨，同比增长 33.9%，全球占比 57.8%（表 1–27；图 1–29）。据 SMM 数据，2024 年 1—6 月，国内碳酸锂总产量增幅明显，累计 29.85 万吨，同比增长 46.7%；碳酸锂进口量为 8.68 万吨，同比增长 43.7%；表观消费量为 23.05 万吨。

表 1–27　2023 年中国战略性新兴矿产产量、进口量和表观消费量

矿产品	产量	单位	增幅 / %	进口量	单位	增幅 / %	表观消费量	单位	增幅 / %
锂	51.79（碳酸锂）	万吨	31.1	15.87（碳酸锂）	万吨	16.7	59.50（碳酸锂）	万吨	33.9
钴	22117.00	吨	140.6	16776.85	吨	−36.2	110000.00	吨	−4.7
镍	24.35	万吨	40.0	4439.01	万吨	11.5	173.70	万吨	7.1

数据来源：国家统计局、海关总署、我的钢铁网（Mysteel）。

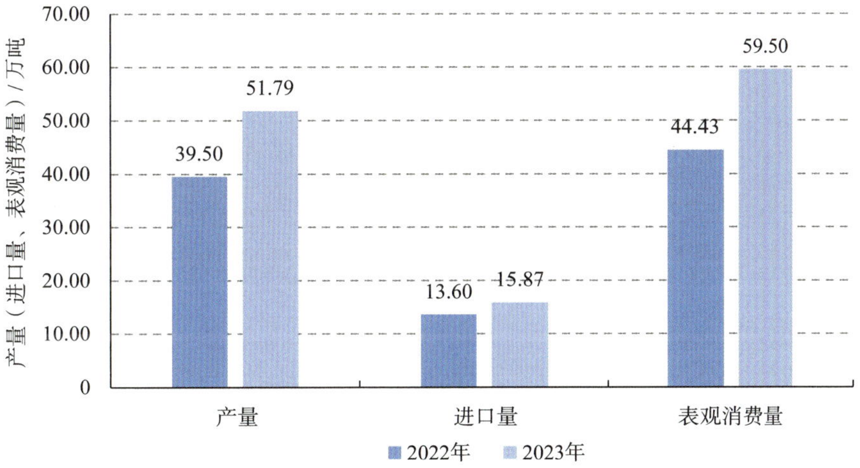

图 1–29　2022—2023 年中国锂产量、进口量、表观消费量

数据来源：国家统计局、海关总署

随着钴原料产量的快速增长和企业产量的快速扩张，2023 年，电解钴产量达 22117.00 吨，同比增长 140.6%，全球占比 9.6%；中国是全球第一大钴矿进口国，钴砂矿及其精矿进口量为 16776.85 吨，同比减少 36.2%，全球占比 75.0%；钴表观消费量继续降低，钴市场表观消费量为 110000.00 吨，同比减少 4.7%（表 1–27；图 1–30），全球占比 51.2%，其中 87.2% 用于锂电行业。据 Mysteel 统计，2024 年 1—6 月，中国电解钴产量累计 18274.00 吨，同比增长 129.4%；中国钴矿砂及其精矿进口量为 881.00 吨，同比减少 94.0%。

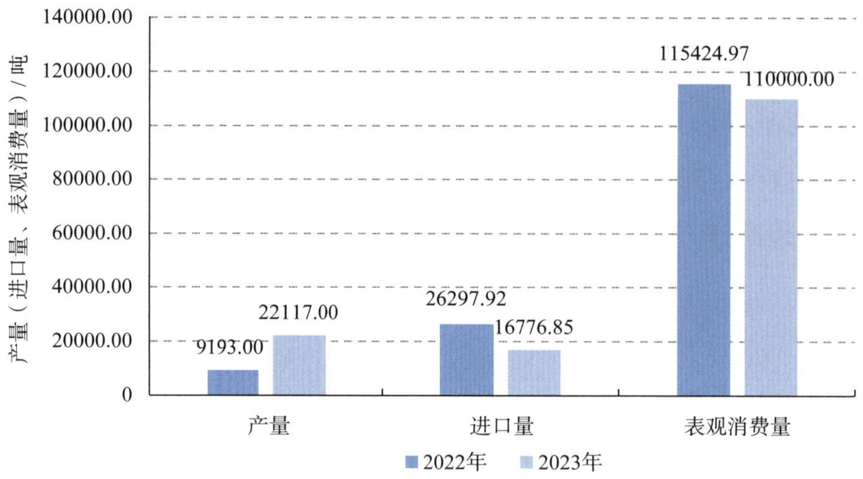

图 1-30　2022—2023 年中国钴产量、进口量、表观消费量

数据来源：国家统计局、海关总署

2023 年以来，国内精炼镍产量持续增加，达到 24.35 万吨，同比增长 40.0%，全球占比 7.1%。2023 年，镍矿砂及其精矿进口量回升到 4439.01 万吨，同比增长 11.5%，全球占比 96.0%，进口量的 86.0% 来自菲律宾；总进口金额为 3545 亿美元，同比减少 22.0%。镍表观消费量为 173.70 万吨，同比增长 7.1%，全球占比 54.5%（表 1-27；图 1-31）。据 Mysteel 统计，2024 年 1—6 月，精炼镍产量为 14.87 万吨，同比增长 38.8%；据海关总署数据，镍矿砂及其精矿进口量累计 1315.38 万吨，同比减少 30.1%。

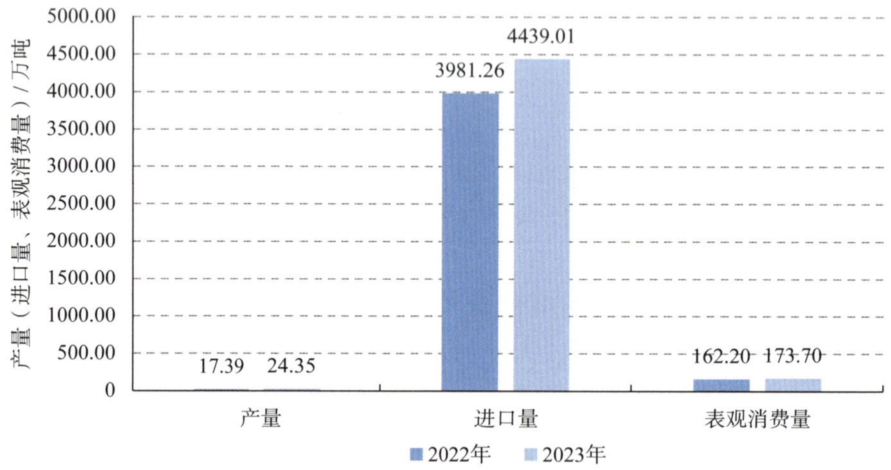

图 1-31　2022—2023 年中国镍产量、进口量、表观消费量

数据来源：国家统计局、海关总署

（四）贵金属产消回升，黄金进口量大幅减少

据中国黄金协会数据，2023 年，国内原料黄金产量为 375.16 吨，同比增长 0.8%。其中，矿产金 297.26 吨，有色副产金 77.90 吨；此外，进口原料产金 144.13 吨，同比增长 14.6%。2023 年，全国共生产黄金 519.29 吨，同比增长 4.3%，全球占比 10.3%。《中国黄金年鉴 2024》显示，2023 年，我国进口黄金 712.00 吨，进口量同比下降 47.0%。2023 年全国黄金消费量为 1089.69 吨，同比增长 8.8%，全球占比 24.5%（表 1–28；图 1–32）。2024 年上半年，黄金市场呈现出积极的增长态势，国内原料黄金产量为 179.63 吨，与 2023 年同期相比增产 1.04 吨，同比增长 0.6%，其中，黄金矿产金完成 141.50 吨，有色副产金完成 38.14 吨。另外，2024 年上半年进口原料产金 72.03 吨，同比增长 10.1%。黄金首饰和金条金币销量呈分化态势。2024 年上半年，我国黄金首饰消费量为 270.02 吨，同比下降 26.7%；金条及金币消费量为 213.64 吨，同比增长 46.0%。此外，工业及其他用金 40.10 吨，同比下降 0.5%。

表 1–28　2023 年中国贵金属矿产产量、进口量和消费量

矿产品	产量	单位	增幅 / %	进口量	单位	增幅 / %	消费量	单位	增幅 / %
金	519.29	吨	4.3	712.00	吨	–47.0	1089.69	吨	8.8
银	16266.47	吨	7.7	1613790.60	吨	12.7	9582.00	吨	2.6

数据来源：国家统计局、海关总署、中国黄金协会、《中国黄金年鉴 2024》。

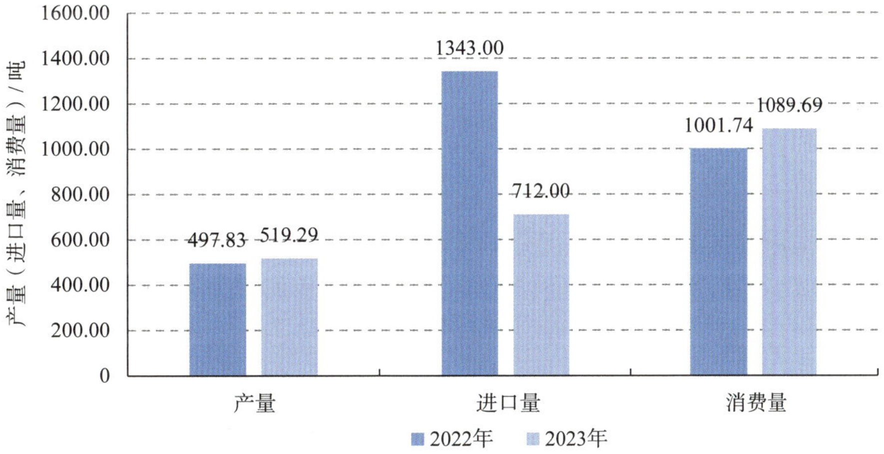

图 1–32　2022—2023 年中国黄金产量、进口量、消费量

数据来源：国家统计局、海关总署、中国黄金协会、《中国黄金年鉴 2024》

2023 年，国内白银产量 16266.47 吨，同比增长 7.7%，全球占比 50.1%。其中，以铅伴生白银冶炼厂的银锭产量占比约 43.6%。海关总署数据显示，2023 年，银砂矿及其精

矿进口量约为 1613790.60 吨，同比增长 12.7%。白银需求主要分为工业制造、珠宝首饰银器、实物投资三部分，其中工业制造需求占总需求的比例超过 50.0%。2023 年，随着汽车电动化的进一步发展，以及政府扩大绿色基础设施建设，白银的工业需求增加，消费量达到 9582.00 吨，同比增长 2.6%，全球占比 26.3%（表 1–28；图 1–33）。

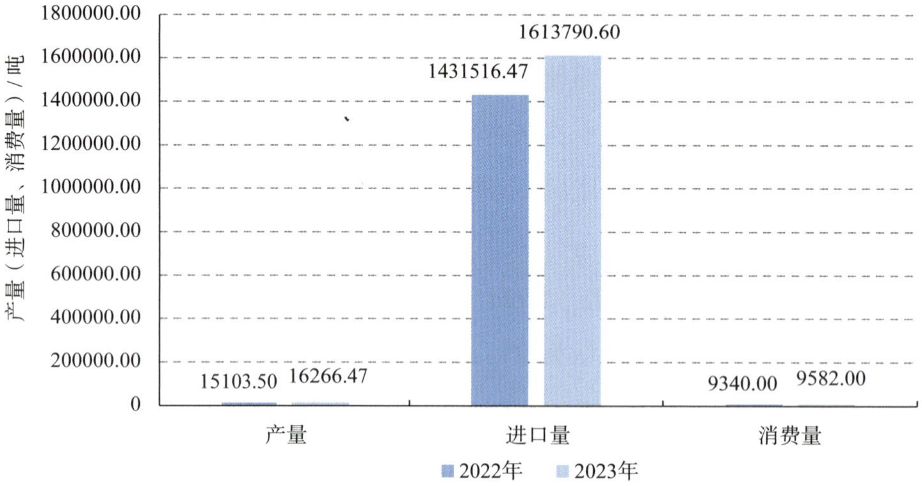

图 1–33　2022—2023 年中国白银产量、进口量、消费量

数据来源：国家统计局、海关总署

（五）农用矿产钾、磷产量出现分化，进口量陡增

2023 年，氯化钾进口量创历史新高，产量与消费量出现分化。盐湖资讯网数据显示，2023 年，中国氯化钾产量为 657.00 万吨，同比减少 12.3%。海关总署数据显示，氯化钾进口量达到 1157.00 万吨，同比增长 45.8%，创下历史新高。其中，俄罗斯、白俄罗斯和加拿大是我国的主要进口国，老挝进口量也大幅提升 134.8%。氯化钾表观消费量约为 1789.00 万吨，同比增长 16.2%（表 1–29；图 1–34）。海关总署数据显示，2024 年 1—6 月，氯化钾累计进口量为 643.20 万吨，同比增长 23.3%；表观消费量达到 915.70 万吨，同比增长 13.3%。

表 1–29　2023 年中国农用矿产产量、进口量和表观消费量

矿产品	产量	单位	增幅 / %	进口量	单位	增幅 / %	表观消费量	单位	增幅 / %
钾	657.00	万吨	–12.3	1157.00	万吨	45.8	1789.00	万吨	16.2
磷	10530.88	万吨	0.5	140.69	万吨	4296.6	10402.73	万吨	3.7

数据来源：盐湖资讯网、海关总署、国家统计局、隆众资讯。

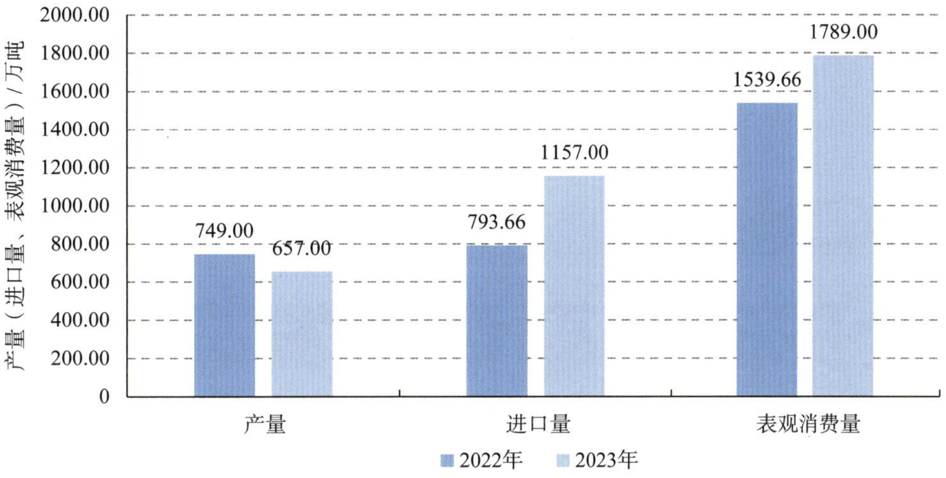

图 1-34　2022—2023 年中国钾产量、进口量、表观消费量

数据来源：盐湖资讯网、海关总署

2023 年，磷矿石产量持平，进口量增长约 43 倍。国家统计局数据显示，磷矿石产量为 10530.88 万吨，同比基本持平。国内新能源集中投产，矿石供应较为紧张，价格持续高位，部分下游企业将目光投向进口磷矿，磷矿石进口量大涨。海关总署数据显示，2023 年，磷矿石进口量达到 140.69 万吨，同比增长 4296.6%，主要来自埃及、约旦、黎巴嫩、阿尔及利亚、巴基斯坦五国，共计占比 99.99%，其中埃及占比 80.6%。隆众资讯数据显示，2023 年，全国磷矿石累计表观消费量为 10402.73 万吨，同比增长 3.7%（表 1-29；图 1-35）。2024 年 1—6 月，据中商产业研究院数据库，中国磷矿石产量为 5081.20 万吨，同比增长 4.8%；海关总署数据显示，磷矿石累计进口量为 98.65 万吨，较去年同期增加 29.9%，其中，未碾磨磷矿石进口量为 88.92 万吨，已碾磨磷矿石进口量为 9.73 万吨。

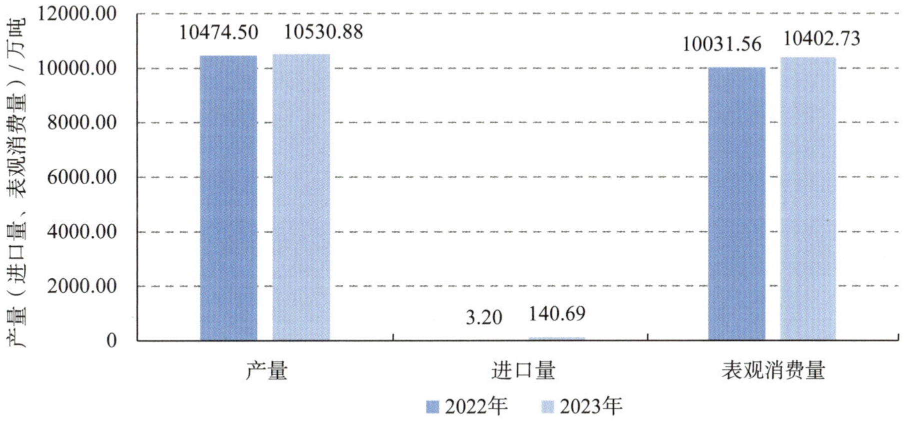

图 1-35　2022—2023 年中国磷产量、进口量、表观消费量

数据来源：海关总署、国家统计局、隆众资讯

>>> 第二章

全球矿产勘查开发态势

2023 年，全球主要固体矿产勘查投入高位回落，同比下降 1.8%，达到 127.6 亿美元，为 2020 年以来的首次下降（图 2–1）。矿产种类上，黄金和铜矿的勘查投入占据主导地位，锂矿的勘查投入快速增长；区域结构上，勘查投入进一步聚焦拉丁美洲，加拿大和澳大利亚同比下降；勘查阶段上，勘查投入持续集中在详查阶段和矿山勘探阶段；资金来源上，大型矿业公司在全球固体矿产勘查投入中仍占据主导地位，风险勘查市场持续活跃。

图 2–1　2013—2023 年全球主要固体矿产勘查投入变化

数据来源：标普全球市场财智

2023 年，全球固体矿产钻探活动大幅减少，钻探项目数量和钻孔数分别同比下降 23.7% 和 23.5%，贵金属钻探项目数量减少，大宗固体矿产和战略性新兴矿产钻探项目数量增多。固体矿产钻探项目矿种集中度降低，黄金钻探项目数量在固体矿产钻探项目数量中的占比下降，但仍居于主导地位，黄金、白银钻探项目数量的占比比 2022 年分别下降 8.3%、1.7%。大宗固体矿产和战略性新兴矿产钻探项目数量呈现上升趋势，占比较 2022 年上升 1.5% 和 9.1%。

2023 年，全球能源矿产储量总体小幅上涨，战略性新兴矿产储量大幅增长，部分大宗固体矿产储量小幅调整，贵金属储量涨幅较大，农用矿产储量小幅增长。石油、天然气储量分别同比增长 0.5%、0.7%，铁矿石、铜矿储量分别同比增长 5.6% 和 12.4%，铝土矿储量同比下降 3.2%，锂矿、钴矿和镍矿储量分别同比增长 7.1%、32.5% 和 30.0%，黄金、白银和铂金储量分别同比增长 13.5%、10.9% 和 1.4%，钾盐和磷矿储量同比增长 9.1% 和 2.8%。

2023 年，按区域分类，全球大型采矿项目总量稍有下降。与 2022 年相比，2023 年，美国和加拿大地区的大型采矿项目数量持平，拉美和加勒比地区的大型采矿项目数量略有增长，其他 4 个地区的大型采矿项目数量均有不同程度减少，其中亚太地区减少最多。按矿种分类，全球大型采矿项目总量结构分化明显。煤矿、铁矿石、铜矿、镍矿和黄金的大型采矿项目数量与 2022 年相比有所下降，锂矿、钴矿和白银的大型采矿项目数量有所上升。西芒杜铁矿、奥尤陶勒盖铜矿和基普什矿山等重大项目取得重要进展。

一、全球主要固体矿产勘查投入高位回落

（一）贵金属勘查投入在全球固体矿产勘查投入中占比过半，铜矿勘查投入创近 10 年新高

2023 年，贵金属勘查投入为 66.02 亿美元，占全球固体矿产勘查投入的 51.7%，仍占据主导地位，其中，黄金勘查投入为 59.15 亿美元，在所有矿种中排名第一。铜矿勘查投入排名第二，占比 24.4%，同比增长 11.6%，达到 31.17 亿美元，创近 10 年新高。战略性新兴矿产勘查投入为 10.35 亿美元，同比减少 10.0%，有缓慢回落趋势，占全球固体矿产勘查投入的 8.1%，其中，锂矿勘查投入同比增长率达到 77.5%，创历史新高（图 2-2）。

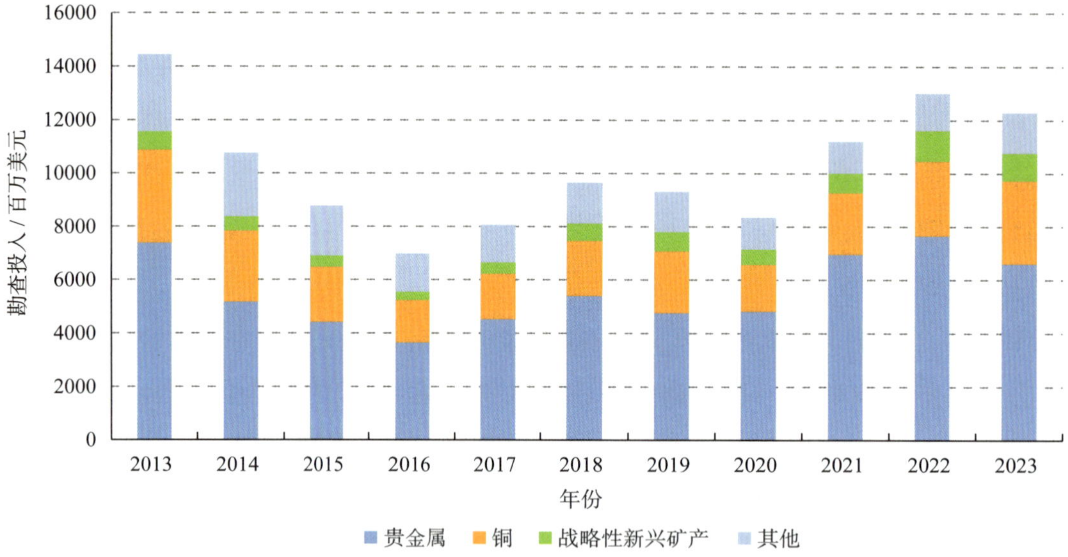

图 2-2 2013—2023 年全球主要矿种勘查投入变化

数据来源：标普全球市场财智

（二）全球固体矿产勘查投入聚焦拉丁美洲，加拿大和澳大利亚同比下降

2023 年，拉丁美洲固体矿产勘查投入最高，为 33.7 亿美元，占全球固体矿产勘查总投入的 26.4%，同比增长 3.4%；其次为加拿大和澳大利亚，分别为 24.4 亿美元和 22.0 亿美元，同比下降 9.0% 和 4.8%；亚太地区固体矿产勘查投入较低，为 3.6 亿美元，仅占全球固体矿产勘查总投入的 2.8%，同比增长 5.9%；非洲地区固体矿产勘查投入相对稳定；美国固体矿产勘查投入同比增长 1.4%（图 2-3）。

（三）详查阶段的固体矿产勘查投入同比增长，草根阶段和矿山勘探阶段均有下降

全球固体矿产勘查投入进一步集中在详查阶段和矿山勘探阶段。2023 年，矿山勘探阶段的固体矿产勘查投入达到 48.8 亿美元，占比 38.2%；详查阶段和草根阶段分别为 48.9 亿美元和 29.8 亿美元，分别占比 38.3% 和 23.4%（图 2-4）。相较于 2022 年，2023 年详查阶段的固体矿产勘查投入稳步提升，同比增长 3.8%；而 2022 年占据固体矿产勘查投入首位的矿山勘探阶段同比下降 3.7%，位居第二；草根阶段的固体矿产勘查投入同比下降 9.8%，稳居第三。

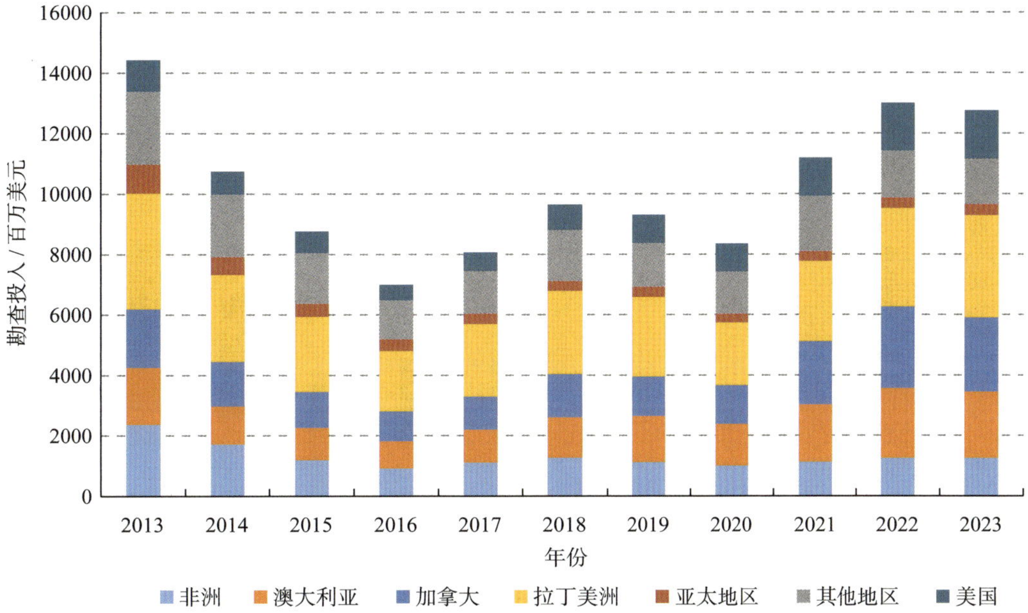

图 2-3　2013—2023 年全球各区域（国家）固体矿产勘查投入变化

数据来源：标普全球市场财智

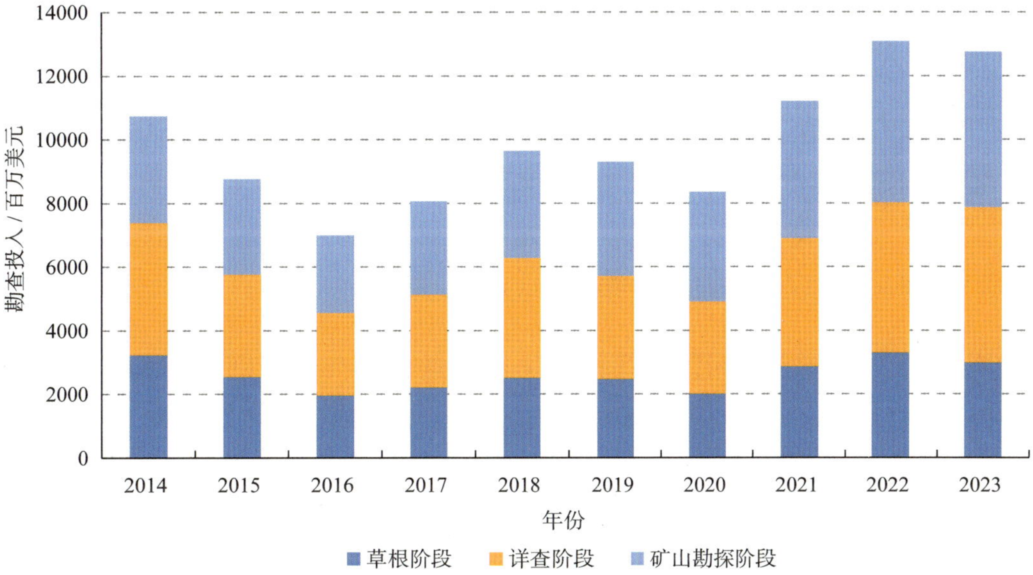

图 2-4　2014—2023 年各勘查阶段全球固体矿产勘查投入变化

数据来源：标普全球市场财智

（四）大型矿业公司投入占据主导地位，初级勘查公司投入略有下降

全球主要固体矿产勘查投入资金来源结构逐渐趋于稳定。2023 年，大型矿业公司占据主导地位，总勘查投入达到 60.2 亿美元，同比增长 1.2%；小型矿业公司的固体矿

产勘查投入小幅下降，为 53.5 亿美元，同比下降 4.6%，但仍处于近 10 年来第二高水平；中型矿业公司和政府部门的全球固体矿产勘查投入分别同比下降 8.0% 和 16.4%（图 2−5）。

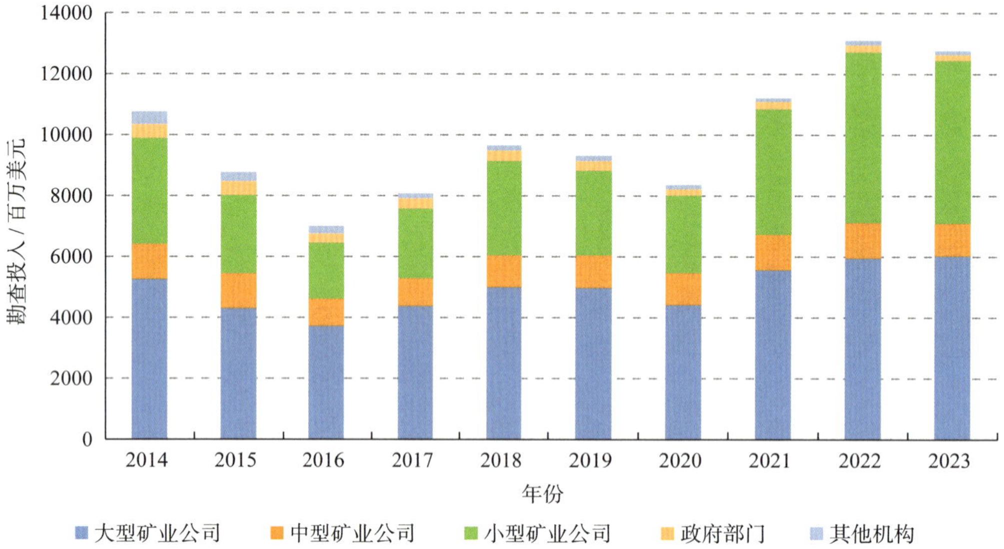

图 2−5　2014—2023 年全球各类型矿业公司和政府等机构勘查投入

数据来源：标普全球市场财智

二、全球固体矿产钻探活动大幅减少

（一）钻探活动大幅减少，维持低位震荡

2023 年全年，全球主要固体矿产钻探项目数量和钻孔数分别为 3437 项和 53582 个，分别同比下降 23.7% 和 23.5%。2024 年 6 月，全球主要固体矿产钻探项目数量和钻孔数分别下降至 186 项和 3535 个（图 2−6）。

（二）大宗固体矿产和战略性新兴矿产钻探项目数量增多，贵金属钻探项目数量减少

大宗固体矿产和战略性新兴矿产钻探项目数量增多。2023 年大宗固体矿产和战略性新兴矿产钻探项目数量的占比分别为 22.7% 和 23.4%（图 2−7），占比较 2022 年上升 1.5% 和 9.1%。

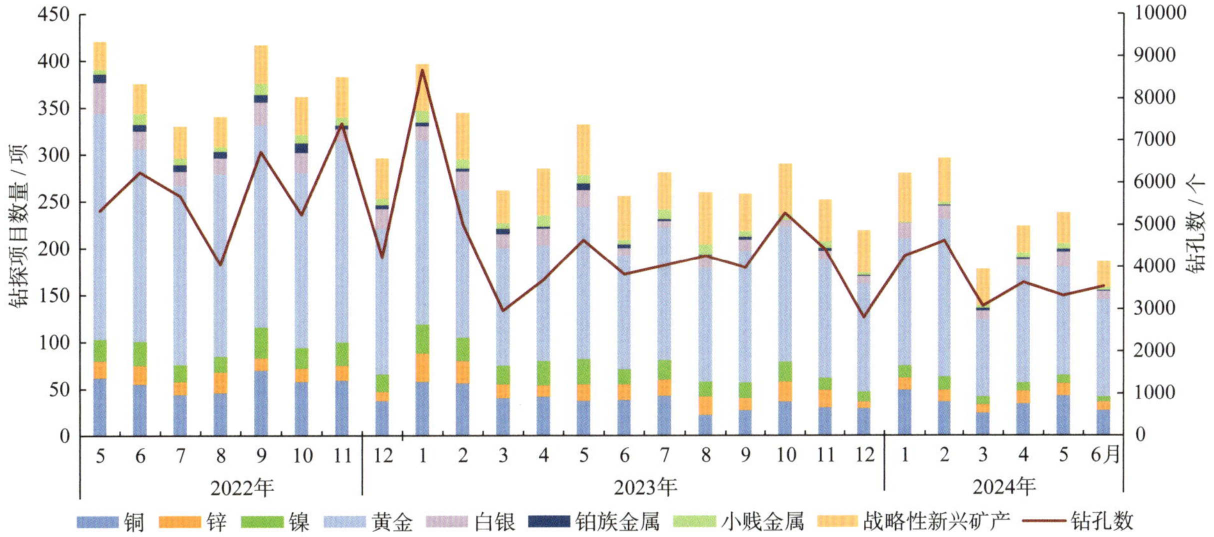

图 2-6 2022 年 5 月至 2024 年 6 月全球主要固体矿产钻探活动月度变化情况

数据来源：标普全球市场财智

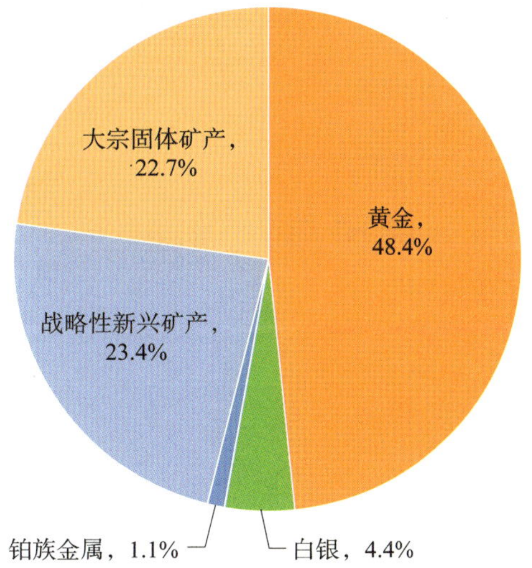

图 2-7 2023 年全球主要固体矿产钻探项目组成

数据来源：标普全球市场财智

贵金属钻探项目数量占比下降，黄金继续占据主导地位。黄金、白银、铂族金属钻探项目数量占已实施的钻探项目总数的比例分别为 48.4%、4.4%、1.1%（图 2-7），占比分别较 2022 年下降 8.3%、1.7% 和 0.6%。2023 年，黄金的月度钻探项目数量占全年已完成钻探项目总数的比例呈现波动下降趋势，截至 2023 年 12 月，占比降至 3.6%（图 2-8）。

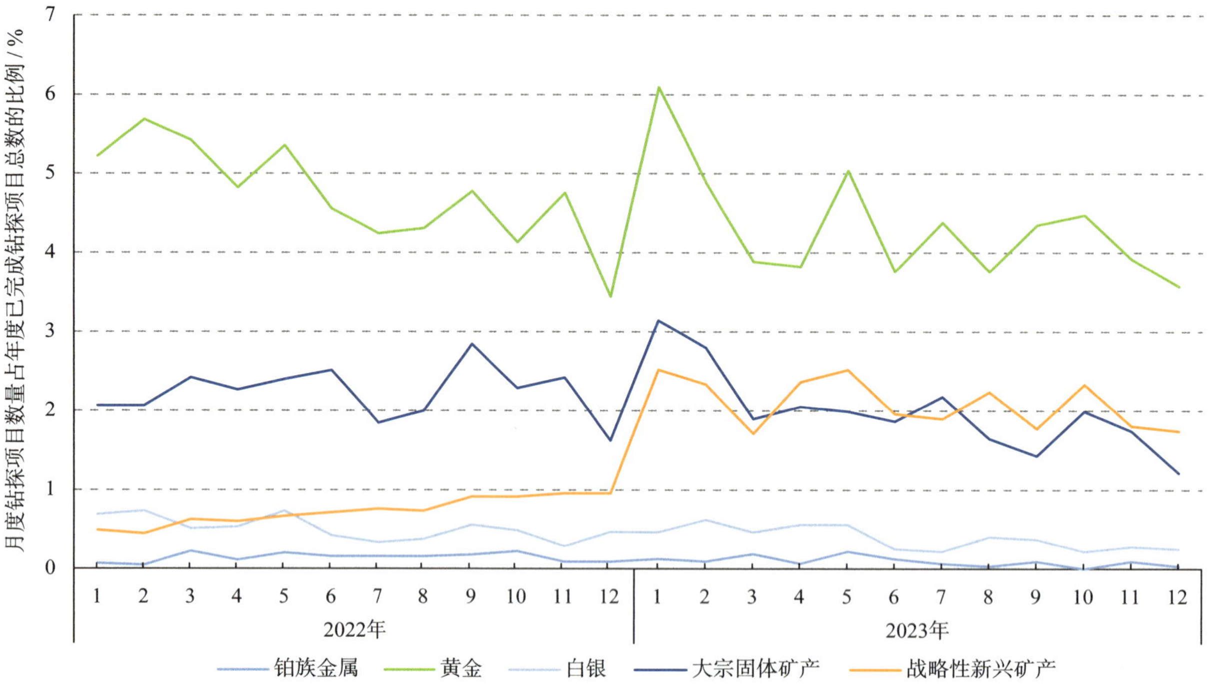

图 2-8　2022—2023 年全球主要固体矿产月度钻探项目数量占年度已完成钻探项目总数的比例

数据来源：标普全球市场财智

三、全球矿产资源新增储量总体增加

（一）能源矿产

1. 石油

全球近一半石油分布在中东五国——沙特阿拉伯、伊朗、伊拉克、科威特、阿拉伯联合酋长国，近两成石油分布在委内瑞拉。

2023 年，全球石油储量为 2393.75 亿吨，同比增长 0.5%。全球石油储量前五的国家为委内瑞拉、沙特阿拉伯、伊朗、加拿大和伊拉克，石油储量分别占全球石油储量的 17.3%、15.2%、11.9%、9.3% 和 8.3%，合计占比 62.0%。中国石油储量为 38.05 亿吨，在全球石油储量中的占比为 1.6%，居世界第 13 位（图 2-9）。

储量增长的国家主要有美国（5.23 亿吨）、阿拉伯联合酋长国（2.73 亿吨）、巴西（2.20 亿吨）、中国（1.21 亿吨），4 国合计增长 11.37 亿吨；储量减少的国家主要有加拿大（0.95 亿吨）、英国（0.41 亿吨）、委内瑞拉（0.34 亿吨），3 国合计减少 1.70 亿吨。

2. 天然气

全球近 1/3 的天然气分布在伊朗、卡塔尔、土库曼斯坦 3 国，超两成分布在俄罗斯。

2023 年，全球天然气储量为 212.56 万亿立方米，同比增长 0.7%。全球天然气储量前五的国家为俄罗斯、伊朗、卡塔尔、美国和土库曼斯坦，天然气储量分别占全球天然气储量的 22.5%、16.0%、11.2%、8.2% 和 5.3%，合计占比 63.2%。中国天然气储量为 7.50 万亿立方米，在全球天然气储量中的占比为 3.5%，居全球第 8 位（图 2-10）。

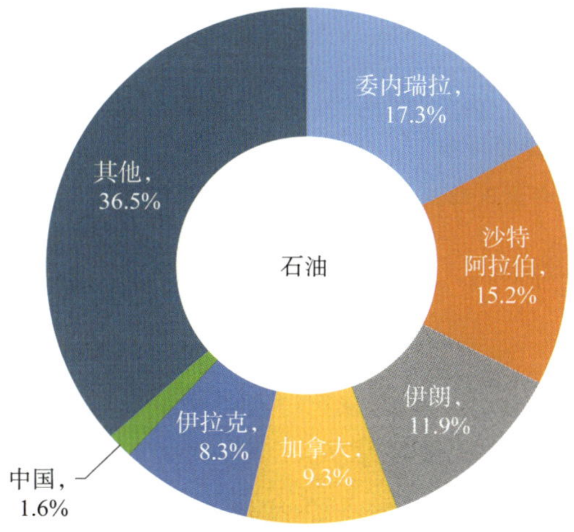

图 2-9　2023 年全球石油储量分布

数据来源：《油气杂志》

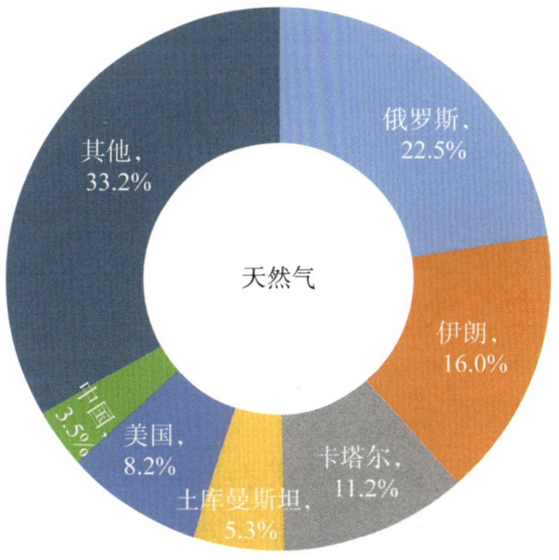

图 2-10　2023 年全球天然气储量分布

数据来源：《油气杂志》

储量增长的国家主要有沙特阿拉伯（1.01 万亿立方米）、美国（0.73 万亿立方米）、中国（0.25 万亿立方米），3 国合计增长 1.99 万亿立方米；储量减少的国家主要有印度（0.23 万亿立方米）、安哥拉（0.17 万亿立方米）、印度尼西亚（0.15 万亿立方米），3 国合计减少 0.55 万亿立方米。

3. 煤炭

全球煤炭分布较为集中，美国、俄罗斯、澳大利亚、中国、印度 5 国储量总和占全球储量的比例超 75%。

2020 年，全球煤炭探明储量为 10741.00 亿吨，同 2019 年相比无新增储量。全球煤炭储量前五的国家为美国、俄罗斯、澳大利亚、中国和印度，煤炭储量分别占全球煤炭储量的 23.2%、15.1%、14.0%、13.3% 和 10.3%，合计占比为 75.9%（图 2-11）。

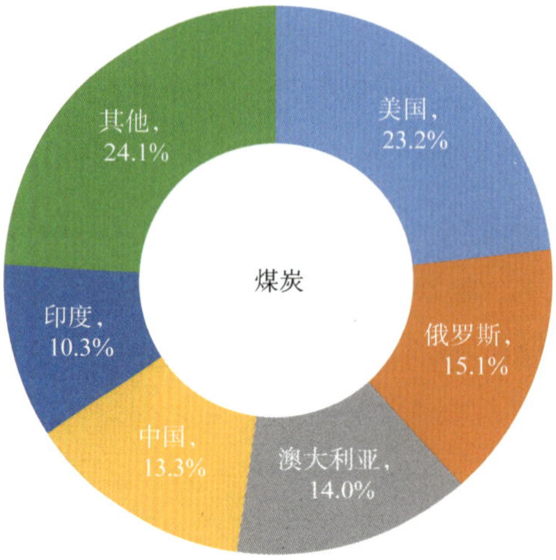

图 2-11 2020 年全球煤炭储量分布

数据来源：BP《世界能源统计年鉴 2022》

（二）大宗固体矿产

1. 铁矿石

全球超 60% 的铁矿石分布在巴西、俄罗斯、澳大利亚和加拿大。

2023 年，全球铁矿石储量为 1900.00 亿吨，同比增长 5.6%。全球铁矿石储量前五的国家为澳大利亚、巴西、俄罗斯、中国和加拿大，铁矿石储量分别占全球铁矿石储量的 30.5%、17.9%、15.3%、10.5% 和 3.2%，合计占比 77.4%（图 2-12）。储量增长的国家主要有澳大利亚（70.00 亿吨）、伊朗（6.00 亿吨）和美国（1.00 亿吨），3 国合计新增 77.00 亿吨。

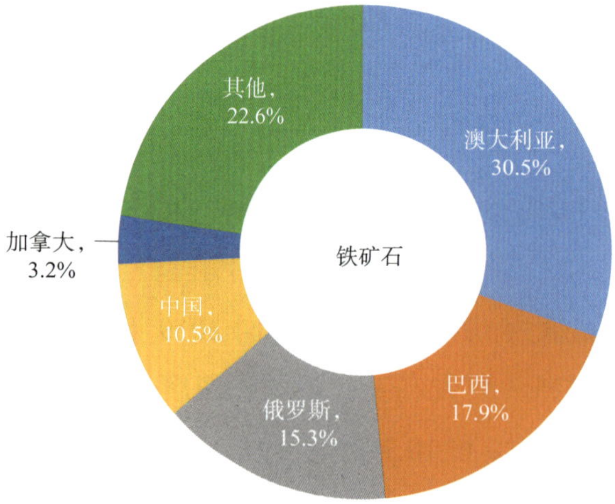

图 2-12 2023 年全球铁矿石储量分布

数据来源：USGS

2. 铜矿

全球超 30% 铜矿分布在智利和秘鲁。

2023 年，全球铜矿储量为 10.00 亿吨，同比增长 12.4%。全球铜矿储量前五的国家为智利、秘鲁、澳大利亚、俄罗斯和刚果（金），铜矿储量分别占全球铜矿储量的 19.0%、12.0%、10.0%、8.0% 和 8.0%，合计占比 57.0%。中国铜矿储量为 4100.00 万吨，在全球铜矿储量中的占比为 4.1%（图 2–13），居全球第 7 位。储量增长的国家主要有刚果（金）（4900.00 万吨）、秘鲁（3900.00 万吨）和俄罗斯（1800.00 万吨），3 国合计新增 1.06 亿吨。

3. 铝土矿

全球超七成铝土矿分布在几内亚、越南、澳大利亚、巴西和牙买加。

2023 年，全球铝土矿储量为 300.00 亿吨，同比下降 3.2%。全球铝土矿储量前五的国家为几内亚、越南、澳大利亚、巴西和牙买加，铝土矿储量分别占全球铝土矿储量的 24.7%、19.3%、11.7%、9.0% 和 6.7%，合计占比 71.4%。中国铝土矿储量为 7.10 亿吨，在全球铝土矿储量中的占比为 2.4%，居全球第 7 位（图 2–14）。储量减少的国家主要有澳大利亚（16.00 亿吨）、俄罗斯（0.20 亿吨）、印度（0.10 亿吨），3 国合计减少 16.30 亿吨。

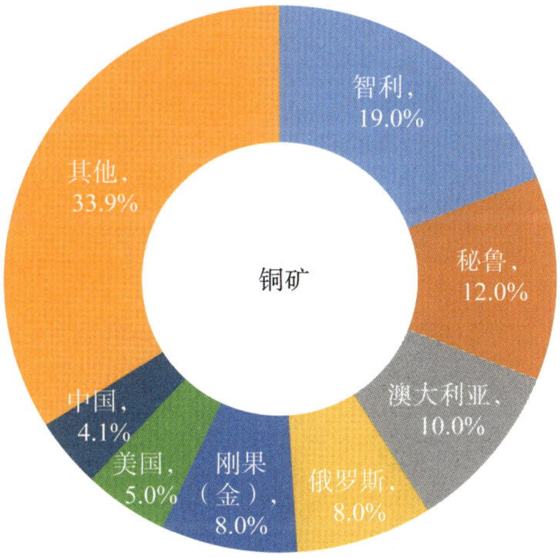

图 2–13 2023 年全球铜矿储量分布

数据来源：USGS

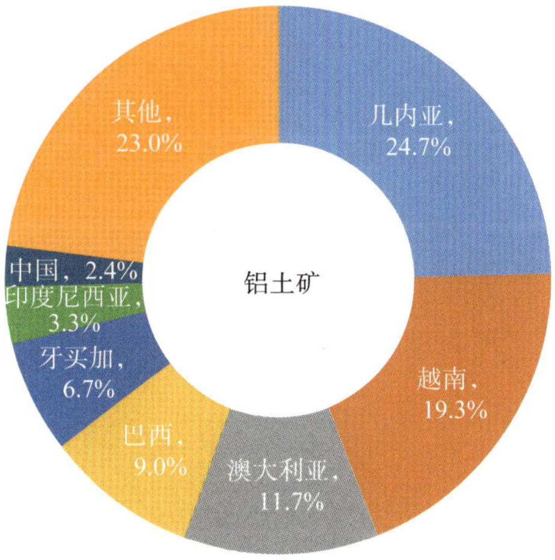

图 2–14 2023 年全球铝土矿储量分布

数据来源：USGS

（三）战略性新兴矿产

1. 锂矿

全球近五成锂矿分布在智利和阿根廷，近 1/4 分布在澳大利亚。

2023 年，全球锂矿储量（折合碳酸锂）为 14800.80 万吨，同比增长 7.1%。全球锂矿储量前五的国家为智利、澳大利亚、阿根廷、中国和美国，分别占全球的 33.2%、22.1%、12.9%、10.7% 和 3.9%，合计占比 82.8%（图 2-15）。储量增长的国家主要有中国（528.60 万吨）、阿根廷（475.75 万吨）和巴西（74.00 万吨），3 国合计新增 1078.35 万吨。

2. 钴矿

全球超一半钴矿分布在刚果（金），近 1/4 分布在澳大利亚、古巴和印度尼西亚。

2023 年，全球钴矿储量为 1100.00 万吨，同比增长 32.5%。全球钴矿储量前五的国家为刚果（金）、澳大利亚、古巴、印度尼西亚和菲律宾，钴矿储量分别占全球钴矿储量的 54.5%、15.5%、4.5%、4.5% 和 2.4%，合计占比 81.4%（图 2-16）。储量增长的国家主要有刚果（金）（200.00 万吨）、澳大利亚（20.00 万吨）、土耳其（5.50 万吨），3 国合计新增 225.50 万吨。

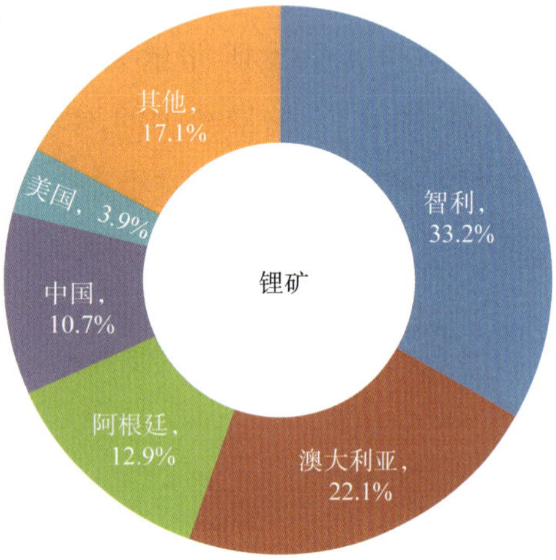

图 2-15　2023 年全球锂矿储量分布

数据来源：USGS

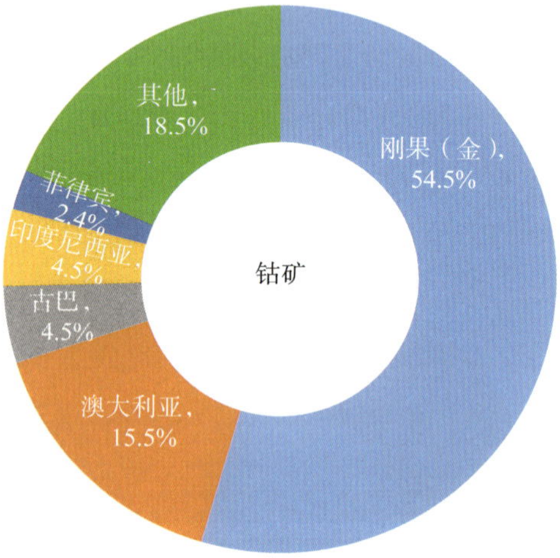

图 2-16　2023 年全球钴矿储量分布

数据来源：USGS

3. 镍矿

全球超四成镍矿分布在印度尼西亚，超三成分布在澳大利亚和巴西。

2023 年，全球镍矿储量为 1.30 亿吨，同比增长 30.0%。全球镍矿储量前五的国家和地区为印度尼西亚、澳大利亚、巴西、俄罗斯和法属新喀里多尼亚，镍矿储量分别占全球镍矿储量的 42.3%、18.5%、12.3%、6.4% 和 5.5%，合计占比 85.0%。中国镍储量为 420.00 万吨，在全球镍矿储量中的占比为 3.2%（图 2-17），居世界第 7 位。储量增长的国家主要有印度尼西亚（3400.00 万吨）、澳大利亚（300.00 万吨）、中国（210.00 万吨），3 国合计新增 3910.00 万吨。

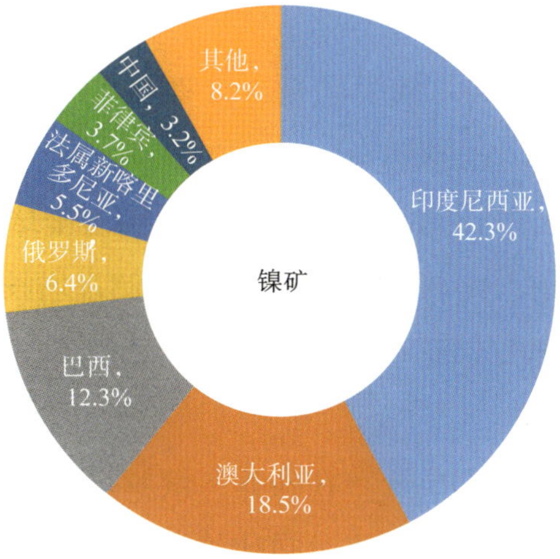

图 2-17　2023 年全球镍矿储量分布

数据来源：USGS

（四）贵金属

1. 黄金

全球黄金分布较为广泛，约一半储量分布在澳大利亚、俄罗斯、南非 3 国。

2023 年，全球黄金储量为 5.90 万吨，同比增长 13.5%。全球黄金储量前五的国家为澳大利亚、俄罗斯、南非、美国和中国，黄金储量分别占全球黄金储量的 20.3%、18.8%、8.5%、5.1% 和 5.1%，合计占比 57.8%（图 2-18）。储量增长的国家主要有俄罗斯（0.43 万吨）、澳大利亚（0.36 万吨）、中国（0.11 万吨），3 国合计新增 0.90 万吨；储量减少的国家主要有秘鲁（0.06 万吨）。

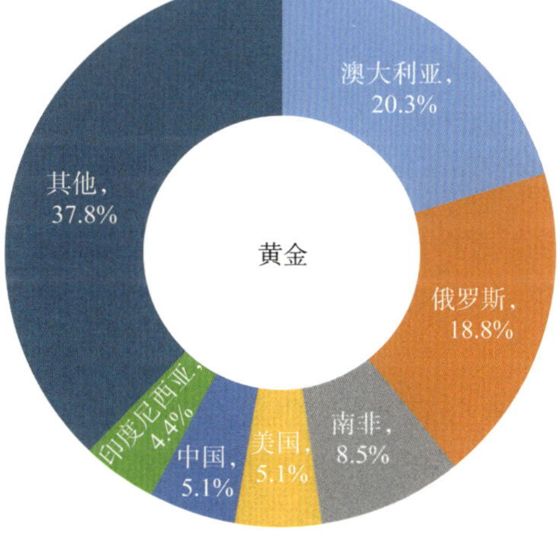

图 2-18　2023 年全球黄金储量分布

数据来源：USGS

2. 白银

全球 2/3 以上白银分布在秘鲁、澳大利亚、俄罗斯、中国和波兰 5 国。

2023 年，全球白银储量为 61.00 万吨，同比增长 10.9%。全球白银储量前五的国家为秘鲁、澳大利亚、俄罗斯、中国和波兰，白银储量分别占全球白银储量的 18.0%、15.4%、15.1%、11.8% 和 10.3%，合计占比 70.6%（图 2-19）。储量增长的国家主要有俄罗斯（4.70 万吨）、秘鲁（1.20 万吨）、澳大利亚（0.20 万吨）,3 国合计新增 6.10 万吨。

3. 铂金

全球铂金分布高度集中，约九成分布在南非，俄罗斯和津巴布韦铂金储量占近一成。

2023 年，全球铂金储量为 7.10 万吨，同比增长 1.4%。全球铂金储量高度集中于南非、俄罗斯和津巴布韦，铂金储量分别占全球铂金储量的 88.7%、7.7% 和 1.7%，合计占比 98.1%（图 2-20）。储量减少的国家主要有美国（80.00 吨）。

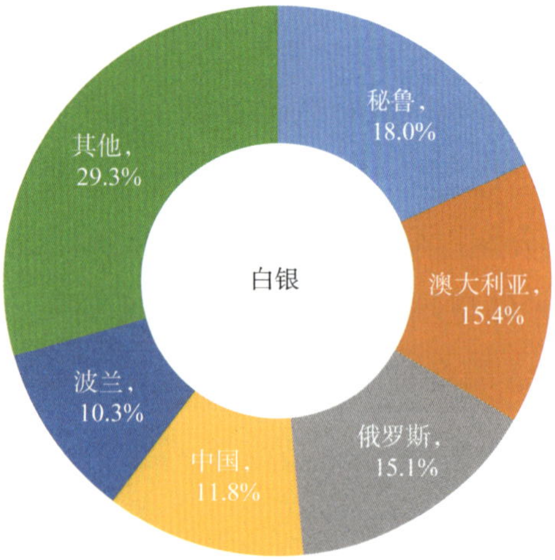

图 2-19　2023 年全球白银储量分布

数据来源：USGS

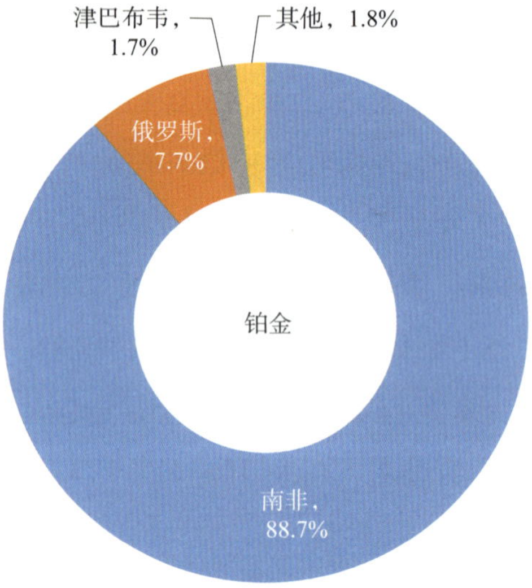

图 2-20　2023 年全球铂金储量分布

数据来源：USGS

（五）农用矿产

1. 钾盐

全球钾盐分布较为广泛，约七成储量分布在加拿大、白俄罗斯和俄罗斯 3 国。

2023 年，全球钾盐储量超 36.00 亿吨，同比增长 9.1%。全球钾盐储量前五的国家为加拿大、白俄罗斯、俄罗斯、美国和中国，钾盐储量分别占全球钾盐储量的 30.6%、20.9%、18.1%、6.1% 和 5.0%，合计占比 80.7%（图 2-21）。除上述国家外，以色列和约

且还有大量盐湖型钾盐未统计在内。储量增长的国家主要有俄罗斯（2.50 亿吨）和中国（0.10 亿吨），两国合计新增 2.60 亿吨。

2. 磷矿

全球磷矿分布较集中，约七成储量在摩洛哥。

2023 年，全球磷矿储量为 740.00 亿吨，同比增长 2.8%。全球磷矿储量前五的国家为摩洛哥、中国、埃及、突尼斯和俄罗斯，磷矿储量分别占全球磷矿储量的 67.6%、5.1%、3.8%、3.4% 和 3.2%，合计占比 83.1%（图 2-22）。储量增长的国家主要有中国（19.00 亿吨）和俄罗斯（18.00 亿吨），两国合计新增 37.00 亿吨。

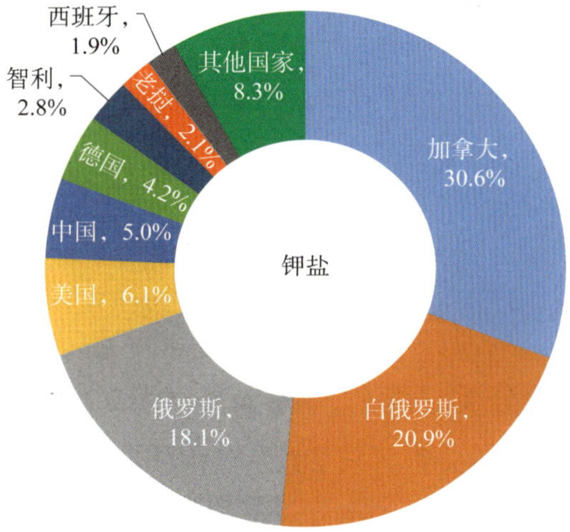

图 2-21　2023 年全球钾盐储量分布
数据来源：USGS

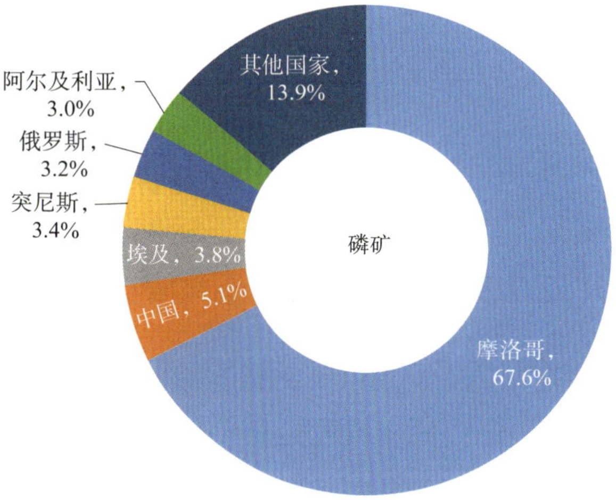

图 2-22　2023 年全球磷矿储量分布
数据来源：USGS

四、全球大型采矿项目总量略有下降且矿种结构分化

（一）大型采矿项目总量略有下降

2023 年，根据标普全球市场财智数据，按区域分类，全球大型采矿项目共计 2301 个，与 2022 年相比减少 66 个，同比下降 2.8%。在全球六大地区中，亚太地区的大型采矿项目数量最多，为 1082 个，全球占比 47.0%；其次为拉美和加勒比地区，为 376 个，全球占比 16.3%；非洲地区、美国和加拿大地区、欧洲地区的大型采矿项目数量相差不大，分别为 277 个、274 个、271 个，全球占比分别为 12.0%、11.9%、11.8%；中东地区的大型采矿项目数量较少，为 21 个，全球占比 0.9%。美国和加拿大地区的大型采矿项目数量与 2022 年持平；拉美和加勒比地区的大型采矿项目数量与 2022 年相比略有增长；剩

余 4 个地区的大型采矿项目数量与 2022 年相比均有不同程度的减少，其中，亚太地区的大型采矿项目减少最多，共 60 个，同比下降 5.3%（图 2–23）。

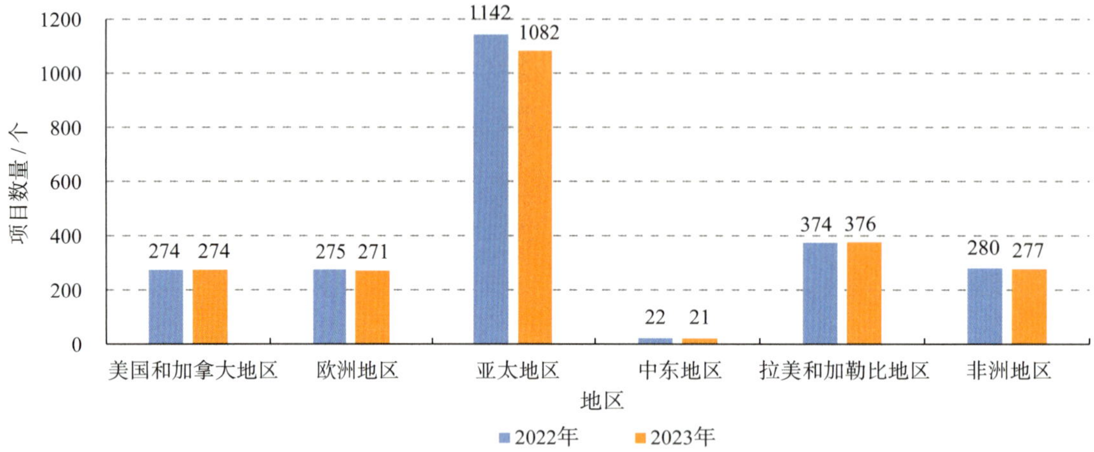

图 2–23　2022—2023 年全球各地区大型采矿项目数量变化

数据来源：标普全球市场财智

（二）大型采矿项目不同矿种结构分化明显

2023 年，根据标普全球市场财智数据，按矿种分类，煤矿、铁矿石、铜矿、锂矿、钴矿、镍矿、黄金和白银的大型采矿项目数量共计 1886 个，与 2022 年相比减少 47 个，同比下降 2.4%。其中，煤矿、铁矿石、铜矿、镍矿和黄金的大型采矿项目数量与 2022 年相比有所下降，分别减少 12 个、9 个、12 个、6 个及 19 个，分别下降 6.3%、2.2%、2.3%、6.5% 及 3.2%；锂矿、钴矿和白银的大型采矿项目数量与 2022 年相比有所上升，锂矿大型采矿项目数量增加最多，共 9 个，同比增长 31.0%（图 2–24）。

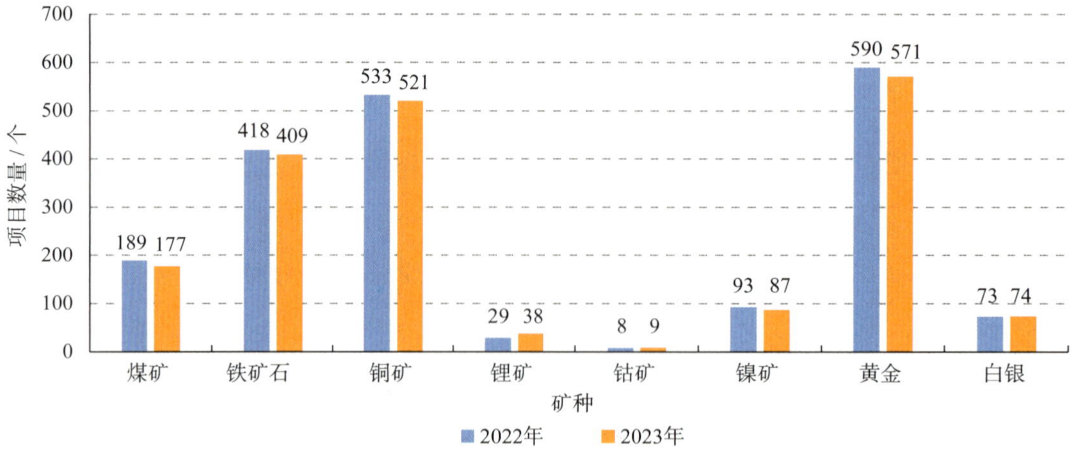

图 2–24　2022—2023 年全球各矿种大型采矿项目数量变化

数据来源：标普全球市场财智

>>> 第三章

全球矿产品市场走势

2023 年，全球矿产品价格总体震荡下行。全球经济疲软、银行风险加剧等因素导致能源矿产价格总体下行，较 2022 年均价下降超二成；大宗固体矿产价格分化，价格震荡加剧；战略性新兴矿产供强需弱，价格持续下跌，电池级碳酸锂年内价格跌幅超八成。2024 年上半年，矿产品价格分化，能源矿产价格整体回落；贵金属价格宽幅震荡上行，刷新历史纪录；大宗固体矿产价格分化，铁矿石价格年内下跌近三成，铜价创历史新高；战略性新兴矿产价格持续下跌；农用矿产价格年内下跌超二成。

2023 年，矿业公司股价震荡下行。主要油气公司股价下滑，净利润下降明显；主要固体矿产公司股价先抑后扬，净利润下降超二成，但总体仍保持高位；战略性新兴矿产公司股价大幅下滑，利润下降。2024 年第一季度，矿业公司股价先抑后扬。主要油气公司股价窄幅震荡，第一季度净利润同比下降超 15%；主要固体矿产公司在供需宽松格局下净利润下滑；以黄金为主要业务的公司 2024 年前两个季度的净利润同比上涨超 100%；主要战略性新兴矿产公司净利润同比下降超六成；以钾盐为主要业务的公司股价下行，净利润同比下降超五成。

2023 年初至今，矿业融资市场呈现降温趋势，股权融资仍占主要地位。其中，战略性新兴矿产融资回暖，大宗固体矿产融资承压，黄金融资额下滑，多伦多证券交易所和澳大利亚证券交易所仍是固体矿产项目最主要的融资场所。全球主要固体矿产并购交易市场回暖但交易审慎，交易集中在大洋洲。其中，全球贵金属并购交易市场投资增加，聚焦大洋洲；大宗固体矿产并购交易市场降温，铜仍占主导地位；战略性新兴矿产并购交易市场中，锂降温，镍、钴走势分化。

一、主要矿产品价格震荡下行

（一）能源矿产价格整体回落

1. 原油

2023 年，原油价格宽幅震荡，总体下行 6 次触底，均价比 2022 年下降 18%；2024 年上半年，原油价格先扬后抑。

2023 年，在欧美主要经济体加息政策、OPEC 减产政策和巴以冲突等影响下，布伦特原油现货价格宽幅震荡。2023 年上半年，布伦特原油现货价格在 2022 年底下降趋势的基础上震荡下行；2023 年下半年，价格先扬后抑，第三季度原油供需利好提振油价，整体上行，第四季度在多重利空压力下价格下行（图 3–1）。

2024 年上半年，布伦特原油现货价格宽幅震荡，第一、第二季度先扬后抑。第一季度油价震荡反弹上行，2024 年 4 月 12 日，布伦特原油现货结算价为 93.57 美元 / 桶，与 2024 年初相比上涨 23.2%；第二季度震荡下行后有所反弹，7 月 31 日，布伦特原油现货价格收于 81.60 美元 / 桶，同比下降 5.0%（图 3–1）。

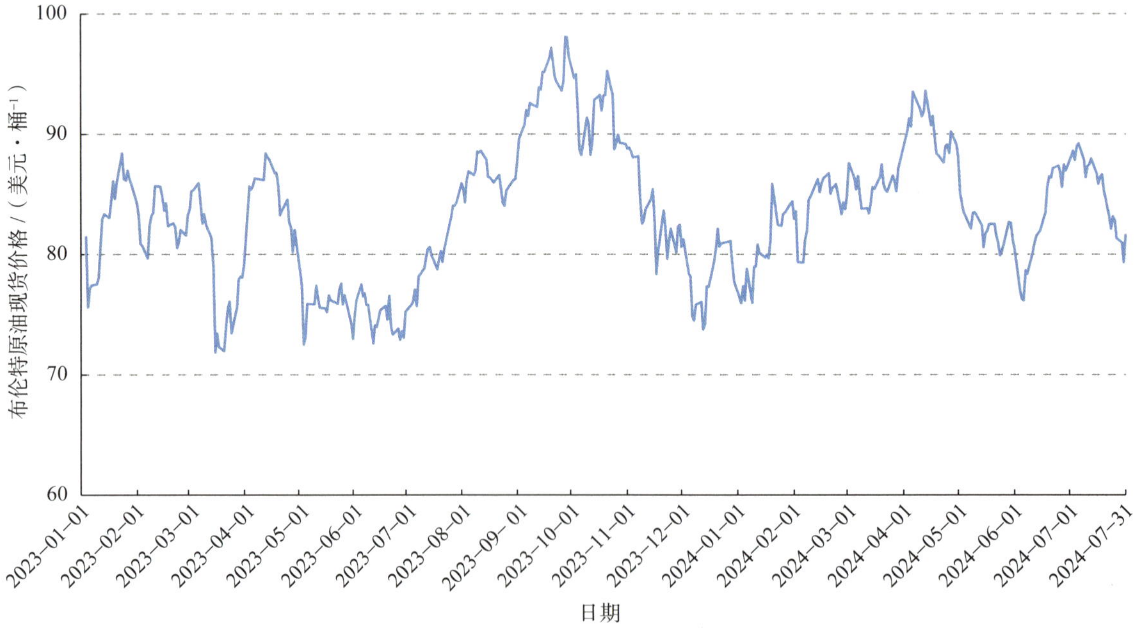

图 3–1　2023 年 1 月至 2024 年 7 月布伦特原油现货价格走势

数据来源：Wind

2. 天然气

供需基本面宽松，天然气价格高位回落，整体保持较低水平；2024 年上半年，天然气价格延续下行趋势。

2023 年，天然气价格在年初高位的基础上总体呈现下跌趋势，虽然受中东局势、澳大利亚天然气工人罢工等地缘政治因素影响，天然气价格短期内有所上扬，但在天气温和、库存水平较高、需求低迷的情况下，价格总体保持较低水平。2023 年底，欧洲天然气期货、英国天然气期货和亨利港天然气期货价格分别同比下降 60.3%、56.4%、40.6%。2024 年，天然气价格延续下行趋势，7 月 31 日，亨利港天然气现货价格为 1.85 美元 / 百万英热[1]，同比下降 29.8%，年内下降 31.7%（图 3-2）。

图 3-2 2023 年 1 月至 2024 年 7 月不同区域天然气价格走势

数据来源：Wind

3. 煤炭

2023 年，煤炭价格快速回落，保持低位，年内降幅达 62.5%；2024 年上半年，煤炭价格窄幅震荡，年内均价为 131.41 美元 / 吨。

2023 年，发达经济体煤炭需求下降，欧盟、美国煤炭消费量下降 20% 以上，煤炭价格总体呈下降趋势，2023 年底价格与 2022 年底相比下降 62.9%。2023 年，澳大利亚纽卡

[1] 1 百万英热 ≈1055 兆焦。

斯尔港动力煤均价为 171.28 美元 / 吨，较 2022 年均价下降 44.7%。2024 年上半年，煤炭价格窄幅震荡，第一季度下行后，第二季度略有回升，2024 年 7 月下旬报价为 136.53 美元 / 吨，年内下降 3.4%，年内均价与 2023 年均价相比下降 23.2%（图 3–3）。

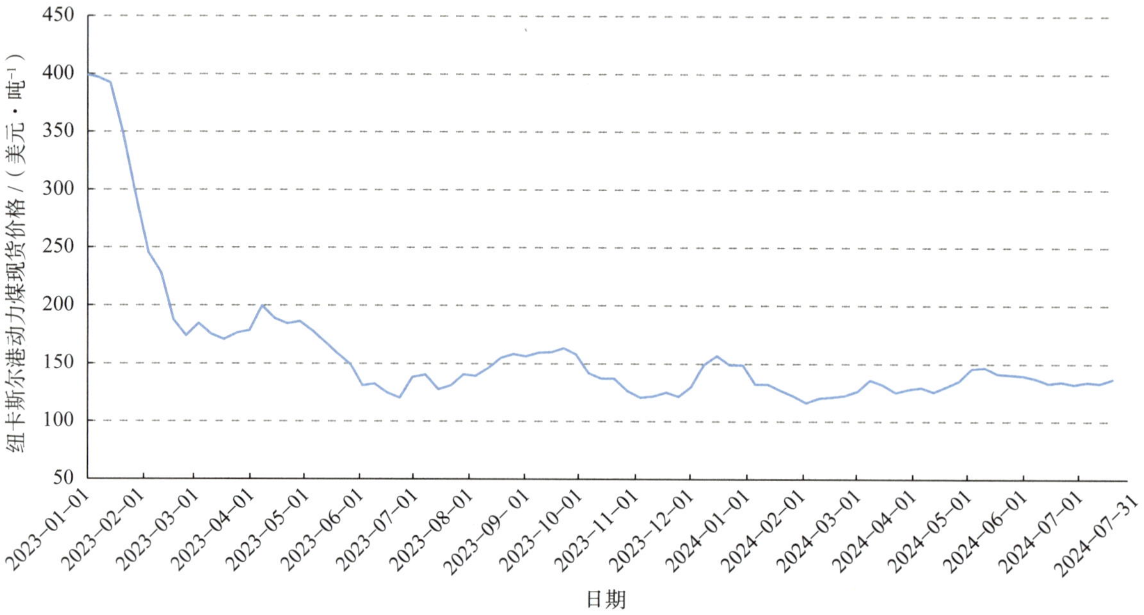

图 3–3　2023 年 1 月至 2024 年 7 月澳大利亚纽卡斯尔港动力煤现货价格走势

数据来源：Wind

（二）贵金属价格分化，总体宽幅震荡上行

1. 黄金

2023 年，黄金价格维持 2022 年底的上涨趋势，宽幅震荡上行；2024 年上半年，价格多次冲高，刷新历史纪录。

2023 年，受地缘政治风险和全球经济压力的影响，黄金价格一路攀升（图 3–4）。2023 年，伦敦现货黄金价格先抑后扬，12 月 29 日收于 2062.40 美元 / 盎司，年内上涨 11.9%。在欧美主要央行持续加息、全球经济压力不断增大的背景下，各国央行大规模持续购入黄金，叠加硅谷银行“风暴”等影响因素，黄金价格一路走高，5 月、12 月多次创新高，2023 年均价达 1941.48 美元 / 盎司，与 2022 年均价相比上涨 7.9%。美联储下半年降息预期增强，全球地缘政治冲突延宕，市场避险情绪升温，黄金价格不断上涨，2024 年 4 月 12 日突破 2400 美元大关，7 月 17 日报价为 2480.25 美元 / 盎司，再创历史纪录，截至 7 月底，2024 年年内涨幅为 17.4%。

图 3-4 2023 年 1 月至 2024 年 7 月伦敦现货黄金价格走势

数据来源：Wind

2. 白银

2023 年以来，白银价格震荡上行，涨幅超过黄金。

2023 年，全球白银供给量、需求量分别下降 2%、10%，工业用（主要用于光伏电池）白银需求量增加约 15%。供需走势相对平稳，2023 年全年价格在 20 ~ 26 美元 / 盎司之间波动（图 3-5），均价为 23.3 美元 / 盎司，多次出现震荡，12 月 29 日，伦敦现货白银收于 23.79 美元 / 盎司，年内下降 2.1%。2024 年上半年，受黄金价格不断刷新历史新高"溢出"的影响，白银价格呈现上涨趋势。5 月 29 日，伦敦现货白银收于 32.01 美元 / 盎司，与年初相比上涨 33.7%。截至 7 月底，2024 年伦敦现货白银价格年内上涨 19.3%。

3. 铂金

2023 年，铂金价格宽幅频繁震荡，年内价格下降 7.6%；2024 年上半年，铂金价格震荡翘尾。

2023 年第一季度，铂金价格快速下跌后反弹上升至 1128 美元 / 盎司，近 2022 年价格历史高点，随后震荡下跌（图 3-6），2023 年内下跌 7.6%。2024 年上半年，铂金价格呈波动趋势，先抑后扬，7 月 31 日，伦敦现货铂金价格为 972 美元 / 盎司，同比上涨 2.4%。世界铂金投资协会预计，2024 年铂金供需缺口约 13 万吨，一定程度上支撑了铂金价格。

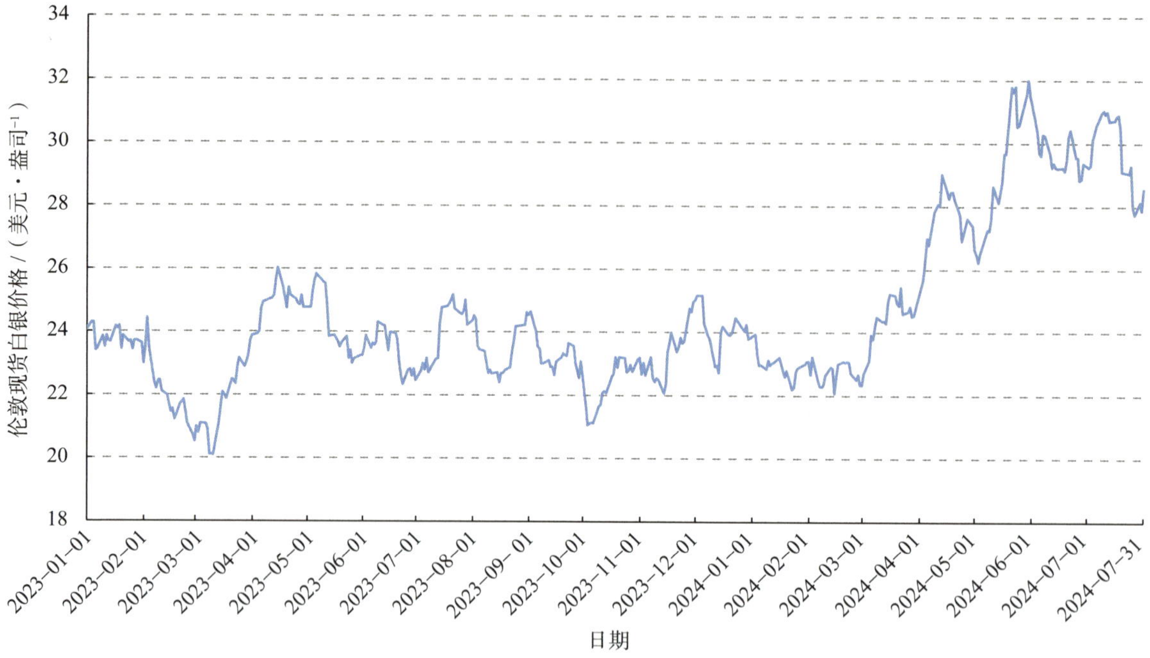

图 3-5　2023 年 1 月至 2024 年 7 月伦敦现货白银价格走势

数据来源：Wind

图 3-6　2023 年 1 月至 2024 年 7 月伦敦现货铂金价格走势

数据来源：Wind

（三）大宗固体矿产价格分化，价格震荡加剧

1. 铁矿石

2023 年，铁矿石价格先抑后扬，呈震荡上行趋势；2024 年上半年，铁矿石价格呈震荡下行趋势。

2023 年，铁矿石价格与钢材价格背道而驰，呈震荡走高之势（图 3-7），年底收于 140.98 美元 / 千吨，创年内新高，同比上涨 19.7%。2023 年第一季度延续 2022 年底政策调整需求改善的格局，价格走高；3—5 月，全球经济弱势叠加海外银行危机等风险，价格快速回调并创下年内最低纪录，仅为 96.98 美元 / 千吨；随后在政策和需求支撑下，反弹上行，创年内新高。2024 年上半年，铁矿石价格呈下行趋势，第一季度价格持续下行，4 月初进入阶段低点，随后有所反弹，7 月 31 日，铁矿石价格为 100.95 美元 / 千吨，年内下跌 29.4%。

图 3-7　2023 年 1 月至 2024 年 7 月铁矿石价格走势

数据来源：Wind

2. 铜

2023 年，铜价冲高后持续回落，年底反弹，年内上涨 1.0%；2024 年上半年，铜价先扬后抑，创历史新高。

2023 年，铜价均价为 8477.8 美元 / 吨。2023 年第一季度，在中国经济政策刺激下和投资者预期推动下，铜价强势上涨至 9436 美元 / 吨；随后，在中国需求弱、海外银行风

险事件、美债上线危机等压力下，铜价震荡下行，5 月 25 日跌至 7922 美元 / 吨；下半年，在海外市场风险修复、美债上限协议达成和中国国内政策刺激下，铜价窄幅震荡，12 月 19 日伦敦金属交易所（LME）铜现货结算价格收于 8476 美元 / 吨，年内上涨 1.0%。2024 年上半年，铜价呈现先涨后跌态势（图 3–8）。全球制造业 PMI（采购经理人指数）同比上升，全球经济复苏趋势叠加美联储降息预期支撑铜价上涨；巴拿马铜矿停产、智利铜矿事故等进一步影响铜矿供应，供需偏紧态势驱动价格上涨。2024 年第一季度，铜价延续 2023 年上涨趋势；5 月中旬，LME 铜现货结算价格收于 10857 美元 / 吨，创历史新高，同比上涨 34.1%；随后有所回落，7 月底，LME 铜现货结算价格收于 9014.5 美元 / 吨，年内上涨 6.9%。

图 3–8　2023 年 1 月至 2024 年 7 月 LME 铜现货结算价格走势

数据来源：Wind

3. 铝

2023 年，铝价先扬后抑，短暂上行后震荡下行；2024 年上半年，铝价冲高后回落。

2023 年初，铝价短暂上涨，随后震荡下行，全年均价为 2249.5 美元 / 吨，较 2022 年均价下降 16.8%。2024 年上半年，铝价先扬后抑，年内下降 3.6%。2024 年第一季度 LME 铝现货结算价格震荡上行，5 月底收于 2695 美元 / 吨，与年初相比上涨 15.3%，随后波动下行，7 月底，LME 铝现货结算价格收于 2252 美元 / 吨（图 3–9），同比上涨 2.6%。

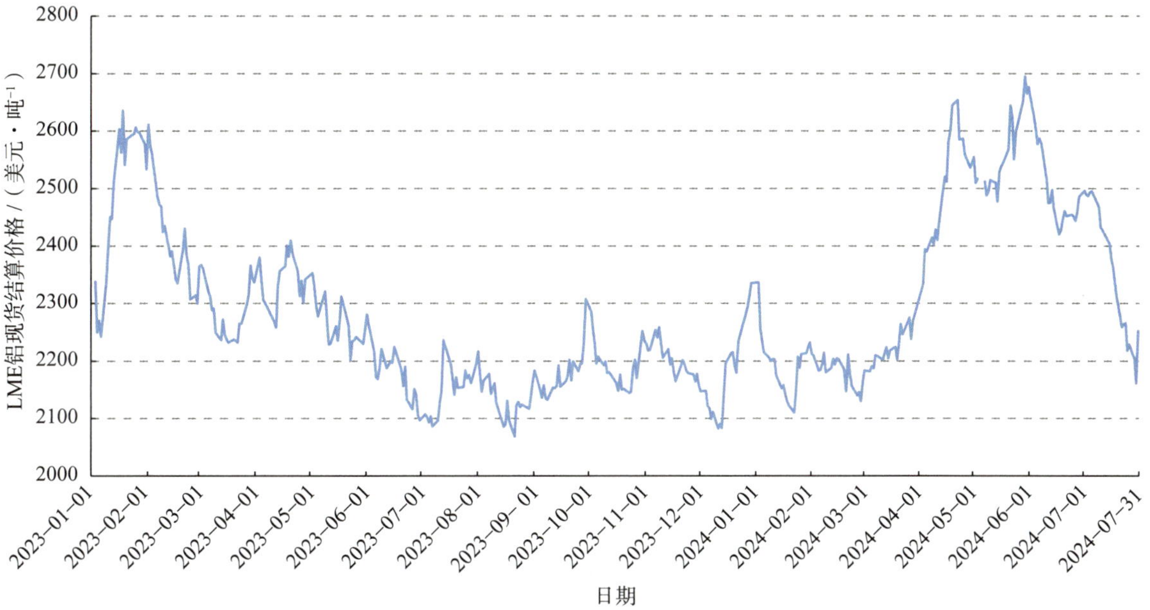

图 3-9 2023 年 1 月至 2024 年 7 月 LME 铝现货结算价格走势

数据来源：Wind

（四）战略性新兴矿产价格持续下行，年内跌幅扩大

1. 锂

2023 年，碳酸锂价格断崖式下跌，年内跌幅超八成；2024 年上半年，碳酸锂价格延续下行趋势。

2023 年，全球新能源汽车产业增速放缓、储能增速不及预期，叠加上游锂矿产能过剩等因素，碳酸锂价格延续 2022 年底下行趋势，持续下跌，创近两年新低，电池级碳酸锂价格从年初的 51.0 万元 / 吨下降至年底的 9.7 万元 / 吨（图 3-10），年内下跌 81.0%。2024 年上半年，价格延续波动下行趋势，3—5 月略有回升，7 月底电池级碳酸锂报价 81960 元 / 吨，年内下跌 15.4%。

2. 钴

2023 年至 2024 年上半年，钴价一路下行，创近两年新低。

2023 年，新能源汽车、智能手机等消费量下滑，钴整体消费市场低迷，加之全球钴供应充沛，钴价整体下行（图 3-11）。2023 年，全年均价为 34716.8 美元 / 吨，较 2022 年均价下降 45.7%。2024 年上半年，钴价延续 2023 年下行趋势，7 月底，LME 3 个月钴期货结算价收于 26625.0 美元 / 吨，年内下跌 8.6%。

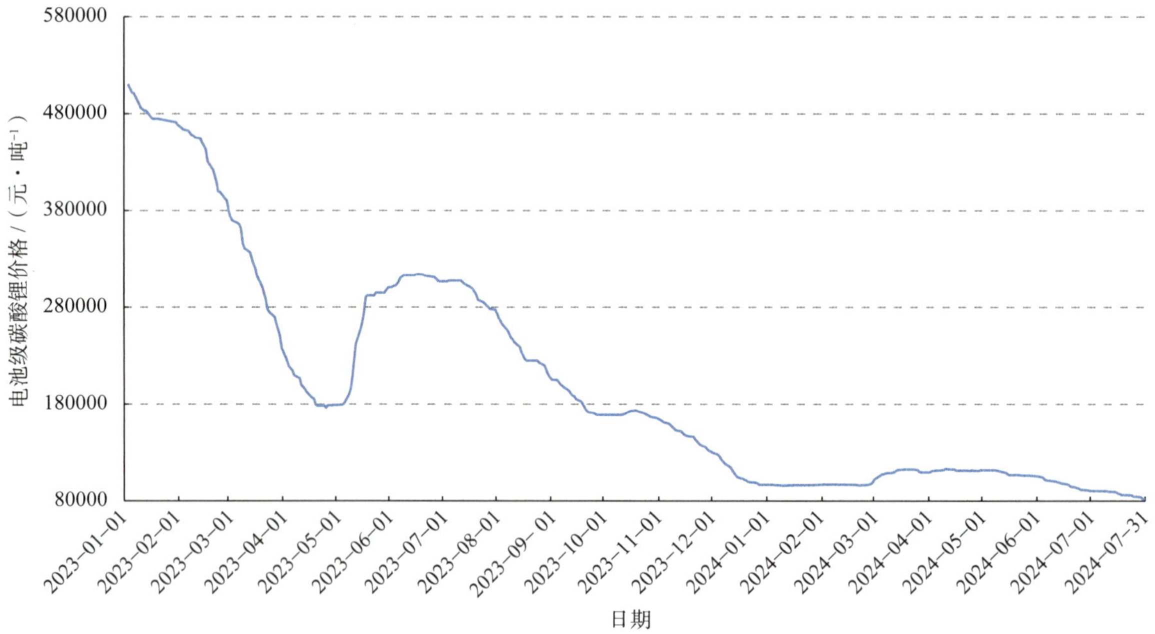

图 3-10　2023 年 1 月至 2024 年 7 月电池级碳酸锂价格走势

数据来源：Wind

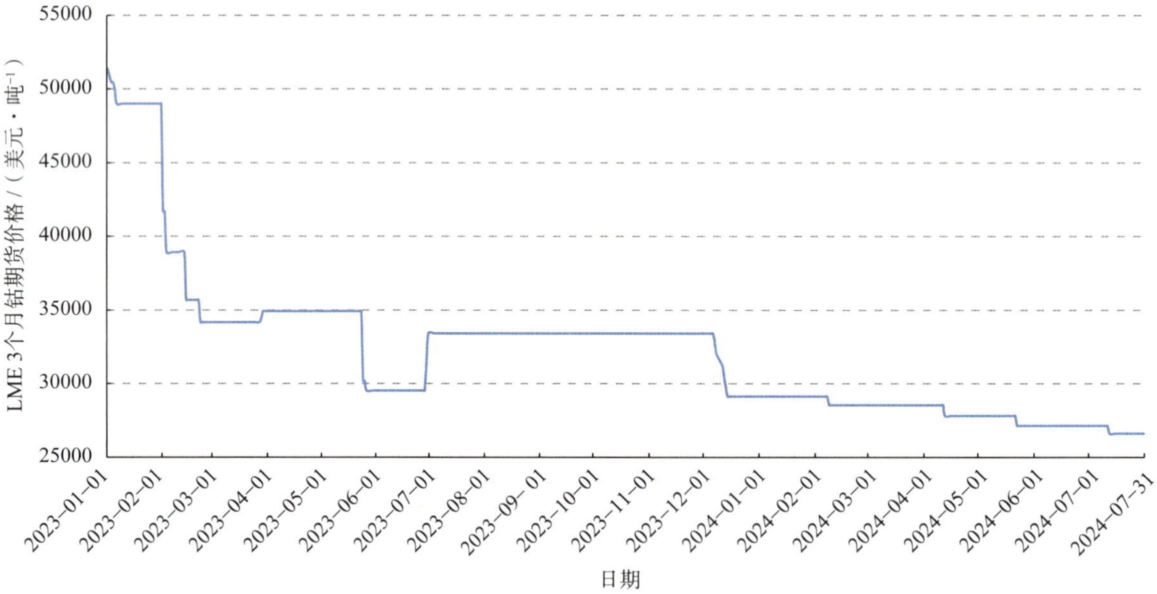

图 3-11　2023 年 1 月至 2024 年 7 月 LME 3 个月钴期货价格走势

数据来源：Wind

3. 镍

2023 年，镍价持续下行，年内跌幅近五成；2024 年上半年，镍价先扬后抑，年内下降 2.08%。

2023 年，镍新增产能不断释放，叠加全球经济疲软宏观因素影响，镍供应结构性过剩，价格持续下行（图 3–12），不断触底，2023 年内，LME 镍现货结算价格下降 47.8%。2024 年第一季度，价格有所反弹；5 月 29 日，LME 镍现货结算价格收于 20255 美元 / 吨，与年初相比上涨 22.0%；随后价格出现下行趋势，截至 7 月底，LME 镍现货结算价格收于 16255 美元 / 吨，同比下降 24.8%。

图 3–12 2023 年 1 月至 2024 年 7 月 LME 镍现货结算价格走势

数据来源：Wind

（五）农用矿产价格波动下行，均价同比下降

1. 钾盐

2023 年以来，钾盐价格总体下行。

2023 年，全球经济复苏乏力，叠加钾盐市场供强需弱因素，钾盐价格延续 2022 下半年的下行态势，宽幅震荡下跌（图 3–13），年内均价为 383.22 美元 / 公吨[1]，同比下降 55.6%，年内价格下跌 38.7%。2024 年上半年，钾盐价格先抑后扬，2 月跌至阶段性低点后反弹回升，7 月底，世界银行氯化钾价格为 300.63 美元 / 公吨，同比下降 12.0%。

2. 磷

2023 年，磷价呈“V”形震荡；2024 年上半年，磷价先扬后抑。

2023 年，地缘冲突不断，供需矛盾突出，加之粮食安全担忧加剧，磷肥价格震荡加剧。2023 年前两个季度，磷肥价格先扬后抑，6 月底，世界银行磷酸二铵价格较年初下跌

[1] 1 公吨 = 1000 千克。

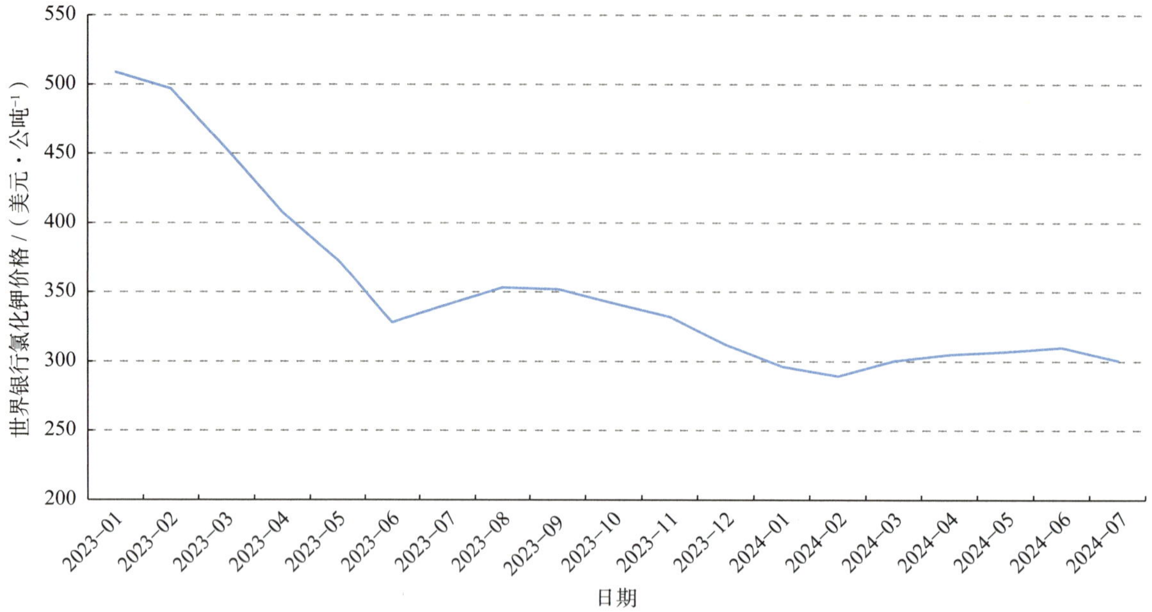

图 3–13　2023 年 1 月至 2024 年 7 月世界银行氯化钾价格走势

数据来源：Wind

28.0%；随后市场需求增加支撑价格震荡上行，2023 年内价格下降 10.7%。2023 年，世界银行磷酸二铵均价为 550.05 美元 / 公吨，同比下降 28.8%。2024 年上半年，世界银行磷酸二铵价格高开低走，第一季度，在市场需求支撑下价格上行，随后波动下行，7 月底，世界银行磷酸二铵报价为 539.40 美元 / 公吨（图 3–14），2024 年内下降 9.5%。

图 3–14　2023 年 1 月至 2024 年 7 月世界银行磷酸二铵价格走势

数据来源：Wind

二、矿业公司股价高位回调

（一）主要油气公司股价震荡，净利润下滑但仍维持较高水平

2023 年，在主要经济体加息影响下，石油价格宽幅震荡，主要油气公司股价呈波动趋势（图 3–15）。相比于 2022 年创新纪录的净利润，2023 年利润虽有所下滑，但仍处于近年较高水平。国际六大油气公司——沙特阿美、英国石油公司（BP）、埃克森美孚、壳牌、道达尔能源、雪佛龙，共实现净利润 2439.2 亿美元。埃克森美孚 2023 年净利润为 360.1 亿美元，较 2022 年下滑 35.4%，但仍是自 2014 年以来的较高水平；雪佛龙 2023 年净利润为 214 亿美元，较 2022 年减少 140 亿美元，同比下降 39.5%，主要是由第四季度利润下滑导致，但仍为雪佛龙近 10 年最高利润。2024 年股价窄幅波动，第一季度净利润同比下降超 15%。埃克森美孚、雪佛龙第一季度净利润分别为 82.2 亿美元、55.01 亿美元，较上年同期下降 28.1%、16.3%。

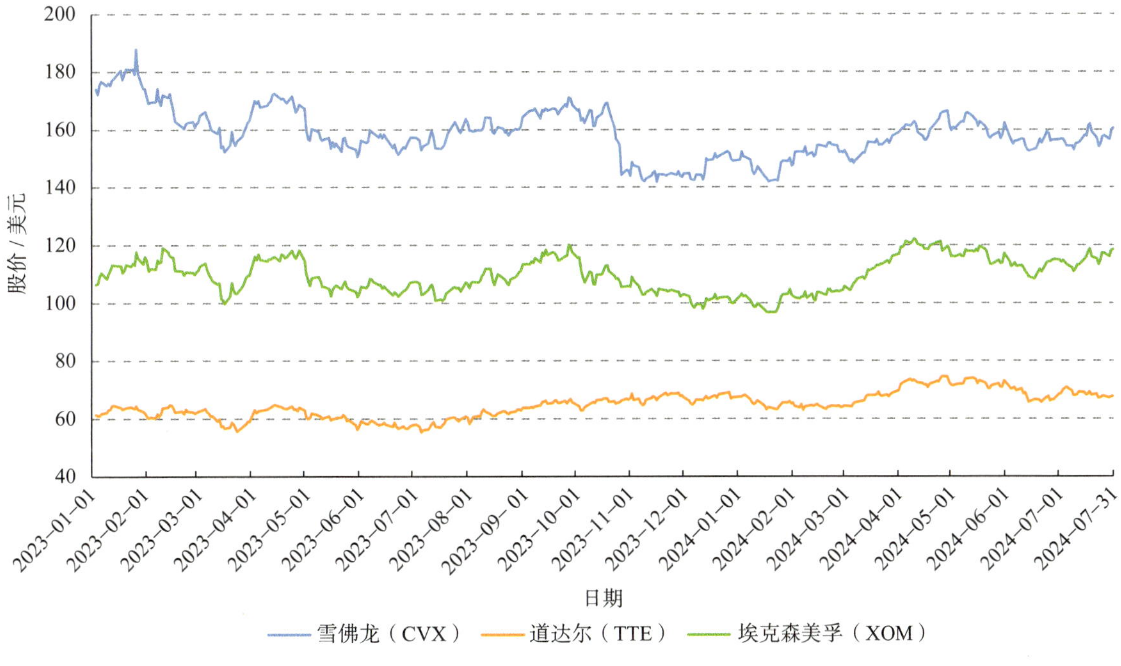

图 3–15 2023 年 1 月至 2024 年 7 月主要石油公司股价走势

数据来源：标普全球市场财智

（二）主要固体矿产公司股价震荡下行，净利润下降

2023 年，在大宗固体矿产价格分化的影响下，特别是铁矿石价格先抑后扬，主要固体矿产公司的股价在前三季度震荡下行，第四季度反弹上行（图 3–16）。铁矿石价格疲软，以铜、铁矿石为主营业务的公司利润随之下降。2023 年，以铁矿石为主营业务的力拓净利润为 101 亿美元，同比下降 23.7%；必和必拓净利润为 143.24 亿美元，同比下降 56.7%。尽管净利润有所下降，但 2023 年度净利润仍较为可观，力拓 2023 年度净利润超过中国钢铁行业利润总额（约 565 亿元）。2024 年，在铁矿石供需宽松格局下，股价先抑后扬，主要固体矿产公司第一季度净利润均有所下降。淡水河谷第一季度净利润为 16.79 亿美元，与 2023 年第四季度相比下降 30.6%。

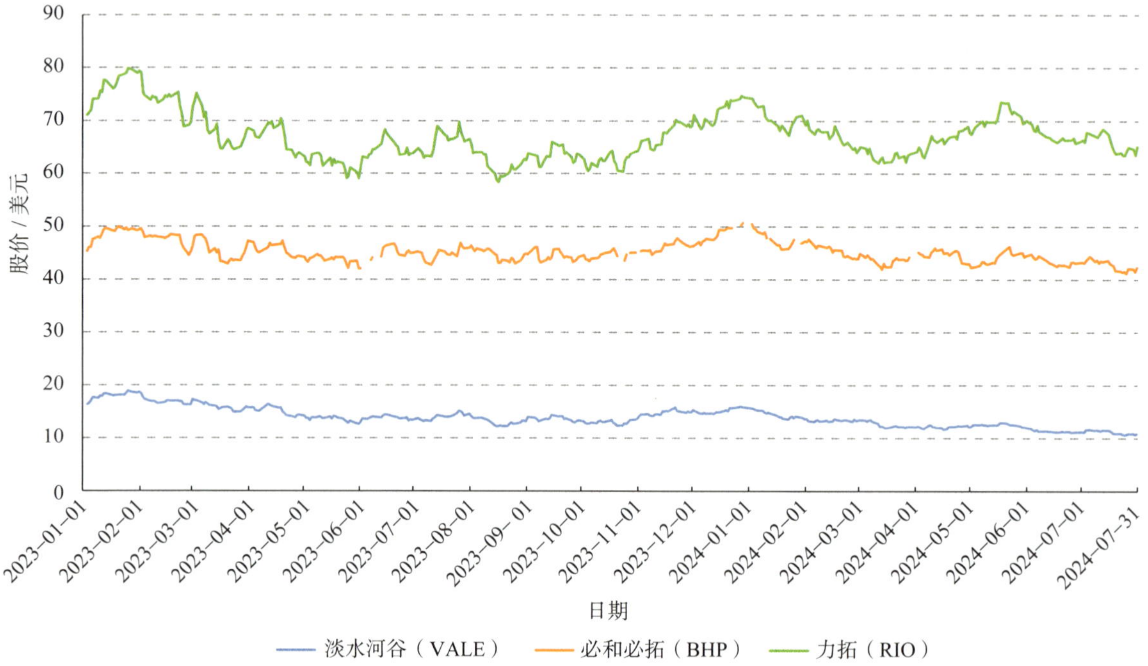

图 3–16　2023 年 1 月至 2024 年 7 月主要固体矿产公司股价走势

数据来源：标普全球市场财智

（三）以黄金为主要业务公司股价宽幅震荡，净利润上行

2023 年，以黄金为主要业务的公司股价在第一季度快速下行后反弹上升，第二季度创年内高点，随后持续下行，年底反弹上升（图 3–17）。2023 年，盎格鲁黄金的股价年内高低点差幅在 48% 左右，纽蒙特黄金、巴里克黄金的股价年内高低点差幅超 30%。2024 年，随着黄金价格屡创新高，主要黄金业务公司的股价波动上涨，业绩突出。纽蒙特黄

金 2024 年前两个季度净利润为 72.91 亿美元，与 2023 年同期净利润（35.3 亿美元）相比上涨 106.5%。

图 3-17　2023 年 1 月至 2024 年 7 月以黄金为主要业务公司股价走势

数据来源：标普全球市场财智

（四）主要战略性新兴矿产公司股价、利润普遍下降

2023 年，以战略性新兴矿产为主要业务的公司股价大幅下滑，利润下降；2024 年上半年，延续下滑趋势，主要新兴矿产公司第一季度的净利润下降超 60%。2023 年，全球平均锂价持续下行，总降幅超八成，以锂、钴为主要业务的公司股价持续下滑。2023 年底，华友钴业、赣锋锂业、天齐锂业股价同比下降 44.2%、42.6%、31.0%（图 3-18），赣锋锂业第一、第二、第三季度的净利润分别同比下降 21.0%、77.6%、17.5%。2024 年上半年，延续 2023 年的下降趋势，赣锋锂业、天齐锂业、华友钴业第一季度的净利润同比下降 127.5%、109.8%、61.1%，华友钴业第二季度的净利润同比增长 24.5%。

（五）以钾盐为主要业务的公司股价利润普遍下降

2023 年，以钾盐为主要业务的公司股价总体下行（图 3-19）。加拿大钾肥、美国美盛公司、盐湖股份 2023 年平均股价同比下降 24.5%、24.4%、30.3%，全年净利润分别为

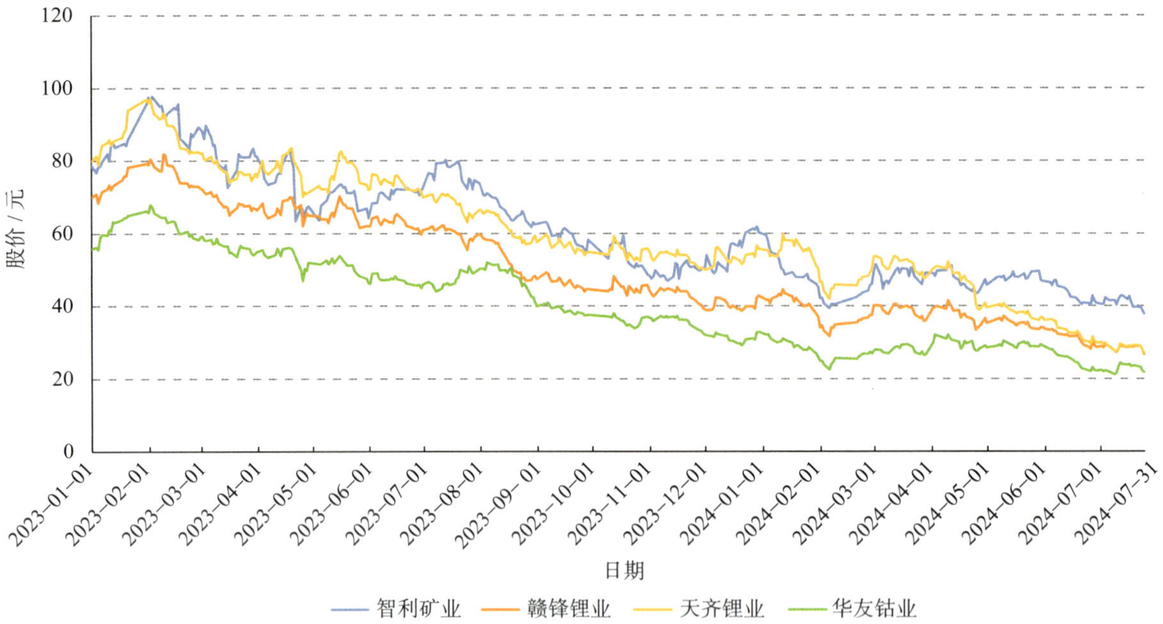

图 3-18　2023 年 1 月至 2024 年 7 月主要战略性新兴矿产公司股价走势

数据来源：标普全球市场财智

12.82 亿美元、11.65 亿美元、79.14 亿元，同比下降 83.3%、67.5%、49.2%。2024 年，主要钾盐公司股价先扬后抑，第一季度需求拉动股票价格上行，随后波动下降。2024 年第一季度，盐湖股份的净利润为 10.49 亿元，同比下降 7.3%。

图 3-19　2023 年 1 月至 2024 年 7 月主要钾盐公司股价走势

数据来源：标普全球市场财智

三、主要固体矿产融资持续降温但并购回暖

（一）主要固体矿产融资总体下降

一是在高利率背景下，全球矿业融资市场挑战与机遇并存，2023 年初至今，矿业融资市场呈现降温趋势。

2023 年，全球矿业融资市场经历了一场既充满挑战又蕴含机遇的复杂旅程。全年全球范围内共完成 2748 个矿业融资项目，同比增长 16.4%，融资额达 116.23 亿美元，同比下降 3.7%，单个项目平均融资额为 422.96 万美元，同比减少 20.7%，融资项目之间的质量分化现象突出，优质项目往往能够获得更高的融资额度，而低质量或风险较高的项目则面临融资困难，这一趋势进一步加剧了市场竞争。2023 年下半年，融资额周期性回升，7—12 月融资额为 61.22 亿美元，同比增长 13.7%，对全年融资发挥了较好的拉升作用。2024 年上半年，共完成 1214 个矿业融资项目，融资额达 48.11 亿美元，同比下降 12.5%（图 3–20）。在高利率背景下，融资成本提高，市场风险上升，投资回报要求也相应提高，矿业项目通常需要大量资本投入，用于购买设备、勘探和建设矿山。如果投资回报要求较高，矿业项目的吸引力会相应降低，导致融资减少。

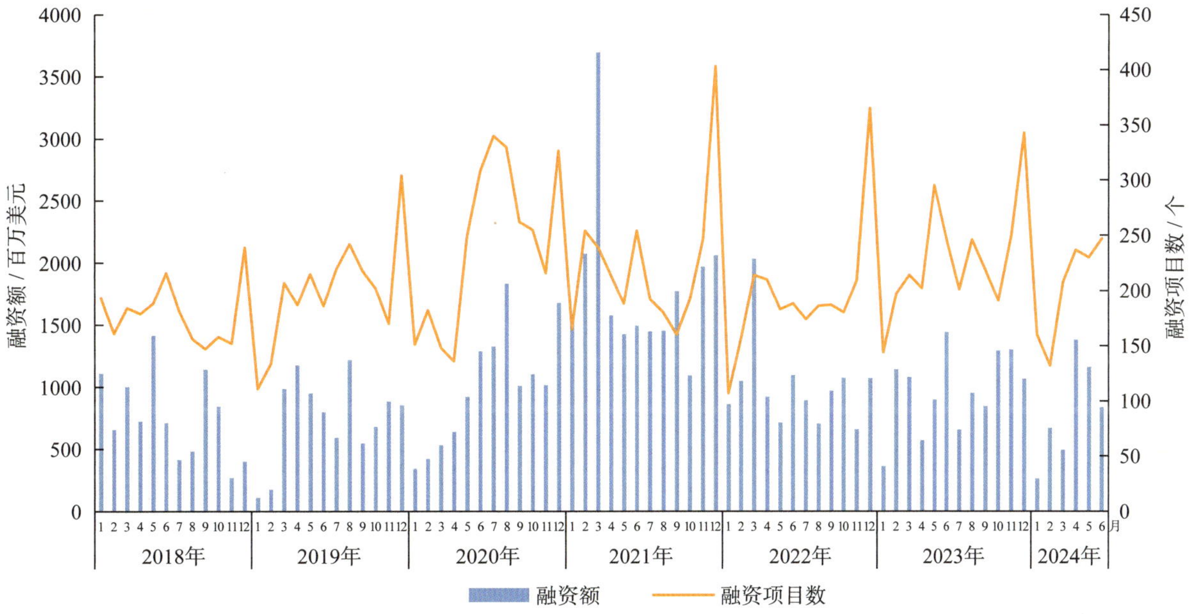

图 3–20　2018 年 1 月至 2024 年 6 月全球主要固体矿产融资额和融资项目数

数据来源：标普全球市场财智

二是股权融资仍占主要地位，多伦多证券交易所和澳大利亚证券交易所仍是固体矿产项目最主要的融资场所。

基于固有的重资产特性，长期以来矿业行业都将股权融资作为其主要的资本筹集手段。2014 年以来，全球固体矿产融资总额中，股权融资占比总体维持在 70% 以上，2016 年更是一度超过 95%，进入 2023 年以后，尽管全球经济环境复杂多变，股权融资在固体矿产融资总额中的占比仍保持在 88.2% 的高水平，比 2022 年的占比增加 11.2 个百分点（图 3–21）。

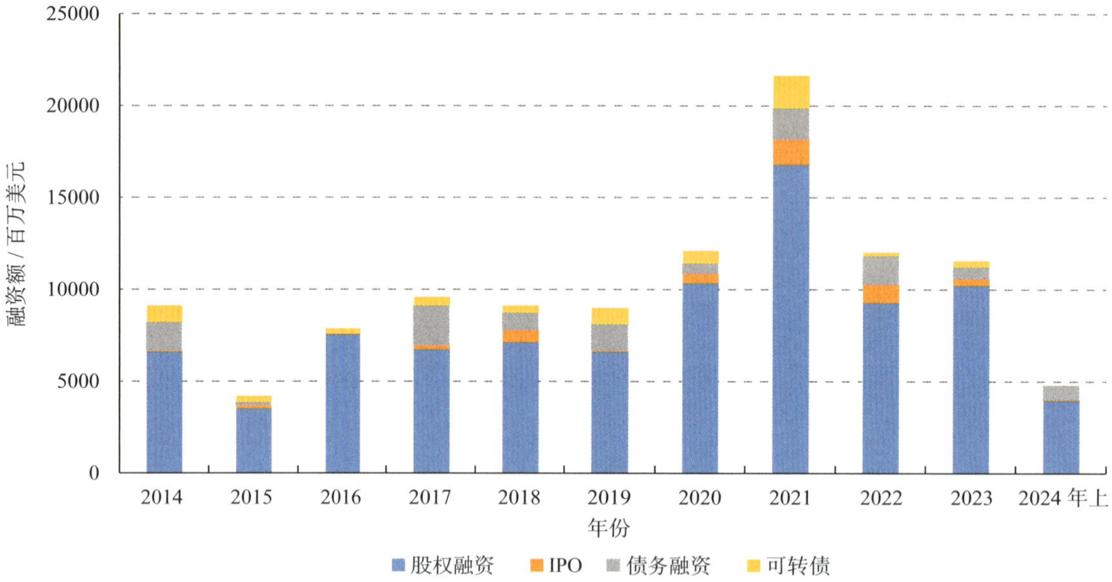

图 3–21　2014 年 1 月至 2024 年 6 月全球主要固体矿产融资额分布结构（按融资方式划分）

数据来源：标普全球市场财智

加拿大和澳大利亚作为全球最重要的矿业资本市场所在地，在风险勘查项目的资金筹集方面具有显著优势，多伦多证券交易所（简称 TSX）和澳大利亚证券交易所（简称 ASX）是全球最重要的矿业项目尤其是风险勘查项目进行股权融资的场所，2023 年，TSX 和 ASX 融资额占全球固体矿产融资总额的比例分别为 41.9% 和 33.6%，与 2022 年占比大致持平，二者占比合计超 75%。2024 年上半年，TSX 融资额为 24.18 亿美元，占比上升至 50.3%；ASX 融资额为 15.08 亿美元，占比下降至 31.4%，二者占比合计为 81.7%（图 3–22）。

三是战略性新兴矿产融资回暖，大宗固体矿产融资承压，黄金融资额下滑。

在经历了 2022 年的融资下降高峰后，战略性新兴矿产在 2023 年迎来了显著的融资回暖，融资额为 32.04 亿美元（图 3–23），同比增长 30.6%。其中，锂矿融资额为 20.64 亿美

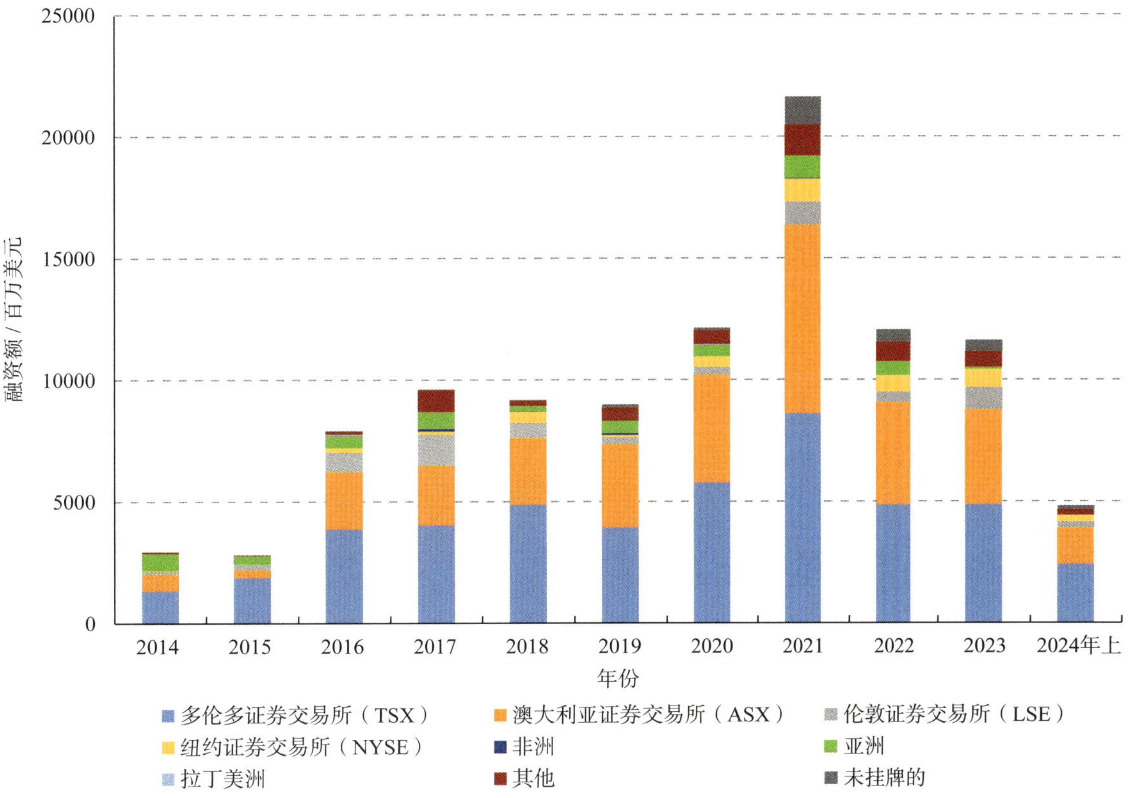

图 3-22　2014 年 1 月至 2024 年 6 月全球主要固体矿产融资额分布结构（按交易所划分）

数据来源：标普全球市场财智

元，占战略性新兴矿产融资额的 64.4%。融资项目数为 489 个，同比增长 48.6%。2024 年上半年，战略性新兴矿产总融资额为 11.41 亿美元，预计全年呈下降趋势。

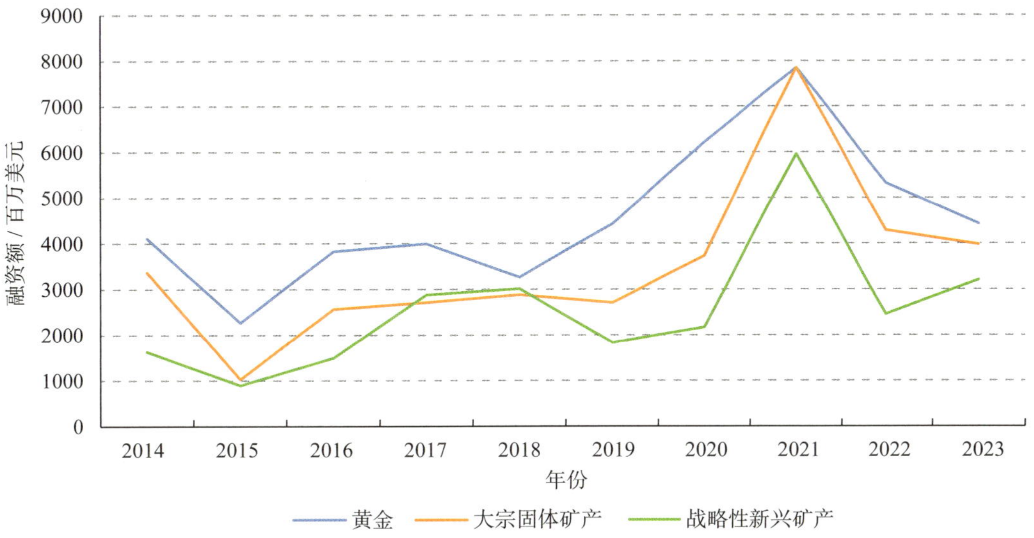

图 3-23　2014—2023 年全球主要固体矿产融资额变化情况

数据来源：标普全球市场财智

与战略性新兴矿产的融资回暖相比，大宗固体矿产在2023年的融资表现则显得较为承压。大宗固体矿产融资额为39.84亿美元（图3-23），同比下降7.2%，其中，铜矿融资额为24.00亿美元，占主要固体矿产融资额的20.7%，占大宗固体矿产融资额的60.2%；大宗固体矿产融资项目数为885个，同比增长27.5%。2024年上半年，大宗固体矿产融资额为17.78亿美元，共完成398个融资项目，预计全年融资项目数与2023年持平。

在全球经济不确定性增加的背景下，黄金具有较好的风险规避能力，并有一定的“逆周期性”。2023年，全球黄金融资额大幅下降，为44.35亿美元（图3-23），同比下降16.7%；融资项目数为1501个，同比增加12.3%。2024年上半年，黄金融资额为18.92亿美元，融资项目数明显减少，为582个。

（二）全球主要固体矿产并购交易市场总体回暖，热点矿种结构分化

一是全球主要固体矿产并购交易市场回暖并倾向于大型项目。

受2022年下半年美联储加息等宏观政策影响，市场投资节奏放缓，进入盘整阶段。2023年，全球主要固体矿产（煤炭、黄金、白银、铂金、铁矿石、铜、铝土矿、铅、锌、锂、钴、镍）并购交易额为511.16亿美元，同比增长25.7%，相较于2020年增长51.6%（图3-24）。全球主要固体矿产并购交易项目数为976个，同比减少32.2%，市场倾向于选择高质量、大规模的并购标的。

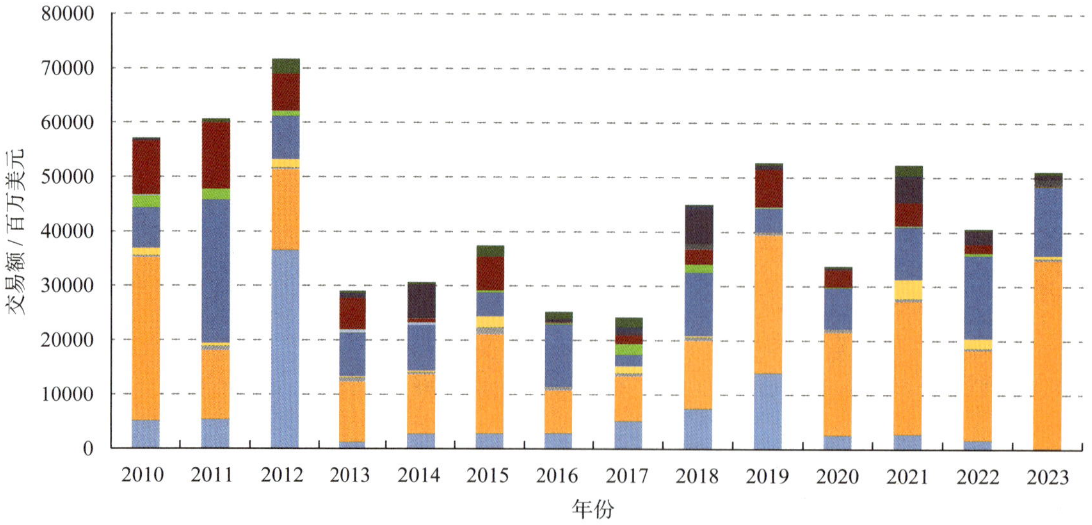

图3-24 2010—2023年全球主要固体矿产并购交易额

数据来源：标普全球市场财智

二是全球主要固体矿产并购交易集中在大洋洲。

从全球主要固体矿产并购交易标的所在地区来看，2023 年，并购交易市场呈现出显著的地区差异和变化趋势，位于美国和加拿大的并购交易额为 111.34 亿美元，同比下降 26.7%；位于大洋洲的并购交易额为 296.16 亿美元，同比增长 171.6%；位于欧洲的并购交易额为 3.51 亿美元，同比下降 90.4%；位于亚洲的并购交易额为 49.71 亿美元，同比增长 51.2%，其中，位于中国的并购交易额为 30.80 亿美元，同比增长 72.0%（图 3–25）。

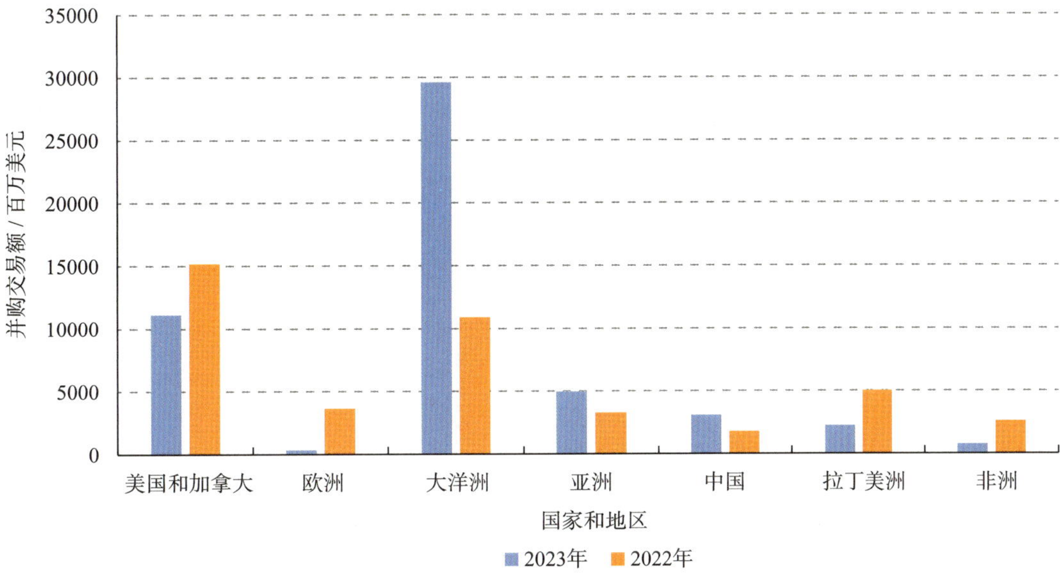

图 3–25　2022—2023 年全球主要国家和地区主要固体矿产并购交易额

数据来源：标普全球市场财智

三是全球贵金属并购交易市场投资增加，聚焦大洋洲。

2023 年，全球主要贵金属（黄金、白银、铂金）并购交易额为 355.75 亿美元，同比增长 90.0%，为 2010 年以来新高；并购交易数为 398 宗，同比下降 41.2%。其中，标的位于大洋洲的贵金属并购交易额为 204.06 亿美元，在全球主要贵金属并购交易额中的占比为 57.4%，居于主导地位。黄金作为贵金属市场的领头羊，并购交易额为 346.40 亿美元，同比增长 108.4%（图 3–26），占全球主要贵金属并购交易额的 97.4%，占比比 2022 年增加 8.8 个百分点；黄金的并购交易数为 352 宗，同比下降 42.3%。标的位于大洋洲的贵金属并购交易额占大洋洲贵金属、大宗固体矿产和战略性新兴矿产并购交易额的 69.0%（图 3–27）。2023 年，全球白银并购交易额为 3.61 亿美元（图 3–24），呈下降趋势。

四是全球大宗固体矿产并购交易市场降温，铜仍占主导地位。

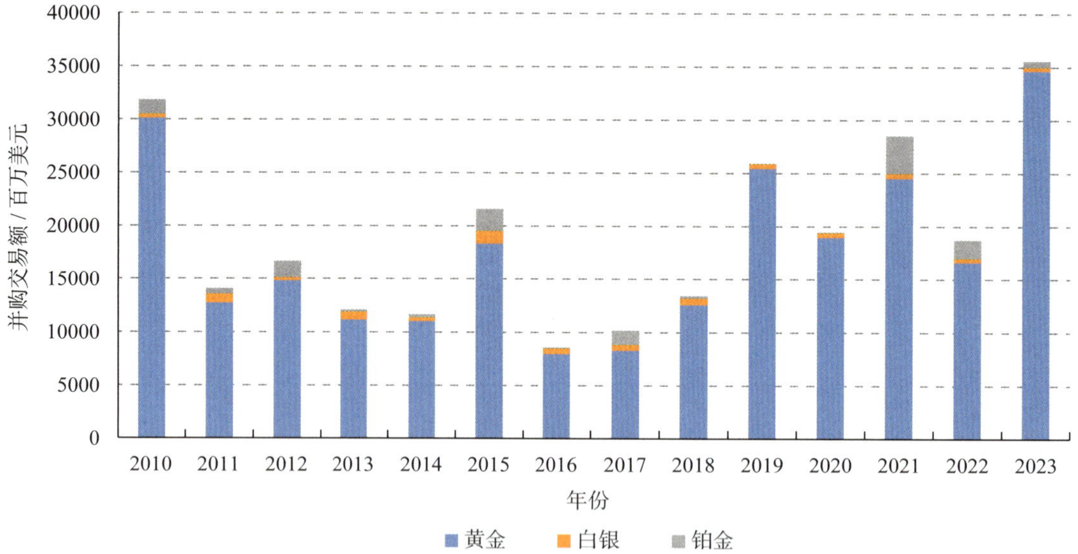

图 3-26　2010—2023 年全球主要贵金属并购交易额

数据来源：标普全球市场财智

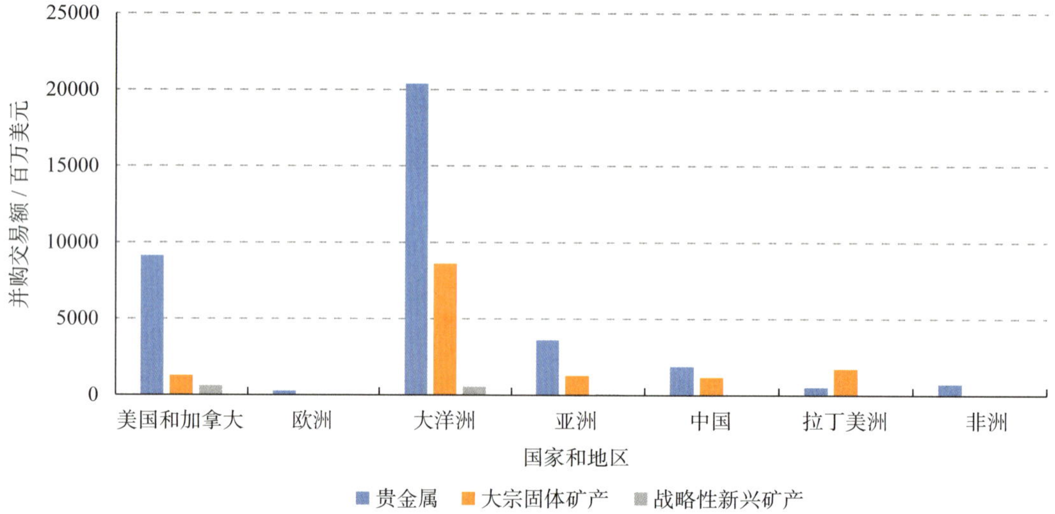

图 3-27　2023 年全球主要国家和地区贵金属、大宗固体矿产和战略性新兴矿产并购交易额

数据来源：标普全球市场财智

2023 年，全球主要大宗固体矿产（铁矿石、铜、铝土矿、铅、锌）并购交易额为 139.71 亿美元，同比下降 20%；并购交易数为 194 宗，同比下降 36.2%（图 3-28）。其中，标的位于大洋洲的大宗固体矿产并购交易额为 86.07 亿美元，位于美国和加拿大的大宗固体矿产并购交易额为 12.92 亿美元，二者合计占全球大宗固体矿产并购交易额的 70.8%（图 3-27）。2023 年，全球铜并购交易额为 127.13 亿美元，同比下降 16.9%，占大宗固体

矿产并购交易额的 91.0%；并购交易数为 144 宗，同比减少 37.4%。其中，标的位于大洋洲、美国和加拿大的铜并购交易额为 98.45 亿美元，占全球铜并购交易额的 77.4%。2023 年，全球铝土矿并购交易额为 11.10 亿美元，占全球大宗固体矿产并购交易额的 7.9%。锌并购交易额为 0.45 亿美元（图 3–28）。

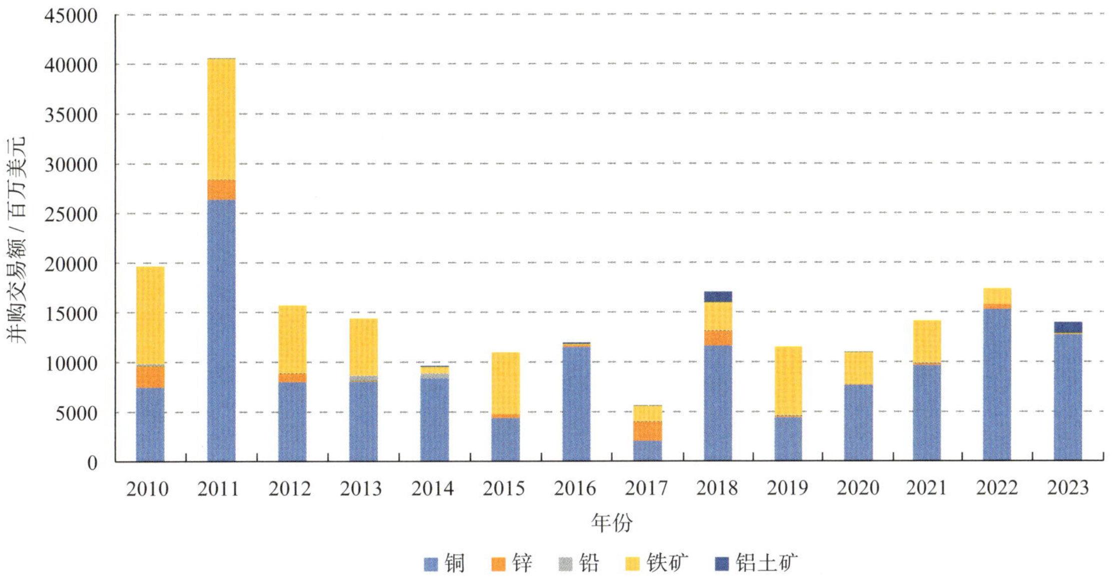

图 3–28　2010—2023 年全球主要大宗固体矿产并购交易额

数据来源：标普全球市场财智

五是全球战略性新兴矿产并购交易市场中，锂降温，镍、钴走势分化。

随着全球能源转型和新能源汽车产业的迅猛发展，关键矿产的战略地位日益凸显，其并购活动成为观察行业发展趋势的重要窗口。2023 年，全球战略性新兴矿产（锂、钴、镍）并购交易总额为 14.28 亿美元，同比下降 50.4%；并购交易数为 375 宗，同比下降 14.6%。其中，标的位于美国和加拿大的战略性新兴矿产并购交易额为 6.12 亿美元，占全球战略性新兴矿产并购交易额的 42.9%（图 3–27）。2023 年，锂并购交易额为 8.64 亿美元，同比下降 65.1%，占全球战略性新兴矿产并购交易额的 60.5%，占比比 2022 年增加 25.4 个百分点；锂并购交易数为 320 宗，基本与 2022 年持平。其中，标的位于拉丁美洲和大洋洲的锂并购交易额为 2.57 亿美元，占全球锂并购交易额的 29.7%。镍和钴并购交易额分别为 5.62 亿和 0.02 亿美元，分别同比增长 43.7% 和同比下降 85.7%（图 3–29）。

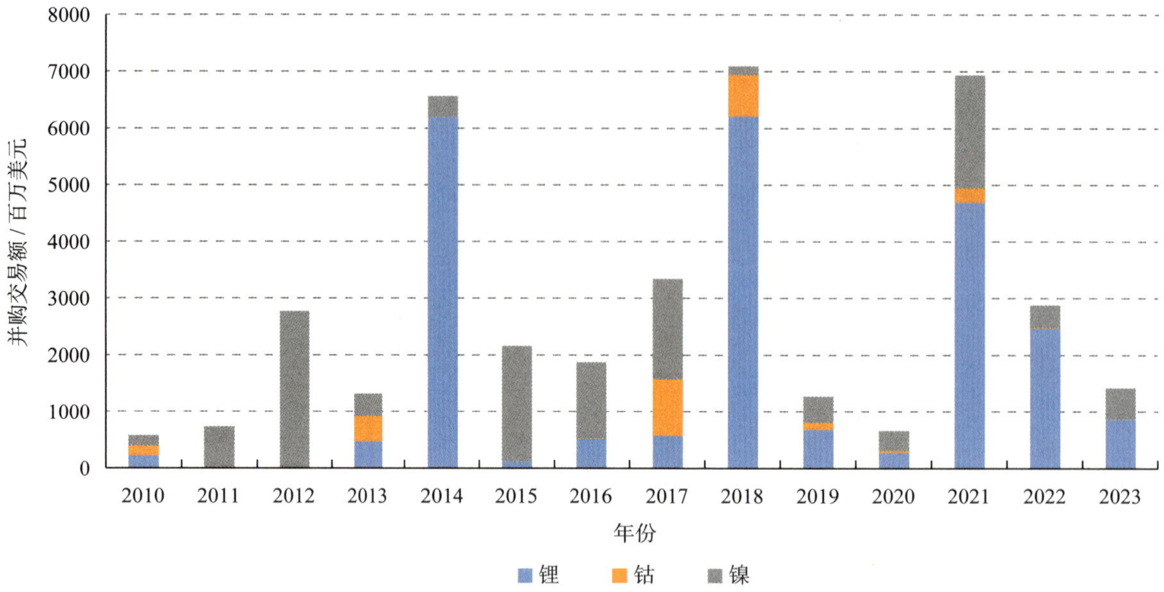

图 3-29 2010—2023 年全球战略性新兴矿产并购交易额

数据来源：标普全球市场财智

>>> 第四章

全球矿业公司动态

全球 50 强矿业公司总市值整体平稳，铜、金价格的增长，战略性新兴矿产尤其是锂价格的下跌，使全球 50 强矿业公司结构出现较大变化。全球矿业资本市场震荡分化，大型矿业企业变动明显。中国矿业公司数量同比增长 5.9%，主要聚焦于非金属开采与煤炭开采行业，总利润呈现下降趋势。煤炭市场稳定，新能源市场遇冷，市场总体呈现稳定态势。

全球电动汽车需求放缓趋势逐渐向上游扩散，动力电池产能出现结构性过剩，虽然储能电池迎来了发展期，但增量有限，导致锂矿供需两端增速放缓，锂价下跌导致多家大型锂矿企业净利润下降，产业链资本缩减。氢能产业已成为全球发展热潮，在投资层面仍有较大发展空间。欧洲、北美洲、亚洲氢能全产业链布局各有优势，非洲多个国家如埃及、摩洛哥等加入氢能发展行列，在氢能生产和出口方面具有较大潜力。

ESG 政策受气候变化和碳排放规制影响，主要经济体规范 ESG 信息披露标准，ESG 金融化程度提升，成为提升矿业竞争力的核心指标。矿业行业 ESG 治理水平不断提升，头部企业与多矿种企业表现较好，不同矿种公司之间表现分化。中国矿业 ESG 表现进步明显。

矿业行业减排已成为全球共识。2015 年达成的《巴黎协定》，是全球气候治理进程的重要里程碑，推动各国加速碳减排进程。矿业是全球温室气体排放的主要行业之一，其减排行动不仅关乎环境可持续发展，也直接影响到全球碳中和目标的实现。国际矿业行业组织通过推广低碳技术和加强国际合作等措施，引领成员国和企业向低碳经济转型。各国政府通过立法确立减排目标，支持产业改造和技术创新，推动可再生能源发展，并利用市场机制促进企业减排。矿业企业响应减碳趋势，实施综合性措施，包括设定减排目标，优化能源结构，投资新技术，推动绿色矿山建设，数字化升级，供应链管理和提高 ESG 透明度，以实现低碳运营和可持续发展，助力实现全球碳中和目标。

一、全球大型矿业公司市值和业绩分化

（一）全球 50 强矿业公司总市值总体稳定，结构有较大变化

一是全球 50 强矿业公司（表 4–1）总市值相对稳定，进入门槛有所下降。

2023 年全球 50 强矿业公司总市值变动不大，第一季度总市值达到 1.43 万亿美元，第二、第三季度略有下降，第四季度回升至 1.42 亿美元，环比上涨 2.9%。主要受益于铜价和金价上涨，2024 年上半年，全球 50 强矿业公司总市值稳中有升，第二季度达 1.43 万亿美元，环比增加 2.1%，恢复到 2023 年初水平（图 4–1）；排名前五的公司总市值与

表 4–1　全球 50 强矿业公司名录（2024 年第二季度）

排名	矿业公司英文名称	矿业公司中文名称	所属国家	主营业务
1	BHP Croup	必和必拓	澳大利亚	多元化
2	Rio Tinto	力拓	澳大利亚	多元化
3	Southern Copper	南方铜业	美国	铜
4	Glencore	嘉能可	瑞士	多元化
5	Freeport-McMoRan	自由港集团	美国	铜
6	Zijin Mining	紫金矿业	中国	多元化
7	Amman Mineral	安曼矿产	印度尼西亚	铜
8	Newmont Gold	纽蒙特黄金	美国	贵金属
9	Vale	淡水河谷	巴西	多元化
10	Fortescue Metals	福蒂斯丘金属集团	澳大利亚	铁矿石
11	Ma'aden	沙特阿拉伯矿业公司	沙特阿拉伯	多元化
12	Anglo American	英美资源	英国	多元化
13	Shaanxi Coal	陕西煤业	中国	煤
14	Coal India	印度煤业	印度	煤
15	Agnico Eagle	伊格尔矿业	加拿大	黄金
16	Barrick Gold	巴里克黄金	加拿大	贵金属
17	Antofagasta	安托法加斯塔	英国	铜
18	Teck Resources	泰克资源	加拿大	多元化

续表

排名	矿业公司英文名称	矿业公司中文名称	所属国家	主营业务
19	Nutrien	纽蒂安	加拿大	化肥
20	CMOC Group	洛阳钼业	中国	钼
21	Wheaton Precious Metals	惠顿贵金属	加拿大	权利金
22	Norilsk Nickel	诺里尔斯克镍业	俄罗斯	多元化
23	Franco-Nevada	弗兰克内华达	加拿大	权利金
24	Cameco	卡梅科	加拿大	铀
25	Vedanta	韦丹塔集团	印度	基础金属
26	Yanzhou Coal	兖州煤业	中国	煤
27	Polyus	极地黄金	俄罗斯	黄金
28	Ivanhoe Mines	艾芬豪矿业公司	加拿大	铜
29	Shandong Gold Mining	山东黄金	中国	黄金
30	Gold Field	金田公司	南非	贵金属
31	SQM	智利矿业	智利	锂
32	Albemarle	雅宝	美国	锂
33	South32	南方 32 公司	澳大利亚	基础金属
34	First Quantum Minerals	第一量子矿业公司	加拿大	铜
35	AngloGold Ashanti	盎格鲁黄金	美国	黄金
36	Kazatomprom	哈萨克斯坦国家原子能公司	哈萨克斯坦	铀
37	Kinross Gold	金罗斯黄金公司	加拿大	贵金属
38	Northern Star Resources	北呈资源	澳大利亚	贵金属
39	Jiangxi Copper	江西铜业	中国	铜
40	Mosaic	美盛公司	美国	钾盐
41	Northern Rare Earth	北方稀土	中国	稀土
42	Boliden	博利登	瑞典	多元化
43	Lundin Mining	伦丁矿业	加拿大	铜
44	Sumitomo Metal Mining	住友金属矿业	日本	基础金属
45	Royal Gold	皇家黄金	美国	权利金
46	Anglo American Platinum	英美铂金	南非	铂族金属
47	KGHM	凯戈汉姆	波兰	铜
48	Cleveland-Cliffs	克利夫兰克里夫公司	美国	铁矿石
49	Pan American Sliver	泛美白银	加拿大	贵金属
50	Ganfeng Lithium	赣锋锂业	中国	锂

数据来源：根据 Mining.com “The top 50 biggest mining companies in the world” 报告整理。

2023 年相比小幅下降，但位次较为稳定。2024 年第二季度进入 50 强排名的门槛为 71 亿美元，较 2023 年进入 50 强排名的 72 亿美元和 2022 年的 79 亿美元均有所下降。

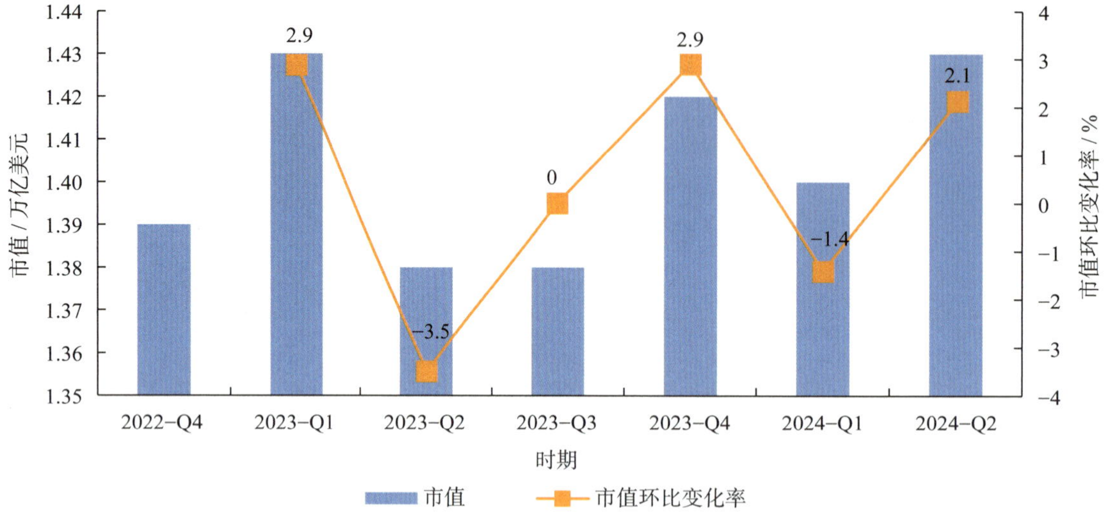

图 4−1　2022 年第四季度至 2024 年第二季度全球 50 强矿业公司市值变化情况

数据来源：根据 Mining.com “The top 50 biggest mining companies in the world” 报告整理

二是全球 50 强矿业公司中，矿种经营呈现多样化。

2024 年第二季度全球 50 强矿业公司中，多元化经营企业和主营铜、贵金属企业数量最多。多元化经营企业有 10 家，主营铜的企业有 9 家，主营贵金属的企业有 6 家，主营黄金的企业有 4 家，主营锂、煤、基础金属的企业各有 3 家，值得注意的是，有 2 家以铀为主营业务的企业上榜（表 4−1，图 4−2）。与 2023 年相比，变动较大的是主营业务为铜和锂的企业数量，主营铜的企业增加了 3 家，主营锂的企业减少了 3 家，同时其整体市值占比也出现了较大变动。

三是全球 50 强矿业公司名录中，加拿大企业上榜最多，澳大利亚企业总市值最高。

从企业所属国家分析，2024 年第二季度全球 50 强矿业公司中，加拿大矿业企业有 12 家，中国和美国各有 8 家，澳大利亚有 5 家，南非、俄罗斯、印度、英国各有 2 家，其他 10 家企业来自不同国家（图 4−3）。市值表现上，澳大利亚上榜企业虽然只有 5 家，但凭借力拓、必和必拓等矿业巨头的高市值，总市值达到 3242 亿美元，占全球 50 强矿业公司总市值的 23.5%。12 家加拿大矿业企业总市值为 2328 亿美元，与 2023 年基本持平。8 家中国矿业企业的市值为 1855 亿美元，较 2023 年总市值增长 163 亿美元，基本回升至 2022 年高位水平，占全球 50 强矿业公司总市值的 13.4%，连续 3 年排在第 4 的位置，低于澳大利亚、美国和加拿大（图 4−4）。

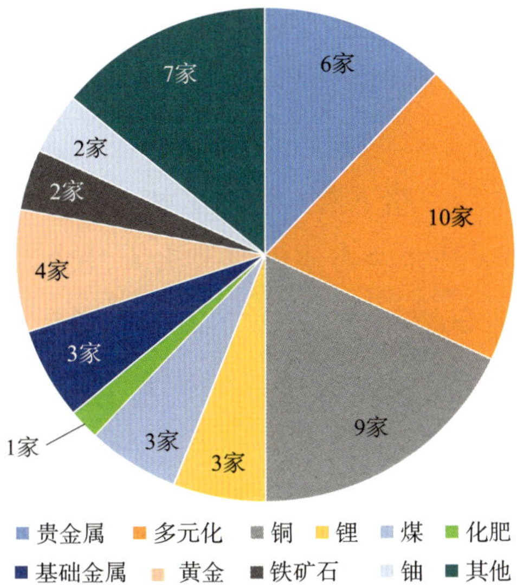

图 4-2 全球 50 强矿业公司主营业务分布

数据来源：根据 Mining.com “The top 50 biggest mining companies in the world” 报告整理

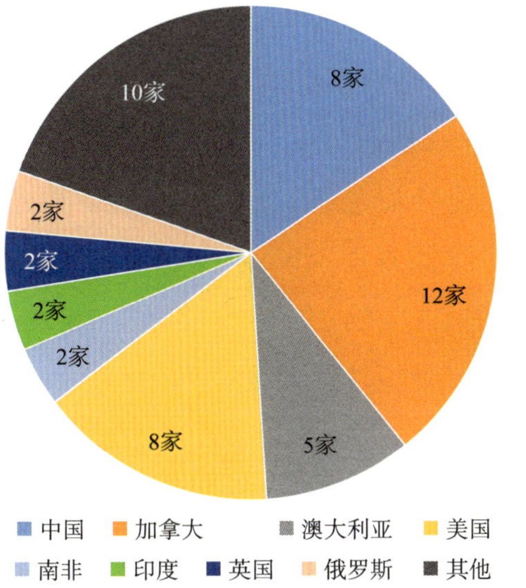

图 4-3 全球 50 强矿业公司国家归属

数据来源：根据 Mining.com “The top 50 biggest mining companies in the world” 报告整理

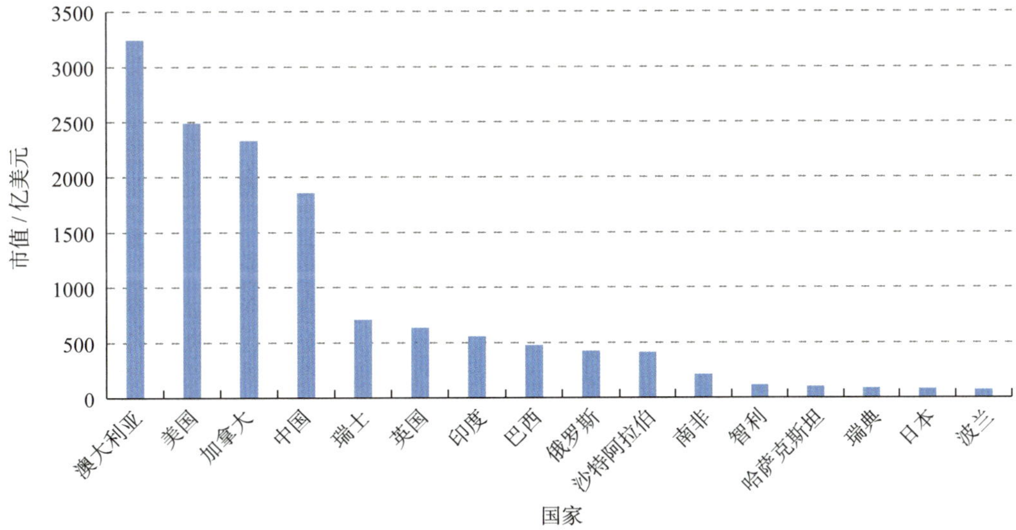

图 4-4 全球 50 强矿业公司不同国家企业市值总和

数据来源：根据 Mining.com “The top 50 biggest mining companies in the world” 报告整理

四是全球矿业资本市场震荡分化。

从市值涨跌变化来看，铜铀企业市值持续上涨，锂铁企业市值均有不同程度下跌。安曼矿产与卡梅科延续 2023 年趋势，至 2024 年第二季度，安曼矿产仍在以 29.1% 的市值涨幅持续增长，位列第 7。卡梅科排名稳定，处在 50 强中第 24 的位次；主营铁矿石的美国克利夫兰克里夫公司第二季度市值下跌 35.4%，从 2023 年度第 39 的位次降至第 48；

主营锂的美国雅宝、中国赣锋锂业、智利 SQM 第二季度市值分别下跌 27.5%、23.3% 和 17.1%，位列市值表现最差的前五家企业中，此外，天齐锂业、矿业资产公司和皮尔巴拉矿产公司跌出 50 强。

矿业巨头企业市值下降明显。由于铁矿石价格的一路下滑，必和必拓、力拓、嘉可能、淡水河谷四家矿业巨头的市值在全球 50 强矿业公司总市值中的占比从 2022 年底的 36%、2023 年的 29%，一路降至 2024 年第二季度的 26%，首创新低。2024 年初至今，传统五大矿业巨头——必和必拓、力拓、嘉能可、淡水河谷和英美资源累计损失了 590 亿美元。市值达到千亿的必和必拓和力拓公司到 2024 年第一季度末跌幅已经达两位数，嘉能可过去几年的重新评级发生了逆转，2024 年股价已经下跌了 9%。从 2023 年底开始，淡水河谷公司以美元计算的市值已经下跌了 24%，一直处于熊市之中。2024 年，英美资源市值自新冠疫情以来首次跌至 300 亿美元以下，过去 12 个月缩水超过 30%。

五是矿业企业市值与矿产品价格波动总体趋势相似。

铜金矿企业表现抢眼。自 2024 年初以来，铜业公司股价累计上涨 33%，第一量子矿业公司 2024 年第二季度重返榜单，市值上涨 58% 至第 34 位；安曼矿产到 2024 年第二季度进一步大幅增长达 512 亿美元，在 50 强中排名第 7 位；伦丁矿业 2023 年首次进入前 50 强，2024 年市值进一步上涨 25%，排名第 43 位；波兰铜业公司凯戈汉姆自 2023 年以来市值已经上涨 15%，到 2024 年第二季度重回 50 强行列，排名第 47 位。4 家金矿企业总市值达 777 亿美元，其中，盎格鲁黄金 2023 年重回前 50 家矿业公司行列，位列第 35。

铀矿企业排名回升。2023 年，国际铀价上涨了 2 倍，16 年以来首次达到三位数。加拿大卡梅科公司 2023 年市值增长了一倍，排名第 24 位；哈萨克斯坦国家原子能公司的市值在 2023 年底达到 100 亿美元并稳定至今，2024 年第二季度排名第 36 位。

锂矿企业表现不佳，降幅较大。2023 年，市值跌幅排名前十的企业中，涉及锂矿及锂化工的企业有 4 家，分别为赣锋锂业、美国雅宝、天齐锂业和智利化工矿产。到 2024 年第二季度末，巴西 CSN、华友钴业以及皮尔巴拉矿业、珀斯矿产资源和天齐锂业均跌出 50 强。目前，全球 50 强矿业公司中，锂矿企业总市值已经从 2022 年第二季度的 1190 亿美元降至 299 亿美元。

（二）能源和肥料矿产企业业绩下滑

一是国际油气巨头净利润下滑。

六大国际油气巨头（沙特阿美、英国石油公司、埃克森美孚、壳牌、道达尔能源及雪佛龙）在2023年合计实现净利润2439.11亿美元，较2022年有所下滑。根据财报显示的财务表现和市场动态，2023年，沙特阿美的净利润下降了24.7%，从2022年的1611亿美元降至1213亿美元，尽管面临经济“逆风”，该公司仍增加了巨额股息。埃克森美孚2023年的净利润同比减少35.4%，营业收入同比减少16.4%。道达尔能源保持了一定的增长势头，实现了正向增长，其2023财年净利润为214亿美元，同比增长4%。英国石油公司在2023财年第一财季净利润同比增长140.3%至82.18亿美元，显示出强劲的盈利能力。雪佛龙在2023年第三季度盈利65亿美元，低于去年同期，但2023财年净利润同比增长5.0%至65.74亿美元（图4–5）。

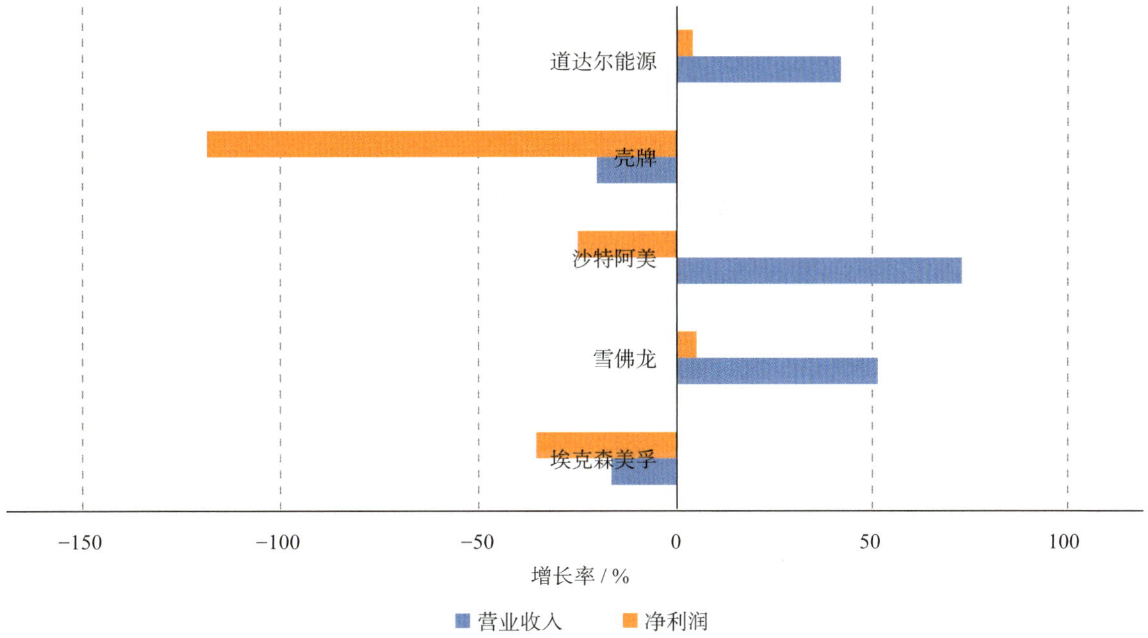

图4–5 部分大型油气公司2023年营业收入、净利润增长率

数据来源：标普全球市场财智、矿业公司企业年报

二是多数煤炭企业营收和利润下降。

2023年，泰克资源营业总收入为81.18亿加元，净利润为14.24亿加元，归属于母公司普通股股东的净利润为14.53亿加元。嘉能可2023年营业收入为2178.29亿美元，同比下降15.0%；净利润为46亿美元，同比下滑304.7%。陕西煤业2023年的营业收入为1708.14亿元，同比增长2.4%，净利润为212.60亿元，同比减少39.6%。兖州煤业2023年的数据显示，其营业收入为1500亿元，同比下降33.3%；净利润为201亿元，同比

下降 39.6%。中煤能源 2023 年实现营业总收入 1929.69 亿元，同比下降 12.5%；净利润 195.34 亿元，同比下降 7.0%（图 4–6）。

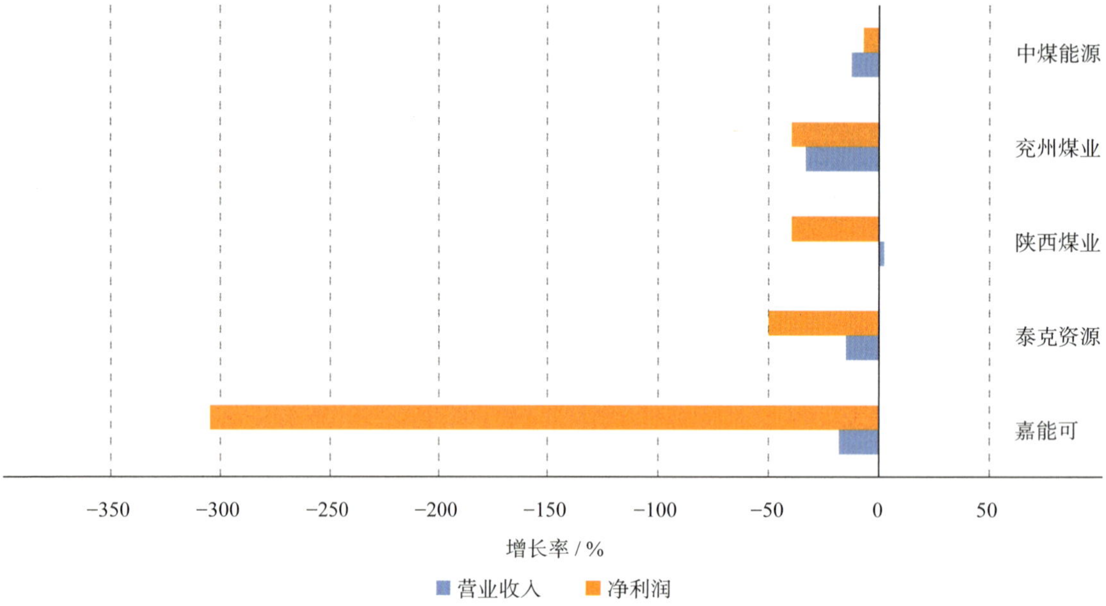

图 4–6　部分大型煤炭公司 2023 年营业收入、净利润增长率

数据来源：标普全球市场财智、矿业公司企业年报

三是大型肥料矿产企业业绩下滑。

纽蒂安是全球最大的化肥生产商，2023 年营业收入同比下降 24.3%，净利润同比下降 508.9%。美国美盛公司是全球最大的磷肥企业，2023 年营业收入同比下降 28.4%，净利润同比下降 207.0%。以色列化工集团（简称 ICL）是全球最大的特种肥料制造商之一，2023 年的年度营业收入达到 75.36 亿美元，同比下降 24.8%；净利润达 6.47 亿美元，同比下降 70%。中国化肥企业的业绩也有不同程度缩减。磷肥巨头云天化 2023 年实现营业收入 690.60 亿元，同比下降 8.3%，归属于上市公司股东的净利润为 45.22 亿元，同比下降 24.9%。国内钾肥龙头企业盐湖股份的营业收入和净利润双重下滑，全年来看，公司实现营业收入约 215.79 亿元，同比下滑 29.8%，净利润约 79.14 亿元，同比下降 49.2%（图 4–7）。

（三）中国矿业公司数量增长，新能源市场遇冷

一是中国矿业公司数量同比增长 5.9%，总利润下降。

国家统计局数据显示，截至 2023 年，中国矿业公司数量恢复至 12310 个，同比增长

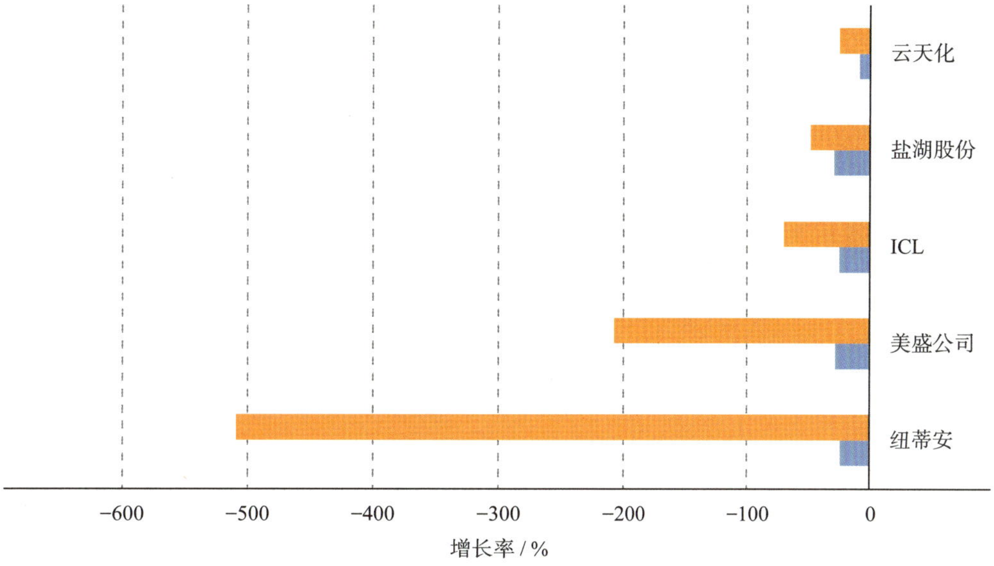

图 4-7 部分大型化肥公司 2023 年营业收入、净利润增长率

数据来源：标普全球市场财智、矿业公司企业年报

5.9%，但低于 2022 年 10% 的增速。从结构上看，中国矿业公司以非金属开采公司与煤炭开采公司居多，油气开采公司与其他采矿业公司数量相对较少。截至 2023 年，中国共有煤炭开采公司 4942 家、非金属开采公司 4036 家、黑色金属开采公司 1526 家、有色金属开采公司 1278 家、油气开采公司 161 家、其他采矿业公司 367 家（图 4-8）。

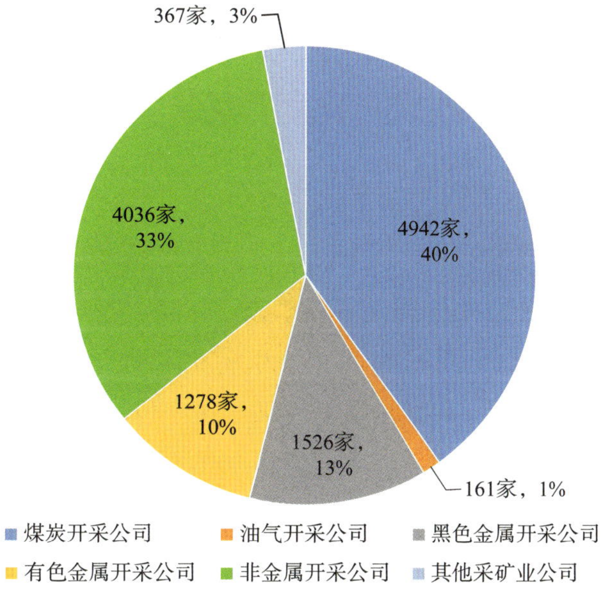

图 4-8 2023 年中国矿业企业类型分布

数据来源：国家统计局

细分行业矿业公司增加值表现不一。石油和天然气开采业、煤炭开采和洗选业、黑色金属矿采选业增加值分别同比增长 3.7%、2.4%、5.0%，有色金属矿采选业、非金属矿采选业增加值分别同比减少 1.6%、5.7%。

二是规模以上矿业公司的营业收入与利润整体下降。

2023 年，全国规模以上工业企业实现利润总额为 76858.3 亿元，比 2022 年下降 2.3%。全国规模以上采矿业企业利润为 1.2 万亿元，尽管同比下降了 18.3%，但仍处于历史第二高位。其中，煤炭开采和洗选业企业利润为 7118 亿元，同比减少 25.9%；石油和天然气开采业企业利润为 3546 亿元，同比减少 8.5%；黑色金属矿采选业企业利润为 487 亿元，同比增长 2.6%；有色金属矿采选业企业利润为 733 亿元，同比增长 7.6%；非金属矿采选业企业利润为 372 亿元，同比增长 0.9%。

三是矿业市场整体稳定，不同矿种企业表现分化。

根据 Mining.com 网站，紫金矿业、陕西煤业、洛阳钼业、兖州煤业、山东黄金、江西铜业、北方稀土、赣锋锂业共 8 家中国企业上榜全球 50 强矿业公司行列，数量与 2023 年的 10 家相比稍有逊色，但公司市值合计达到 1855 亿美元，与 2023 年相比增长了近 200 亿美元。中国多家煤炭与新能源矿业公司进入全球 50 强矿业公司行列。

新能源市场投资热潮渐息，相关龙头上市公司股价高位回落。受新能源技术革命等多重因素影响，锂、钴、镍资源需求不断扩大。2021 年 7 月，新能源投资迎来热潮，公司股价达到顶峰。2023 年，受周期性调整、政策和补贴退坡以及行业快速变化等因素的影响，中国新能源矿业公司股价逐步回落，但整体仍维持高位。赣锋锂业、华友钴业两家公司的股价有小幅度上涨。进入 2024 年，整体热潮渐息，股价呈现多年来的最低水平（图 4–9）。

稀土供应政策收紧，龙头上市公司股价高位回落趋稳。2021 年，中国稀土公司股价迎来大涨，整体维持高位。2021 年 1 月 15 日，《稀土管理条例（征求意见稿）》公开，稀土政策逐渐收紧。2023 年至 2024 年第二季度，受宏观经济形势、行业政策以及下游需求不达预期等多重因素影响，稀土产品的市场价格整体呈现下降趋势，中国典型稀土上市公司在 2022 年稀土价格逐渐趋稳的情况下继续保持稳定态势（图 4–10）。

中国煤炭企业股价整体呈现出先降后升的趋势。根据《2023 煤炭行业发展年度报告》，全国规模以上煤炭企业营收达到 3.5 万亿元，同比下降 13.1%。2023 年初，国务院关税税则委员会延长了煤炭零进口暂定税率的实施期限，这一政策增加了国内煤炭供应，压低了国内煤炭价格，从而影响了煤炭公司的营收和利润。2023 年第一至第三季度，煤炭

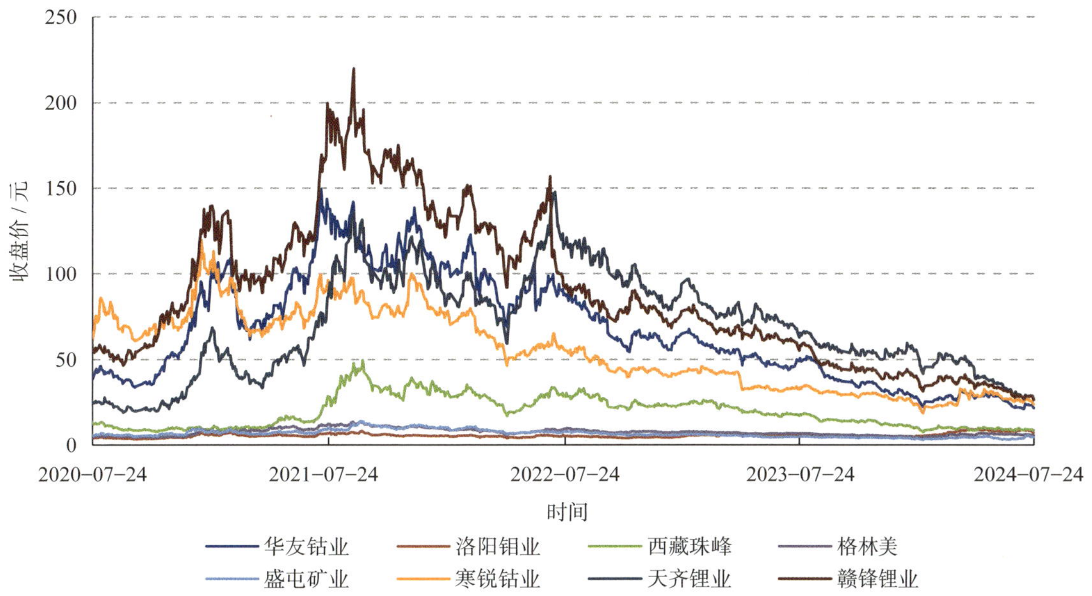

图 4-9　2020 年 7 月至 2024 年 7 月中国主要新能源相关上市公司股价走势

数据来源：Wind

图 4-10　2020 年 7 月至 2024 年 7 月中国主要稀土相关上市公司股价走势

数据来源：Wind

行业供需关系相对宽松，煤炭价格呈震荡下行走势，导致煤炭企业业绩与股价受到影响。进入第四季度，随着先进产能的陆续释放，国内工业品出厂价格指数（简称 PPI）逐步见底企稳，煤炭需求的增长推动煤炭行业龙头公司如中国神华、陕西煤业股价显著上涨，这些公司凭借长期的稳健经营、低估值、高股息等因素，市场表现强劲（图 4-11）。

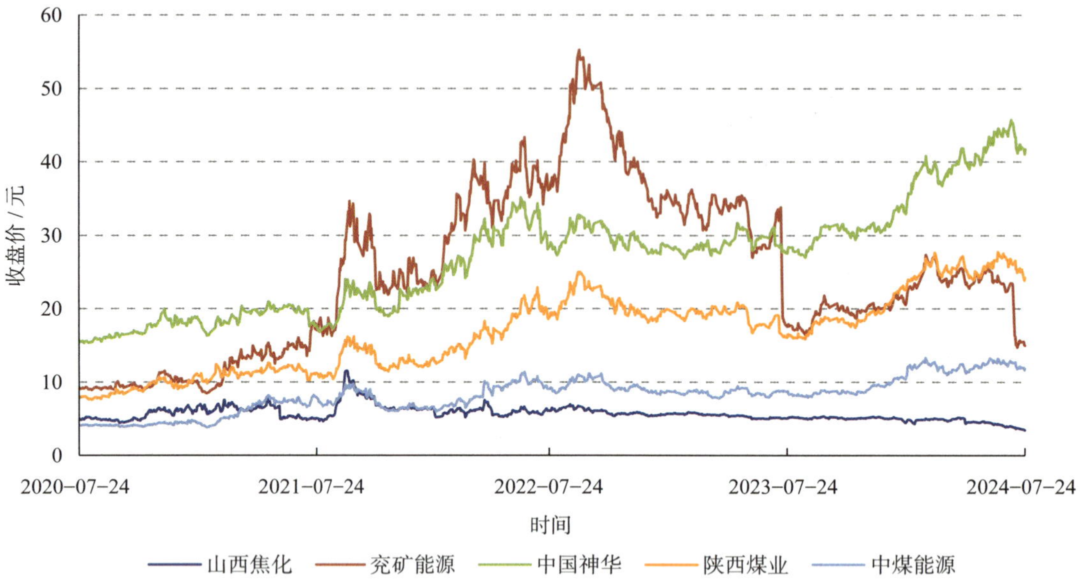

图 4-11 2020 年 7 月至 2024 年 7 月中国主要煤炭相关上市公司股价走势

数据来源：Wind

中国石油公司股价相对稳定，企业利润创新高。2023 年，欧洲能源供应受阻，国际油气价格飙升。油气公司迎来发展机遇，企业利润明显增加。中国石油 2023 年的营业收入达到 3 万亿元，净利润为 1611.5 亿元，同比增长 8.3%，在净利润方面创下了历史新高。中国海油 2023 年的净利润为 1238 亿元。从 2019 年到 2023 年，其净产量复合增长率达到了 7.6%，显示出公司在行业中的领先地位。此外，中国海油的油气销售收入占总营收的 78.7%，石油销售量同比上升 7.5%，天然气销售量同比上升 11.2%。股价方面，中国石油与中国石化整体波动较小，于 2023 年 5 月达到峰值后缓慢回落，中国石油收盘价于 2024 年开始小幅度上升，中国海油始终呈波动增长态势（图 4-12）。

有色金属龙头企业股价呈现宽幅震荡、稳中有降的趋势。2022 年，俄乌冲突导致有色金属价格短时间内迅速上涨，公司股价迎来利好。随着冲突的持续，有色金属公司股价逐渐回落。2023 年，铜价整体呈震荡下行态势，锌价弱势下跌，铅价则表现出超预期的上涨趋势，并预计呈现前低后高的走势。尽管在 2023 年初，由于国内经济迅速复苏的预期以及美联储加息进度的放缓，有色金属行业指数上涨了 14.7%，但随着国内经济复苏强度的减弱和海外通胀韧性导致的美联储加息影响，行业业绩增长逐步乏力，估值已降至历史最低位（图 4-13）。

钢铁公司股价基本与上一年度持平，略呈下降趋势。2022 年，受能源价格高企的影响，钢铁公司效益下降，降本增效压力增大。2023 年，钢铁行业面临需求减弱和价格持

图 4-12　2020 年 7 月至 2024 年 7 月中国主要石油上市公司股价走势

数据来源：Wind

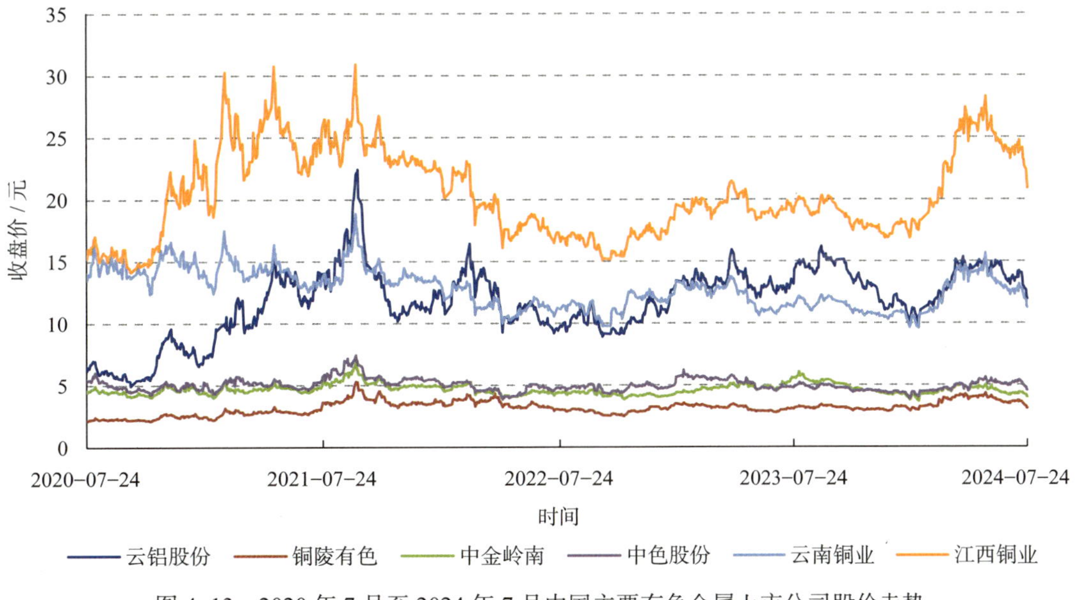

图 4-13　2020 年 7 月至 2024 年 7 月中国主要有色金属上市公司股价走势

数据来源：Wind

续下行的双重压力，企业业绩普遍承压。山东钢铁与首钢股份面临由盈转亏的局面，宝钢股份全年营业收入同比减少 8.5%，归属净利润同比减少 11.8%，面临较强的下行压力（图 4-14）。

贵金属公司股价主要表现为高位震荡。2023 年 3 月，美联储申明加息周期结束的决

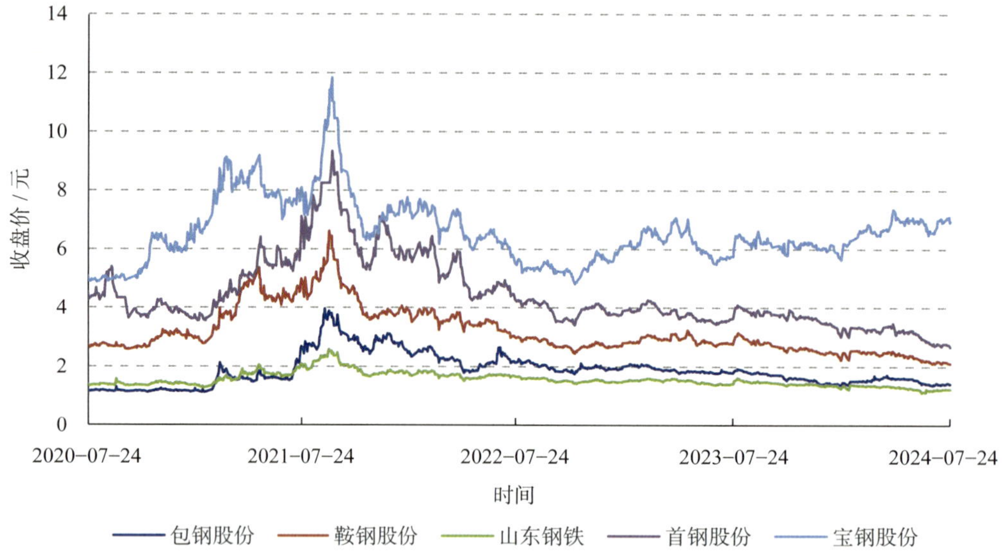

图 4-14 2020 年 7 月至 2024 年 7 月中国主要钢铁上市公司走势

数据来源：Wind

议对贵金属市场产生了重要影响。经济社会全面恢复常态化运行也在一定程度上促进了国民经济的回升向好。2023 年上半年，全国黄金消费量同比增长 16.4%，恢复态势明朗。下游需求的增长也对贵金属材料行业产生了积极影响。此外，银泰黄金在 2023 年的企业年报中提到，除美联储降息外，央行购金和 ETF 流动等因素也成为黄金价格的重要支撑因素。进入 2024 年以来，金价呈现震荡偏强态势（图 4-15）。

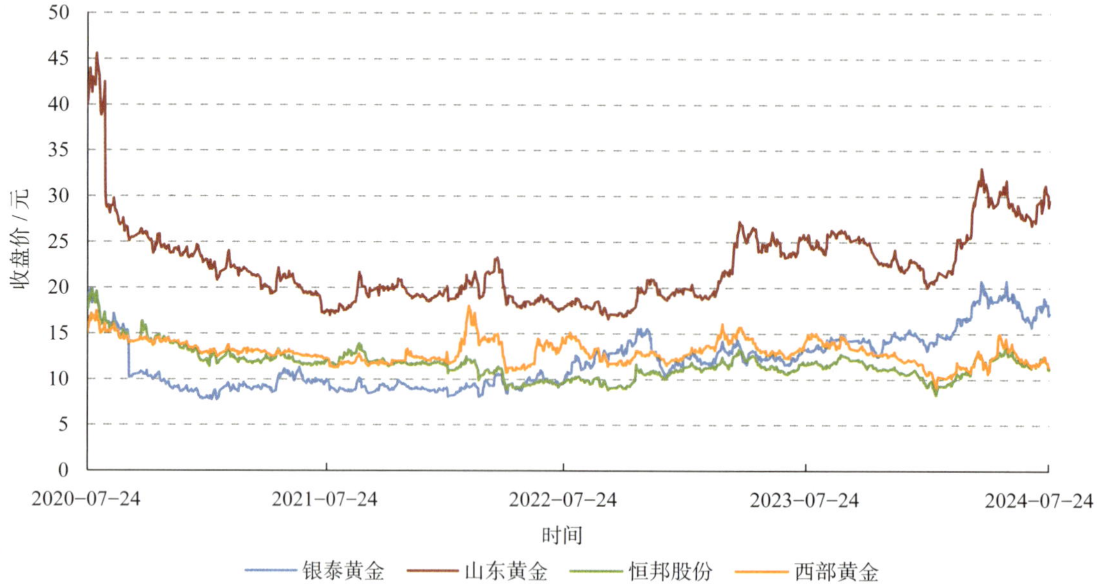

图 4-15 2020 年 7 月至 2024 年 7 月中国主要贵金属上市公司股价走势

数据来源：Wind

肥料矿产公司股价随着市场恐慌情绪逐渐平稳而逐步回落企稳。虽然2023年农用矿产公司经历了产品价格下降和业绩波动，但农业需求的稳定性、公司业绩的增长、产量的提升以及行业整体环境的改善等因素都对公司的股价产生了正面影响。因此，农用矿产公司的股价在2023年与2024年上半年呈现出一定的上升趋势或保持稳定（图4–16）。

图4–16 2020年7月至2024年7月中国主要农用矿产上市公司股价走势

数据来源：Wind

二、矿业资本持续参与新能源行业投资布局

（一）全球锂电产业链上下游合作加强

一是锂矿企业净利润下降，头部锂矿企业追求与下游用户深度绑定。

2023年，全球新能源汽车市场发展增速放缓，上游需求减弱，大型锂矿企业净利润较上年均有所下降。全球大型锂矿企业美国雅宝、智利SQM、天齐锂业、赣锋锂业4家公司的净利润分别同比下降42%、49%、70%、76%，但保持盈利（图4–17）。2024年上半年延续下降趋势，净利润转为负值。为缓解经济压力，各大企业加强与下游用户的合作。美国雅宝与宝马集团宣布达成长期合作伙伴关系，为其提供氢氧化锂。智利SQM与汽车企业现代和起亚达成长期供应协议。中国天齐锂业与汽车企业吉利、奔驰、smart等签署多项合作协议。中国赣锋锂业与长安汽车合作推进（半）固态电池研发合资项目。

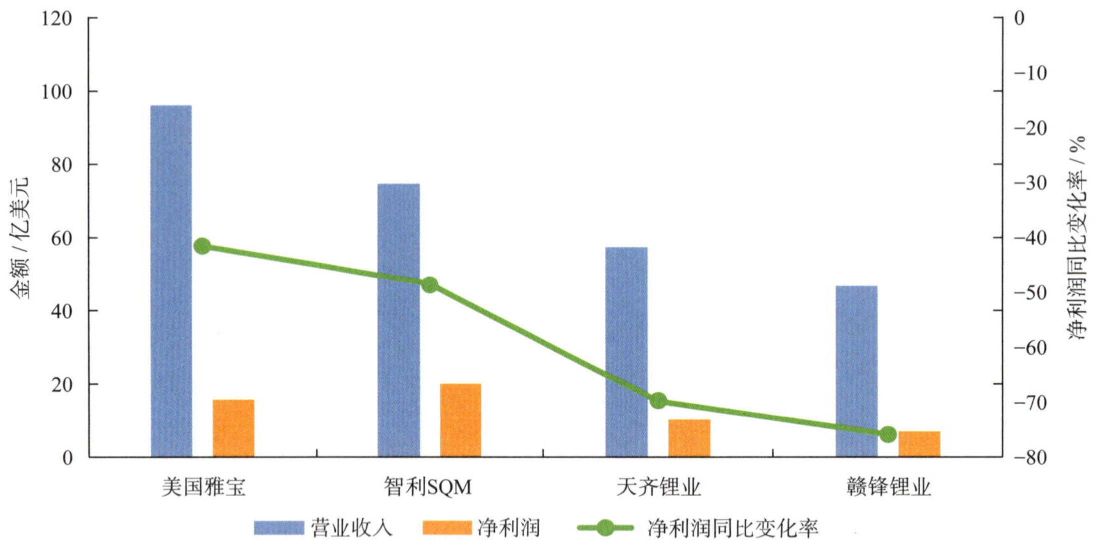

图 4−17　2023 年全球四大锂矿企业营业收入、净利润及其同比变化率

数据来源：Mining.com、矿业公司年报

二是全球锂电池和电动汽车企业积极布局上游新能源矿产资源。

宁德时代、LG 新能源等动力电池企业和比亚迪、特斯拉等电动汽车企业均在积极加码锂矿项目布局及产能建设。2023 年，宁德时代在全球动力电池的市场份额达到 36.8%，位列第一；2024 年 1—4 月，市场份额维持第一位，但下降至 35.5%（图 4−18），除布局玻利维亚盐湖锂资源外，其在江西宜春含锂瓷土矿项目、四川斯诺威硬岩锂矿项

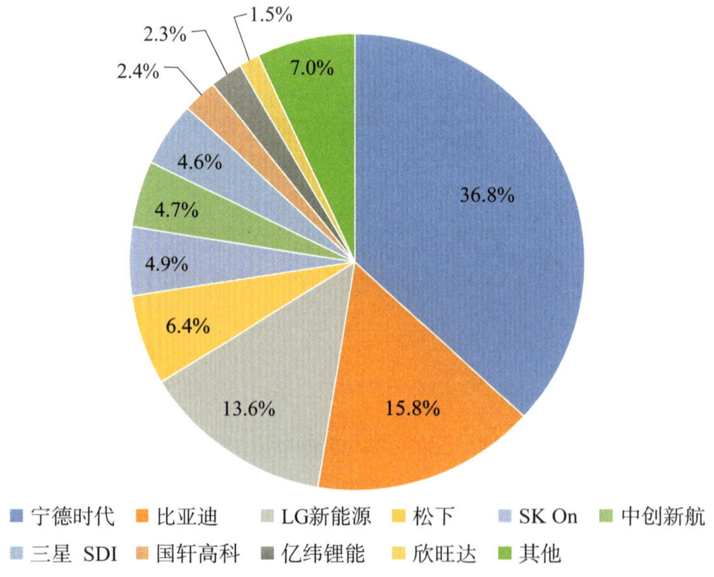

图 4−18　2023 年全球主要动力电池企业市场份额

数据来源：SNE Research

目、玻利维亚盐湖运营项目中取得突破性进展，同时推出了高品质磷酸铁锂电池。比亚迪加入南美洲的锂矿开采热潮，在非洲 6 个锂矿项目、江西宜春市电池级锂矿采选开发项目中取得突破性进展。

（二）氢能产业迎来全球发展热潮

一是氢能已成为全球未来产业的重点发展方向。

过去 10 年，由于生产、运输和存储成本高，叠加产业链上下游利润分配不均，氢能投资占比不到 15%。据国际能源署数据，近几年能源转型大力推动全球氢能发展，氢能投资显著增加，2023 年全球制氢市场规模为 1676.2 亿美元，预计未来将持续增长，到 2024 年增长到 1767.4 亿美元，到 2032 年增长到 2782.6 亿美元，2023—2032 年复合增长率为 5.84%。目前氢能项目规模持续扩大，氢能价值链上的投资超过 6000 亿美元，但仅有不超过 20% 的项目达到最终投资决策阶段或正在建设运营。2024 年用于电解水制氢的投资有望增长 140%，达到 50 亿美元，但其在清洁能源投资中的占比仅为 0.3%。国际氢能委员会预计，到 2030 年，全球氢需求将达到 4100 万吨，其中 40 万吨为清洁氢；2050 年氢需求将增长至 400 万吨，同时，与氢相关的投资总额预计为 12 万亿美元。

二是全球各国在氢能发展方面取得了显著进展。

2024 年，欧洲拥有全球接近 40% 的拟议氢气项目投资，欧盟委员会计划投资 30 亿欧元建立“未来氢能市场”。北美洲的氢产能中有 70% 是低碳氢，占全球低碳氢总产量的 50% 以上，美国政府计划投入 95 亿美元用于区域氢能中心建设以及氢能全产业链示范与研发。中国作为世界第一大产氢国，氢气年产量已超过千万吨规模，为氢能经济的快速发展创造了有利条件。亚洲地区投入运营的加氢站数量已超过全球一半，显示出全球加氢站建设进入快速发展期。此外，电解水制氢项目也在向大型化、万吨级发展，全球新增建成的电解水制氢项目中，千吨级以上氢气产能的项目数量显著增加。

三是非洲多个国家加快发展氢能产业。

2024 年，非洲至少有 12 个国家正在开展氢能项目建设，19 个国家针对氢能产业制定了专门的政策或规划。非洲拥有世界一流的可再生能源资源，风电装机容量高达 69%，太阳能装机容量高达 25%，有极大潜力成为可再生氢及其衍生物的生产商和出口商。2024 年 2 月，埃及政府与国际开发商签署了 7 项谅解备忘录，计划在苏伊士运河经济区开发绿氢和可再生能源项目。莫桑比克公布能源转型战略，提出到 2030 年成为南部非洲氢能生产的引领者。2024 年 3 月，摩洛哥发起“摩洛哥提议”计划，将投入 100 万公顷土地用于建设绿氢项目，以将该国打造成地区主要绿氢生产和出口国。目前，非洲仅有 1% 的项目通过了最终投资决策。预计到 2050 年，如果非洲国家能够获得全球预期氢交易量的 15%，那么用于出口的可再生氢产量将从 2030 年的 100 万吨增长到 2050 年的 1100 万吨，可再生氢生产可以调动 4000 亿美元的累计投资，使非洲的出口额增加 150 亿美元。

三、ESG成为矿业公司吸引投资和提升竞争力的重要指标

（一）ESG 政策标准日趋严格

一是 ESG 宏观政策侧重气候变化和能源转型。

2023 年 12 月，《联合国气候变化框架公约》第二十八次缔约方大会（COP28）召开，大会达成“阿联酋共识”，各缔约方最终就《巴黎协定》首次全球盘点、减缓、适应、资金、损失与损害、公正转型等多项议题达成一致，翻开全球气候治理进程新的一页。2023 年 6 月，国际可持续发展准则理事会（ISSB）正式发布《国际财务报告可持续披露准则第 1 号——可持续相关财务信息披露一般要求》（IFRS S1）和《国际财务报告可持续披露准则第 2 号——气候相关披露》（IFRS S2）。2023 年 6 月，欧盟委员会发布了新的可持续金融一揽子计划，旨在强化欧盟的可持续金融框架，本次计划重点放在 ESG 评级、欧盟可持续分类目录和转型金融三个方面。2023 年 8 月，加拿大政府发布了《可持续就业行动计划》，确立了其在公正转型方面的长期行动思路。

二是主要经济体加强 ESG 投资监管力度，推进绿色金融产品标准化。

2024 年 3 月，美国证券交易委员会（SEC）发布气候相关披露规则，要求上市公司在年度报告和注册声明中披露与气候相关的风险，包括对业务战略、运营结果和财务状况的影响。此外，还需披露公司治理结构中管理气候风险的角色和流程。2024 年 4 月，欧洲议会全体会议通过《企业可持续发展尽职调查指令》法案，法案要求企业在运营过程中进行尽职调查，确保其商业活动不会对社会和环境造成负面影响。这包括评估和管理与 ESG 相关的风险，并促进可持续发展，标志着欧盟在将强制性的可持续供应链监管标准纳入其法律框架中取得了关键进展。2023 年 7 月，新加坡金融管理局（MAS）发布《ESG 评级和数据产品提供商行为准则》，旨在提高 ESG 评级和数据的透明度、可比性和可靠性。2023 年 11 月，英国金融行为监管局（FCA）推出新版《可持续发展披露要求（SDR）

和投资标签》，收紧 ESG 投资规则，进一步促进节能环保、低碳减排等领域的投资。

三是 ESG 基金规模快速回升但新增数量减少。

2021 年，全球 ESG 基金资产规模增长显著，总规模达到 2.74 万亿美元，但 2022 年下降至 2.50 万亿美元，虽然比 2020 年的 1.26 万亿美元翻了近一倍，但相比 2021 年的 2.74 万亿美元下降了 8.8%。2023 年，全球 ESG 基金资产规模整体上涨，第四季度已恢复至历史高点 3 万亿美元，环比增长 8.2%。2023 年，ESG 基金总体发行速度减缓，全年新增基金 539 支，远少于 2022 年新增数量，主要归因于欧洲新发行 ESG 基金的大幅减少（表 4-2）。

表 4-2 2021—2023 年全球 ESG 基金规模和新增基金数量

ESG 基金指标	2021 年	2022 年	2023 年
ESG 基金规模 / 万亿美元	2.74	2.50	3.00
新增 ESG 基金数量 / 支	1190	927	539

四是欧洲仍保持 ESG 基金领头羊地位，中国占比有所下降。

2023 年，欧洲在全球可持续基金资产中继续占据主导地位，份额高达 84.2%；美国占比 11.4%（图 4-19）；亚洲（不含日本）地区位列第三。在亚洲（不含日本）地区，中国占比最高，但比例从 2022 年的 71% 降至 63%。

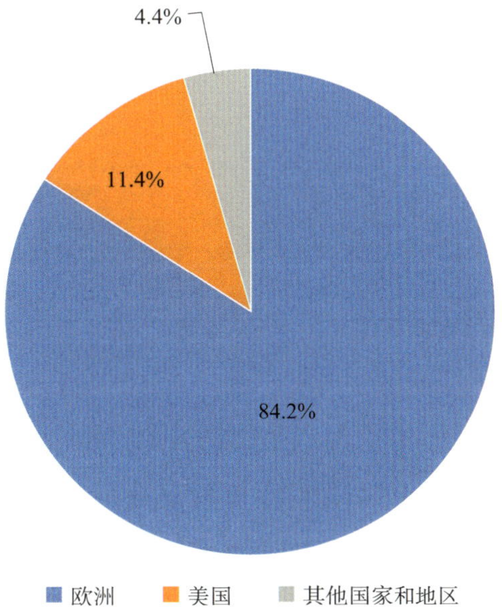

图 4-19 2023 年全球 ESG 基金规模占比

（二）矿业 ESG 挑战和机遇并存

一是 ESG 在矿业行业中受重视程度越来越高。

安永公司（Ernst & Young）在《2022 年全球采矿及金属行业十大业务风险与机遇》《2023 年全球采矿及金属行业十大业务风险与机遇》《2024 年全球采矿及金属行业十大业务风险与机遇》3 份报告中，连续 3 年将 ESG 问题列为矿业最大风险。安永公司的报告指出，投资者和社会各界越来越关注矿业 ESG 话题。虽然 2024 年采矿及金属行业十大业务风险与机遇排名表面上与过去两年没有太大差异，但是 ESG 正逐渐成为矿业企业的长期目标和优先事项（表 4–3）。矿业企业需要实现 ESG 目标与生产力等其他业务目标之间的平衡。抓住这一机遇能带来许多正面效益，如更容易获得资本，人才储备更加完善，或更顺利地获得经营许可。为了应对日益错综复杂的 ESG 事项，除了考虑监管合规和控制成本，矿业企业还需要加强 ESG 数据管理，提高 ESG 报告透明度，以适应市场的变化和发展趋势。

表 4–3　2022 年、2023 年和 2024 年全球采矿及金属行业十大业务风险对比

风险因素	2024 年排名	2023 年排名	2022 年排名
ESG	1	1	1
资本	2	8	5
经营许可	3	4	3
气候变化	4	3	2
数字化和创新	5	9	7
成本和生产力	6	5	10
地缘政治	7	2	4
网络安全	8	无	无
新业务模式	9	10	9
劳动力	10	7	8

数据来源：安永公司。

二是头部矿业企业将 ESG 标准嵌入企业架构并融入未来发展战略。

矿业是能源转型的中坚力量，但采矿业自身就占全球温室气体排放量的 4% ~ 7%。2023 年，全球头部矿业企业积极制定相应的 ESG 战略及目标，注重改善矿物的生产方式，以实现全球能源转型和可持续发展。必和必拓计划到 2030 年将运营温室气体排放减少 32%，并引入低排放 / 零排放船只。力拓以 2025 年减排 20% 为目标，并在资源循环利

用方面进行大量投资。英国石油公司投资巨额资金用于可再生能源生产，设立英国电动汽车充电中心，并在全球建立电动汽车基础设施。南方铜业更新公司气候战略，与联合国可持续发展目标保持一致。自由港麦克莫兰以水资源管理、生物多样性和有效废物管理为中心，迈向 2030 年减排目标。

（三）头部矿业企业 ESG 表现提升，不同矿种加速分化

一是全球 50 强矿业公司 ESG 分数略有上升，市值排名前五的公司优势缩小。

2024 年第二季度，全球 50 强矿业公司 ESG 均分为 71.7，较 2023 年的 70.9 有所提升，全球头部矿业企业更加重视 ESG 建设。理论上，市值排名前五的矿业公司开展 ESG 建设的意愿和能力更强，但实际上，市值排名前五的矿业公司的 ESG 分数与 50 强中其他矿业公司间的差距正逐渐缩小。2024 年第二季度，市值排名前五的企业必和必拓、力拓、南方铜业、嘉能可和自由港集团的均分为 78.2，较 2023 年的 86.4 下降明显。排名第二的力拓公司 ESG 评分由 81.0 分降至 75.0 分，取代淡水河谷进入前五的南方铜业虽然市值攀升迅速，但 ESG 评分较低，仅有 55.0 分（图 4–20）。

二是多矿种企业 ESG 表现最佳，铜、金企业表现不佳，而锂、煤企业表现提升。

将全球 50 强矿业公司的经营方向细分为多元化、铜、金、锂和煤炭，并整理各类矿业公司 ESG 平均得分后如图 4–21 所示。其中，多矿种企业仍是 ESG 建设的领头羊，2024 年 ESG 平均得分达到 82.1，较 2023 年度的 80.4 又有所提升。多矿种企业在全球 50 强矿业公司的市值排名均较为靠前，多位于榜单前 1/3 的位置。一般而言，多矿种企业规模较大，拥有较为雄厚的经济实力承担环境和社会责任，并做好公司治理。

2024 年第二季度，铜矿企业和金矿企业 ESG 得分分别为 67.8 分和 60.0 分，较 2023 年的 71.8 分和 69.3 分均有下降。与多矿种经营的矿业企业相比，铜矿企业和金矿企业经营方向更为单一，抵抗 ESG 风险的能力相对较弱。细分指标中，铜矿企业环境得分相对较低，而金矿企业社会和公司治理指标表现不佳。为提升 ESG 表现，铜矿企业要花费更多的精力防治其可能造成或已造成的污染，金矿企业则要重视在其生产活动和公司决策中对环境、社会带来的负面影响。

2023 年，锂矿企业的 ESG 表现不尽如人意，其均分低于 50 强平均水平，仅为 67.6 分，但 2024 年度提升至 74.0 分，进步显著。煤炭行业作为典型的传统能源行业，具有高污染、高排放、高能耗的特点，且容易发生安全事故，在 ESG 相关评分中并不占优势，

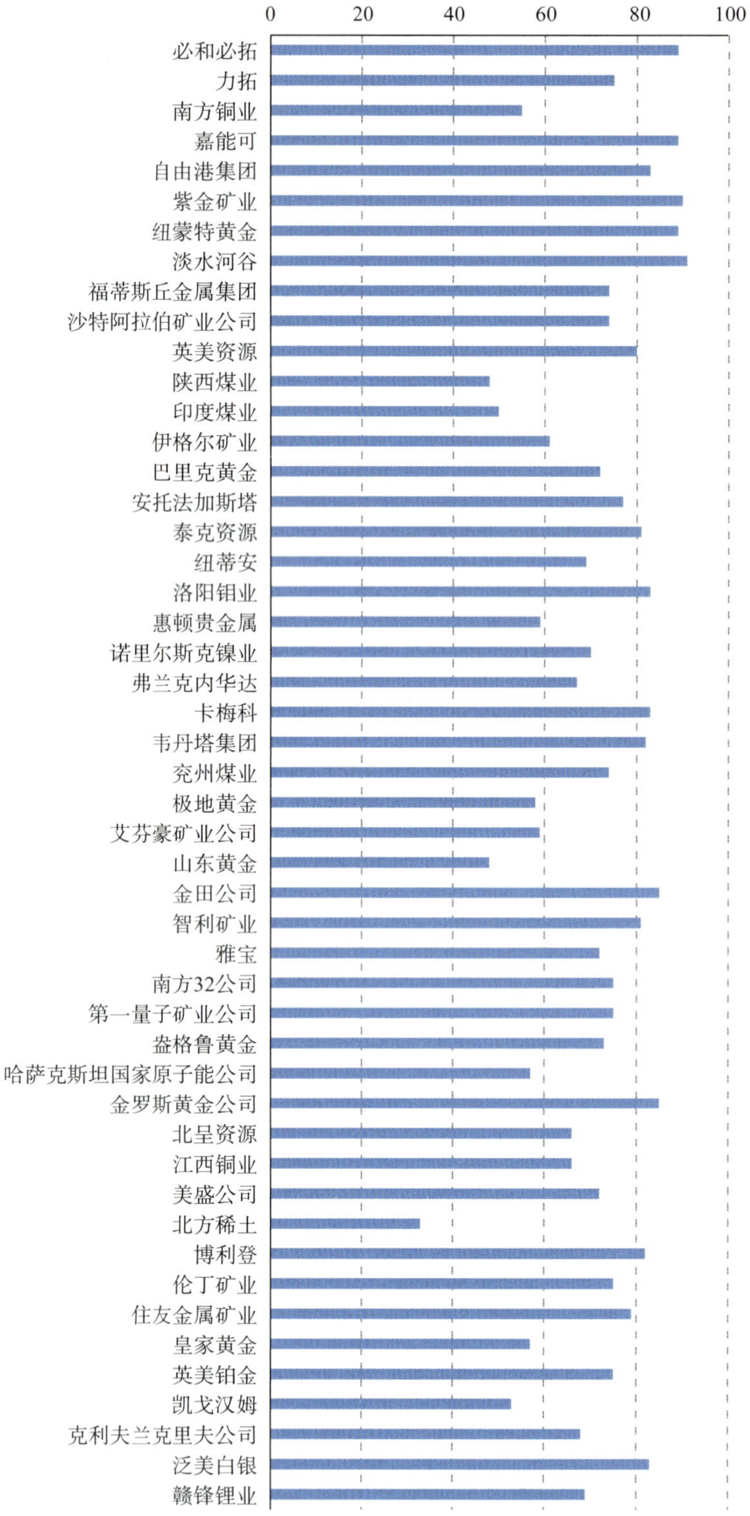

图 4-20　2024 年第二季度全球 50 强矿业公司 ESG 得分

数据来源：伦敦证券交易所集团（LSEG）官网[1]

[1] 安曼矿产于 2023 年 7 月上市，LSEG 官网暂未收录其 ESG 评分。

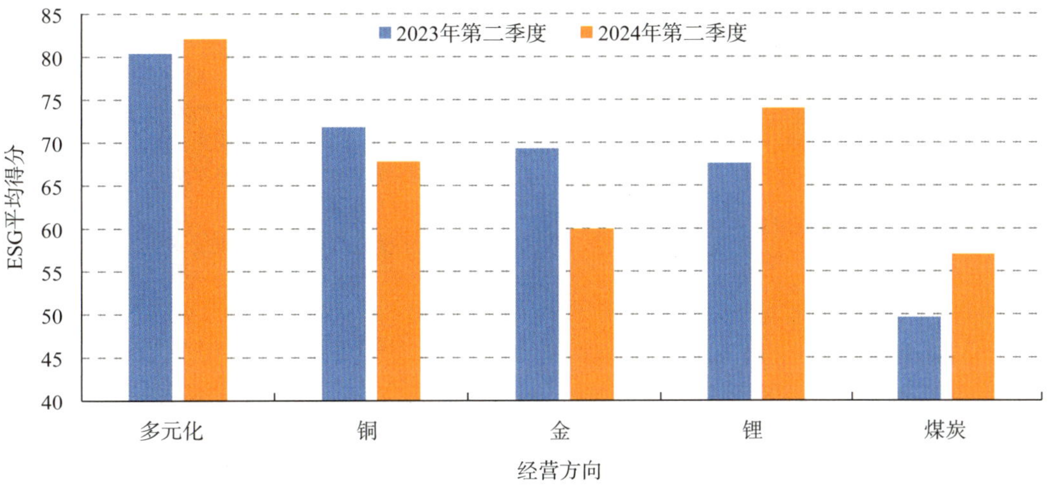

图 4-21 2023 年第二季度和 2024 年第二季度全球 50 强矿业公司不同经营方向 ESG 平均得分

数据来源：LSEG 官网

平均得分仅有 57.0 分，但较 2023 年度的 49.6 分仍有较大进步（图 4-21），说明传统能源和新能源矿产企业都愈发重视 ESG 建设，共同在全球能源转型发展中贡献价值。

（四）中国矿业 ESG 治理水平进一步提升

一是政府顶层制度设计明确支持中国 ESG 发展。

近年来，我国对生态文明建设的重视不断提升，“绿水青山就是金山银山”理念不断深入，与 ESG 发展理念相契合（表 4-4）。2024 年初发布的《中共中央 国务院关于全面推进美丽中国建设的意见》明确提出将“探索开展环境、社会和公司治理评价”作为健全美丽中国建设保障体系的内容之一，这是我国支持 ESG 发展的明确信号。截至 2023 年底，我国已经建设了超过 1100 座国家级绿色矿山，15 个省份制定了绿色矿山建设的地方标准，一批绿色矿业发展示范区也已陆续创建。这些举措，大大加速了我国矿业领域的 ESG 进程。

表 4-4 2023 年国内出台的 ESG 相关政策

时间	政府文件	意义	涉及方面
2023 年 7 月	国务院国有资产监督管理委员会办公厅《关于转发〈央企控股上市公司 ESG 专项报告编制研究〉的通知》	为央企控股上市公司编制 ESG 报告提供了建议与参考	ESG

续表

时间	政府文件	意义	涉及方面
2023 年 8 月	中华人民共和国生态环境部办公厅等发布《关于深化气候适应型城市建设试点的通知》(环办气候〔2023〕1 号)	鼓励 2017 年公布的 28 个气候适应型城市建设试点继续申报深化试点，同时进一步明确试点申报城市一般应为地级及以上城市，鼓励国家级新区申报	ES
2023 年 10 月	中华人民共和国国务院发布《关于推进普惠金融高质量发展的实施意见》(国发〔2023〕15 号)	明确了未来五年推进普惠金融高质量发展的指导思想、基本原则和主要目标，提出了一系列政策举措	ES
2023 年 10 月	中华人民共和国生态环境部、国家市场监督管理总局发布《温室气体自愿减排交易管理办法（试行）》	为保障全国温室气体自愿减排交易市场有序运行的基础性制度，规定了温室气体自愿减排交易及其相关活动的基本管理要求，明确了各市场参与主体权利和责任	E
2023 年 12 月	《中共中央　国务院关于全面推进美丽中国建设的意见》	作为“健全美丽中国建设保障体系”的一部分，探索开展环境、社会和公司治理评价	ESG

二是国内采矿业 ESG 表现有明显提升，但仍不及均值。基于商道融绿数据平台统计，2018—2023 年，中证 800 成分股中的采矿业公司 ESG 绩效有明显提升，其中评级在 B+ 级（含）以上的公司数量从 2018 年的 4 家增至 2023 年的 18 家，增幅达 350%，评级在 C+ 级（含）以下的公司数量从 2018 年的 14 家降至 4 家，降幅达到 71.4%。2023 年，首次有采矿业公司（洛阳钼业）获得了 A 级评分（图 4-22）。

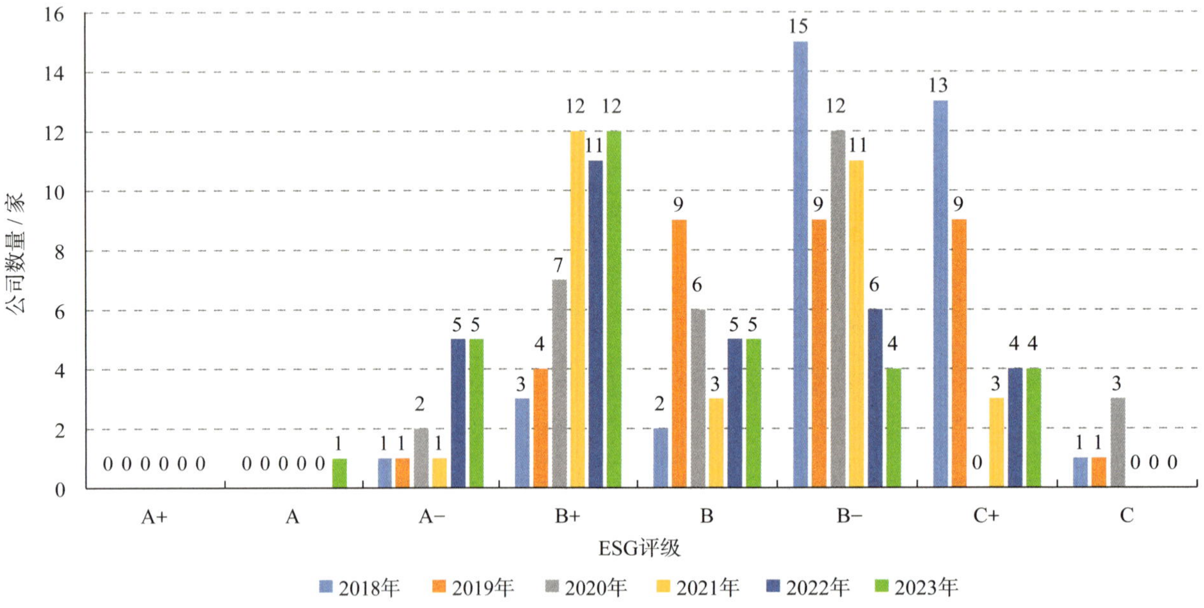

图 4-22　2018—2023 年采矿业中证 800 成分股 ESG 评级分布

数据来源：商道融绿

以中证 800 成分股公司 ESG 综合得分均值为基数 1，其他各行业 ESG 平均绩效以相对于指数平均水平的表现来展示（图 4-23），从中可以看出，卫生服务业为 ESG 平均绩效最高的行业，其他服务业为 ESG 平均绩效最低的行业。采矿业位列第 11 名，且得分未达到中证 800 成分股 ESG 绩效平均水平。国内矿业 ESG 面临着 ESG 信息披露不足、ESG 管理薄弱和风险高发的严肃课题。国内矿业公司应在积极推行科技创新和产业转型升级的同时，更加重视员工安全，积极改进环境管理，共同推动传统矿业的“浴火重生”，共创绿色、可持续发展的未来。

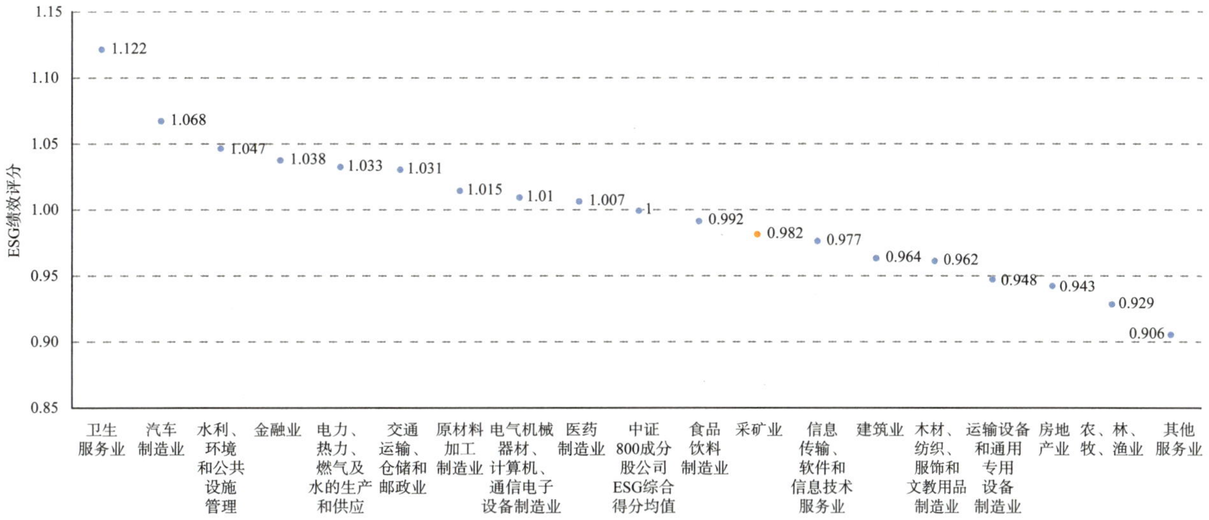

图 4-23　2023 年中证 800 成分股分行业 ESG 绩效比较

数据来源：商道融绿

四、全球矿业行业减碳策略

（一）国际矿业行业组织提出减排倡议，推进矿业减碳

矿业为碳排放的主要行业之一。麦肯锡数据显示，全球 4% 至 7% 的温室气体排放来自采矿活动，矿产品生产和金属冶炼将温室气体排放量大幅推高至 28%，矿业行业减排对全球气候目标至关重要。国际主要矿业行业组织积极发挥在全球矿业减碳行动中的领导和协调作用，联合提出减排倡议，引导各成员国和企业向低碳经济转型，显示全球矿业对碳减排的共识日益增强。世界煤炭协会、油气行业气候倡议组织、中国钢铁工业协会、国际铜业协会、国际铝业协会、中国非金属矿工业协会、国际采矿和金属理事会等行业组织和矿产行业代表纷纷发出矿业减排倡议，具体包括 5 个方面：一是积极推广氢

能及碳捕集、利用与封存（CCUS）等低碳清洁技术，鼓励利用清洁能源发电、高炉煤气余热利用，推动尾矿再利用，提高资源综合利用效率。二是推进能源替代转型，逐步降低全球化石能源消费增量，控制煤炭消费总量，提高天然气等清洁能源占比，逐步发展与新能源相关的清洁能源矿产。三是做好行业碳核算工作，了解各个环节的碳排放量，有针对性地进行减碳，同时为参与碳市场做准备。四是推进矿山数字化建设，大力开展矿山智能化建设，应用电动采矿设备、智能化管理系统，技术驱动矿业低碳转型，提升矿业安全绿色和智能化水平。五是加强国际合作与交流，推动矿业企业共享清洁能源技术和低碳生产模式，提升矿业企业减排效率与经济性，实现全球矿业绿色可持续发展（表 4–5）。

表 4–5　部分国际矿业行业组织在碳减排方面的倡议和举措

组织名称	倡议 / 行动细节	目标 / 效果	相关链接或文件
世界煤炭协会	呼吁行业共同努力，在包括发电、工业应用和生物能源等领域大规模部署 CCUS 技术； 资助推广先进清洁煤炭利用技术和 CCUS 技术，助力煤炭业减排	使煤炭在能源系统中保持地位； 实现煤炭行业的减排； 形成能源互补	2018 年世界煤炭协会发布《推动 CCUS 的部署：煤炭实现零排放的途径》报告
油气行业气候倡议组织	减少甲烷和二氧化碳排放； CCUS 作为核心研究和投资方向； 中国作为重要实践地区； 成立 OGCI（CI）基金，投资于加速实现能源等领域脱碳的公司、技术和项目	实现《巴黎协定》温控目标； 2030 年常规火炬零燃放； 减少温室气体排放	2021 年，油气行业气候倡议组织发布碳中和新战略
中国钢铁工业协会	加快低碳转型； 优化工艺流程和原料结构； 提高废钢和球团使用比例； 利用清洁能源； 发布钢铁行业碳中和愿景和低碳技术路线图	提前实现碳达峰； 减少碳排放强度； 促进能源结构清洁低碳化； 创新发展低碳技术； 打造绿色低碳产业链	2021 年，中国钢铁工业协会发布《钢铁担当，开启低碳新征程——钢铁行业低碳行动倡议书》
国际铜业协会	研究推广铜的社会价值； 提高铜的可回收性； 促进绿色发展	促进经济和行业绿色发展； 铜产业链合作共赢	国际铜业协会积极促进行业绿色可持续发展
国际铝业协会	最大限度利用铝土矿残渣； 发布《2050 年全球铝行业温室气体减排路径》； 减少温室气体排放	降低社会、环境和经济影响； 到 2050 年减少 77% 的排放量	2021 年，国际铝业协会发布报告指出，到 2050 年全球铝行业需减少 77% 的排放量
中国非金属矿工业协会	将能耗、排放等作为约束性指标； 加快淘汰落后设备和工艺； 科技创新和新材料研发	提升绿色发展水平； 促进绿色低碳转型； 智能矿山和数字工厂建设	2021 年，中国非金属矿工业协会发出推进非金属矿行业碳达峰、碳中和行动倡议书

续表

组织名称	倡议 / 行动细节	目标 / 效果	相关链接或文件
国际采矿和金属理事会（ICMM）	推进价值链上的减排； 制定温室气体核算体系； 披露相应的温室气体排放绝对增幅或减幅	促进脱碳和可持续发展； 鼓励 ICMM 成员（28 家矿业公司和 35 个大宗商品协会）设定碳减排目标	2021 年，ICMM 做出里程碑式气候承诺，在 2050 年以前实现净零排放

（二）各国以财政政策、碳交易等手段推动碳减排

1. 国外减排措施和行动计划

目前，全球已经有 54 个国家的碳排放达到峰值，占全球碳排放总量的 40%。截至 2023 年 9 月，在全球 198 个国家中，已有 133 个国家提出碳中和目标，覆盖全球 94.17% 的 GDP、86.47% 的人口、90.94% 的碳排放量[1]。以 1992 年联合国大会通过《联合国气候变化框架公约》为标志，西方主要工业国家逐步将生态环境治理、减少温室气体排放提上议事日程，并积累了一定经验，具体包括以下几点：一是提出低碳经济发展理念及保护气候战略；二是调整能源结构，严格控制化石能源消耗总量，调高能源价格使其反映环境成本，提升非化石能源消费比例，推动企业积极发展可再生能源和应用清洁能源；三是改造传统高碳产业，加强低碳技术创新，淘汰落后和过剩产能，推动产业结构转型升级；四是应用市场机制促使企业减排，建立碳市场，量化碳排放成本，激励企业投资减排技术，促进金融机构为低碳矿业项目提供优惠贷款，对低碳技术和产品减税，对高碳排放征收碳税，激励矿业企业加大减排投入。部分国家和地区的具体行动计划如表 4–6 所示。

表 4–6 部分国家和地区的碳减排行动计划

国家和地区	行动计划和措施
俄罗斯	实施减排计划，45% 的能源供应都属于低排放能源； 为致力于生态保护的矿业企业提供特惠待遇； 推进液化天然气的开发使用
美国	通过向可再生能源过渡实现无碳发电； 重视环保、高效地利用煤炭资源； 增加可替代能源和清洁能源技术的投入； 通过《通胀削减法案》，预计投资约 369 亿美元用于清洁能源技术的部署和开发
沙特阿拉伯	提高碳氢化合物技术的效率； 计划到 2030 年可再生能源在一次能源消费中占比达到 50%

[1] 清华大学气候变化与可持续发展研究院，2023. 2023 全球碳中和年度进展报告 [EB/OL]. https://www.cntracker.tsinghua.edu.cn/file/public/report/5a7a6e4fd9814d688274d2bf3c2ac206.pdf.

续表

国家和地区	行动计划和措施
加拿大	增收企业碳排放税，提高税率； 优化油田生产的各类排放设备； 制定联邦石油和天然气碳市场计划
伊朗	提出解放闲置矿山的计划； 寻求与国际巨头企业合作开发矿山资源
巴西	推广生物燃料，特别是生物柴油和乙醇； 进行矿业体制改革
澳大利亚	发布《减少碳排放计划》政策绿皮书； 提高减排目标； 与中国开展矿业减排新合作
委内瑞拉	欢迎外国投资者参与矿产合资，共同减排
伊拉克	遵守石油减产协议； 与道达尔签约大型油气综合项目，助力减排
欧盟	开发廉价、清洁、高效和低排放的世界级能源技术； 建立温室气体排放贸易体系，扩大交易范围； 到 2030 年，可再生能源在终端能源消费中占比达到 32%
英国	发展效率更高、能应用清洁煤技术的发电站； 推出为期 25 年的可再生能源义务和气候变化税
德国	提出实施气候保护高技术战略； 大力发展风能，鼓励沼气能的发展，积极推广热电联产技术； 征收能源消费税，降低能源损耗
日本	投资化石能源的减排技术装备； 强调核电和太阳能的作用； 大力开发清洁能源和绿色燃料
智利	加大投资，增加碳固存； 开展采矿设备电气化，促进矿山可持续开发
印度	在煤矿区开展甲烷减排

2. 中国减排措施和行动计划

中国是世界上最大的矿产资源生产国和消费国，也是全球最大的碳排放国，在发展经济的同时，与国际社会积极开展有效务实的合作，履行相应承诺与义务。2020 年，中国在联合国大会上作出“中国二氧化碳排放力争于 2030 年前达到峰值，努力争取 2060 年前实现碳中和”的承诺，为能源转型和产业发展指明了方向。近年来，中国积极推动国家传统矿业行业和能源产业的绿色发展，出台相关政策推进“双碳”进程，为实现碳达峰、碳中和的目标积极规划布局，具体包括以下几点：一是优化能源结构，加快实施钢铁、有色金属和石油化工等行业绿色化改造和转型升级。严格控制化石能源消费总量，提高天然气占能源消费总量比例，加强煤炭清洁高效利用，淘汰落后产能和过剩产能。二是提高矿产资源全面节约和综合利用水平，倡导使用先进技术提高采选环节的开采回收、选矿回收和综合利用水平，实现废弃物资源化。三是推进绿色矿山建设和绿色勘查，推进废弃矿山生态修复。通过对矿山损毁土地和废弃地进行生态修复和重建，恢复生态系统的碳汇功能。四是加强能源消费和碳排放统计核算，建立与节能降碳目标管理相适应的能耗和碳排放目标任务，夯实化石能源、非化石能源、原料用能等碳排放统计核算基础，建立以碳市场数据为基础的能源消费和碳排放监测体系（表 4–7）。

表 4–7 中国矿业相关领域降低碳排放国家政策

时间	政策 / 会议	主要内容
2016 年 12 月	《关于推进矿产资源全面节约和高效利用的意见》	从加强勘查开发管理、大力研发推广应用先进适用技术、发挥标准规范强制和引领作用、建立长效机制四方面作出具体要求
2016 年 12 月	《矿产资源开发利用水平调查评估制度工作方案》	动态调查矿产资源开发利用现状，科学评价矿产资源开发利用水平，健全完善评估指标体系，构建激励约束机制，推动矿产资源利用方式根本转变
2018 年 2 月	《2018 年能源工作指导意见》	提出推进煤矿企业兼并重组和煤电、煤运、煤化工上下游产业融合，提高抵御市场风险能力。加强化解煤炭过剩产能和建设先进产能的统筹，实现煤炭供需动态平衡，保持价格稳定
2019 年 4 月	《关于推进实施钢铁行业超低排放的意见》	到 2025 年底前，重点区域钢企超低排放改造基本完成，全国力争 80% 以上产能完成改造
2021 年 2 月	《国务院关于加快建立健全绿色低碳循环发展经济体系的指导意见》	健全绿色低碳循环发展的生产体系，推进工业绿色升级。加快实施石化、化工、有色等行业绿色化改造。依法在“双超双有高耗能”行业实施强制性清洁生产审核等
2022 年 5 月	《支持绿色发展税费优惠政策指引》	发布了支持环境保护、促进节能环保、鼓励资源综合利用、推动低碳产业发展四方面实施的 56 项支持绿色发展的税费优惠政策。包括衰竭期矿山开采的矿产品减征资源税、开采共伴生矿减免资源税、开采低品位矿减免资源税等
2022 年 11 月	《有色金属行业碳达峰实施方案》	到 2025 年，有色金属行业力争率先实现碳达峰，2040 年力争实现减排 40%
2024 年 5 月	《关于建立碳足迹管理体系的实施方案》	发布重点产品碳足迹核算规则标准，优先聚焦电力、煤炭、天然气、燃油、钢铁、电解铝、水泥、化肥、氢、石灰、玻璃、乙烯、合成氨、电石、甲醇、锂电池、新能源汽车、光伏和电子电器等重点产品，制定发布核算规则标准
2024 年 5 月	《2024—2025 年节能降碳行动方案》	严格合理控制煤炭消费，优化油气消费结构。加强钢铁产能产量调控，深入调整钢铁产品结构，加快钢铁行业节能降碳改造。严格石化化工产业政策要求，加快石化化工行业节能降碳改造，推进石化化工工艺流程再造。优化有色金属产能布局，严格新增有色金属项目准入，推进有色金属行业节能降碳改造
2024 年 7 月	《加快构建碳排放双控制度体系工作方案》	将碳排放指标及相关要求纳入国家规划，建立健全地方碳考核、行业碳管控、企业碳管理、项目碳评价、产品碳足迹等政策制度和管理机制，并与全国碳排放权交易市场有效衔接，构建系统完备的碳排放双控制度体系，为实现碳达峰碳中和目标提供有力保障

（三）矿业企业积极响应减碳号召，落实绿色转型

1. 全球主要矿业企业减碳管理与举措

一是积极响应政府和公共组织号召，形成良好的公共治理体系。大型矿业企业均表示支持各国政府依据自身实际情况和需求制定的减排政策，主动与政府机构沟通，承担相应的社会责任，不断改进信息披露机制，促进全球应对气候变化，为实现联合国可持续发展目标和《巴黎协定》目标而努力。矿业企业也在积极融入减碳的行业组织和高峰机构，主动发声，参与规制制定，从减碳的被规制者走向减碳的响应者和引领者。

二是大力推动技术创新，直接减少碳排放。矿业企业为应对气候变化，积极推进减碳技术研发，引领技术创新，并将减碳技术视为提升核心竞争力的关键。最新技术进展主要包括：第一，开发和应用减少碳排放的新技术，如 CCUS 技术，以及生物质能碳捕集与封存技术，加强在捕集、运输、利用和封存环节的二氧化碳（CO_2）管理，实现捕获的 CO_2 资源化利用，减少生产环节碳排放，并产生经济收益。第二，应用清洁能源技术，升级运输设备降低能耗。利用清洁能源如光伏、风能等用于发电，逐步引入电动或混合动力运输工具，如无人驾驶电动卡车和混合动力机车，替代传统的柴油驱动运输设备，降低电力和运输过程中的碳排放。第三，积极建设智能绿色矿山，加强矿业生产的智能化改造，数字化管理优化生产流程，提高资源综合利用效率，精准管理能源消耗，推进绿色矿山建设和废弃矿山生态修复实现生物碳汇。

三是强化产业链碳足迹管理，推动产业链各环节减碳。矿业企业积极制定产品碳足迹核算规则标准，应用全生命周期碳排放评价方法，核算产品从原材料获取、生产、使用到废弃的全过程中温室气体的排放量，合作制定减排目标和计划。建立碳数据管理系统，实现碳排放的数字化精确计算和常态化监管，加强产品碳足迹与贸易、财政、金融等政策的衔接，定期披露矿产品的碳足迹数据。制定严格的供应商标准，追踪并减少从原材料采购到产品销售的全链条碳排放，努力实现供应链碳足迹的透明化管理。

2. 国外主要矿业公司的碳减排行动计划

国际上众多能源资源矿业巨头如力拓、必和必拓、嘉能可、淡水河谷、巴里克黄金、纽蒙特黄金等公司都提出减少碳排放的目标，并针对控制碳排放制定相应的行动计划[1]。各公司采取的碳减排举措虽然形式和内容侧重点有所不同，但是能够发现一些共同特点和规律：一是基本都具有明确的减排时间表和路线图，会根据其既定的减排目标确定自

---

[1] 强海洋，高兵，郭冬艳，等，2021. 碳中和背景下矿业可持续发展路径选择 [J]. 中国国土资源经济，34(04)：4-11.

身各阶段计划。二是各企业都在积极推进能源转型战略，减少煤炭、石油化石能源燃料方面的采掘，进行低碳环保新技术、新工艺、新设备和新材料的应用与研发，降低开采过程中的碳排放。三是各公司将目光放到长远，重视长效机制的建立，从管理机制上推动企业进行减排（表 4–8）。

表 4–8　部分矿业公司碳减排行动计划总结

矿业公司	计划内容
必和必拓	发布《气候转型行动计划》，全面深化集团气候战略方针，加大温室气体减排力度，提升全球价值链气候风险管理； 投资新兴技术； 处理客户在矿区外使用矿产资源时所造成的排放； 协助运货商和其他合作商共同进行减排
力拓	计划到 2030 年将直接碳排放量减少 50%，2050 年实现净零排放； 2022 年开始推进 6 个大型减排项目，集中于可再生能源、工业用热、柴油和零碳电解铝技术； 生产低碳未来所需的材料，减少运营业务的碳足迹； 携手合作伙伴减少整个产业链的碳足迹； 加强应对气候物理风险的应变能力
淡水河谷	计划到 2030 年使碳排放量减少 33%，到 2050 年实现净零排放； 增加碳封存； 识别、分析和推荐有助于制定与气候变化有关的监管框架的提案，携手供应链各环节减少温室气体的排放
嘉能可	计划到 2035 年将其温室气体间接排放量减少约 30%； 进一步致力于向低碳经济过渡，限制煤炭产量； 将高管薪酬与气候变化目标的进展联系起来
巴里克黄金	目标是在 2030 年之前至少实现 10% 的碳减排量； 更新其排放基准，并将定期审查； 显示碳足迹，以减少能源使用量和相关成本
英美资源	计划到 2040 年实现碳中和； 在整个业务中减少能源使用和碳排放； 分析碳排放有关产品的风险及机遇； 用绿色氢气作为部分运输卡车的燃料

3. 国内矿业企业的碳减排行动计划

碳中和目标的提出，给中国矿业企业发展带来了新的机遇与挑战。目前，国内众多企业如紫金矿业、五矿集团、洛阳钼业、中国海油、山东黄金、江西铜业等，都已经开展了碳减排行动计划（表 4–9）。具体来看，一是各公司改善能源结构布局，逐步用清洁能源替代高碳排放能源，尽可能降低碳排放总量、能源消耗强度、碳排放强度和主要污染物排放总量，推进产业转型升级。二是积极进行矿区生态修复，将生产与转型并行，不断投入环保、绿化复垦的资金，同时提高矿山的集约化程度，进行规模化开采。三是积极开展碳核查工作，进行企业 ESG 信息披露，提高企业减排责任感。

表 4–9 部分国内矿业公司碳减排行动计划总结

矿业公司	计划内容
紫金矿业	提出到 2030 年所有矿山达到绿色矿山建设标准，所有冶炼加工企业达到绿色工厂建设标准的目标； 逐步引入电力运输工具取代现有柴油运输车，至今共有约 300 辆各类型电动车辆； 提出将较国家目标提前一年即争取在 2029 年实现碳达峰，提前十年即 2050 年实现碳中和的目标
五矿集团	制定了十二项碳达峰重点任务，2023 年，公司综合能耗、能耗强度、二氧化碳排放强度分别同比下降 4.1%、3.9%、8.4%； 解决铍渣处置世界性难题； 运用重载电卡换电、5G 通信和新能源补能等技术，实现运输车辆低碳作业，每年减排二氧化碳 2400 吨
洛阳钼业	制定了碳中和路线图，承诺在 2030 年实现碳达峰、2050 年实现碳中和，并计划投入不少于 15 亿美元用于实施这一行动方案； 启动了气候相关风险识别、评估与披露工作，开始披露 TCFD 报告； 计划促进清洁能源的使用，使总体能耗的可再生率至 2025 年不低于 40%
中国海油	提出了《中国海油“碳达峰、碳中和”行动方案》，该方案明确了三个阶段的实施路径，包括清洁替代、低碳跨越和绿色发展，并规划了“六大行动 23 项重点工程”，以实现碳排放的控制和减少
山东黄金	2020 年，实现了国内首例进口凿岩台车远程遥控改造及 5G 技术应用； 研究制定集团 2030 年前碳达峰中长期实施方案，稳步构建碳达峰长效管理机制； 采取了结构控碳、技术减碳、提效少碳、减污降碳和生态固碳五大措施
江西铜业	重点关注矿区生态环境保护工作； 从源头减少酸性废水产出； 推进绿色矿山建设，对矿山进行全生命周期的生态环境管理； 创新生态修复技术、铜尾矿资源化利用技术； 应用矿山尾砂充填工艺，提升尾砂利用率； 制定了涉及能源结构优化、加强绿色投融资、完善碳排放管理、低碳技术创新等的九大重点行动计划

>>> 第五章

全球主要国家矿业政策趋势

2023年以来，新能源背景下关键矿产需求持续增长，叠加巴以冲突激化、俄乌冲突持久化等外溢地缘政治风险，各国关键矿产“争夺战”愈演愈烈，大国博弈影响持续向矿业全产业链各环节传导，牵引全球各国矿业政策走向。其中，主要发达经济体完善关键矿产战略，更新关键矿产清单，并区分出战略性矿产概念，通过双边和多边政府间协定进一步扩大关键矿产国际联盟范围，全面加强关键矿产资源产业链、供应链战略布局；大量矿产资源丰富的发展中国家进一步管控原矿出口以延伸本国矿业产业链，推动矿业经济向多元化转型，更加注重矿业可持续发展和绿色化发展，矿业政策呈现本土化、区域化、全产业链化、绿色化等态势。

一、主要发达经济体持续加强关键矿产全球布局和治理

当前，各国关键矿产竞争品类高度重叠、地缘布局角力明显，越来越多发达经济体将关键矿产供应提升至国家和地区战略层面，调整和强化关键矿产战略和清单，进一步区分出战略性矿产概念，积极推动加强矿业国际双边、多边合作，拓展关键矿产联盟，形成完整矿业产业链。

（一）持续更新发布关键矿产战略

2023 年，韩国发布关键矿产战略，建立围绕产业通商资源部的关键矿物供应链中心，加强关键矿产和战略性矿产管理，建立全球矿产供应与预警系统，强化与资源丰富国家的高层外交，鼓励海外矿业项目投资，保障关键矿产供应链稳定。

澳大利亚颁布《2023—2030 年关键矿产战略》，强调加强与投资者和国际合作伙伴的合作，发展关键矿产加工业，到 2030 年发展成为全球重要的关键矿产加工生产国。

欧盟发布《关键原材料法案》，鼓励成员国增加国内采矿业投资，促进勘探活动，简化关键原材料项目许可和其他行政程序。

英国更新关键矿产战略，并发布首个电池战略，提出加速提升关键矿产国内生产能力，拓展国际合作伙伴关系，扩大关键矿产贸易的市场准入，到 2030 年实现构建具有全球竞争力的电池供应链。

（二）扩大关键矿产清单并明确战略矿产

2023 年以来，韩国关键矿产战略明确了 33 种关键矿产，其中，锂、钴、镍等 10 种矿产是对高科技产业至关重要的关键矿产，需要优先强化管理，被列为战略性关键矿产。

澳大利亚 2023 年两次调整关键矿产清单，关键矿产从 26 种增加至 30 种，新增氟（萤石）、钼、砷、硒、碲，并移除氦；同时，铝、铜、镍、磷、锡、锌 6 种矿产的供应链脆弱程度虽然尚未达到关键矿产的标准，但是仍具有广泛的战略应用，被列入新追加补充的战略矿产清单。

2024 年 5 月，欧盟《关键原材料法案》正式生效，关键原材料清单由 2020 年的 30 种更新为 34 种 [新增稀土、锂、钴、镍（电池级)]，其中，钴、铜、镓、锗、锂（电池级）等 17 种特别重要或短缺的原材料被列为战略性原材料（表 5–1 ）。

表 5–1　2023 年以来主要发达经济体发布的关键矿产（原材料）及战略性矿产（原材料）清单

国家及地区	名称	矿产数 / 种	涉及矿产
韩国	关键矿产	33	锂、镍、钴、锰、石墨、钕、镝、铽、铈、镧、铌、铜、铝、硅、镁、钼、钒、铂、钯、锡、钛、钨、锑、铋、铬、铅、锌、镓、铟、钽、锆、锶、硒
	战略性关键矿产	10	锂、镍、钴、锰、石墨、钕、镝、铽、铈、镧
澳大利亚	关键矿产	30	锂、镓、钛、铬、锰、钒、钴、钨、铋、锑、镁、铂族金属、铌、钽、铍、锆、稀土元素、钪、锗、铟、铪、钼、石墨、高纯氧化铝、硅、萤石、砷、硒、碲

续表

国家及地区	名称	矿产数 / 种	涉及矿产
澳大利亚	战略性矿产	6	铝、铜、镍、磷、锡、锌
欧盟	关键原材料	34	锑、砷、铝土矿 / 氧化铝 / 铝、重晶石、铍、铋、硼、钴、焦煤、铜、长石、萤石、镓、锗、铪、氦、重稀土元素、轻稀土元素、锂、镁、锰、石墨、镍（电池级）、铌、磷酸盐岩、磷、铂族金属、钪、金属硅、锶、钽、金属钛、钨、钒
	战略性原材料	17	铝土矿 / 氧化铝 / 铝、铋、硼（冶金级）、钴、铜、镓、锗、锂（电池级）、金属镁、锰（电池级）、石墨（电池级）、镍（电池级）、铂族金属、稀土元素（钕、镨、铽、镝、钆、钐、铈）、金属硅、金属钛、钨

（三）加强关键矿产全产业链合作结盟

据不完全统计，2023 年，美国、欧盟、英国、澳大利亚、加拿大、韩国、日本与刚果（金）、赞比亚、智利、阿根廷、哈萨克斯坦、蒙古等达成 20 多项关键矿产领域的伙伴关系谅解备忘录、联合声明、贸易协议等。例如，美国联合澳大利亚、印度、日本等 14 个国家在印太繁荣经济框架下建立关键矿产对话机制；美国、日本达成关键矿产贸易协议，规定使用在日本采购或加工的关键矿产的电动汽车将符合美国《通胀削减法案》的税收抵免政策；欧盟与阿根廷、智利、刚果（金）、赞比亚建立可持续原材料价值链伙伴关系；英国与沙特阿拉伯、哈萨克斯坦、加拿大、澳大利亚等国家达成关键矿产供应协议。此外，美国加速推进矿产安全伙伴关系（简称 MSP）在全球范围内落地，2023 年挪威、印度和意大利加入，MSP 成员扩容至 14 个。当前，MSP 等国际矿产联盟参与国和地区已构建出一个完整的矿业产业链，上游包含澳大利亚、刚果（金）、加拿大等资源丰富国家，中游包含日本、韩国、芬兰等冶炼加工强国，下游包括美国、日本、韩国、德国等消费大国，支持的关键矿产项目涵盖从开采、加工、回收等各个阶段。

二、主要矿产资源丰富的发展中国家矿业政策调整趋向本土化、多元化、绿色化

当前，许多矿产资源丰富的发展中国家经济结构单一且脆弱，为避免落入“资源陷阱”，其通过加强政府干预、修订矿业法规、制定相应的产业规划等加强本国矿产资源管理、吸引外商投资、延长产业链，推动产业结构升级和经济多元化发展，提高在全球价值链中的地位。2023 年以来，越来越多矿产资源丰富的发展中国家进一步意识到矿产资

源对全球能源转型的重要性，以及能为本国创造的经济价值和社会价值，在矿产资源管理方面态度愈发强势，并更注重可持续发展。

（一）政府干预加强，提升资源国权益份额

一是部分政府参与锂等关键矿产开发全过程。当前，矿产资源丰富的发展中国家采取了除市场手段外的多种直接干预措施，以加强对本国重要矿产的控制。例如，智利发布国家锂资源开发战略，成立国家锂矿和盐湖委员会，推动创建国家锂业公司，规定本国国有企业对国内具有战略价值的大型项目必须占据控股地位；几内亚意欲借西芒杜铁矿项目延伸产业链，在项目开发中加大国内基础设施建设，实现国家基础设施建设有关目标和战略。

二是提高国家或者地方政府的权益比例。马里新出台的矿业法将采矿项目政府干股比例提高至 10%，并规定可在矿山投入商业生产后的两年内再收购 20% 的股份，且当地私营企业也可以获得 5% 的股份，这意味着马里方面总股份最高可达到 35%；纳米比亚政府将修订矿业法和石油法列入本届政府工作规划，对未来持有矿产或石油企业的干股进行充分考虑；阿根廷胡胡伊省明确要求，省属公司在锂矿项目中需持有 8.5% 的股份。

三是提高权益金费率。权益金费率的提升有望大幅增加本国政府财政收入，提高采矿业对国内生产总值的贡献。布基纳法索根据金价实施阶梯权益金费率，从 5% 提高至 6% ~ 7%（具体表现为：金价为 1500 ~ 1700 美元 / 盎司时，费率为 6%；金价为 1700 ~ 2000 美元 / 盎司时，费率为 6.5%；价格高于 2000 美元 / 盎司时，费率为 7%），且适用于现有和未来将签订的采矿合同；马达加斯加通过新矿法草案，权益金费率将从 2% 上调至 5%。

四是矿政管理更加强调产权价值。墨西哥参议院通过矿业法修正案，将采矿权由申请在先改为公开招标，采矿权有效期由 50 年缩短至 30 年，续签有效期由 50 年缩短为 25 年，收紧采矿权转让和地表土地使用权、用水特许权等相关规定，要求至少向当地社区返还 5% 的采矿利润；哥伦比亚宣布未来一年将推进矿业法修订工作，修订重点包括环境与社会治理、矿业项目开发审批流程简化，哥伦比亚将成立国家矿业公司，主导战略性矿产勘查开发。

（二）延伸本土产业链，推进矿业经济多元化转型

一是实施原矿出口禁令，提高精矿出口税率。为延伸本国产业链、提高矿产品附加值，津巴布韦、纳米比亚、马里、坦桑尼亚、马来西亚、印度尼西亚、菲律宾等矿产资源丰富的发展中国家禁止锂等关键矿产原矿出口，并提高精矿出口税率。例如，纳米比亚禁止未经加工的锂、钴、锰、石墨和稀土等关键矿产出口，鼓励在当地进行加工；马里暂停古拉米纳锂矿原矿出口，并与投资者开展股权和原矿出口的谈判；坦桑尼亚自2024年起开始禁止未精炼的锂矿出口，要求锂矿商必须在境内有精炼厂，并至少将矿物附加值提高5%，才能获得出口许可证；印度尼西亚根据冶炼厂的建设进度，逐步将铜精矿的出口税率从5%上调至10%，将铁、锌和铅精矿等出口税率调整至7.5%，并计划于2024年底暂停铜精矿出口。

二是要求矿业公司加大对矿业增值业务投资。近年来，许多矿产资源丰富的发展中国家和国际组织要求矿业公司加大对矿业增值业务投资，积极推动矿业为经济的多元化作出贡献，确保资源价值转化为经济价值。例如，蒙古探索矿产勘探、开发、加工、销售和分销的综合政策，旨在利用矿产品的深加工增加附加值和税收，创造新的就业机会，带动中小企业集群发展；尼日利亚要求矿业公司投资本地矿业加工，在获得许可证之前需要提交增值经营计划，以加强锂和锌等矿产的精炼和加工；印度尼西亚进一步强调优势矿产加工冶炼本土化，计划到2024年完成铝、铜、铁等53个金属冶炼厂的建设，总投资额为215.9亿美元；2024年以来，津巴布韦要求锂矿企业提交电池级锂的生产计划；南部非洲发展共同体呼吁建立区域价值链，鼓励经济转型，创造更多就业机会，以消除贫困，快速实现次区域工业化；巴西、阿根廷、智利、厄瓜多尔、哥伦比亚、玻利维亚等拉丁美洲主要资源国家均加强铜、锂等矿业全产业链建设，通过优势资源带动本国工业化。此外，不少国家还要求外国矿业公司优先雇佣当地人员，优先采购本国产品与服务，以及缴纳相应社区发展基金。

（三）吸引投资并强调生态保护

一是政府采取多样化激励措施吸引矿业投资。部分资源国开展勘查开发激励计划，简化审批流程，提高矿业权登记的便利性，以吸引外商矿业投资。例如，赞比亚推出线上矿业地籍系统，简化采矿权申请和审批流程；沙特阿拉伯将采矿业视为“2030愿景”战略的关键组成部分，于2023年举行矿业区块招标，颁发数百个矿业许可证，启动勘探激

励计划。

二是推动偏远地区小规模矿业开发和深部矿产开发。俄罗斯为盘活远东地区和北极地区中小型砂金矿开采，2024年实施《个人采金法案》，规定居民能以非工业方式在小型冲积矿床或已开采的砂矿中开采黄金；印度在2023年《〈矿山与矿产（开发和监管）〉修订案》中新增深部和关键矿产勘探许可证，鼓励私营部门对深部和关键矿产进行勘查。

三是推进绿色开发。随着全球对生态安全的重视，越来越多国家倾向于禁止在自然保护区、对水源至关重要的地区及其附近开采矿产资源，注重矿业绿色、可持续发展。2023年以来，哥伦比亚宣布将停止发放露天采矿许可证，但现有矿山和已获得的许可不受影响；秘鲁暂停北部洛雷托大区亚马孙支流的纳奈河流域授予新矿权，暂停期限为12个月；因环境破坏问题，巴拿马最高法院宣布加拿大第一量子矿业公司开发的科布雷铜矿特许经营合同违宪，并要求停止该铜矿的运营；哈萨克斯坦发布《关于矿产资源开发和利用的国家战略（2023—2030）》，旨在促进矿业的可持续发展，保护环境；塔吉克斯坦提出《塔吉克斯坦“绿色经济”发展战略（2023—2037年）》，并制定未来3年的实施计划，加强绿色经济方面的国际合作，计划在未来15年内投入超过215亿索莫尼以发展绿色经济。

>>> 第六章

矿业科技发展前沿

当前，世界百年未有之大变局加速演进，新一轮科技革命和产业变革蓬勃发展，全球各主要经济体持续加强对关键矿产资源开发利用战略布局，矿业开发技术装备成为国际矿业合作博弈中的关键变量，前沿技术领域成为大国竞争的重要战略阵地。2023 年以来，AI 等技术作为新质生产力正全面影响全球矿产资源发展模式，全球勘查开发、资源回收利用等技术装备加速演变，呈现出高效化、智能化、高精度、绿色低碳化等态势。为贯彻落实党中央、国务院关于新一轮找矿突破战略行动、推动大规模设备更新的有关部署，加强找矿装备建设，构建现代化装备体系，2024 年 4 月，中华人民共和国自然资源部办公厅印发《关于加强新一轮找矿突破战略行动装备建设的指导意见》，反映出装备建设是新一轮找矿突破战略行动的重要驱动力和在地质勘查开发领域的科技创新重点。

一、新质生产力推动找矿技术装备加速发展

2023 年以来，以 AI、新能源、数字技术等为代表的新质生产力正悄然改变全球能源资源利用方式，其中 AI 找矿等技术已在实际应用中初显成效。此外，物探、化探、遥感作为找矿勘查中最常用的技术手段，其技术装备水平在新质生产力推动下加速发展。对比国际找矿勘查先进技术装备，目前中国部分找矿技术领先国际水平，但先进仪器设备以进口为主，总体处于相对落后的地位。随着新一轮找矿突破战略行动的持续进行，中国找矿勘查技术和装备不断突破，呈现加速发展趋势。

（一）AI 找矿未来可期，但短期内仍存在瓶颈

一是 AI 找矿技术相较于传统找矿方法优势明显。传统找矿方法需要大量人工来获取和处理各种地质数据，且由于获取的数据有限，经常面临试采后并未找到所需矿产，浪费大量时间、人工成本的情况。目前，不但铜、黄金和钴等传统矿产的勘探工作非常艰难，而且新矿产的勘探成功率只有 0.5%，99% 以上的常规勘探项目未能成为矿山。与传统找矿方法相比，AI 技术能够快速、精确地处理并分析大量数据，自动进行数据抽取、集成、分析建模，大幅提升勘探效率，缩小勘探范围，降低勘探成本，能够在数据较为匮乏的绿地勘探项目中圈定成矿远景区。2024 年 2 月，比尔 · 盖茨投资的矿业公司 KoBold Metals 宣称，利用 AI 技术在赞比亚发现了高储量、高品位的 Mingomba 大型铜矿床，引发全球关注。

二是全球利用 AI 技术进行矿产勘查方兴未艾。在新一轮科技革命和产业变革大潮中，采矿业正经历有史以来最为波澜壮阔的变革。矿产勘探正成为最具有创新爆发力的领域，而矿业初创公司成为最具潜力的突破群体。据硅谷科技评论数据库统计，全球利用 AI 技术进行矿产勘查的初创企业已有近百家，包括 Ver AI、Earth AI、Plotlogic、Geologic AI 和 Ideon Technologies 等。中国学者也在该领域进行了大量积极探索，例如，中国地质科学院矿产资源研究所、中国地质大学、中南大学等科研院所在理论和技术上都有诸多创新，建立了找矿模型 – 三维建模 – 定量预测等“三元”大数据深部矿产资源预测理论方法体系，在实际找矿应用中也有所突破。

三是当前利用 AI 技术找矿总体还在探索阶段，需要突破诸多技术难题。成矿作用是一种错综复杂的地质过程，世界上没有完全相同的两个矿床，勘探数据具有异构、多尺度、无定形、不连续等特征。因此，AI 找矿需要突破诸多技术难题，如深部地质信息难以探测、指示成矿的弱信息难以提取等。现阶段，AI 找矿还处于起步阶段，距离大规模的成熟应用还有一定距离。其最关键的应用前提是大数据，而目前取得这些数据仍然要依靠传统找矿手段。但随着 AI 技术不断发展，地球探测技术更加精准，与地质矿产领域结合得更加紧密，相信在不久的将来，AI 找矿将会为矿产勘查行业带来颠覆性变革。

（二）地球物理技术装备发展趋向综合化、智能化、立体化

一是技术体系上向综合化、集约化、智能化转变。随着找矿难度越来越大，地球物理勘查技术的要求越来越高，向更大深度、更高精度、更广空间方向发展，技术体系上向

综合化、集约化、智能化转变。数据采集向高精度、多维度、多参量、精细化和遥测化方向发展，例如，法国地球物理公司（CGG）的超万道高精度三维、四维地震采集技术，加拿大 Quantec Geoseience 公司的 TITAN24 阵列 MT+IP 测量技术等。此外，云计算、大数据、人工智能等新兴技术正被广泛引入。

二是装备体系向多平台、立体化、智能化、无人化转变。随着服务领域向多元化需求转变、发展模式向专业化合作转变，全球装备体系以高端服务和尖端设备为支点，不断拓展新技术、新方法、新仪器的应用空间，地球物理找矿装备的主要性能向动态范围大、灵敏度高、轻便化、智能化和无人化方向发展。同时，科学交流向数据汇聚和共享服务转变，构建面向社会的网络化、智能化科学数据管理与共享服务体系。

三是中国技术较国际先进水平总体尚有差距，在用商业化仪器以国外引进为主。目前，中国地球物理勘查技术处于“全而不强”的状态，例如，地面质子磁力仪、地面相对重力仪等大多数中国生产的仪器在技术指标上落后于国际领先水平。大型地球物理技术装备的研发和生产被少数国际公司掌控，中国大型地球物理技术装备多数依赖进口，例如，中国地面电磁勘探设备自国外进口约 500 台，从本国国内购置不足 200 台，对外依赖程度超过 96%。虽然中国的自主研发水平整体处于“跟跑”阶段，但是近年来已有明显提升，部分仪器设备的相关技术指标达到了国际先进水平，如航磁总场、航磁梯度、航磁三分量等技术在仪器分辨率、噪声水平及发射功率等指标方面领先国际。

（三）地球化学技术装备发展趋向多元素、高精度、实时分析

一是地球化学分析仪器和技术持续向高精度、多元素、实时分析发展。当前，地球化学分析仪器和技术可以快速且低成本地为地质学家提供各种化学元素、化合物和矿物的分析结果。例如，澳大利亚联邦科学与工业研究组织开发的 detectORE 和 Portable ppb 工具，在现场结合便携式 X 射线荧光分析仪（简称 XRF），对样品中金元素的分析精度可达 ppb 级（十亿分之一浓度）；德国 Bruker 公司开发的全球首台台式微区荧光（Micro-XRF）光谱仪可以对几乎没有前期制备的样品进行高灵敏度且无损的元素分析，与传统的定量分析方法相比，大大减少了测试时间和成本。

二是现场分析测试已成为勘查地球化学的重要发展方向。目前，国际先进的手持式 XRF 测量仪精度和稳定性能够满足野外实时定量分析要求，广泛用于野外现场固体、液体、气体的元素成分分析。利用激光诱导击穿光谱技术向给定岩石样品发射脉冲高功率

激光，并对光谱进行分析，能够定量和定性分析岩石元素组成，具有快速、实时、精度较高的特点。

三是中国地球化学勘查技术总体处于国际领先水平，但实验测试仪器多依赖进口。中国地球化学填图样品分析测试采用多方法、多仪器的配套分析方法系统，以 XRF 和电感耦合等离子体质谱（ICP-MS）为主体，一次分析数十种元素，基本处于国际领先水平。国外样品分析测试技术单次测试分析中的元素数量少，对找矿具有关键作用的金、银、锡、部分稀土和稀有分散元素等达不到要求。但是，中国大型多元素分析仪器严重依赖进口，如 XRF 主要使用荷兰、德国、日本公司的仪器，ICP-MS 主要使用美国公司的仪器，国外品牌市场占有率约为 100%，中国国产仪器仅有样机研制成功，在地质系统基本没有实际投入使用的先例。

（四）遥感找矿技术装备发展趋向高精度、集成化、智能化

一是遥感找矿技术总体向定量化、高精度、集成化等方向发展。目前，卫星遥感技术蓬勃发展，数据源不断丰富。虽然传统航空遥感技术的应用受到较大挤压，但现阶段遥感找矿仍以航空遥感为主。随着三维地理信息、陆海统筹发展等各类需求的进一步增长，“空中遥感实验室”建设等航空遥感地学试验技术，倾斜航空摄影和机载激光雷达等大范围、高精度三维地表信息获取技术，机载激光雷达测深技术，无人机遥感技术及无人值守有人航空遥感技术等成为全球航空遥感发展的热点，多载荷、全谱段集成应用逐渐成为航空遥感的一种新工作模式。

二是遥感装备向无人化、协同化和智能化等方向发展。目前，无人机遥感系统和无人值守有人航空遥感系统成为航空遥感装备的重要发展方向，序列化的遥感无人机平台、无人机数字相机、无人机多光谱相机、无人机高光谱成像仪、无人机 LiDAR、无人机 SAR 等各类载荷已逐渐实用化，并朝更高性能、更高精度方向发展。传统有人机航空遥感装备厂商的研发方向也转向有人操作装备的无人值守，ADS100 等大型数字航摄仪已具备无人值守功能，Optech 等厂商也在积极尝试机载 LiDAR 设备的无人值守。

三是中国遥感找矿技术快速发展，但装备长期以国外引进为主。目前，中国卫星遥感技术发展迅速，在卫星高光谱数据方面存在优势。中国在轨高光谱卫星 GF-5、GF-5-02、ZY-01-02D、02E 等，相较于意大利的 PRISMA 卫星、德国的 EnMAP 卫星，在卫星载荷技术指标上具有优势，但与此同时，中国高光谱卫星数据在矿产勘查中的技术优势还

没有得到充分发挥。中国航空－地面－岩心遥感装备以进口为主，例如，目前其主要应用的机载高光谱成像仪以澳大利亚的 HyMap、加拿大的 CASI/SASI、美国的 AVIRIS 为主，机载热红外高光谱成像仪以加拿大的 TASI 和美国的 HyTES 为主，无人机高光谱仪以美国的 HEADWALL 和挪威的 HySpex 为主。中国生产的遥感设备多为工程样机，大部分产品在稳定性、信噪比等方面存在问题，需要进一步加大研发力度。

二、低品位难选矿的技术装备向绿色、高效、智能方向发展

近年来，随着矿产资源的大规模开采，富矿、易选矿逐年减少，资源短缺加剧，低品位难选矿石的开发与应用研究是未来矿产资源开发利用的关键。同时，低品位难选矿的资源禀赋差，在开发过程中存在较高的经济成本和环保成本，迫使矿业企业寻求绿色化、高效化、智能化的选矿技术和装备。

（一）低品位难选矿的技术向绿色化、智能化方向发展

一是选矿药剂研发应用、尾矿综合利用更加注重绿色高效。高效的选矿药剂是实现精细化选矿工艺的重要条件之一，中国在浮选药剂的结构与性能这一领域的研究居世界领先地位。目前，中国已开展选冶药剂分子结构与绿色合成工艺计算机辅助设计（CAMD）技术、选冶药剂绿色设计关键技术等研究，构建了基于 CAMD 选矿药剂分子数据库，开发了合成原料转化率高、无污染中间体或反应副产物产生的绿色制备技术，构建了选矿药剂绿色制备核心技术体系，较大幅度缩短了选矿药剂的研发周期，降低了选冶药剂对环境的影响。同时，强化矿山尾矿综合利用及资源化利用是节能减排的必然要求，当前全球不断加强矿山尾矿等固体废弃物在尾矿再选回收、尾矿建材化利用、尾矿采空区回填等方面的综合利用。

二是智能化选矿技术应用不断扩大。智能选矿是依托现有信息物理制造系统，通过大数据、物联网、云计算及虚拟制造等信息集成和处理技术，如选矿过程在线分析检测技术、智能优化控制技术等，实现选矿过程资源优化配置和智能优化制造，助力选矿行业高质量发展。近年来，全球研究机构致力于建立网络化数据中心和控制中心，提供矿业制造自动化整体技术和全生产周期服务，通过将互联网、云服务等技术与矿业相结合，加强对行业的集中监控、技术支撑与运营服务来提升选矿效率。国际领先的矿业技术和

方案供应商如芬兰的美卓公司、南非的明泰科技术公司、瑞士的 SGS 集团、中国的中南大学与矿冶科技集团等，先后推出了 CourierX 系列、BOXA 系列、ACT 先进控制工业套装、StarCS 系列控制软件、浮选专家控制系统等多种智能化选矿技术方案。

（二）低品位难选矿的装备向大型化、多力场与多学科交叉发展

一是选矿设备向大型化趋势发展。近年来，中国碎磨设备、大型浮选机的研发与应用取得了突出成果。在浮选装备领域，矿冶科技集团、Outotec 公司、FLSmidth 公司在大型化领域出现“你追我赶”的局面，研发的部分设备已达到国际水平，并进入全球矿业高端市场。当前，SABC（粗碎 + 半自磨 + 球磨 + 顽石开路破碎）碎磨工艺大量应用，自磨机和半自磨机快速发展。例如，美卓公司、中信重工机械均成功研制出 Φ12.8 米 ×7.6 米短筒型磨机，装机功率达到 28 兆瓦；秘鲁应用的长筒型磨机最大规格为 Φ9.76 米 ×10.37 米；Outotec 公司研发的 TankCell® 浮选机最大容积达 630 立方米；FLSmidth 公司研发的 SuperCell™ 最大容积达 650 立方米；矿冶科技集团研发的 HIF 浮选机最大容积达到 680 立方米，自吸气浮选装备容积也达到了 320 立方米。

二是选矿设备的研发向多力场与多学科交叉融合趋势发展。拣选装备是典型的多学科、复合力场作用的选矿装备，由于预抛尾带来的整体技术、经济优势，近十年发展迅猛。针对中国低品位矿石性质比较复杂，伴生矿物多，依靠 X 射线的同时，辅之以彩色相机、3D 相机等多维探测技术，解决难选矿石的检测识别问题。重选与浮选相结合是选矿装备交叉融合的重点方向之一。其中，流态化技术是浮选领域的新兴方向，主要解决小于 0.5 毫米的颗粒浮选工艺一直无法实现预抛尾的难题，成为全球浮选装备技术研究的热点和前沿问题。

三、全球愈加重视矿产资源回收利用技术体系建设

“城市矿山”中的大量废旧金属实际是放错位置的资源。随着全球对关键矿产资源竞争加剧，叠加新能源背景下全球经济和产业结构向绿色低碳转型的趋势影响，矿产资源回收利用技术体系建设愈发受到重视。

（一）全球主要经济体持续加大矿产资源回收利用布局

一是“城市矿山”循环利用在矿产资源供应中扮演愈加重要角色。据世界钢铁协会、国际铝业协会、国际铜业协会 2022 年的统计数据，全球每年从金属废料中回收约 6.3 亿吨钢铁、2057 万吨铝、870 万吨铜，全球 18 种金属（钢铁、铝、铜、钴、铬、金、铅、锰、铌、镍、钯、铂、铼、铑、银、锡、钛、锌）的废弃阶段回收率[1]超过 50%。目前，中国废旧金属利用水平和国际平均水平仍有较大差距，但近年来“城市矿山”资源在中国资源供应中占据越来越重要的地位。以钢铁为例，2023 年，中国回收利用废钢铁约 2.6 亿吨，保障了 20% 以上的粗钢生产需要，但与国际废钢平均利用水平（35% ~ 40%）和发达国家利用水平（例如，土耳其高于 80%，美国约 70%）相比，还有很大差距。国际能源署（IEA）发布的《全球关键矿产展望 (2024)》报告指出，锂、镍、钴、石墨、铜、稀土元素 6 种重点矿物的供应可能无法完全跟上需求的增速，到 2035 年全球铜的供应量将只能满足预估需求量的 70%，而锂的供应量只能满足预估需求量的 50%。这一问题需要依靠资源循环利用加以解决，相关数据表明，建立一个高效、可靠的关键矿产回收体系迫在眉睫。

二是美国、加拿大、欧盟、日本等矿业发达国家和地区持续加大关键矿产资源回收利用投入。2023 年，美国能源部（DOE）投入 1600 万美元，用于设计、建造和运营首个国内关键矿物精炼示范设施，实现从褐煤矿废料中回收、提取稀土元素和关键矿物。2023 年，加拿大创新、科学和经济发展部（ISED）设立“战略创新基金”，提供 15 亿加元，推动对关键矿产项目的投资加速，重点关注关键矿产的加工、制造和回收等环节。2024 年 5 月，欧盟《关键原材料法案》生效，该法案旨在确保欧盟工业的关键原材料供应多样化、安全和可持续，提高欧盟关键原材料的开采、加工和回收能力，并提出通过创建回收关键原材料的价值链来提高关键原材料的循环性和有效利用。2024 年 6 月，据《日本经济新闻》报道，为防止铜及稀有金属流向海外，日本政府将在国内建立从废家电、电脑废基板等“城市矿山”回收金属的体制，3 年内拟投资 300 亿日元，与三菱综合材料公司等合作设立约 10 处回收利用设施。

三是中国连续出台战略性矿产资源回收利用相关政策，推动回收体系建设。2023 年以来，中国发布多项政策文件，全面加强战略性矿产资源循环利用体系建设和回收利用技术装备研发。2023 年 12 月，中国工业和信息化部等八部门印发《工业和信息化部等

[1] 废弃阶段回收率是指再生金属占金属废料总量的比例。

八部门关于加快传统制造业转型升级的指导意见》（工信部联规〔2023〕258 号），提出分类制定实施战略性资源产业发展方案，加强共伴生矿产资源综合利用，大力发展废钢铁、废有色金属等回收处理综合利用产业；2024 年 1 月，中华人民共和国国务院办公厅印发《国务院办公厅关于加快构建废弃物循环利用体系的意见》（国办发〔2024〕7 号），提出到 2025 年初步建成覆盖各领域、各环节的废弃物循环利用体系，废钢铁、废铜、废铝、废铅、废锌等主要再生资源年利用量达到 4.5 亿吨；2024 年 4 月，中华人民共和国国务院印发《推动大规模设备更新和消费品以旧换新行动方案》，提出建立健全资源回收利用体系，加强"换新 + 回收"等新模式发展；2024 年 5 月，中华人民共和国国务院印发《2024—2025 年节能降碳行动方案》，要求大力发展再生金属产业，到 2025 年底再生金属供应占比达到 24% 以上。

（二）大宗固体矿产和战略性新兴矿产回收利用技术专利数量增长明显

一是 2023 年铁、铜、铝等大宗固体矿产和锂、钴、镍、稀土等战略性新兴矿产回收利用技术专利数量均明显增长，其中锂的回收利用技术专利数量涨幅最大。据德温特世界专利索引数据库（Derwent Innovations Index）数据，全球铁、铜、铝等大宗固体矿产和锂、钴、镍、稀土等战略性新兴矿产回收利用技术专利数量在 2022 年有所下降后，在 2023 年呈现快速增长趋势，其中，废钢、废铜、废铝、锂、钴、镍、稀土分别同比增长 62.0%、35.7%、44.2%、85.3%、26.4%、48.6%、70.9%。自 2000 年以来，全球各类矿产回收利用技术专利数量涨幅巨大，尤其在新能源产业蓬勃发展背景下，锂的回收利用技术专利数量增长最为明显，从 2000 年的 55 项增长至 2023 年的 934 项，增长了约 16 倍（图 6-1）。

二是自 2010 年以来，中国战略性矿产资源回收利用技术专利数量在全球占比逐年提升。2010 年之前，无论是铁、铜、铝等大宗固体矿产，还是锂、钴、镍、稀土等战略性新兴矿产，回收利用技术专利都以美国、日本等发达国家为主，中国几乎无自主研发技术专利。自 2010 年以来，中国逐步增加矿产资源回收利用技术的研发投入，专利数量在全球的占比呈逐年提升态势，特别是近年来在全球矿产资源回收利用技术专利数量中占据主导地位。2023 年，中国废钢、锂、稀土回收利用技术专利数量分别为 183 项、720 项、123 项，在全球中的占比分别高达 79.6%、77.1%、83.7%（图 6-2 至图 6-4）。虽然中国的回收利用技术专利具有数量优势，但在实际应用方面与发达国家仍有一定差距，还需要加强研发应用。

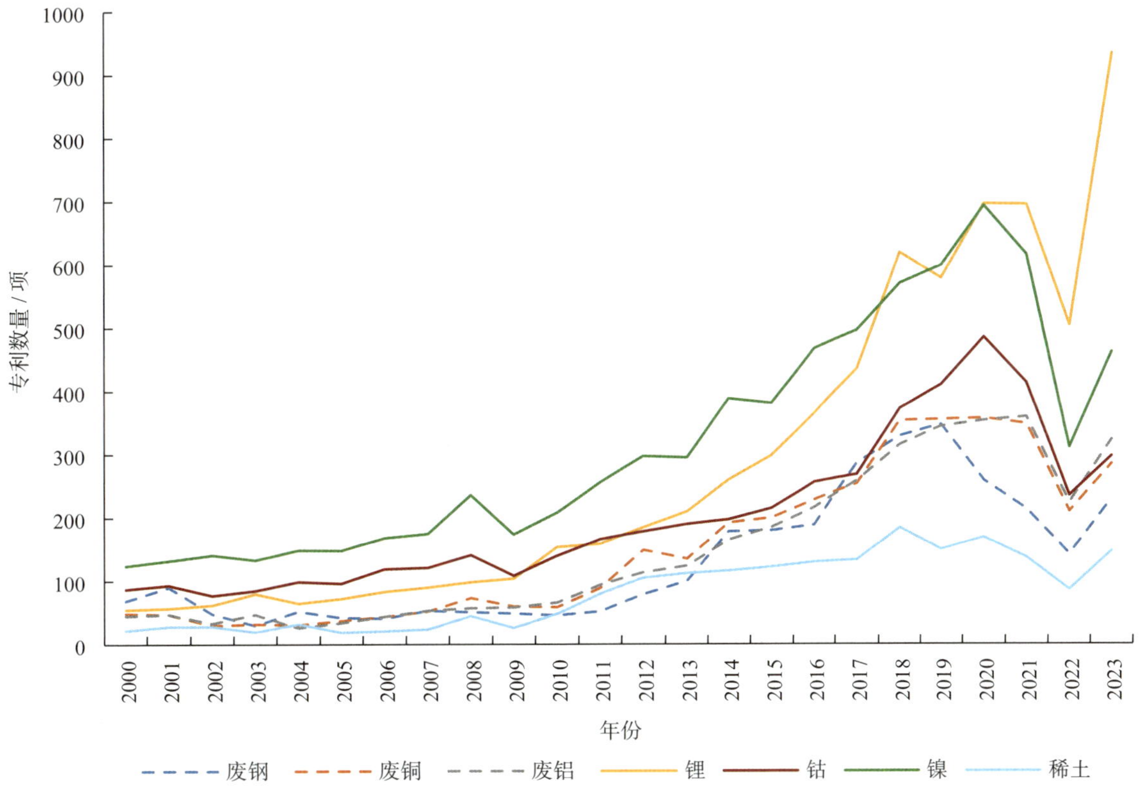

图 6-1 2000—2023 年全球部分矿产回收利用技术专利数量

数据来源：德温特世界专利索引数据库

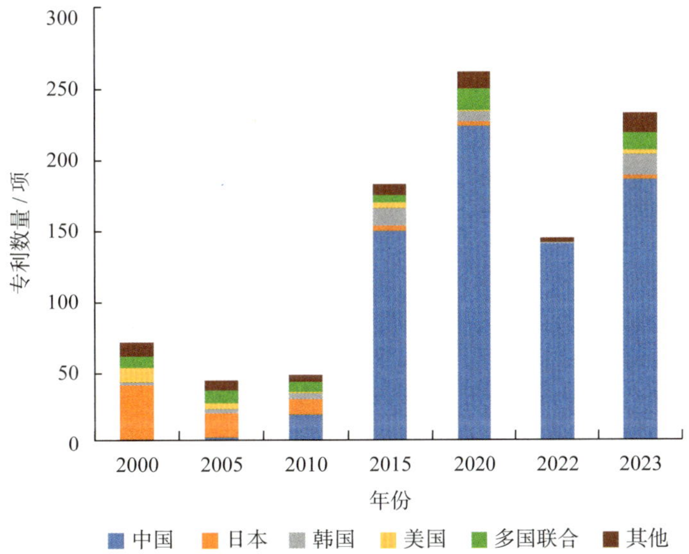

图 6-2 2000—2023 年全球各主要国家和地区废钢回收利用技术专利数量

数据来源：德温特世界专利索引数据库

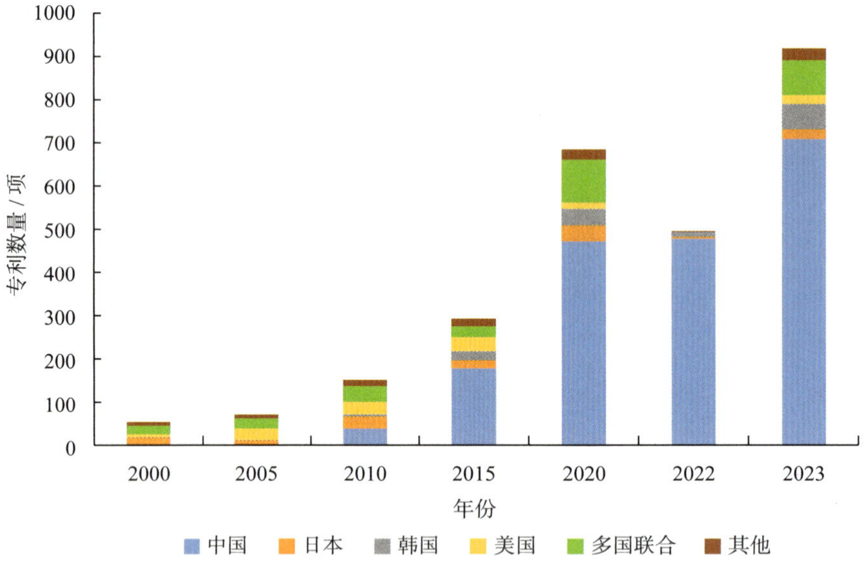

图 6-3　2000—2023 年全球各主要国家和地区锂回收利用技术专利数量

数据来源：德温特世界专利索引数据库

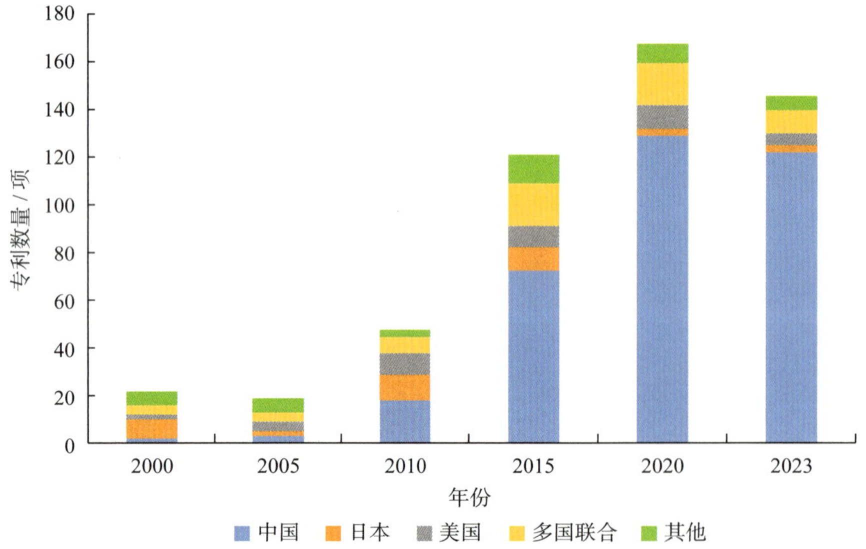

图 6-4　2000—2023 年全球各主要国家和地区稀土回收利用技术专利数量

数据来源：德温特世界专利索引数据库

（三）矿产资源回收利用热点与新动态

一是各国愈加重视尾矿和废石回收利用技术设备研发。2023 年，澳大利亚的 Phibion Pty Ltd 推出全球首款完全自主的 MudMaster®。MudMaster® 矿山尾矿管理机械设备，能够在最具挑战性的环境中进行全天候工作，该设备可以将矿山现场尾矿量减半，并回收夹带的尾矿水，同时提高尾矿储存设施的岩土强度和安全性。TAKRAF 澳大利亚分公司推出 DELKOR 尾矿浓缩机，可以将尾矿中的固体颗粒进行浓缩，从而减少尾矿的体积和水分含量，以提高浓缩效率和处理能力。中国在新一轮找矿突破战略行动中高度重视现用尾矿库及采矿围岩废石的资源化调查评价及技术开发，注重提高回收率和废石资源化利用水平，相关技术将有效增加矿产资源供应。例如，中国德兴铜矿每年采矿产生 8000 万吨以上废石（含铜率 0.1% 左右），潜在铜金属量达 8 万吨，经济效益超 50 亿元，相当于一个特大型铜矿。

二是从废水中回收金属、从电子废物中回收稀土等技术获得更多关注。2023 年，芬兰的两家技术供应商 Weeefiner 和 Sensmet 研发了一种水处理解决方案，开发了一种 IRU（智能恢复单元），通过 4D Scavenger 技术定位和提取溶解的金属，能够选择性地从受采矿影响的水中回收关键矿物和稀土金属，目前 Weeefiner、Sensmet 正与力拓合作力争实现该技术的现场应用。电子废物是稀土金属的重要来源，对其进行回收利用，可以有效增加稀土金属的供应，促进稀土金属的循环利用。目前，电子废物中的金属未得到充分、高效的回收利用。据联合国发布的报告，全球电子废物正规回收率从 2010 年的 23.3% 下降到 2022 年的 22.3%。2023 年，中国产生的 1500 万吨电子废物中保守估计超过 1/3 未进入回收通道。因此，电子废物金属回收利用技术一直是各国跟踪研发的重点。例如，2024 年以来，苏黎世联邦理工学院的研究团队提出一种全新的回收工艺，能够从废旧荧光灯等电子垃圾中高效回收稀土金属铕，提取量远高于现有方法；美国能源部的研究人员提出从旧硬盘中提取稀土元素的方法，通过该办法可得到纯度超过 99.5% 的稀土氧化物。

>>> 第七章

展　望

一、全球经济和矿业下行压力增大

全球经济总体进入低速运行通道，制造业增速放缓，矿产资源供应消费总体增加，矿产品价格总体下行，矿业行业利润率下降，地缘政治冲突增加供应链和产业链风险。矿业发展和国际金融格局深度交融，在较高通胀、较高利率、更高债务的“三高”背景下，全球经济复苏需要更多动力，潜在金融风险伴随美元降息预期，矿产品存在价格波动风险，战略性新兴矿产开发面临产能出清。

二、地缘政治格局演化持续推动全球矿业结构演变

百年未有之大变局中，全球矿业治理广泛受到地缘政治格局演变影响。“小院高墙”和“脱钩断链”持续冲击全球矿产资源产业链供应链，掀起逆全球化，但矿业产业链总体黏性较大。地缘政治博弈持续引发区域冲突，深刻影响矿业治理走向和市场格局。俄乌冲突、巴以冲突推动区域矿业生产结构和贸易结构的持续演化，矿业市场经济利益博弈和政治力量斗争并存。矿业市场经济力量展现韧性。全球金融公共产品工具化降低主导货币和贸易结算体系公信力，建设多通道、可选择的全球矿业贸易平台和交易工具势在必行。资源民族主义持续冲击矿产资源产权方合法权益，降低矿业可持续发展能力。

三、新质生产力赋予矿业高质量发展新动能

新质生产力引领矿业新赛道。矿业实现革命性突破需要矿产资源勘查开发新理论、新技术、新方法、新工艺、新装备的研发和应用。卫星遥感、大数据、物联网等先进技术将持续催生 AI 找矿、智能矿山等新产业。矿业生产要素创新性配置需要矿产资源创新链、产业链、资金链、数据链、人才链有机融合。数据资产定价将引领全球矿业新基建，促进矿产资源综合利用水平提升和“城市矿产”利用模式优化，为矿业发展带来新动能。矿业产业深度转型升级需要向全产业链科技创新协同攻坚，加快矿业绿色转型，推进矿业行业节能降碳，实现矿山开发与生态保护的有效协同，培育矿业新发展模式。

四、产业延伸共享发展，构建矿业命运共同体

在人类命运共同体理念的指引下，全球多个国家积极响应全球发展倡议、全球安全倡议、全球文明倡议。矿产原产地产业链延伸不可逆转，制造业大国和基建大国凸显竞争优势，将为全球矿业合作持续贡献产业力量。ESG 迈向金融化、法治化双轮驱动，矿业减碳渗入头部矿业企业。各国应加强关键矿产领域协作，共同维护产业链供应链稳定畅通，引导推动行业健康发展，为世界经济增长贡献力量。

>>> 后记

为深入分析新形势下产业链供应链深度调整对全球矿业的影响，精准服务中国矿业高质量发展，推动全球矿业可持续发展，在中国地质调查局地质调查项目（DD20230124）资助下，中国地质调查局国际矿业研究中心组织矿业市场研究所、矿业政策研究所、矿业科技研究所、矿业大数据研究所编写完成了《全球矿业发展报告 2024》，以全景展示 2023 年全球矿业发展态势。

报告所有数据均来源于官方机构，包括中华人民共和国自然资源部、国家统计局、海关总署、中国地质调查局、中国有色金属工业协会、联合国统计署、国际货币基金组织、美国能源信息署、美国地质调查局、石油输出国组织、万得、标普全球市场财智、世界钢铁协会、世界金属统计局、英国石油公司、力拓、中国五矿集团、中国铝业集团、紫金矿业、福布斯 2000 排行榜等政府机构、国际组织、行业协会、企业等。受篇幅限制，数据来源未一一列出，敬请谅解。大部分数据截至 2023 年 12 月 31 日，形势研判、需求预测等小部分数据的年份略有延伸。

在报告编写过程中，中国地质调查局领导多次听取汇报并指导工作，先后召开了多次座谈会，征询了中华人民共和国自然资源部、国家发展和改革委员会、中华人民共和国财政部等部门相关司局，中共中央党校、国务院发展研究中心、中国工程院、清华大学、中国地质大学（北京）等科研院所及高校，中国五矿集团、中国铝业集团、紫金矿业等矿业企业，共计 40 余位专家的建议。这些专家包括张洪涛、王露、雷涯邻、刘英奎、李宏伟、曾现来、金志峰、王高尚、林中月等，在此一并致谢。

由于成稿时间较紧，编者水平有限，书中尚有不足之处，其中观点和结论仅供参考，不构成任何投资和决策建议。

本书编委会

2024 年 8 月

Global Mining Development Report 2024

International Mining Research Center, China Geological Survey,
Ministry of Natural Resources, P. R. China

Geological Publishing House
· Beijing ·

Global Mining Development Report 2024

Editorial Committee

The Global Mining Industry in a New Cycle

The world is undergoing significant changes unseen in a century, and the global economy faces growth challenges. Countries are striving to heal the "scars" left by the COVID-19 pandemic and control inflation. However, the momentum from existing technological models is weakening, investment returns are declining, debt in developed nations is surging, and geopolitical crises are continuously triggering regional conflicts, leading to a profound adjustment of the global industrial and supply chain systems, which in turn drives adjustments in the industrial chain and supply chain of the mining industry. New opportunities are emerging with technological revolutions and industrial transformations, marking the beginning of a new cycle in global mining development.

I. The global economy has entered a low-growth trajectory, with increased production, consumption, and trade of energy and resources despite structural divergence

Since 2023, the global economy has experienced a significant lack of growth momentum, remaining in a low-growth trajectory. Geopolitical and financial policies have influenced the evolution of the global manufacturing landscape, leading to increased risks in industrial and supply chains. Global inflation has eased from its highs, commodity prices have stabilized, and capital markets have performed divergently. The production, consumption, and trade of global energy and resources have continued growing, with adjustments in supply and demand structures. The overall supply and demand for global fossil fuels have both risen. The supply and demand for bulk solid minerals are clearly differentiated: the supply and demand for steel have both fallen, leading to increased oversupply; copper supply grows faster than demand, causing a significant expansion of the supply-demand gap; aluminum supply also outpaces demand, resulting in oversupply. The production of strategic emerging minerals is rapidly increasing, with lithium, cobalt,

and nickel all facing oversupply, leading to a noticeable decline in trade volumes. Precious metals have exhibited a clear supply-demand divergence: gold demand once peaked and then fell back, with a slight increase in supply, resulting in an oversupply; silver has seen an increase in supply and a decrease in demand, significantly narrowing the supply-demand gap; platinum has experienced a decrease in both supply and demand, with the degree of supply surplus being reduced. China's mineral resource supply and consumption have grown significantly, contributing positively to global mining development.

II. While exploration investments and drilling activity have declined, strategic mineral reserves have increased substantially

In 2023, global exploration investment for major solid minerals amounted to USD 12.76 billion, down 1.8% year-on-year (YOY). Exploration for gold and copper dominated, while investment in lithium exploration grew rapidly. Detailed- and exploration-stage investments accounted for a larger share, while grassroots exploration declined. Major mining companies continued dominating global solid mineral exploration investment. Drilling activities for solid minerals decreased significantly, with the number of drilling projects and drill holes down by 23.7% and 23.5% YOY, respectively. The number of precious metals drilling projects declined, while drilling for strategic emerging minerals and bulk solid minerals increased. The concentration of drilling projects by mineral type decreased, with gold's share of solid drilling projects falling, although it remained dominant. The share of gold and silver projects decreased by 8.3% and 1.7% respectively compared to 2022. In contrast, the share of drilling projects for bulk solid minerals and strategic emerging minerals rose by 1.5% and 9.1% respectively compared to 2022. In 2023, global energy mineral reserves saw a slight increase overall, with significant growth in strategic emerging mineral reserves, minor adjustments in some bulk solid mineral reserves, a substantial rise registered in precious metal reserves. Specifically, oil and natural gas reserves increased by 0.5% and 0.7%, respectively, while bauxite reserves declined by 3.2%, both YOY. Iron ore and copper reserves grew by 5.6% and 12.4%, respectively, and lithium, cobalt, and nickel reserves increased by 7.1%, 32.5%, and 30.0%, respectively. Gold, silver, and platinum reserves rose by 13.5%, 10.9%, and 1.4%, respectively.

III. While mineral prices and the profits of mining companies have generally fallen, mining financing has reduced, but M&A activities have rapidly increased

In 2023, international mineral product prices generally experienced a downward trend. Factors such as global economic weakness and increased banking risks contributed to an overall decline in energy mineral product prices, with average prices dropping by more than 20% compared to 2022. Prices for bulk solid minerals showed divergence, with increased price volatility. Strategic emerging minerals faced weak demand relative to supply, leading to continuous price declines, with battery-grade lithium carbonate prices dropping by over 80% during the year. The stock prices of mining companies also had a volatile decline. Major oil and gas companies saw their stock prices decrease, with a significant drop in net profits. Stock prices for major solid mineral companies initially fell but later recovered, with net

profits declining by more than 20%, although overall profits remained high. Strategic emerging mineral companies experienced sharp declines in stock prices, with net profits dropping by more than 60% year-on-year. In contrast, gold companies saw continued increases in net profits and market value. Global solid mineral financing saw a decline, with slight reductions in financing amounts for major solid minerals. Bulk solid minerals saw the largest declines, followed by gold, while strategic emerging minerals saw some increases. Equity financing remained the primary method. Mergers and acquisitions (M&A) in major solid minerals showed a general recovery but with structural divergence. Precious metals M&A were particularly active, while M&A transactions for bulk solid minerals decreased in both volume and value but remained focused on large projects. Strategic emerging mineral M&A activities cooled down.

IV. The total market value of leading mining companies has remained relatively stable, yet structural changes have been significant and competition within the mining industrial chain has intensified

In 2023, the total market value of the world's top 50 mining companies fluctuated within 4% per quarter, but there were significant changes in the composition of these companies. The increase in copper and gold prices and the decline in prices for strategic emerging minerals triggered corresponding changes in the market values of mining companies. The volatile divergence in global mineral capital market led to noticeable changes among large mining companies. The number of Chinese mining companies increased by 5.9%, mainly focusing on non-metallic mining and coal mining industries, with a decline in total profits. An oversupply of strategic emerging minerals led to a reduction in capital across the mining industrial chain. The global lithium battery industrial chain saw a slowdown in overall demand, with structural overcapacity in power battery production, leading top lithium mining companies to pursue deeper integration with downstream users. Global hydrogen energy projects continued expanding in scale, but actual deployment fell short of expectations, leading to uneven overall development. The mining industry faced both challenges and opportunities in terms of environmental, social, and governance (ESG) standards. ESG policies and standards are becoming increasingly stringent, with major economies strengthening ESG investment regulations. Leading mining companies have embedded ESG standards into their corporate structures and integrated them into their future development strategies. In response to the global trend toward carbon reduction, mining companies have implemented a series of comprehensive measures to promote decarbonization.

V. Countries continuously update strategic mineral policies in response to industrial chain competition, with more bilateral and multilateral mineral alliances emerging

The global energy transition is accelerating, with an increasing focus on the role of critical minerals in future energy. In 2023, governments around the world recognized the potential risks associated with the rapid increase in demand for critical minerals and concentrated supply chains. In response, they implemented various incentive and intervention measures, including forming strategic intergovernmental

cooperation or trade agreements on critical minerals, enacting laws and policies to develop critical mineral resources and supply chains, and promoting the coordination of mining projects with infrastructure development. These efforts aim to build localized mineral industrial chains, ensure sustainable mining practices, and secure supply chain safety.

VI. Artificial intelligence (AI) is driving a paradigm shift in mineral exploration, offering promising prospects for new quality productive forces in the mining industry

As the new round of technological and industrial revolutions continues advancing, major global economies are increasingly focused on strategic layouts for the development and utilization of critical mineral resources. Mining technology and equipment have become critical variables in international mining cooperation and competition, and frontier technological fields have emerged as strategic battlegrounds for major powers. The global trend of using AI technology for mineral exploration is gaining momentum. Although AI-driven mineral exploration is still in the exploratory stage and faces numerous technical challenges, the rapid development of technical equipment for global exploration, R&D, resource recycling and utilization, and other aspects is leading to more efficient, intelligent, high-precision, and low-carbon solutions. Low-grade and hard-to-process ore beneficiation technologies are evolving toward greener and more automated processes, with the development of large-scale, multi-field, automated, and interdisciplinary beneficiation equipment being a key focus for low-grade mineral resources. Major global economies are also intensifying efforts in mineral resource recycling and utilization. Countries and regions with well-developed mineral sectors, such as the U.S., Canada, European Union, and Japan, are significantly increasing investments in the recycling and utilization of critical minerals, resulting in a noticeable increase in patents related to the recycling of both bulk solid and emerging minerals.

Looking to the future, the global economy is expected to enter a low-growth trajectory, with manufacturing growth slowing down. While the supply and consumption of mineral resources may increase, overall mineral product prices are likely to decline, leading to reduced profitability in the mining sector. Geopolitical conflicts are likely to increase risks to the industrial chain and supply chain. The ongoing evolution of the geopolitical landscape will continue driving changes in the global mining structure, with the mining industrial chain exhibiting considerable resilience. The economic forces in the mining market demonstrate signs of resilience. However, resource nationalism continues challenging the legitimate rights and interests of mineral resource owners, undermining the sustainability of the mining industry. New quality productive forces are driving high-quality development in mining. Advanced technologies such as satellite remote sensing, big data, and the Internet of Things (IoT) will continue fostering new industries like AI-driven mineral exploration and intelligent mining. The valuation of data assets is expected to lead the way in new global mining infrastructure, enhancing the comprehensive utilization of mineral resources and urban mining, which will provide new momentum for the industry's

development. Guided by the concept of building a community with a shared future for mankind, we will see an inevitable extension of industrial chains in mineral-producing regions, with manufacturing and infrastructure powerhouses highlighting competitive advantages. These countries will continue contributing to global mining cooperation. Countries should strengthen collaboration in critical mineral sectors to jointly maintain stable and smooth industrial and supply chains, and to guide and promote resource-saving, intensive, and green development in mining, thereby contributing to global economic growth.

Editorial Committee of the Book
August 2024

Contents

>>> Chapter I

Supply and Demand of Mineral Resources

The global economy is currently grappling with a significant lack of growth momentum, compounded by numerous unstable, uncertain, and unpredictable factors. While inflationary pressures have somewhat eased, debt risks continue accumulating at high levels, and both trade and investment growth remain sluggish, keeping the world economy on a slow growth trajectory. The global manufacturing landscape is rapidly evolving, with deep adjustments underway in the industrial and supply chain systems. Globally, inflation is retreating from its peak, commodity prices are stabilizing, and capital markets are showing divergent performances.

Energy resource production, consumption, and trade worldwide continue growing, with structural adjustments on both the supply and demand sides. The global fossil energy market remains in a state of tight balance between supply and demand. In terms of oil, the supply structure is undergoing adjustments, with North American region[1] emerging as the primary region for increased production, while consumption is witnessing a recovery; for natural gas, both supply and demand are on the rise, with the supply structure showing an "increase in U.S. production and a decline in Russian production", leading to a revitalization of the consumption market; global coal consumption and production have both reached historic highs, although a slight recalibration in the coal market is anticipated in the near future. There is a clear divergence in the supply and demand of bulk solid minerals. Both supply and demand for steel have decreased; for copper and aluminum, the growth in supply has outpaced demand, leading to a reversal in the supply-demand balance. The production of strategic emerging minerals has seen rapid growth, with an overall surplus and a noticeable decline in trade volumes. Lithium supply and demand have both surged, shifting toward a significant oversupply situation; cobalt and nickel have seen supply growth outstripping demand, with cobalt continuing experiencing an oversupply and nickel moving into surplus territory. Precious metals are also experiencing supply-demand divergence; after peaking, the demand for gold and silver has fallen, while both supply and demand for platinum have declined, resulting in a general reduction in trade. For agricultural minerals, both supply and demand have decreased, generally remaining in surplus, with potash trade increasing and phosphate trade declining.

---

[1] In this book, North American region refers to the United States, Canada, and Mexico.

In 2023, China made notable contributions to global mining development through significant growth in both the supply and consumption of mineral resources. Production, imports, and consumption of energy minerals all saw varying degrees of growth, with coal production and consumption taking the lead, followed closely by oil and gas. Among bulk solid minerals, copper and aluminum experienced steady growth; China maintained its position as the world leader in the production and consumption of iron, copper, and aluminum, with these three minerals accounting for over 50% of global totals. In the realm of strategic emerging minerals, the production of lithium, cobalt, and nickel all saw substantial increases, though consumption and imports showed mixed trends. For precious metals, both production and consumption witnessed varying degrees of recovery, with a sharp decrease in gold imports. Agricultural minerals such as potash and phosphate saw a steep increase in imports and steady consumption growth, although production diverged.

I. Deep adjustment of industrial and supply chains amid global economic slowdown

(I) Global economic growth slows, facing multiple downward pressures

Firstly, global economic growth continues decelerating, entering a trajectory of slow growth.

The global economy is experiencing a significant lack of momentum, confronted by numerous unstable, uncertain, and unpredictable factors. The year 2023 marked a full-scale restart following the COVID-19 pandemic, with some improvements in global employment and a slight easing of inflationary pressures. However, debt risks have continued accumulating at high levels, trade and investment growth remain sluggish, and issues such as currency depreciation and reduced liquidity persist due to the high-interest-rate policies maintained by the U.S. and Europe. Overall, the global economy remains on a downward trajectory. Looking ahead to 2024, the global economy is expected to remain in a phase of reshaping growth momentum. Factors such as election cycle disruptions, anticipated Federal Reserve rate cuts, weakening global demand, and sustained debt pressures will continue playing a role. According to the World Economic Outlook report released by the International Monetary Fund (IMF) in April 2024, the global economic growth rate in 2023 was 3.2%, down 0.3 percentage points from 2022 (Table 1–1; Figure 1–1), significantly below the pre-pandemic average of 3.7% in 2010—2020 and the 4.4% growth rate seen during 2000—2008.

Table 1–1 GDP growth rates of major economies in 2021—2023, and projections for 2024—2025

Major economies	Growth rate / %				
	2021	2022	2023	2024	2025
Global	6.5	3.5	3.2	3.2	3.2
Developed economies	5.7	2.6	1.6	1.7	1.8
U. S.	5.8	1.9	2.5	2.7	1.9
Eurozone	6.1	3.6	0.6	1.1	1.8
Germany	3.2	1.8	−0.3	0.2	1.3

Continued

Major economies	Growth rate / %				
	2021	2022	2023	2024	2025
France	6.3	2.5	0.9	0.7	1.4
Italy	8.3	4.0	0.9	0.7	0.7
Spain	6.4	5.8	2.5	1.9	2.1
Japan	2.6	1.0	1.9	0.9	1.0
U. K.	8.7	4.3	0.1	0.5	1.5
Canada	5.3	3.8	1.1	1.2	2.3
Emerging markets and developing economies	7.0	4.1	4.3	4.2	4.2
China	8.5	3.0	5.2	4.6	4.1
India	9.7	7.0	7.8	6.8	6.5
Russia	6.0	−1.2	3.6	3.2	1.8
Brazil	4.8	3.0	2.9	2.2	2.1
Mexico	5.7	3.9	3.2	2.4	1.4
Saudi Arabia	5.1	7.5	−0.8	2.6	6.0
Nigeria	3.6	3.3	2.9	3.3	3.0
South Africa	4.7	1.9	0.6	0.9	1.2
Other countries and regions	—	—	—	—	—
ASEAN-5	4.1	5.5	4.1	4.5	4.6
Middle East and Central Asia	4.5	5.3	2.0	2.8	4.2
G7 countries	5.5	2.2	1.7	1.7	1.6
Sub-Saharan Africa	4.7	4.0	3.4	3.8	4.0

Source: IMF.

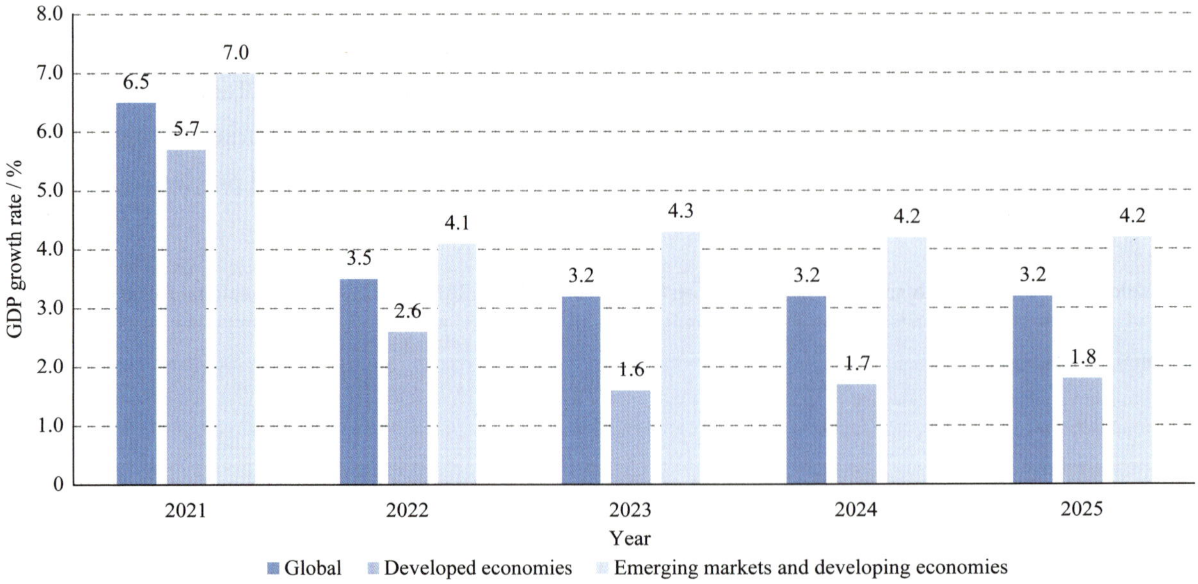

Figure 1-1 GDP growth rates of major economies in 2021—2023, and projections for 2024—2025

Source: IMF

The global economy continues exhibiting a "dual-speed growth" pattern, with developed economies experiencing a general slowdown while emerging markets and developing economies playing a driving role. Since the 2008 financial crisis, the gap in GDP growth rates between developed economies and emerging markets and developing economies has steadily narrowed, now stabilizing at around 2 percentage points. In 2023, the GDP growth rate for developed economies was 1.6%, down by 1 percentage point from 2022, with forecasted GDP growth of 1.7% for 2024, indicating a shift into a low-growth phase. Meanwhile, emerging markets and developing economies recorded a GDP growth rate of 4.3% in 2023, an increase of 0.2 percentage points compared to 2022, with a projected GDP growth rate of 4.2% for 2024, continuing providing sustained momentum for global economic recovery and development (Figure 1–1; Table 1–1). China remains the world's largest growth engine. According to data from the National Bureau of Statistics of the People's Republic of China (hereinafter referred to as the National Bureau of Statistics), China's GDP exceeded RMB 126 trillion in 2023, representing a 5.2% increase over the previous year at constant prices, contributing 32% to global economic growth. The per capita GDP was RMB 89,400, equivalent to USD 12,700, surpassing the global average.

Secondly, geopolitical conflicts, coupled with the "Super Election Year," have heightened instability and uncertainty in the global economy.

The prolonged Russia-Ukraine conflict, the ongoing escalation of the Israel-Palestine conflict, and their uncontrollable spillover effects created a crisis within the global geopolitical order. The 2023 Global Peace Index, published by the Institute for Economics and Peace (U.K.), indicates that global peace levels have declined for nine consecutive years. The intensification of the Russia-Ukraine conflict and the new round of Israel-Palestine hostilities have exacerbated global geopolitical tensions, deeply impacting the political, economic, and social fabric of the affected nations, and further escalating the global security crisis and security dilemmas. Additionally, these conflicts have disrupted or impaired critical logistics links within the global trade network, destabilizing industrial and supply chains and hindering global economic recovery while exacerbating inflationary pressures in the short term (Table 1–2). The tense geopolitical environment and the potential for further military escalation are structuring and systematizing global geopolitical conflicts and confrontations, imposing long-term and sustained pressure on the world economy.

Table 1–2 GDP growth rates of selected countries or economies in 2022—2023, and projections for 2024—2025

Countries or economies	Growth rate / %			
	2022	2023	2024	2025
Eurozone	3.6	0.6	1.1	1.8
Germany	1.8	−0.3	0.2	1.3
France	2.5	0.9	0.7	1.4
Italy	4.0	0.9	0.7	0.7
U.K.	4.3	0.1	0.5	1.5

Continued

Countries or economies	Growth rate / %			
	2022	2023	2024	2025
Russia	−1.2	3.6	3.2	1.8
Ukraine	−29.1	5.0	3.2	6.5
Belarus	−4.7	3.9	2.4	1.1

Source: IMF.

In 2024, the world will witness the largest election year in history. According to statistics, 76 countries and regions across five continents will hold elections, encompassing major global political "players" like the U.S., Russia, and the European Union (EU), as well as key neighboring countries of China such as Japan, Indonesia, and India, covering nearly 4.2 billion people. The world economy faces significant uncertainties as these elections will not only challenge the political and economic stability of the respective countries but also have a profound impact on the trajectory of international political dynamics.

Thirdly, the "spillover effect" of the Federal Reserve's interest rate hikes and the maintenance of high rates has triggered widespread currency depreciation and international market turmoil, continuing suppressing economic growth.

In 2023, progress in combating inflation and the tightening of financial conditions led to a slowdown in economic growth, prompting global central banks to decelerate the pace of interest rate hikes. However, interest rate increases remained the dominant theme of monetary policy. According to Reuters, in 2023, central banks overseeing the ten most actively traded currencies worldwide raised rates a total of 38 times, with a cumulative increase of 1,200 basis points, which is lower than the 54 rate hikes and 2,700 basis points in 2022. Central banks in emerging markets and developing economies collectively raised rates by 5,075 basis points, down from 7,425 basis points in 2022. The aggressive rate hikes by the Federal Reserve led to a rapid tightening of global liquidity, causing significant depreciation in multiple currencies and sharply increasing debt servicing pressures for countries with dollar-denominated loans. The rise in U.S. interest rates has increased international financing costs, exacerbating the repayment burden on countries with dollar-denominated debt, severely impacting the recovery and growth of other economies. Many non-U.S. currencies have experienced multiple rounds of substantial depreciation, with Asian currencies being particularly hard-hit. The Japanese yen, Indian rupee, Indonesian rupiah, Malaysian ringgit, Vietnamese dong, and Philippine peso have all continued declining, with the RMB/USD exchange rate falling by 2.0% from the beginning of 2024 to July.

Fourthly, the global debt surge is severely impacting economic recovery and industrial development.

According to data from the Institute of International Finance, global debt reached a record high of USD 313 trillion in 2023, an increase of more than USD 15 trillion compared to 2022 (Figure 1–2). Government debt alone has approached USD 90 trillion, marking the fastest growth rate in the past four years. The ratio of global debt to GDP rose by 2.7 percentage points YOY to 298.7%. Amid sluggish

economic growth, fiscal deficits in emerging markets and developing economies continue widening. Several emerging markets and developing economies are struggling with weak growth and mounting debt servicing pressures, leading to repeated downgrades of sovereign credit ratings, which in turn exacerbates financing challenges and further expands fiscal deficits. As of 2023, the total debt of governments, households, and corporations in 31 emerging markets and developing economies reached USD 104.6 trillion, equivalent to 255% of their combined GDP — a historic high. Brazil, India, and Argentina are among the countries with the most significant debt increases.

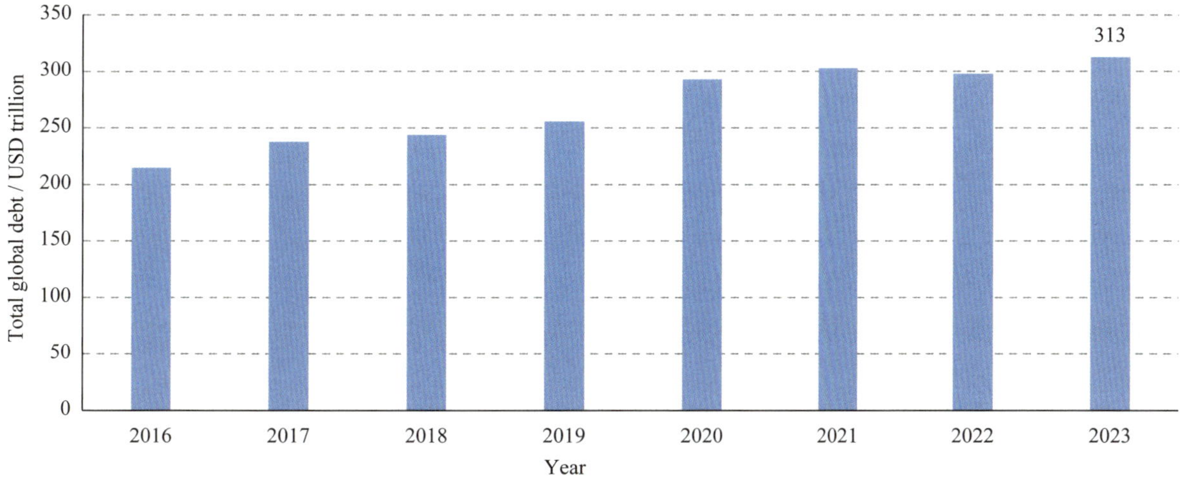

Figure 1-2 Total global debt in 2016—2023

Source: Institute of International Finance

In the first quarter of 2024, global debt increased further to USD 315 trillion, continuing its upward trend in the second quarter. The debt of emerging markets and developing economies reached USD 105 trillion, a cumulative increase of USD 55 trillion over the past decade, making these economies the primary drivers of the current debt surge.

(II) Global manufacturing landscape has accelerated its transformation and industrial and supply chains have been adjusted

Firstly, global manufacturing remains highly centralized, with China continuing advancing its manufacturing transformation and upgrading efforts.

In 2023, the global manufacturing value added amounted to USD 16.18 trillion, a YOY increase of 0.9%. The top five countries in terms of manufacturing value added were China (28.8%), the U.S. (17.3%), Japan (5.3%), Germany (5.2%), and India (2.8%), collectively accounting for 59.4% of the total. China's manufacturing value added reached USD 4.66 trillion, maintaining its position as the world's largest manufacturing country for the 14th consecutive year. However, this figure represents a 3.7% YOY decrease, primarily due to the depreciation of the RMB against the U.S. dollar (Figure 1-3). According to the National Bureau of Statistics, in 2023, the scale of China's manufacturing value added reached RMB

32.98 trillion, a YOY decrease of 1.55%, accounting for 26.2% of China's total GDP, down 1.5 percentage points from the previous year. This decline is mainly attributed to the continued contraction of the real estate and construction sectors, as well as the ongoing transformation and upgrading of the manufacturing industry, leading to a temporary reduction in overall scale.

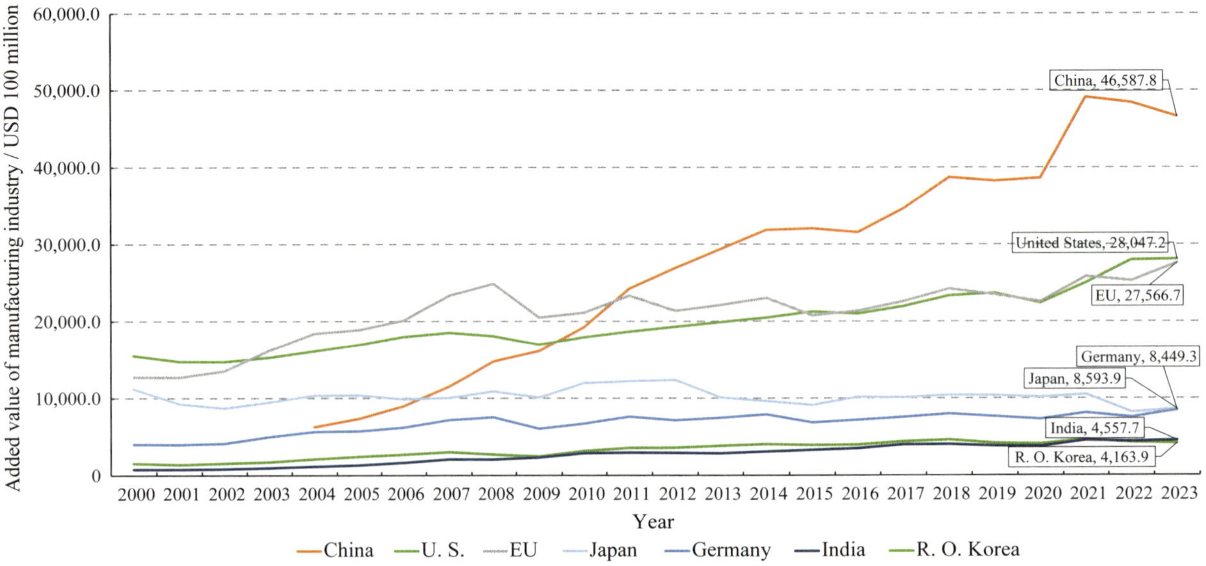

Figure 1-3 Manufacturing value added in China, the U. S., the EU, Japan, Germany, India and R. O. Korea in 2000—2023

Source: World Bank

Secondly, great power rivalry drives the reconfiguration of global industrial and supply chains, leading to rapid growth in trade and investment among "middleman" countries.

The escalating rivalry between China and the U.S. is accelerating the restructuring of global industrial and supply chains. While the trend toward de-globalization of these chains is not yet evident, there is a clear elongation in their vertical structures, with "middleman" countries experiencing significant growth in trade. Direct trade volume between China and the U.S. has notably decreased, with more intermediary firms emerging between Chinese suppliers and U.S. customers. Southeast Asia and Mexico have become prominent "middlemen" in China-U.S. trade, leading to a marked increase in indirect trade. Additionally, China's export share to ASEAN, Latin America, Russia, and Africa has seen a significant rise.

Thirdly, geopolitical conflicts have greatly damaged the stability of the global industrial and supply chains.

Since the onset of the Russia-Ukraine conflict, more than 10,000 sanctions have been imposed by various countries on Russia, targeting sectors such as energy, trade, technology, finance, and transportation. These sanctions have progressively restricted, and in some cases excluded, Russia from the energy demand markets of Western countries, thereby altering the geopolitical landscape of global oil and gas supply. This shift has bolstered the influence of major oil-producing countries, including key members of the Organization of the Petroleum Exporting Countries (OPEC), within the global oil industry. Furthermore, these developments are likely to slow down the energy transition and carbon neutrality

efforts, particularly in Europe. The conflict has also disrupted logistics along key routes in Russia, the Mediterranean, and the Caspian Sea, compromising the stability of global supply chains and exacerbating inflationary pressures. The recent escalation of the Israel-Palestine conflict has further destabilized global industrial and supply chains. The Red Sea-Suez Canal route has been disrupted, introducing significant uncertainty to the stability of global supply chains and energy prices. The Red Sea serves as a critical transport corridor to the Arabian Peninsula, Israel, the Mediterranean, and Europe, making it a vital passage for merchant ships. In the wake of the renewed conflict, Yemen has imposed a blockade on the Red Sea route, and Egypt has raised tolls on the Suez Canal. As a result, many merchant ships are being forced to detour around the Cape of Good Hope in South Africa, leading to increased transportation time and costs.

Fourthly, global supply chains are exhibiting trends of regionalization, localization, and fragmentation.

Global supply chains involve numerous transactions across various stages, each intricately connected. When exposed to external shocks such as natural disasters or geopolitical conflicts, the delicate balance within these linear relationships can easily be disrupted. In response, many countries have elevated supply chain security to the level of national strategy, driving efforts to diversify supply chain layouts. Currently, with the strengthening trend of de-globalization, rising trade protectionism, and a complex and severe geopolitical landscape, the development of global supply chains is increasingly characterized by regionalization, localization, and fragmentation under the influence of policies such as reshoring, nearshoring, and friendshoring.

(III) Global inflation eases from its peak, with divergent performance in capital markets

Firstly, global inflation has eased from its peak levels, with initial differences emerging between inflation rates in developed and developing economies. China's inflation remains low.

In 2023, against the backdrop of continued monetary tightening by major developed economies, the severe global inflationary pressures significantly subsided. According to IMF data, the global average inflation rate for 2023 was 6.8%, down by 1.9 percentage points from 2022. Inflation in developed economies stood at 4.6%, a decrease of 2.7 percentage points from 2022. Specifically, the U.S. inflation rate was 4.1% and the Eurozone's was 6.3%, down by 3.9 and 3.0 percentage points, respectively. Emerging markets and developing economies recorded an inflation rate of 8.3%, down by 1.5 percentage points from 2022, with China's inflation rate at 0.2%, marking a 1.7 percentage point decrease to its lowest level since 2010 (Figure 1–4). It is expected that the global inflation rate will decrease to 5.9% in 2024, a decline of 0.9 percentage points from 2023. Developed economies are projected to have an inflation rate of 2.6%, while emerging markets and developing economies are expected to see an inflation rate of 8.3%. China's inflation rate is forecasted to rise slightly to 1.0% YOY. Global inflation is anticipated to continue its downward trend over the next few years, potentially falling below 4.0% by 2026 (Figure 1–4).

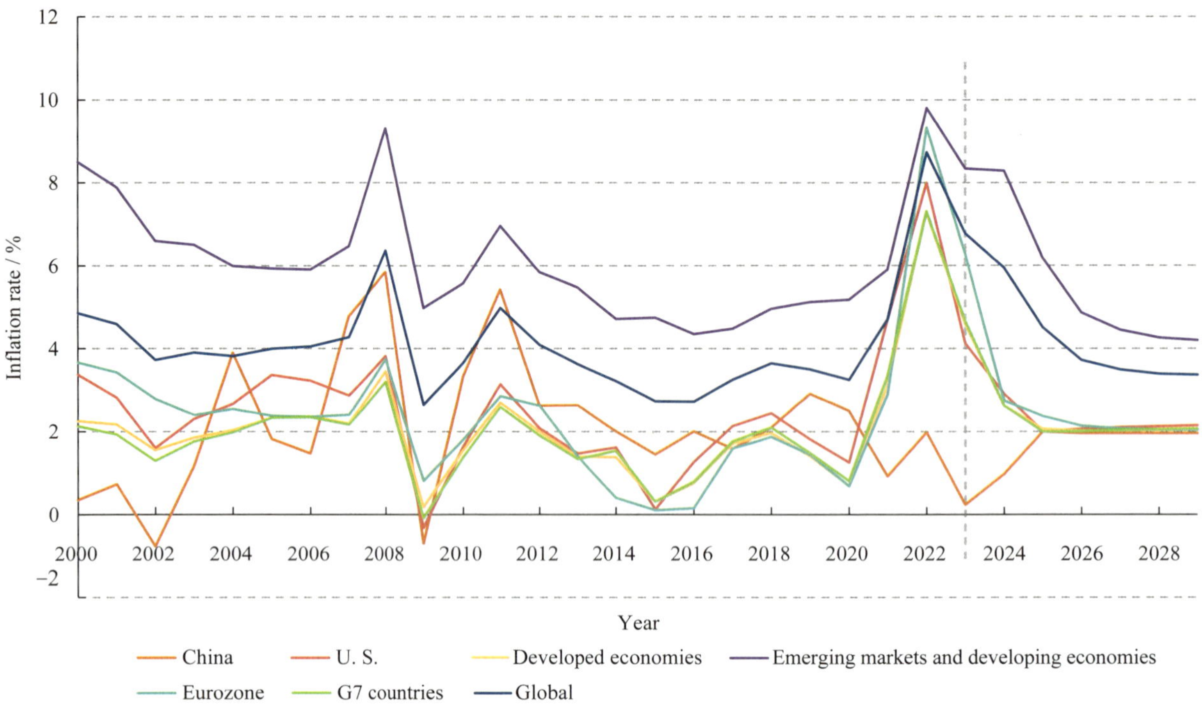

Figure 1–4 Inflation levels in major economies in 2000—2023, and projections for 2024—2029

Source: IMF, World Economic Outlook Databases

Secondly, prolonged geopolitical conflicts have increased uncertainty, leading to a stabilization of commodity prices.

From mid-2022 to mid-2023, global commodity prices plummeted nearly 40%, contributing significantly to the easing of inflation in 2023. According to IMF data, the global commodity average price index (with 2016 as the base year, indexed to 100) stood at 165.65 in 2023, marking a 23.3% decline compared to 2022, and a 31.5% drop from its peak in August 2022. Specifically, the energy average price index was 189.51, falling by 36.7% YOY (Figure 1–5). Since mid-2023, the World Bank's commodity price index has remained relatively stable. A significant divergence has emerged between global economic growth and commodity prices, largely driven by heightened geopolitical tensions. These tensions not only exert persistent upward pressure on the prices of major commodities but also increase the risk of significant price volatility. As we move into 2024, the commodity market has rebounded from the "bear market" of the past two years, with prices for key energy and resource commodities such as crude oil and non-ferrous metals showing an upward trend. In the first half of 2024, the IMF commodity price index rose by 5.0%, with the energy price index increasing by 7.1% and the non-energy price index by 6.1%. Within the energy sector, the price indices for crude oil, natural gas, and coal rose by 7.3%, 14.1%, and 7.3%, respectively (Figure 1–5).

Thirdly, global capital markets have experienced increased turbulence, with divergent performances across different economies.

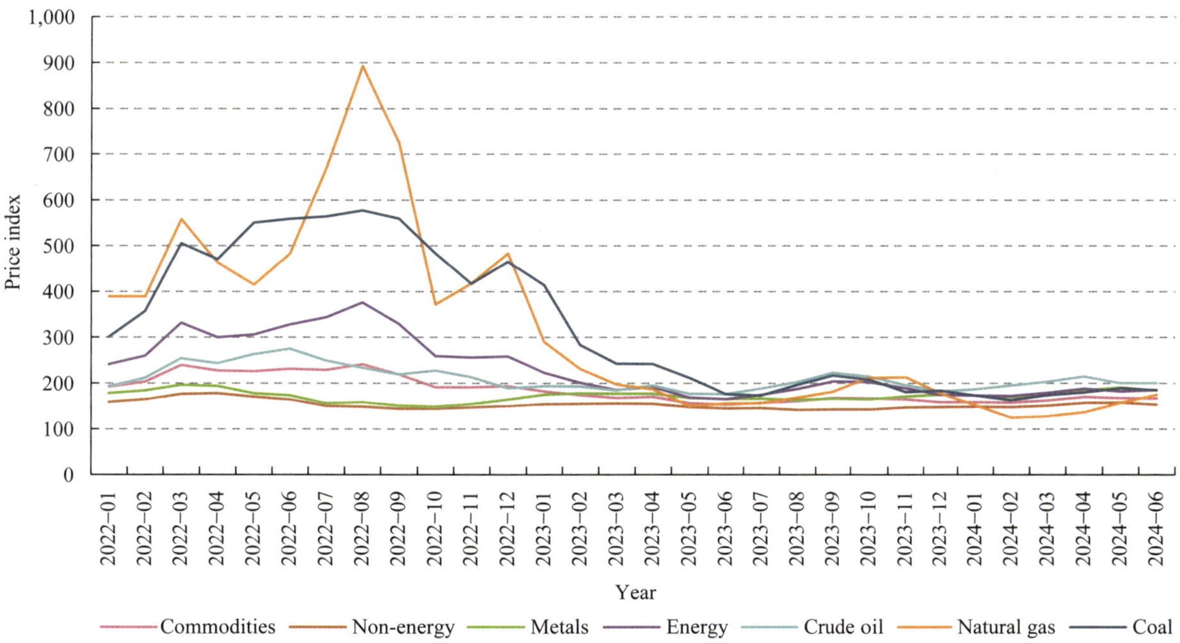

Figure 1–5 Major commodity price indices from January 2022 to June 2024

Source: IMF, World Economic Outlook Databases

In 2023, global capital markets saw stocks outperform bonds, with developed markets outpacing emerging markets. The total market capitalization of global bonds and stocks increased by nearly USD 20 trillion, with global equity market capitalization rising by USD 13.3 trillion and bond market capitalization by USD 6.1 trillion. In the equity markets, the cooling of U.S. inflation expectations heightened market anticipation of a soft landing for the economy. Technological breakthroughs fueled a wave of revolution in the AI industry, and the Federal Reserve's rate hikes, along with the maintenance of high interest rates, led to a global influx of capital into the U.S. markets. As a result, U.S. stock markets performed robustly, with the Nasdaq Index leading the way, surging by 43.4% and ranking first among major global indices. The S&P 500 rose by 24.2% over the year. In Europe, the European Central Bank raised its economic recovery and inflation forecasts, signaling potential rate cuts. Combined with the stabilization of energy prices and the attraction of scarce assets, European stock markets soared, with indices in Germany, France, and the U.K. reaching historical highs at various points. The German DAX Index climbed 20.31% for the year, while France's CAC 40 Index gained 16.5%; international capital flows into Japan and R.O. Korea led to strong performances in their stock markets. The Nikkei 225 Index in Japan surged 28.2% during the year, hitting a 30-year high; however, in China, economic recovery remained sluggish, and imbalances in stock market supply and demand, coupled with the Federal Reserve's rate hikes, led to RMB depreciation and capital outflows. As a result, the A-shares, Hong Kong stocks, and U.S.-listed Chinese stocks generally underperformed. Over the course of 2023, the Shanghai Composite Index fell by 3.7%, the Shenzhen Component Index dropped by 13.5%, the CSI 300 Index declined by 11.3%, and the Hang Seng Index in Hong Kong (China) decreased by 13.8%. In the bond markets, the 10-year bond yields of major economies

showed mixed trends. In developed economies, long-term interest rates in the U.K., U.S., and Japan initially rose and then fell. Meanwhile, some emerging economies, such as China and Brazil, saw significant declines in long-term interest rates, primarily influenced by inflation rates and central bank rate hikes and cuts (or expectations thereof). The 10-year U.S. Treasury yield experienced considerable volatility throughout the year but ended with a slight increase of about 2 basis points, reaching approximately 3.9% by year-end. In contrast, China's 10-year government bond yield dropped by 29 basis points to around 2.6%, while Japan's 10-year government bond yield rose by 21 basis points to approximately 0.6% over the year, after initially increasing and then declining.

In the first quarter of 2024, major stock markets generally saw upward trends, but a divergence emerged in the second quarter among global indices. The U.S. stock market exhibited mixed performance; after the Nasdaq Index rose by 9.1% in the first quarter, it continued its upward trajectory with an 8.3% increase in the second quarter, while the Dow Jones Index fell by 1.7% in the second quarter. European stock markets primarily declined, with the French stock market dropping nearly 9%, marking the worst performance globally. The Nikkei 225 Index, after gaining over 20% in the first quarter, fell by 2% in the second quarter. The A-shares market in China performed poorly overall, with the Shanghai Composite Index down by 0.25% and the ChiNext Index plunging by about 11%; according to Wind data, in the first half of 2024, the total market capitalization of A-shares evaporated by over RMB 4 trillion, with more than 1,900 stocks falling by over 30%.

II. Overall growth of global energy resource supply and demand

(I) Energy mineral supply and demand remain in tight balance

1. Oil: production and consumption grow steadily, and the market maintains an overall supply-demand balance

In 2023, global oil production increased by 1.8% YOY, with North American region as the primary driver of this growth. The global oil supply underwent structural adjustments, with OPEC+ countries generally cutting production, while the U.S. stepped in to fill the supply gap, resulting in a total global oil production of 101.9 million barrels per day[1]. The supply reduction plans of Saudi Arabia and Russia led to a decrease in OPEC+ oil production to 51.8 million barrels per day, down by 0.8% YOY. Meanwhile, increased well capacity in the U.S. boosted oil production in non-OPEC+ countries to 50.1 million barrels per day, representing a 4.6% YOY increase. In 2024, global oil production is expected to grow by 1.3% to 103.2 million barrels per day. Of this, OPEC+ oil production is forecasted to remain steady at 51.8 million barrels per day, consistent with 2023 levels, while non-OPEC+ oil production is projected to rise by 2.6% to 51.4 million barrels per day (Table 1–3; Figure 1–6).

In 2023, the recovery of industrial production and transportation sectors led to a rebound in global oil consumption, which grew to 101.73 million barrels per day, a 2.3% increase YOY. The majority of this

[1] 1 barrel ≈ 159 liters.

Table 1-3 Global oil production in 2020—2023 and production forecast for 2024

Region and others	production / million barrels per day				
	2020	2021	2022	2023	2024
Africa	5.0	7.4	7.1	7.2	7.2
North American region	23.8	24.4	25.7	27.2	27.9
Latin America	5.3	5.9	6.4	7.0	7.6
Asia-Pacific	7.0	7.5	7.4	7.4	7.3
Europe	3.6	3.5	3.3	3.3	3.2
CIS region	13.5	13.8	13.9	13.8	13.7
Middle East	30.9	27.9	31.1	30.4	30.5
Others	4.7	5.1	5.2	5.6	5.7
Total supply	93.8	95.5	100.1	101.9	103.2

Source: International Energy Agency (IEA).

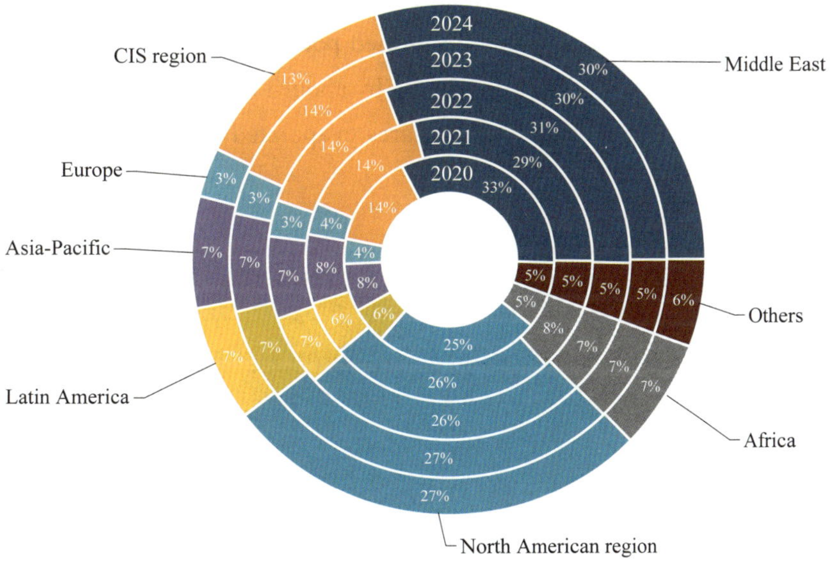

Figure 1-6 Global regional oil production share in 2020—2023 and forecast for 2024

Source: IEA

growth in consumption came from the Asia-Pacific region, which saw an increase of 21,200 barrels per day. For 2024, global oil consumption is projected to reach 102.79 million barrels per day, representing a 1.0% YOY increase. The additional demand is expected to be driven primarily by the Middle East, with an increase of 100,000 barrels per day, and the Asia-Pacific region, with an increase of 1,030,000 barrels per day (Table 1-4; Figure 1-7).

In 2023, the global oil market maintained an overall tight supply-demand balance, with a slight decline in inventories. In the first quarter of 2024, the market shifted toward a supply deficit. By February 2024, global oil inventories increased by 1.49 million barrels per day, primarily driven by a rise in floating

Table 1–4　Global oil consumption in 2020—2023 and consumption forecast for 2024

Country, region, and international organization	Consumption / million barrels per day				
	2020	2021	2022	2023	2024
Africa	3.77	3.99	4.28	4.22	4.34
America	27.90	30.25	31.00	31.35	31.26
U. S.	18.19	19.17	20.20	20.37	20.37
Asia-Pacific	34.09	36.19	36.10	38.22	39.25
China	13.89	15.16	14.66	16.44	17.16
India	4.54	4.72	5.28	5.49	5.63
Europe	13.14	13.90	14.30	14.16	14.09
CIS region	4.56	4.86	4.95	4.92	4.89
Middle East	8.07	8.48	8.84	8.86	8.96
Global	91.52	97.67	99.45	101.73	102.79
OECD	42.03	44.83	45.68	45.76	45.50
Non-OECD	49.49	52.85	53.77	55.97	57.29

Source: IEA.

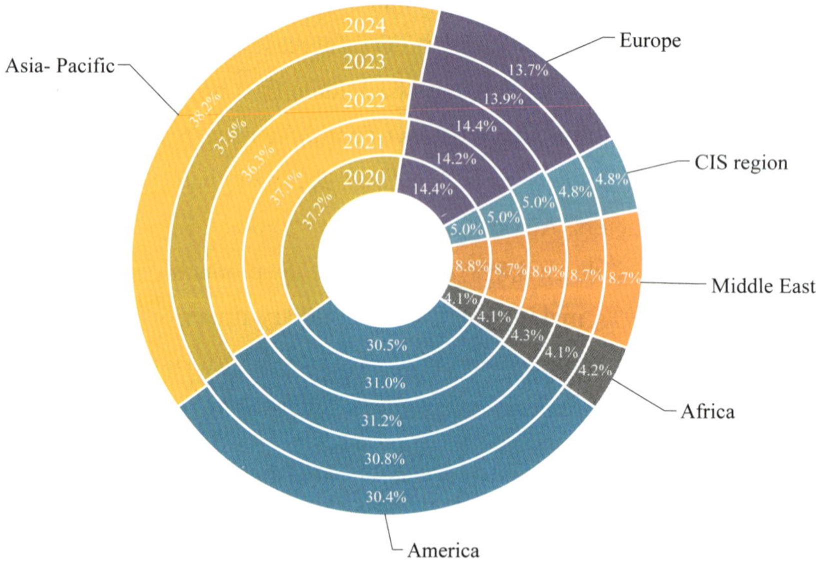

Figure 1–7　Global regional oil consumption share in 2020—2023 and forecast for 2024[1]

Source: IEA

storage, which grew by 2.34 million barrels per day. In contrast, land-based oil inventories declined for the seventh consecutive month, with a decrease of 0.85 million barrels per day in February 2024. Crude oil inventories within the OECD industry, OECD governments, and non-OECD entities saw varying degrees of decline, collectively dropping by 0.93 million barrels per day (Table 1–5).

[1] Due to rounding, the sum of individual components may not equal 100%, as is the case with all subsequent figures.

Table 1–5 Global regional oil supply-demand balance and inventories from 2020 to March 2024

Item	Inventory / million barrels per day						
	2020	2021	2022	2023	Jan. 2024	Feb. 2024	Mar. 2024
Global oil supply-demand balance	2.23	−2.00	0.36	0.16	0.20	−0.66	−0.33
Observed inventory changes							
OECD industry	0.41	−1.06	0.35	−0.01	0.11	−0.26	0.71
OECD governments	0.02	−0.16	−0.74	−0.02	0.11	−0.03	0.09
Non-OECD crude oil	0.43	−0.46	0.26	0.02	−0.27	−0.64	0.07
Selected non-OECD products	0.12	−0.02	−0.01	0.03	−0.15	0.08	0.06
Floating storage	0.04	−0.05	0.28	−0.04	−0.82	2.34	—
Total	1.02	−1.74	0.16	−0.02	−1.02	1.49	—
Unaccounted balance	1.21	−0.26	0.21	0.17	1.22	−2.16	—

Source: IEA.

2. Natural gas: supply and demand both increase, with widespread supply growth across regions, maintaining the overall supply-demand balance

Global natural gas production experienced a slight increase, with most regions showing growth except for Europe, the CIS region, and Central and South America. In 2023, global natural gas production reached 4,116 billion cubic meters, representing a YOY increase of approximately 0.3%. Specifically, North American region, the Asia-Pacific region, and the Middle East produced 1,275 billion cubic meters, 669 billion cubic meters, and 722 billion cubic meters of natural gas, respectively, with YOY growth rates of 3.5%, 1.4%, and 0.8%. The CIS region saw a significant decline in natural gas production, dropping by 3.8% YOY to 832 billion cubic meters. Among the major net suppliers, Russia's natural gas production in 2023 was 640 billion cubic meters, down 4.8% YOY, while U.S. production in 2023 is expected to reach 1,061 billion cubic meters, up 3.9%, making the U.S. the primary driver of global production growth. In 2024, global natural gas production is projected to increase by approximately 2.4% to 4,214 billion cubic meters. Growth is expected across all regions except North American region (Table 1–6; Figure 1–8).

Table 1–6 Global natural gas production in 2020—2023 and production forecast for 2024

Countries and regions	Natural gas production / billion cubic meters				
	2020	2021	2022	2023	2024
Africa	240	260	251	253	260
North American region	1,145	1,183	1,232	1,275	1,250
U. S.	954	984	1,021	1,061	1,081
Central and South America	150	148	151	149	153
Asia-Pacific	622	648	660	669	683
China	189	205	216	229	239
Europe	230	222	230	215	220
CIS region	866	961	865	832	855

Continued

Countries and regions	Natural gas production / billion cubic meters				
	2020	2021	2022	2023	2024
Russia	692	762	672	640	664
Middle East	670	692	716	722	745
Global	3,922	4,112	4,105	4,116	4,214

Source: IEA.

Figure 1–8 Global regional natural gas production share in 2020—2023 and production share forecast for 2024

Source: IEA

In 2023, the decline in international gas prices boosted market demand in regions such as Asia, leading to a gradual recovery in global natural gas consumption. The total global natural gas consumption for 2023 reached 4,089 billion cubic meters, reflecting a YOY increase of approximately 0.5% (Table 1–7; Figure 1–9).

Table 1–7 Global natural gas consumption in 2020—2023 and consumption forecast for 2024

Countries and regions	Natural gas consumption / billion cubic meters				
	2020	2021	2022	2023	2024
Africa	161	169	170	175	180
North American region	1,079	1,091	1,144	1,156	1,173
U. S.	868	874	919	926	939
Central and South America	142	153	150	149	151
Asia-Pacific	834	891	877	901	937
China	325	367	364	391	414
Europe	576	609	524	488	502

Continued

Countries and regions	Natural gas consumption / billion cubic meters				
	2020	2021	2022	2023	2024
CIS region	585	649	622	629	641
Russia	461	516	487	493	503
Middle East	546	562	580	591	605
Global	3,924	4,124	4,067	4,089	4,190

Source: IEA.

Figure 1–9 Global regional natural gas consumption share in 2020—2023 and consumption share forecast for 2024

Source: IEA

In 2023, natural gas consumption in the major European economies continued its downward trend from 2022, declining by 6.97% to 488 billion cubic meters. In contrast, natural gas consumption in the Asia-Pacific region, the Middle East, and North American region saw significant increases, rising by 2.7%, 1.9%, and 1.0%, respectively. For 2024, global natural gas consumption is projected to rise to 4,190 billion cubic meters, representing a YOY increase of approximately 2.5%. Substantial growth in natural gas consumption is expected in Europe, the Asia-Pacific region, Africa, and the Middle East (Table 1–7; Figure 1–9).

3. Coal: production and consumption both hit record highs, with the Asia-Pacific region leading global growth

In 2023, global coal production increased by 1.8% YOY to reach a historic high of 8.741 billion tons. The regions contributing to this growth were the Asia-Pacific region, CIS region, and Central and South America, with production reaching 6.842 billion tons, 606 million tons, and 68 million tons, respectively — YOY increases of 3.9%, 3.6%, and 11.5%. In contrast, coal production in North American region and Europe declined, with output falling to 539 million tons and 434 million tons, representing decreases of 9.0% and 12.9% YOY, respectively (Table 1–8; Figure 1–10). According to IEA data, global coal

production is expected to reach 8.939 billion tons in 2024, a YOY increase of 2.3%, with most of the growth anticipated to come from India and Indonesia.

Table 1-8　Global coal production in 2020—2023

Countries and regions	Coal production / 100 million tons			
	2020	2021	2022	2023
Africa	2.60	2.45	2.57	2.50
North American region	5.38	5.79	5.92	5.39
U. S.	4.86	5.24	5.39	4.84
Central and South America	0.61	0.66	0.61	0.68
Asia-Pacific	57.47	59.47	65.87	68.42
China	37.89	39.42	43.74	44.29
India	7.58	8.05	9.22	10.27
Australia	4.74	4.70	4.43	4.39
Europe	4.47	4.85	4.98	4.34
CIS region	5.39	5.64	5.85	6.06
Russia	4.02	4.37	4.44	4.57
Middle East	0.02	0.02	0.02	0.02
Global	75.94	78.88	85.82	87.41

Source: IEA.

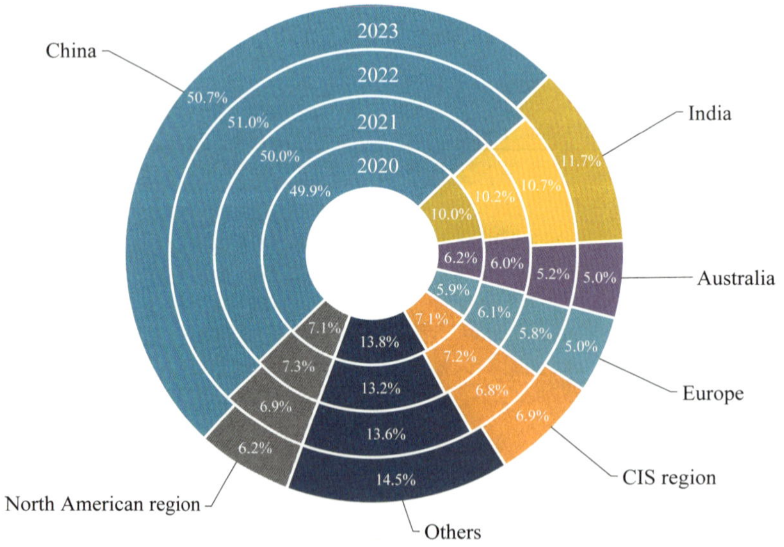

Figure 1-10　Global regional coal production share in 2020—2023

Source: IEA

In 2023, tight oil and gas supplies and soaring prices drove energy consumption toward relatively cheaper coal. Global coal consumption reached a new record of 8.536 billion tons, with notable shifts in consumption patterns. The Asia-Pacific region emerged as the dominant force in global coal consumption, while European coal consumption spiked before retreating. Global coal consumption increased by 1.4%

YOY, setting a new all-time high.

From a regional perspective, the majority of the increase in global coal consumption came from the Asia-Pacific and CIS regions, with consumption reaching 6.971 billion tons and 378 million tons, respectively — YOY increases of 5.0% and 2.7%. Conversely, coal consumption in North American region, Central and South America, Europe, and Africa decreased by 19.8%, 20.8%, 16.4%, and 2.1%, respectively (Table 1–9; Figure 1–11). According to IEA data, global coal consumption in 2024 is projected to reach 8.737 billion tons, a 2.4% YOY increase. This growth in consumption is primarily driven by increased usage of coal-fired power due to the weakening output of hydropower.

Table 1–9　Global coal consumption in 2020—2023

Countries and regions	Coal consumption / 100 million tons			
	2020	2021	2022	2023
Africa	1.95	1.89	1.87	1.83
North American region	4.62	5.29	4.89	3.92
U. S.	4.30	4.96	4.55	3.60
Central and South America	0.48	0.50	0.48	0.38
Asia-Pacific	58.30	61.53	66.39	69.71
China	40.45	42.32	45.20	47.40
India	9.05	10.33	11.62	12.60
Europe	5.85	6.49	6.71	5.61
CIS region	3.44	3.48	3.68	3.78
Russia	2.17	2.25	2.49	2.58
Middle East	0.13	0.12	0.13	0.13
Global	74.77	79.30	84.15	85.36

Source: IEA.

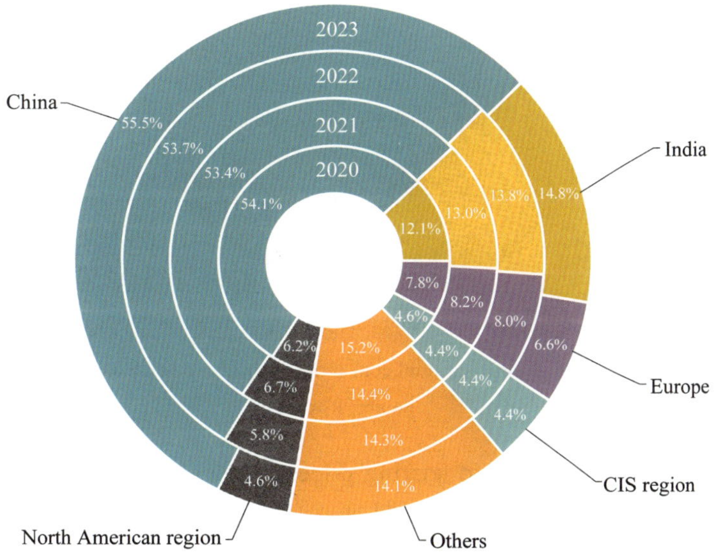

Figure 1–11　Global regional coal consumption share in 2020—2023

Source: IEA

(II) Supply and demand of bulk solid minerals are clearly differentiated

1. Steel: supply and demand both decline, with an increasing supply surplus

In 2023, global crude steel production reached 1.85 billion tons, a YOY decrease of 1.5% (Figure 1-12). Among the world's top ten producers, Japan, Germany, Turkey, and Brazil all saw declines in crude steel output. The Asia-Pacific region, the EU, and North America produced 1.382 billion tons, 126 million tons, and 110 million tons of crude steel, respectively, representing YOY declines of 0.9%, 7.9%, and 1.2%. In contrast, the CIS region produced 90.33 million tons of crude steel, an increase of 4.7% YOY. From January to May 2024, global crude steel production totaled 793 million tons, a slight YOY decrease of 0.1%. The Asia-Pacific region remained the largest producer with 586 million tons, though this represented a 0.6% decline YOY. However, increased production in Africa, the Middle East, and certain European countries, totaling approximately 4.7 million tons, offset the reduction in the Asia-Pacific region, keeping global production relatively stable compared to the same period last year.

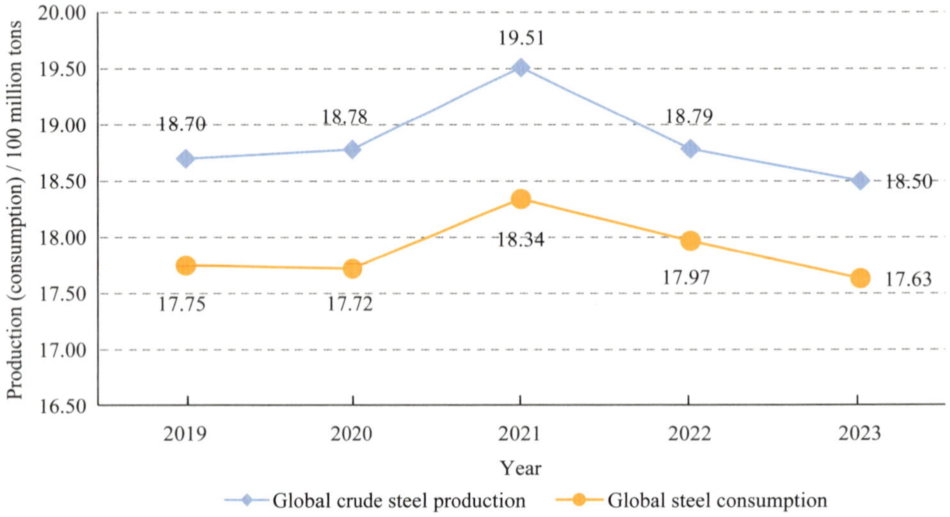

Figure 1-12 Global crude steel production and steel consumption in 2019—2023

Source: World Steel Association

In 2023, global steel consumption was 1.763 billion tons, a decrease of 1.9% YOY (Figure 1-12). The EU experienced the most significant impact, with consumer confidence heavily affected by geopolitical conflicts, leading to a 10.0% YOY drop in steel consumption within the region. In contrast, steel consumption increased in other European countries, the CIS region, and Central and South America, by 13.5%, 4.1%, and 0.9%, respectively.

According to the World Steel Association's analysis, global steel consumption is expected to reach 1.793 billion tons in 2024, reflecting a 1.7% YOY increase. Additionally, steel consumption is forecasted to rise to 1.815 billion tons in 2025, marking a 1.2% increase YOY.

2. Copper: supply growth outpaces demand, significantly narrowing the supply-demand gap

In 2023, demand for copper was bolstered by sectors such as power grids, home appliances, and

electric vehicles, leading to a global refined copper consumption of 26.9657 million tons, a 4.4% YOY increase. Refined copper production reached 26.8805 million tons, reflecting a 5.9% growth YOY (Figure 1–13). The global refined copper supply grew faster than demand, reducing the supply deficit from 446,500 tons to 85,200 tons, an 80.9% decrease compared to 2022. Global copper mine production in 2023 was 21.9908 million tons, a modest increase of 0.2% YOY, with the rise in refined copper supply primarily driven by the expansion of smelting capacity. According to the International Copper Study Group (ICSG), from January to April 2024, global refined copper (both primary and secondary) production was 9.155 million tons, while consumption reached 8.856 million tons, resulting in a supply surplus of approximately 299,000 tons, marking a reversal in the supply-demand dynamics. The increase in global refined copper production during this period was driven by higher output from Chile, Indonesia, D.R. Congo, Peru, and the U.S., as well as the continued expansion of refineries in China and D.R. Congo; meanwhile, global refined copper consumption growth was primarily supported by strong demand in China, where apparent demand increased by about 6.5%, compared to a mere 1.0% growth in other regions of the world.

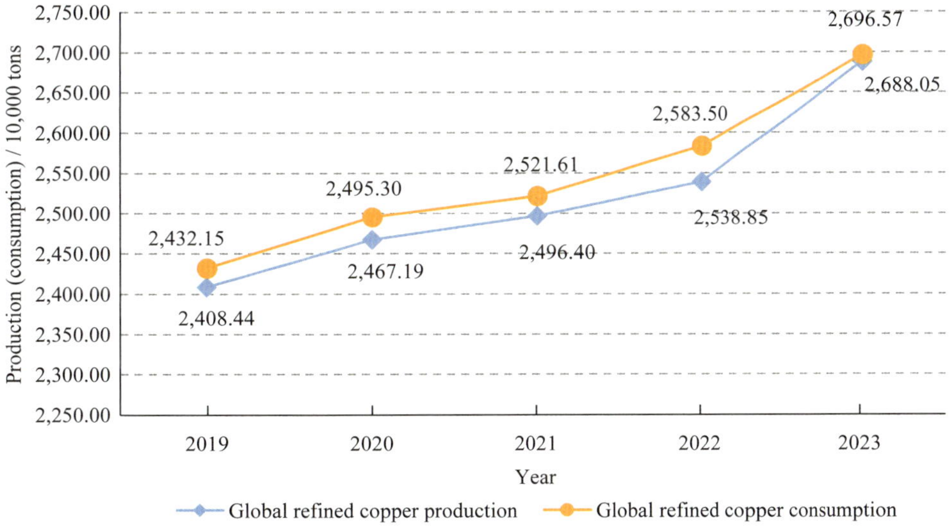

Figure 1–13 Global refined copper production and consumption in 2019—2023

Source: International Copper Association

3. Aluminum: supply growth exceeds demand, reversing the supply-demand dynamics

In 2023, global primary aluminum production totaled 69.7587 million tons, a 2.1% YOY increase, with the additional output mainly coming from China and Southeast Asia. During the same period, primary aluminum consumption reached 69.1845 million tons, a 1.0% increase YOY (Figure 1–14). This resulted in a global primary aluminum market surplus of 574,200 tons, reversing the previous supply-demand dynamics. According to Shanghai Metals Market (SMM) data, global electrolytic aluminum production is expected to reach approximately 72.92 million tons in 2024, with most of the growth attributed to China, where production is projected to increase by about 3.0% YOY.

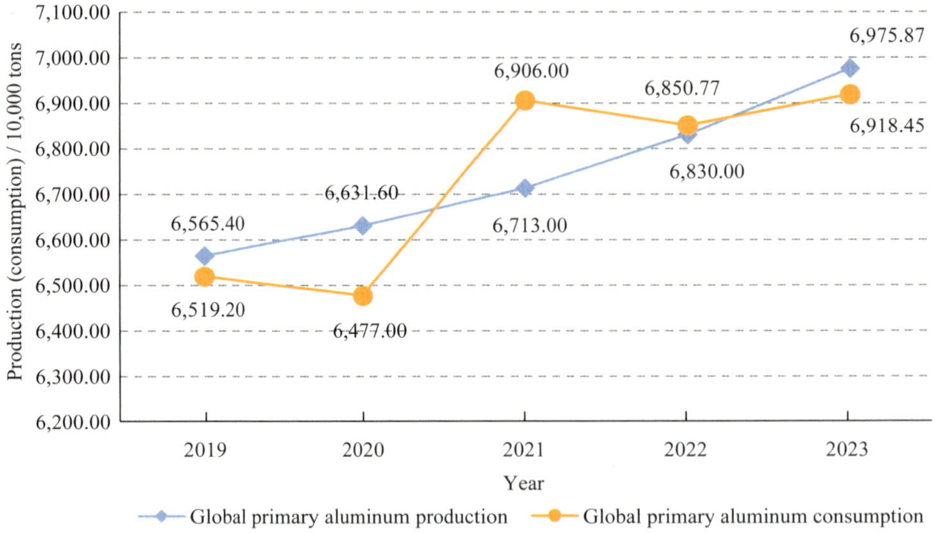

Figure 1–14 Global primary aluminum production and consumption in 2019—2023

Source: World Bureau of Metal Statistics (WBMS)

(III) Supply and demand of strategic emerging minerals grow rapidly

1. Lithium: supply and demand both increase significantly, shifting from supply deficit to surplus

In 2023, global lithium metal production reached approximately 222,200 tons, representing a 70.9% YOY increase (Figure 1–15). China produced about 65,200 tons of lithium metal equivalents from domestic sources such as salt lake brine, lepidolite, and spodumene. In 2023, Global lithium metal consumption was 192,900 tons, up by 44.0% YOY (Figure 1–15), resulting in a market surplus of 29,300 tons. According to Shanghai Metals Market (SMM) statistics, global lithium carbonate production capacity is expected to exceed 2 million tons of lithium carbonate equivalent in 2024, with a supply of about 1.3 million tons, marking a 28.0% YOY increase.

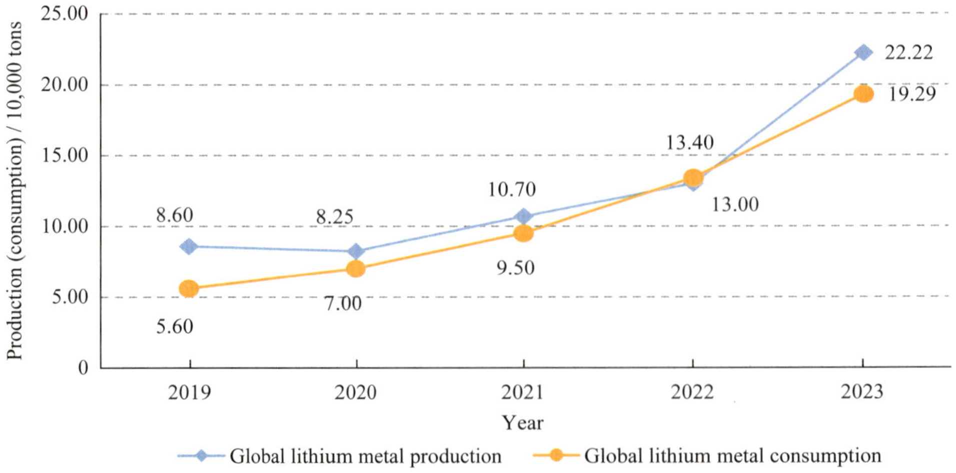

Figure 1–15 Global lithium metal production and consumption in 2019—2023

Source: U.S. Geological Survey (USGS) *Mineral Commodity Summaries 2023: Lithium*

2. Cobalt: supply and demand both increase concurrently, maintaining a supply surplus

In 2023, global cobalt production reached 230,000 tons, an 18.6% YOY increase (Figure 1−16). The D.R. Congo remained the world's largest cobalt producer, with output increasing by 30.8% to 170,000 tons, accounting for 73.9% of global production. Indonesia also saw a significant surge in cobalt production in 2023, reaching 17,000 tons, a 77.1% increase YOY. Global cobalt consumption for 2023 was approximately 214,800 tons, up by 18.0% YOY (Figure 1−16), with 30% of cobalt being used in the clean energy sector. According to estimates by the Cobalt Institute, global cobalt production is expected to grow by around 5% in 2024, with the main increases coming from mines in D.R. Congo and Indonesia. Global cobalt demand is projected to increase by an additional 14% compared to 2023, driven primarily by its use in battery cathode materials.

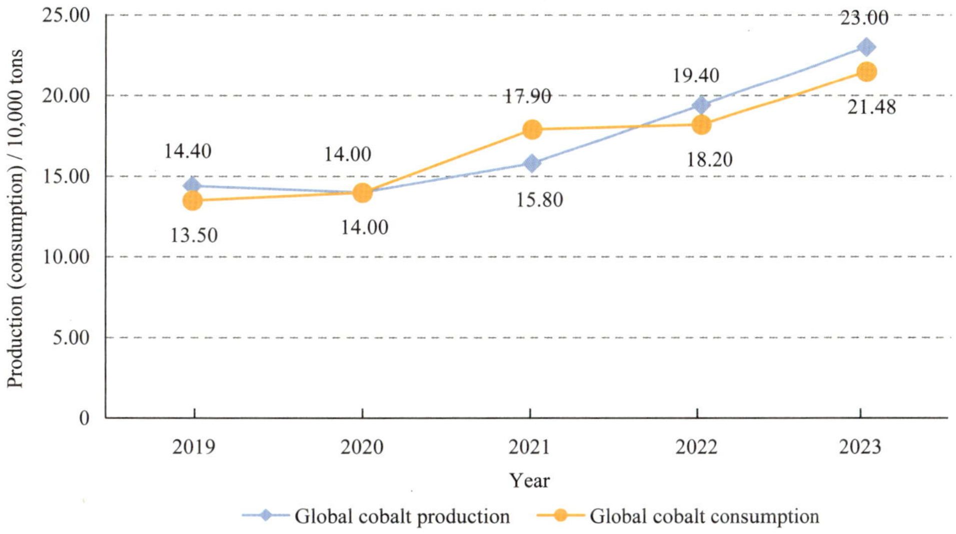

Figure 1−16 Global cobalt production and consumption in 2019—2023

Source: USGS *Mineral Commodity Summaries 2024: Cobalt*

3. Nickel: production increases rapidly and demand grows modestly, shifting from supply deficit to surplus

In 2023, global refined nickel production reached 3.4527 million tons, a 15.1% YOY increase (Figure 1−17); China's stainless steel industry, impacted by low-cost stainless steel from Indonesia, saw limited contribution to nickel consumption from its new capacity. During the same year, global refined nickel consumption was 3.1899 million tons, marking a 4.2% increase YOY (Figure 1−17). The global nickel ore production rose to 3.8152 million tons, a YOY increase of 18.3%. The global refined nickel market experienced a supply surplus of 262,800 tons, reversing the previous supply-demand situation. According to data from the World Bureau of Metal Statistics, from January to May 2024, global refined nickel production was 1.4014 million tons, up by 17.4% YOY, while consumption reached 1.3713 million tons, a 15.5% increase YOY, resulting in a supply surplus of 30,100 tons.

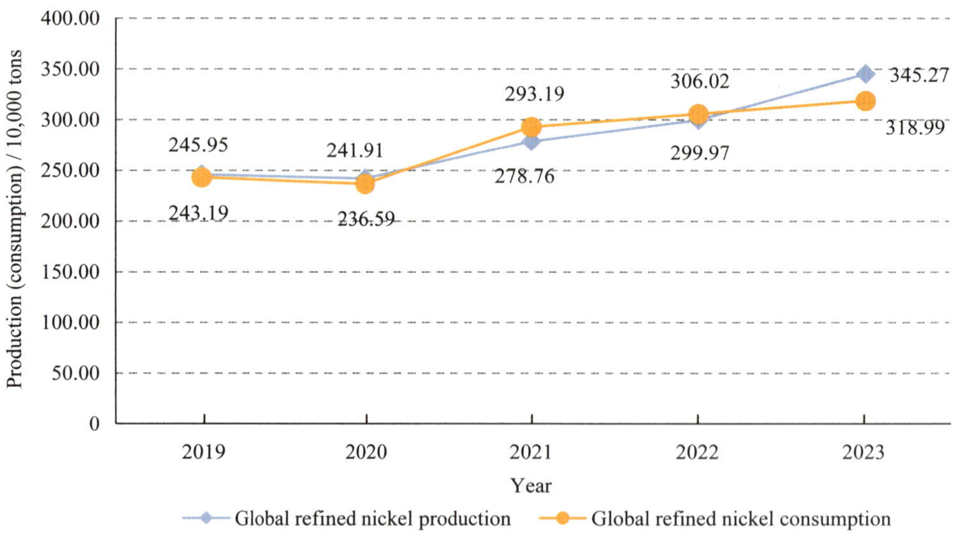

Figure 1–17 Global refined nickel production and consumption in 2019—2023

Source: World Bureau of Metal Statistics, *2023 Metals Balance Report*

(IV) Supply-demand structure of precious metals diverges

1. Gold: demand peaked and then declined, and supply slightly increased, shifting the market from balance to surplus

In 2023, gold demand initially surged but later declined due to reduced gold purchases by central banks, decreased investor buying, and accelerated outflows from gold ETFs (exchange-traded funds). Global gold consumption fell by 5.3% YOY to 4,448.40 tons (Figure 1–18). Jewelry demand saw a slight increase of 0.2% to 2,092.60 tons; however, net investment demand for gold (excluding over-the-counter transactions) dropped sharply to 945.10 tons, a decrease of 17.8%. Central bank gold purchases totaled 1,037.4 tons, down 4.1% from 1,081.90 tons in 2022. The demand for gold in technology declined by 3.7% to 297.80 tons. On the supply side, global gold supply increased by 3.1% YOY, reaching 4,898.80 tons (Figure 1–18), with gold mine production hitting a five-year high of 3,644.40 tons. According to the World Gold Council, in the first quarter of 2024, combined demand from net central bank purchases, jewelry, technology, and over-the-counter trading pushed global gold demand to 1,283.30 tons, a 2.6% YOY increase. Global gold mine production grew by 4.4% YOY to 893.00 tons, setting a new first-quarter production record. Rising gold prices also boosted gold recycling, which increased by 12.5% YOY to 350.80 tons.

2. Silver: supply increased and demand decreased, significantly narrowing the supply-demand gap

In 2023, global silver consumption declined by 6.1% YOY to 36,468.75 tons (Figure 1–19). Silver demand in industrial manufacturing increased by 3.5% to 18,012.50 tons; however, the use of silver in jewelry production dropped by 17.3% to approximately 6,234.38 tons. Investment demand for physical silver (including silver bars and coins) fell by 7.7% to 9,656.25 tons. Global silver supply reached 32,028.13 tons, a 2.0% increase compared to 2022 (Figure 1–19). Of this, mine production contributed 26,315.63 tons, up 2.4% YOY, while recycled silver production increased by 0.3% to 5,659.38 tons. The global supply deficit

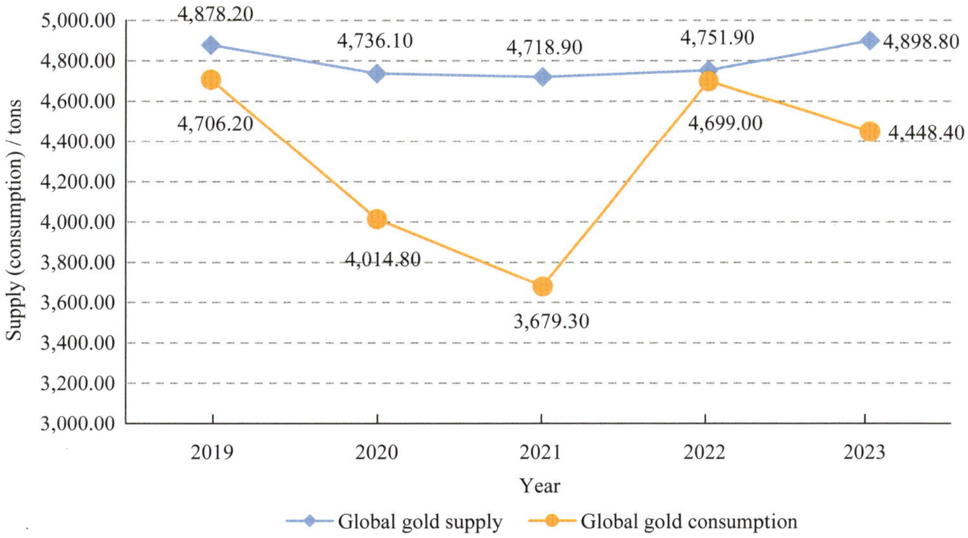

Figure 1–18　Global gold supply and consumption in 2019—2023

Source: World Gold Council

narrowed slightly to 4,440.63 tons. According to The Silver Institute, total silver demand in 2024 is expected to grow by 2%, primarily driven by increased industrial manufacturing, while total supply is projected to decline slightly by 1%. A significant supply-demand gap is anticipated in 2024, estimated at 5,754.95 tons, making it the second-largest market deficit in 20 years.

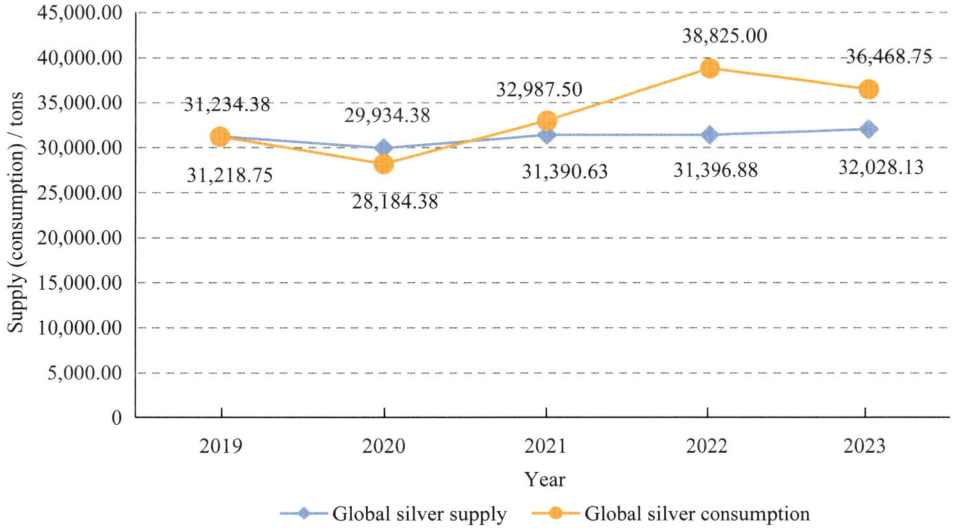

Figure 1–19　Global silver supply and consumption in 2019—2023

Source: The Silver Institute

3. Platinum: supply and demand both decline and supply surplus reduced

In 2023, global platinum consumption totaled 227.45 tons, a sharp increase of 25.9% YOY (Figure 1–20). The largest use of platinum was in automotive catalytic converters, with consumption

reaching 91.03 tons, an increase of 16.2% YOY; industrial consumption rose by 13.4% to 74.45 tons, while jewelry consumption decreased slightly by 1.6% to 52.96 tons. Investment demand for platinum bars (coins), global platinum ETFs, and exchange inventories grew by 1.82 tons, 15.26 tons, and 9.11 tons, respectively, bringing the total net investment demand for platinum to 26.19 tons. The total global platinum supply in 2023 was 203.32 tons, a 2.1% decrease YOY (Figure 1–20). Refined platinum production was 158.87 tons, up by 1.5% YOY, while recycled platinum decreased by 11.7% to 44.14 tons. South Africa, the world's largest platinum producer, saw its production rise by 1.1% YOY to 112.15 tons. In 2023, the global platinum market experienced a supply shortfall of 24.13 tons, transitioning from a surplus to a deficit. According to the World Platinum Investment Council, global platinum consumption in 2024 is expected to decline by 5.4% to 215.09 tons, while total supply is projected to decrease by 0.9% to 201.59 tons, reducing the supply deficit to 13.50 tons, 10.63 tons less than in 2023 (Figure 1–20).

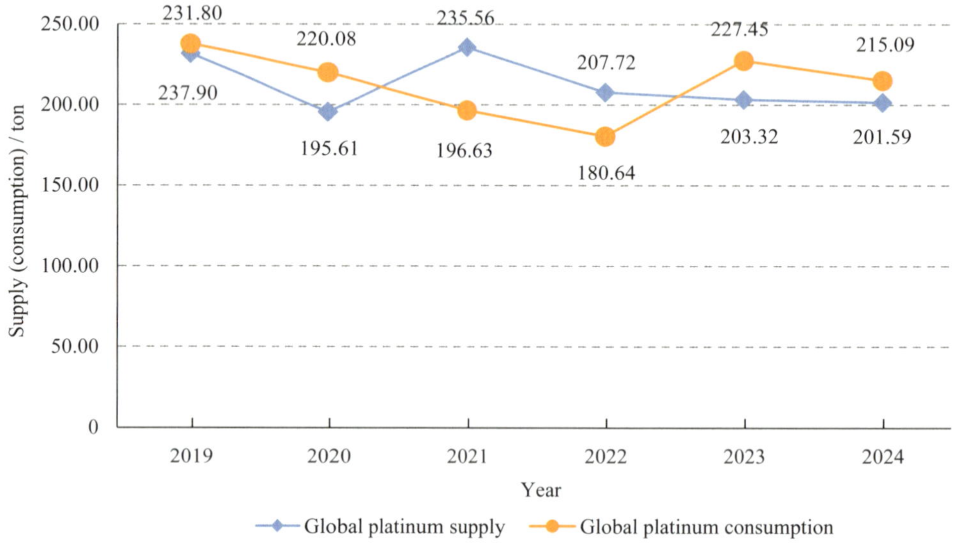

Figure 1–20 Global platinum supply and consumption in 2019—2023 and forecast for 2024

Source: World Platinum Investment Council, *Platinum Quarterly Q1 2024*

(V) Supply and demand for agricultural minerals both decline

1. Potash fertilizer: supply and demand both decrease, widening the supply surplus

In 2022, global potash fertilizer consumption reached 35.5544 million tons (measured in potassium oxide equivalent), representing a 12.2% YOY decline (Figure 1–21). China, Brazil, and the U.S. are the largest consumers of potash fertilizer, accounting for 25.3%, 21.6%, and 12.0% of global consumption, respectively, making up a combined 58.9% of the total. The impact of the Russia-Ukraine conflict in 2022 led to significant decreases in potash consumption in major markets, with China, Brazil, India, and Indonesia experiencing declines of 5.8%, 6.2%, 32.2%, and 20.7%, respectively, amounting to a total reduction of 2.3875 million tons. Global potash production in 2022 was 42.9142 million tons, down by 7.7% YOY. Russia's potash production was heavily affected by the conflict, resulting in a 31.9% decline to 7.2972 million tons. According

to data from Wind and Bloomberg, potash affordability indices have returned to normal levels, with 2023 potash consumption expected to recover by 2.0% to approximately 36.27 million tons. According to the U.S. Geological Survey (USGS), 2023 potash production is estimated to have declined to around 39 million tons❶.

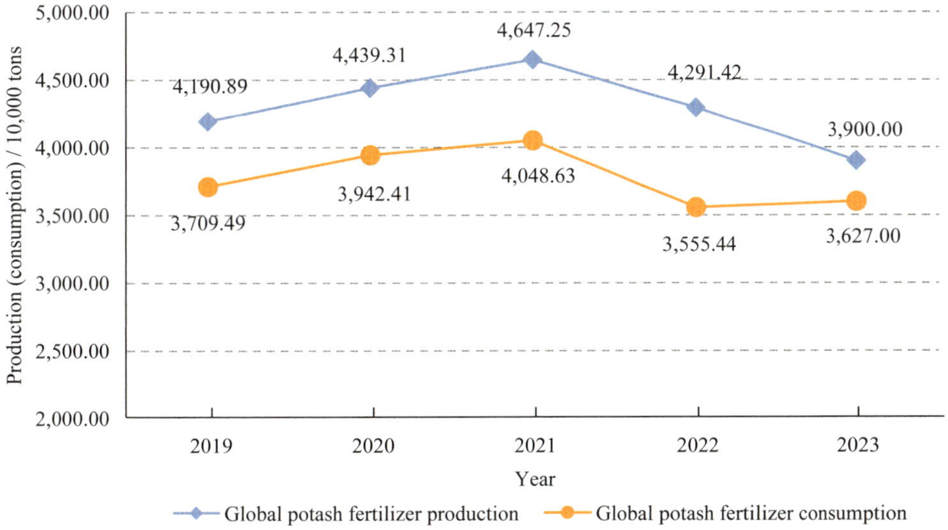

Figure 1-21 Global potash fertilizer production and consumption in 2019—2022 and forecast for 2023

Source: UN Food and Agriculture Organization Statistical Database, USGS

2. Phosphate fertilizer: supply and demand both decrease, widening supply surplus

In 2022, global phosphate fertilizer consumption was 41.9567 million tons (measured in phosphorus pentoxide equivalent), down by 8.1% YOY (Figure 1-22). The top three consumers of phosphate fertilizer were China, India, and Brazil, accounting for 23.1%, 18.9%, and 13.7% of global consumption, respectively, making up a combined 55.7% of the total. In 2022, among the major phosphate fertilizer-consuming countries, only India saw a slight increase in consumption, while other countries experienced varying degrees of decline. Global phosphate fertilizer production in 2022 was 46.1109 million tons, down slightly by 5.2% YOY. China, the largest producer of phosphate fertilizer, saw a significant decrease in production, dropping from 15.9133 million tons to 12.8989 million tons, a YOY decline of 18.9%. The International Fertilizer Association estimates that both phosphate fertilizer production and consumption will see a recovery in 2023, with projected increases of 1.0% and 3.8%, respectively. The Mosaic Company forecasts that global phosphate fertilizer shipments will grow by approximately 1.7% annually through 2025.

III. Divergence in trade structures of major global mineral commodities

(I) Overall trade volume of energy minerals declines

1. Global trade volume of crude oil decreases, with exports concentrated among a few countries

In 2023, global crude oil trade volume reached 2.127 billion tons, a YOY decrease of 9.4%. This

❶ As of the publication of this book, global potash and phosphate fertilizer production and consumption data for 2023 have not yet been released.

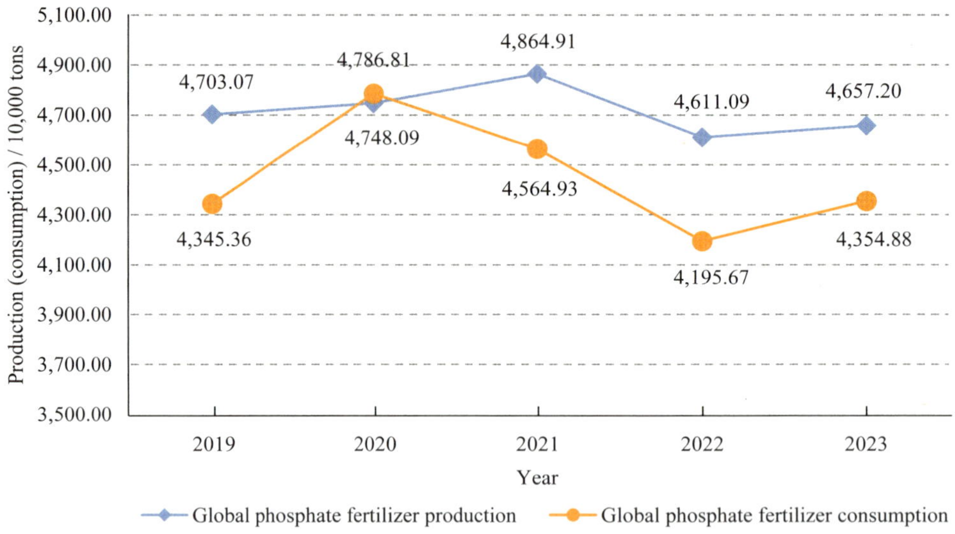

Figure 1–22 Global phosphate fertilizer production and consumption in 2019—2022 and forecast for 2023

Source: UN Food and Agriculture Organization Statistical Database, International Fertilizer Association

decline was primarily due to several OPEC+ countries implementing oil production cuts to maintain stable international oil prices. The top five global crude oil exporters were Saudi Arabia, Russia, Canada, the U.S., and Iraq, accounting for 16.4%, 11.3%, 9.7%, 8.7%, and 8.7% of global exports, respectively (Table 1–10). Among these, Saudi Arabia, Russia, and Iraq saw their exports decrease by 19 million tons, 22 million tons, and 7 million tons, respectively, compared to 2021 levels.

The top five global crude oil importers (regions) were China, the EU, the U.S., India, and Japan, representing 26.5%, 20.5%, 15.2%, 10.9%, and 5.9% of global imports, respectively (Table 1–10). Notably, the EU and Japan reduced their imports by 56 million tons and 52 million tons, respectively, compared to 2021. China remained the world's largest crude oil importer, sourcing mainly from Russia (19.0%) and Saudi Arabia (15.2%), with its total imports increasing by 56 million tons from 2021, including a 21 million ton increase from Russia. In the first four months of 2024, global crude oil trade volume stood at 600 million tons.

Table 1–10 Top five global crude oil trading countries (regions) in 2023 and their trade volumes

Exports / 100 million tons	Saudi Arabia	Russia	Canada	U.S.	Iraq
	3.49	2.41	2.07	1.85	1.84
Imports / 100 million tons	China	EU	U.S.	India	Japan
	5.64	4.37	3.24	2.31	1.26

Source: Energy Institute.

2. Global trade volume of natural gas declines, with PNG trade decreasing and LNG trade continuing growing

In 2023, the global natural gas trade volume reached 1.23 trillion cubic meters, a YOY decrease of

3.0%. Among this, liquefied natural gas (LNG) trade volume was 549.2 billion cubic meters, accounting for 45% of the total (Table 1–11), marking a 1.3% increase YOY. On the other hand, pipeline natural gas (PNG) trade volume was 677.0 billion cubic meters, representing 55% of the total (Table 1–12), which is a 5.8% decrease YOY. The U.S. surpassed Qatar and Australia for the first time to become the world's largest LNG exporter. Specifically, U.S. LNG exports to Europe reached 76.2 billion cubic meters, a 5.7% increase YOY, though the growth rate significantly slowed compared to 2022. Exports to Asia increased to 29.3 billion cubic meters, up 21.6% YOY, showing a notable acceleration in growth. Russia's PNG exports to Europe totaled 49.8 billion cubic meters, down by 41.7% YOY. In the first four months of 2024, global natural gas trade volume stood at 373.8 billion cubic meters, with LNG trade accounting for 133.5 billion cubic meters (36%) and PNG trade accounting for 240.3 billion cubic meters (64%).

Table 1–11 Top five global LNG trading countries (regions) in 2023 and their trade volumes

Exports / 100 million cubic meters	U.S.	Qatar	Australia	Russia	Malaysia
	1,144	1,084	1,074	427	363
Imports / 100 million cubic meters	China	Japan	R.O. Korea	India	France
	978	903	606	310	307

Source: Energy Institute.

Table 1–12 Top five global PNG trading countries (regions) in 2023 and their trade volumes

Exports / 100 million cubic meters	Norway	Russia	U.S.	Canada	Turkmenistan
	1,107	954	891	790	395
Imports / 100 million cubic meters	EU	U.S.	China	Mexico	Canada
	2,691	790	613	611	280

Source: Energy Institute.

In 2023, European LNG imports declined from their previous peak, while Asian LNG imports began to recover. The drop in European imports, down to 169.1 billion cubic meters (a 0.7% YOY decrease), was driven by weakened economic conditions, sluggish manufacturing, and high inventory levels. Conversely, LNG imports in Asia saw a steady recovery, with total imports reaching 352.5 billion cubic meters, a 1.3% YOY increase, although still below 2021 levels. China surpassed Japan to become the world's largest LNG importer, accounting for 17.8% of global imports, with a YOY increase of 4.9%. Notably, LNG imports from Australia, Qatar, and Malaysia decreased, while imports from Russia and the U.S. increased by 4.9 billion cubic meters and 1.7 billion cubic meters, respectively.

3. Global trade volume of coal rises, with China's imports reaching historic highs

In 2023, global coal trade volume reached 35.43 exajoules, a 9.0% YOY increase, marking the highest level since 2018. The top five exporters were Indonesia, Australia, Russia, the U.S., and Mongolia, contributing 28.2%, 25.4%, 15.2%, 7.0%, and 5.5% of global coal exports, respectively. Together, these five countries accounted for 81.3% of global coal exports (Table 1–13). Indonesia and Australia led the

growth, with their exports increasing by 8.8% and 7.3% YOY.

China maintained its position as the world's largest coal importer, accounting for 28.7% of global trade volume, with imports nearly doubling YOY. China increased coal imports from Indonesia, Russia, Mongolia, and Australia by 82 million tons, 96 million tons, 105 million tons, and 128 million tons, respectively. In contrast, the EU saw a 26.9% decline in coal imports, reaching the lowest level since 2000. In the first four months of 2024, global coal trade volume stood at 360 million tons.

Table 1-13 Top five global coal trading countries (regions) in 2023 and their trade volumes

Exports / Exajoules	Indonesia	Australia	Russia	U.S.	Mongolia
	10.00	9.00	5.39	2.47	1.96
Imports / Exajoules	China	India	Japan	EU	R.O. Korea
	10.16	5.35	4.39	3.56	3.19

Source: Energy Institute.

(II) Trade volume of bulk solid minerals increases

1. Global trade volume of iron ore rises amid a decline in average prices

In 2023, the continued impact of global monetary tightening led to a decrease in commodity prices when measured in U.S. dollars. The average price of iron ore in 2023 was USD 119.46 per ton, a slight decline of 0.5% YOY. This price reduction spurred demand growth, leading to an increase in global iron ore trade volume, which reached 1.563 billion tons, up by 3.25% YOY. Australia and Brazil, the two largest exporters of iron ore, saw their exports increase by 0.6% and 7.0%, respectively. This growth can be attributed to milder weather conditions affecting shipments less than in previous years, improved operational efficiency at various mines, and additional output from new projects in Australia as they reached full production capacity. Additionally, higher iron ore prices in the second half of the year incentivized increased production and exports from other countries. China remained the largest importer of iron ore, accounting for 75.5% of global imports (Table 1-14). In the first four months of 2024, the global iron ore trade volume was 480 million tons.

Table 1-14 Top five global iron ore trading countries in 2023 and their trade volumes

Exports / 100 million tons	Australia	Brazil	South Africa	Canada	India
	9.37	3.78	0.60	0.58	0.40
Imports / 100 million tons	China	Japan	R.O. Korea	Germany	Egypt
	11.80	1.02	0.65	0.36	0.10

Source: UN Comtrade.

2. Global trade in copper ore and concentrates increases, driven mainly by China

In 2023, global trade in copper ore and concentrates reached 41.28 million tons, an 11% increase YOY. Chile remained the world's largest exporter of copper ore and concentrates, contributing 31% of

global exports, followed by Peru with 19%. The top five exporting countries accounted for 66% of total global exports. China was the largest importer, absorbing 67% of the global copper ore trade (Table 1–15). In the first four months of 2024, the global copper ore trade volume was 12.96 million tons.

Table 1–15 Top five global copper ore trading countries in 2023 and their trade volumes

Exports / 10,000 tons	Chile	Peru	Mexico	Kazakhstan	Australia
	1,300	800	273	200	140
Imports / 10,000 tons	China	Japan	R.O. Korea	Germany	Spain
	2,753	480	250	123	115

Source: UN Comtrade.

3. Global trade volume of Bauxite rises, driven mainly by China

In 2023, the global trade volume of bauxite reached 170 million tons, marking a 13% YOY increase. China remained the world's largest importer of bauxite (Table 1–16), accounting for 83% of the total global imports, which also reflected a 13% YOY growth. In June 2023, Indonesia implemented a bauxite export ban, aiming to encourage domestic processing, attract foreign investment, create local employment opportunities, and promote the development of smelting and downstream industries. Consequently, some countries may seek to diversify their import sources globally, increasing their bauxite imports from Guinea and Australia. From January to April 2024, the global trade volume of bauxite was approximately 60 million tons, showing a 13% YOY increase.

Table 1–16 Top five global bauxite trading countries and their trade volumes in 2023

Exports / 10,000 tons	Guinea	Australia	Turkey	Ghana	Malaysia
	12,659	3,747	264	174	56
Imports / 10,000 tons	China	India	Canada	Ireland	U.S.
	14,124	400	383	343	337

Source: UN Comtrade.

(III) Overall trade volume of strategic emerging minerals increases

1. Global trade volume of lithium carbonate surges, and China nearly doubles imports from Chile

In 2023, the global trade volume of lithium carbonate reached 276,200 tons, a 9% YOY increase. Chile and Argentina were the leading exporters of lithium carbonate, accounting for 79% and 11% of the global exports, respectively, followed by China, with a 3% share. China was the world's largest importer of lithium carbonate, holding 58% of the total global imports (Table 1–17). From January to April 2024, the global trade volume of lithium carbonate was approximately 100,000 tons.

2. Global trade volume of cobalt ore and concentrates declines

In 2023, the global trade volume of cobalt ore was approximately 25,000 tons, reflecting a YOY decline of 20.6%. The D.R. Congo accounted for 80% of the global cobalt ore exports, while China was

Table 1–17 Top five global lithium carbonate trading countries and their trade volumes in 2023

Exports / 10,000 tons	Chile	Argentina	China	Netherlands	U.S.
	21.8	2.95	0.96	0.55	0.44
Imports / 10,000 tons	China	R.O. Korea	Japan	U.S.	Netherlands
	16	4.5	1.92	1.62	0.46

Source: UN Comtrade.

the world's largest importer, with imports comprising 75% of the total global imports (Table 1–18). From January to April 2024, the global trade volume of cobalt ore was around 4,000 tons.

Table 1–18 Top five global cobalt ore trading countries and their trade volumes in 2023

Exports / ton	D.R. Congo	Italy	Malaysia	Zambia	Germany
	20,000	1,961	1,438	342	43
Imports / ton	China	Finland	Malaysia	Italy	Germany
	18,651	1,784	592	311	44

Source: UN Comtrade.

3. Global trade volume of nickel ore and concentrates rises, driven by increased output and exports from the Philippines

In 2023, the global trade volume of nickel ore reached 46.09 million tons, a 6% YOY increase. The Philippines dominated the global market, with its exports accounting for 87% of the total global exports. China remained the world's largest importer, with 96% of the total global imports (Table 1–19). From January to April 2024, the global trade volume of nickel ore was approximately 7 million tons, with the Philippines' share of exports decreasing to 74%.

Table 1–19 Top five global nickel ore trading countries and their trade volumes in 2023

Exports / 10,000 tons	Philippines	Guatemala	Zimbabwe	Brazil	U.S.
	4,026.00	92.18	18.00	11.13	7.42
Imports / 10,000 tons	China	Japan	North Macedonia	Finland	Canada
	4,439.00	112.00	24.00	12.00	11.00

Source: UN Comtrade.

(IV) Overall trade volume of precious metal minerals declines

1. Global trade volume of gold decreases, while Switzerland maintains high trade activity

In 2023, the global trade volume of gold totaled 9,808.17 tons, marking an overall YOY decline of 7.7%. Switzerland is the largest gold exporter and the second largest gold importer, with exports and imports accounting for 15.9% and 24.3%, respectively (Table 1–20). In the first half of 2024, the global gold trade volume reached 2,652.36 tons, a YOY decrease of 44.9%.

Table 1–20 Top five global gold trading countries and their trade volumes in 2023

Exports / ton	Switzerland	U.K.	United Arab Emirates	China	U.S.
	1,564	1,055	862	711	418
Imports / ton	China	Switzerland	United Arab Emirates	U.K.	India
	2,451	2,387	1,266	770	744

Source: UN Comtrade.

2. Global trade volume of silver declines, while China leads both imports and exports

In 2023, the global trade volume of silver reached 35,189.88 tons, reflecting a 4.8% decrease compared to 2022. China is both the world's largest exporter and importer of gold, with export and import volumes accounting for 29.8% and 20.9%, respectively (Table 1–21). In the first half of 2024, the global silver trade volume totaled 20,100 tons, representing a YOY decrease of 5.6%.

Table 1–21 Top five global silver trading countries and their trade volumes in 2023

Exports / ton	China	Japan	Germany	Switzerland	Poland
	10,450	6,065	2,718	2,089	1,963
Imports / ton	China	Malaysia	India	Canada	Japan
	7,322	6,282	3,625	3,014	1,781

Source: UN Comtrade.

3. Global trade volume of platinum increases substantially, while China maintains high trade activity

In 2023, the global trade volume of platinum was 955.25 tons, marking an overall YOY increase of 12.7%. China is the largest gold exporter and the second largest gold importer, with exports and imports accounting for 29.0% and 11.7%, respectively (Table 1–22). In the first half of 2024, the global trade volume totaled 425.46 tons, showing a YOY decrease of 16.8%.

Table 1–22 Top five global platinum trading countries and their trade volumes in 2023

Exports / ton	U.K.	China	U.S.	Germany	Italy
	145	112	101	71	70
Imports / ton	China	U.S.	U.K.	Germany	Japan
	277	159	119	110	106

Source: UN Comtrade.

(V) Agricultural mineral trade: potash rises and phosphate declines

1. Global trade volume of potash increases, with structure remaining relatively stable

In 2023, the global trade volume of potash reached 74.27 million tons, a 2.4% increase compared to 2022. Canada emerged as the world's largest exporter of potash, with exports totaling 22.79 million tons. Brazil was the largest importer, while China ranked third, with potash imports reaching 11.73 million tons in 2023 (Table 1–23).

Table 1–23 Top five global potash trading countries and their trade volumes in 2023

Exports / 10,000 tons	Canada	Germany	U.S.	China	Spain
	2,279	328	296	51	44
Imports / 10,000 tons	Brazil	U.S.	China	Belgium	Poland
	1,344	1,185	1,173	82	56

Source: UN Comtrade.

2. Global trade volume of phosphate rock declines, concentrated among a few countries

In 2023, the global trade volume of phosphate rock reached 25.5 million tons, a 17.9% decrease compared to the previous year. Morocco emerged as the largest exporter, with phosphate rock exports totaling 4.57 million tons, while India was the largest importer, with imports reaching 9.40 million tons (Table 1–24).

Table 1–24 Top five global phosphate rock trading countries and their trade volumes in 2023

Exports / 10,000 tons	Morocco	Jordan	Togo	Kazakhstan	Netherlands
	457	456	167	54	41
Imports / 10,000 tons	India	U.S.	Brazil	Turkey	Belgium
	940	260	149	73	72

Source: UN Comtrade.

IV. China's continuous and new contributions to the global mining market

(I) Energy mineral production remains stable with increases in imports and consumption

In 2023, the production, import, and consumption of energy minerals all see varying degrees of growth, with coal continuing dominating in terms of both production and consumption, while oil and gas also ranked high. In 2023, domestic coal production steadily increased, reaching a record high of 4.66 billion tons, up 2.9% YOY, accounting for 54.3% of global production. China's coal imports surged dramatically, setting a new historical record with 470 million tons, representing a 62.1% YOY increase and 33.9% of global imports. The total value of coal imports amounted to USD 53 billion, reflecting a 24% increase. Annual coal consumption reached 3.16 billion tons, up 5.6% YOY, accounting for 37.6% of global consumption (Table 1–25; Figure 1–23). From January to June 2024, domestic raw coal production totaled 2.27 billion tons, a 1.7% YOY decrease, while coal imports remained at high levels, albeit with a slower growth rate, totaling 250 million tons, a 12.5% YOY increase.

Table 1–25 China's energy mineral production, imports, and apparent consumption in 2023

Mineral products	Production	Unit	Growth rate / %	Imports	Unit	Growth rate / %	Apparent consumption	Unit	Growth rate / %
Coal	46.60	100 million tons	2.9	4.70	100 million tons	62.1	31.60	100 million tons	5.6
Oil	2.09	100 million tons	2.0	5.64	100 million tons	11.0	7.38	100 million tons	9.2
Natural gas	2,297.00	100 million cubic meters	5.8	1,672.29	100 million cubic meters	9.9	3,946.40	100 million cubic meters	7.2

Source: National Bureau of Statistics, General Administration of Customs of the People's Republic of China (hereinafter referred to as the General Administration of Customs).

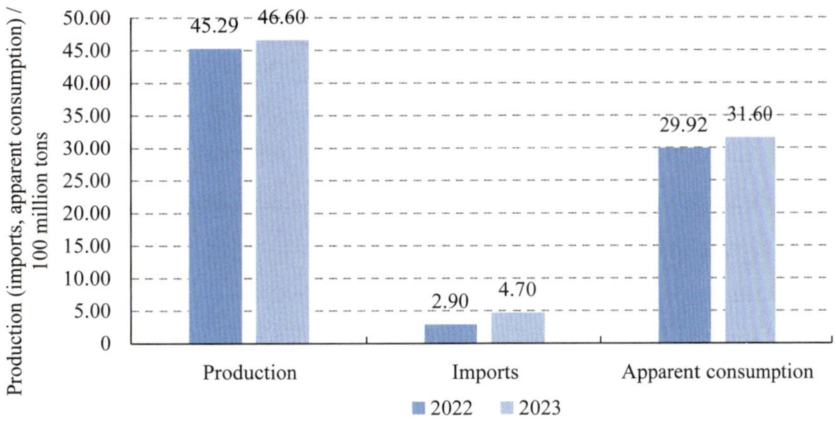

Figure 1−23　China's coal production, imports, and apparent consumption in 2022—2023

Source: National Bureau of Statistics, General Administration of Customs of the People's Republic of China (here in after referred to as the General Administration of Customs)

In 2023, domestic oil and gas production maintained steady growth. According to data from the National Bureau of Statistics, domestic crude oil production remained stable above 200 million tons for the second consecutive year, with a cumulative output of 209 million tons, representing a 2.0% YOY increase and accounting for 4.6% of global production; natural gas production reached 229.7 billion cubic meters, reflecting a 5.8% YOY increase and accounting for 18.0% of global production. There were new developments in oil and gas imports. Following a decline in 2022, both oil and gas imports rebounded. Crude oil imports totaled 564 million tons, an 11.0% YOY increase, primarily sourced from Russia (19.0%) and Saudi Arabia (15.0%); natural gas imports reached 167.229 billion cubic meters, marking a 9.9% YOY increase. Overall demand for oil and gas increased, with apparent consumption growth rates recovering. Apparent oil consumption stood at 738 million tons, a 9.2% YOY increase, accounting for 16.3% of global consumption, while apparent natural gas consumption reached 394.64 billion cubic meters, a 7.2% YOY increase, accounting for 10.4% of global consumption (Table 1−25; Figures 1−24, 1−25). From January to June 2024, crude oil production by large-scale industrial enterprises reached 107 million tons, a 1.9% YOY

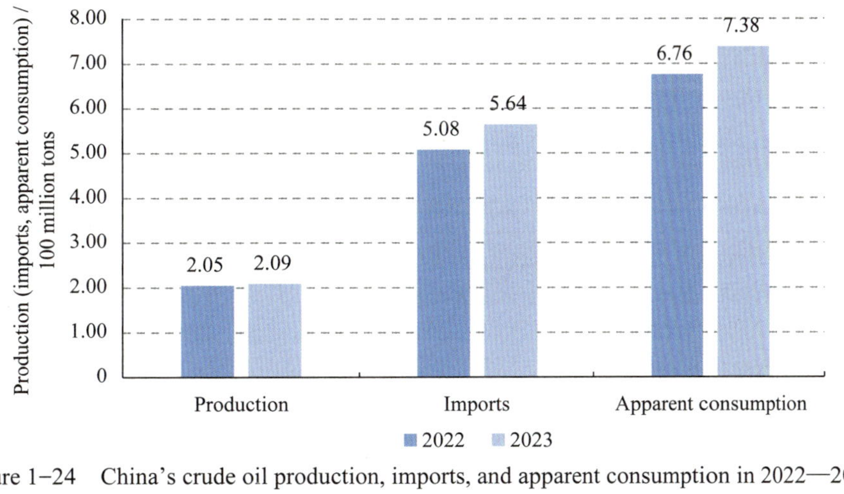

Figure 1−24　China's crude oil production, imports, and apparent consumption in 2022—2023

Source: National Bureau of Statistics, General Administration of Customs

increase; crude oil imports saw a slight decline, with a cumulative total of 275 million tons, a 2.3% YOY decrease. Domestic natural gas production maintained stable growth, totaling 123.6 billion cubic meters, a 6.0% YOY increase; natural gas imports showed a significant increase, totaling 89.217 billion cubic meters, a 14.3% YOY increase. The apparent consumption of natural gas across the country exceeded expectations, reaching 211.418 billion cubic meters, an 8.3% YOY increase.

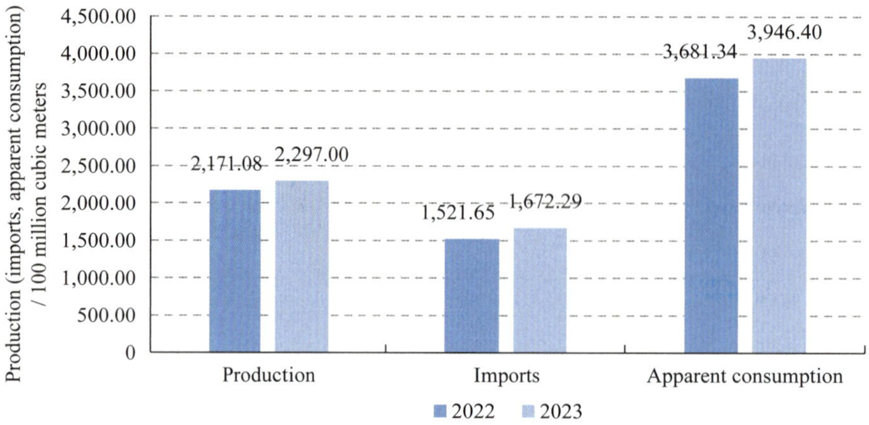

Figure 1–25 China's natural gas production, imports, and apparent consumption in 2022—2023

Source: National Bureau of Statistics, General Administration of Customs

(II) Bulk solid mineral consumption diverges, with high growth in copper and aluminum production

Among bulk solid minerals, the production and consumption of copper and aluminum steading increased, while the production and consumption of steel showed differentiation, and the consumption of steel entered a downward trend. China continued leading globally in the production and consumption of iron, copper, and aluminum, with these metals accounting for over 50% of global output. In 2023, China's steel production was approximately 1.019 billion tons, a 0.6% YOY increase, representing 55.1% of global production. China remained the world's largest importer of iron ore, with imports totaling 1.18 billion tons for the year, a 6.6% increase, constituting 75.0% of global imports. Notably, iron ore imports from India surged by 259.2% to 36.532 million tons, marking the most significant increase. Steel demand, however, contracted, with apparent steel consumption at approximately 890 million tons, a 3.3% decline YOY, accounting for 50.5% of global consumption (Table 1–26; Figure 1–26). From January to June 2024, China's steel production totaled 531 million tons, a 1.1% YOY decrease, with daily steel output at relatively low levels. Iron ore imports reached 611 million tons, a 6.2% YOY increase, while apparent steel consumption was approximately 478 million tons, a 3.3% YOY decline, indicating that demand fell more sharply than production.

In 2023, China significantly increased its refined copper production. According to the National Bureau of Statistics, China's refined copper production reached approximately 12.988 million tons, a 13.5% YOY increase, accounting for 51.8% of global production. China continued being the world's largest importer of

Table 1-26 China's bulk solid mineral production, imports, and apparent consumption in 2023

Mineral products	Production	Unit	Growth rate / %	Imports	Unit	Growth rate / %	Apparent consumption	Unit	Growth rate / %
Steel	10.19	100 million tons	0.6	11.80 (iron ore)	100 million tons	6.6	8.90 (steel products)	100 million tons	−3.3
Copper	1,298.80	10,000 tons	13.5	2,753.40	10,000 tons	9.1	1,498.00	10,000 tons	7.0
Aluminum	4,159.40	10,000 tons	3.7	14,128.50	10,000 tons	12.9	4,112.00	10,000 tons	1.1

Source: National Bureau of Statistics, General Administration of Customs.

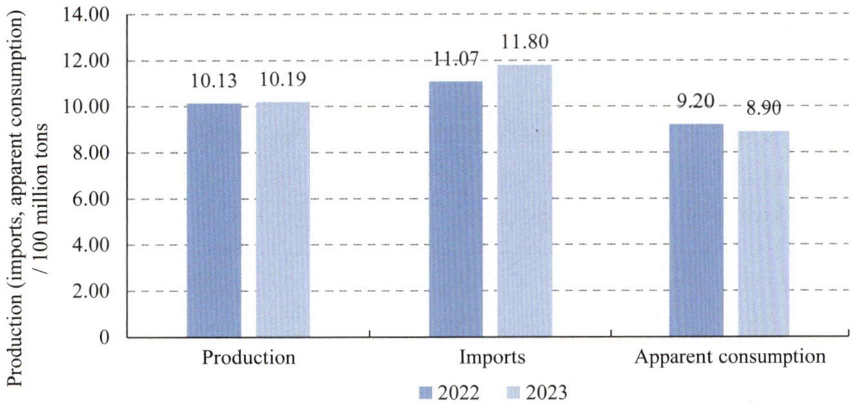

Figure 1-26 China's steel production, imports, and apparent consumption in 2022—2023

Source: National Bureau of Statistics, General Administration of Customs

copper, with customs data indicating that copper ore imports totaled 27.534 million tons in 2023, a 9.1% YOY increase, representing 67.0% of global imports. The majority of these imports were sourced from Chile (31.0%) and Peru (26.0%). The apparent consumption of refined copper outperformed expectations, reaching 14.980 million tons, a 7.0% YOY increase, accounting for 55.6% of global consumption (Table 1-26; Figure 1-27). From January to June 2024, domestic production of copper concentrate reached 6.672 million tons, a notable 7.0% YOY increase. Cumulative imports of copper ore and its concentrates totaled 13.90 million tons, a 3.7%

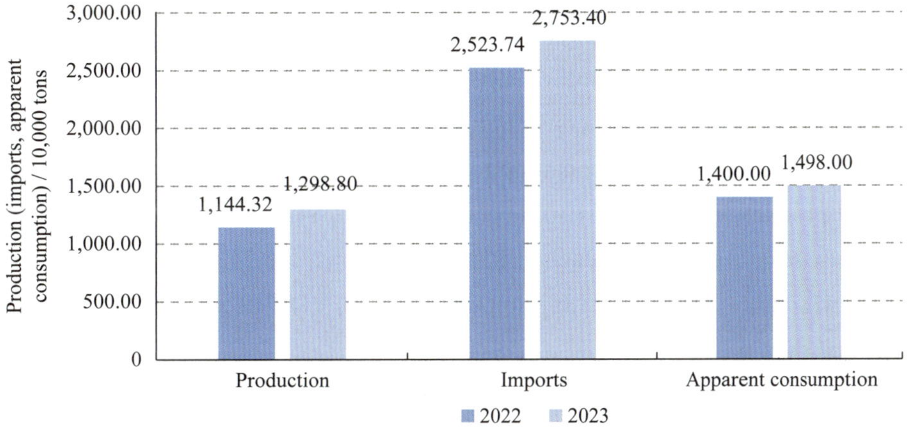

Figure 1-27 China's copper production, imports, and apparent consumption in 2022—2023

Source: National Bureau of Statistics, General Administration of Customs

YOY increase, while apparent consumption of refined copper reached 7.4743 million tons, a 6.5% YOY increase.

According to data from the National Bureau of Statistics, China's electrolytic aluminum production reached 41.594 million tons in 2023, representing a 3.7% YOY increase and accounting for 58.6% of global output. China, the world's largest importer of bauxite, saw bauxite imports reach approximately 141.285 million tons in 2023, an all-time high, reflecting a 12.9% YOY increase and comprising 83.0% of global imports. Notably, 70.0% and 25.0% of these imports originated from Guinea and Australia, respectively, while bauxite imports from Indonesia (18.930 million tons, 15.0%) saw a significant decline, dropping by 90.0% YOY. Domestic aluminum consumption continued expanding in 2023, with electrolytic aluminum consumption reaching approximately 41.120 million tons, a 1.1% YOY increase, representing 59.9% of global consumption (Table 1–26; Figure 1–28). From January to June 2024, domestic electrolytic aluminum production reached 21.552 million metric tons, a 9.5% YOY increase. The cumulative imports of bauxite and its concentrates was 77.35 million tons, reflecting a 7.4% YOY increase, while electrolytic aluminum consumption reached 21.8021 million tons, an 8.2% YOY increase.

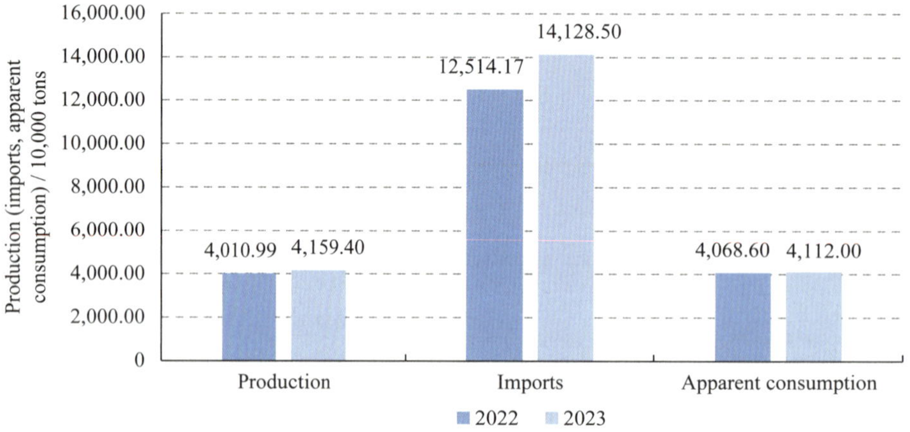

Figure 1–28 China's aluminum production, imports, and apparent consumption in 2022—2023

Source: National Bureau of Statistics, General Administration of Customs

(III) Strategic emerging minerals show strong demand and significant production growth

In 2023, strategic emerging minerals such as lithium and nickel experienced substantial growth, while cobalt production increased, albeit with varying degrees of reduction in consumption and imports. China maintained its position as the world's largest consumer. Demand for strategic emerging minerals remained robust, with domestic lithium carbonate production reaching 517,900 tons, a 31.1% YOY increase, accounting for 43.7% of global production; lithium carbonate imports totaled 158,700 tons, a 16.7% YOY increase, representing 58.0% of global imports, with 87.0% sourced from Chile and 12.0% from Argentina. Apparent consumption of lithium phosphate reached 595,000 tons, a 33.9% YOY increase, accounting for 57.8% of global consumption (Table 1–27; Figure 1–29). According to SMM data, in the first half of 2024, domestic lithium carbonate production showed a marked increase, totaling 298,500 tons,

a 46.7% YOY increase; lithium carbonate imports reached 86,800 tons, a 43.7% YOY increase, while apparent consumption totaled 230,500 tons.

Table 1–27 China's strategic emerging mineral production, imports, and apparent consumption in 2023

Mineral products	Production	Unit	Growth rate / %	Imports	Unit	Growth rate / %	Apparent consumption	Unit	Growth rate / %
Lithium	51.79 (lithium carbonate)	10,000 tons	31.1	15.87 (lithium carbonate)	10,000 tons	16.7	59.50 (lithium carbonate)	10,000 tons	33.9
Cobalt	22,117.00	ton	140.6	16,776.85	ton	−36.2	110,000.00	ton	−4.7
Nickel	24.35	10,000 tons	40.0	4,439.01	10,000 tons	11.5	173.70	10,000 tons	7.1

Source: National Bureau of Statistics, General Administration of Customs, Mysteel.

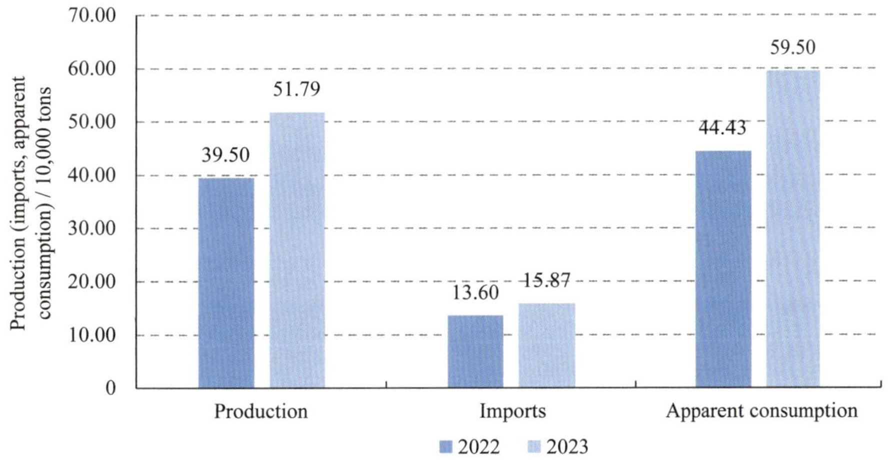

Figure 1–29 China's lithium production, imports, and apparent consumption in 2022—2023

Source: National Bureau of Statistics, General Administration of Customs

With the rapid growth in cobalt raw material production and the rapid expansion of corporate output, China's electrolytic cobalt production reached 22,117 tons in 2023, representing a 140.6% YOY increase and accounting for 9.6% of global production. China remained the world's largest importer of cobalt ores, with imports of cobalt ores and concentrates totaling 16,776.85 tons, a 36.2% YOY decrease, accounting for 75.0% of global imports. Apparent consumption of cobalt continued declining, with market consuming 110,000 tons, a 4.7% YOY decrease, representing 51.2% of global consumption, of which 87.2% was used in the lithium battery industry (Table 1–27; Figure 1–30). According to Mysteel statistics, from January to June 2024, China's electrolytic cobalt production totaled 18,274 tons, a 129.4% YOY increase, while cobalt ore and concentrate imports amounted to 881 tons, a sharp 94.0% YOY decrease.

Since 2023, domestic refined nickel production has continued increasing, reaching 243,500 tons, a 40.0% YOY increase, representing 7.1% of global production. Nickel ore and concentrate imports rebounded to 44.3901 million tons, an 11.5% YOY increase, accounting for 96.0% of global imports, with 86.0% of these imports sourced from the Philippines; the total import value was USD 354.50 billion, a

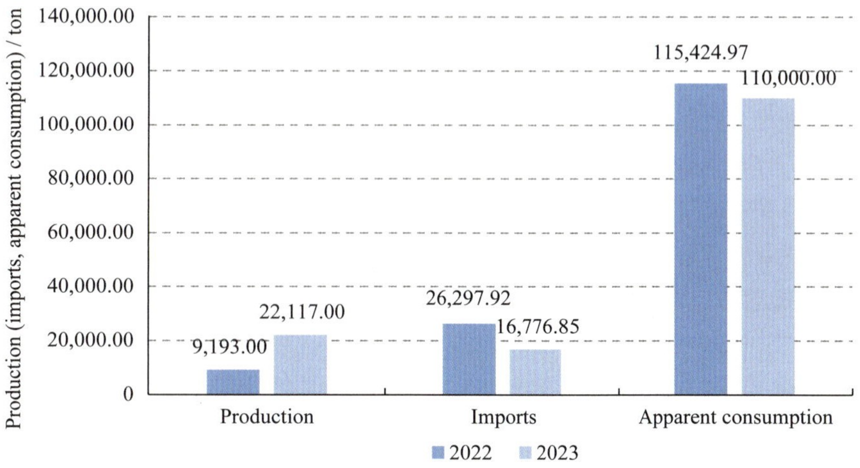

Figure 1–30 China's cobalt production, imports, and apparent consumption in 2022—2023

Source: National Bureau of Statistics, General Administration of Customs

22.0% YOY decrease. Nickel apparent consumption reached 1.737 million tons, a 7.1% YOY increase, representing 54.5% of global consumption (Table 1–27; Figure 1–31). According to Mysteel statistics, from January to June 2024, refined nickel production totaled 148,700 tons, a 38.8% YOY increase; data from the General Administration of Customs indicated that nickel ore and concentrate imports totaled 13.1538 million tons, a 30.1% YOY decrease.

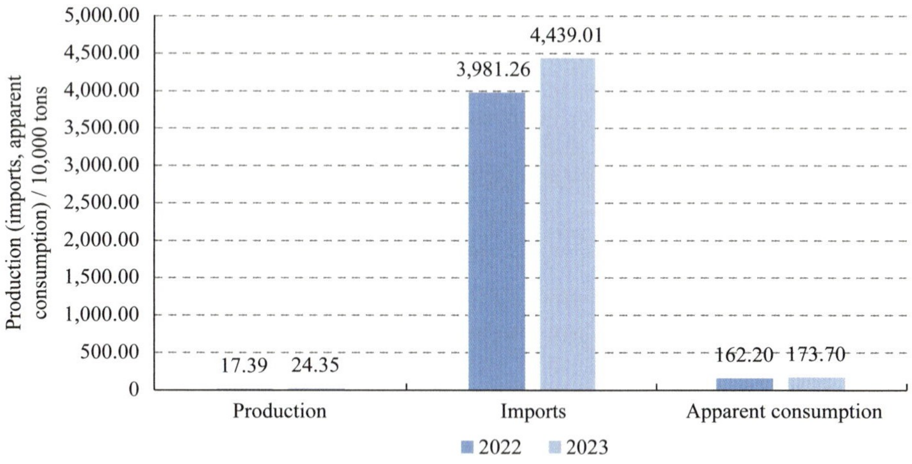

Figure 1–31 China's nickel production, imports, and apparent consumption in 2022—2023

Source: National Bureau of Statistics, General Administration of Customs, Mysteel

(IV) Recovery in precious metal production and consumption, significant reduction in gold imports

According to data from the China Gold Association, domestic raw gold production reached 375.16 tons in 2023, reflecting a 0.8% YOY increase. Of this, 297.26 tons were sourced from mined gold, while 77.90 tons were by-product gold from non-ferrous metals. Additionally, imported raw materials

contributed to the production of 144.13 tons of gold, marking a 14.6% YOY increase. In total, China produced 519.29 tons of gold in 2023, a 4.3% YOY increase, accounting for 10.3% of global production. According to the *China Gold Yearbook 2024*, China's gold imports in 2023 amounted to 712.00 tons, a significant 47.0% YOY decrease. National gold consumption in 2023 reached 1,089.69 tons, up 8.8% YOY, representing 24.5% of global consumption (Table 1–28; Figure 1–32). The first half of 2024 saw continued positive growth in the gold market, with domestic raw gold production reaching 179.63 tons, a 0.6% YOY increase, or 1.04 tons more than the same period in 2023. Of this, 141.50 tons were from mined gold and 38.14 tons from by-product gold from non-ferrous metals. Furthermore, the production of gold from imported raw materials in the first half of 2024 totaled 72.03 tons, up 10.1% YOY. Gold jewelry and bullion coin sales showed divergent trends. In the first half of 2024, gold jewelry consumption in China totaled 270.02 tons, a 26.7% YOY decrease, while bullion and coin consumption reached 213.64 tons, a 46.0% YOY increase. Additionally, industrial and other uses of gold amounted to 40.10 tons, a 0.5% YOY decrease.

Table 1–28 China's precious metal production, imports, and consumption in 2023

Mineral products	Production	Unit	Growth rate / %	Imports	Unit	Growth rate / %	Consumption	Unit	Growth rate / %
Gold	519.29	ton	4.3	712.00	ton	−47.0	1,089.69	ton	8.8
Silver	16,266.47	ton	7.7	1,613,790.60	ton	12.7	9,582.00	ton	2.6

Source: National Bureau of Statistics, General Administration of Customs, China Gold Association, *China Gold Yearbook 2024*.

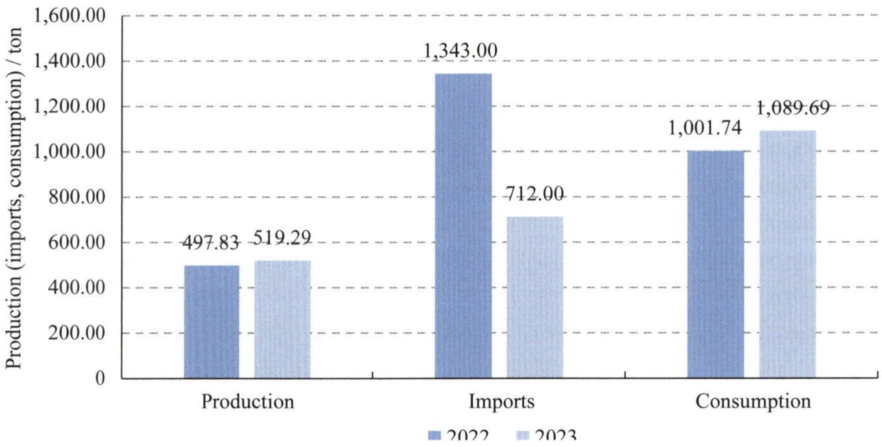

Figure 1–32 China's gold production, imports, and consumption in 2022—2023

Source: National Bureau of Statistics, General Administration of Customs, China Gold Association, *China Gold Yearbook 2024*

In 2023, China's silver production reached 16,266.47 tons, representing a 7.7% YOY increase, and accounting for 50.1% of global output. Of this total, approximately 43.6% of silver ingot production came from lead-associated silver smelters. According to the data from the General Administration of Customs, imports of silver ore and its concentrates amounted to approximately 1,613,790.60 tons in 2023, marking a 12.7% YOY increase. Silver demand is primarily segmented into three categories: industrial manufacturing, jewelry and silverware, and physical investment, with industrial manufacturing accounting for over 50.0%

of total demand. In 2023, driven by the further electrification of vehicles and government initiatives to expand green infrastructure, industrial demand for silver increased, bringing total consumption to 9,582.00 tons, a 2.6% YOY increase, representing 26.3% of global consumption (Table 1–28; Figure 1–33).

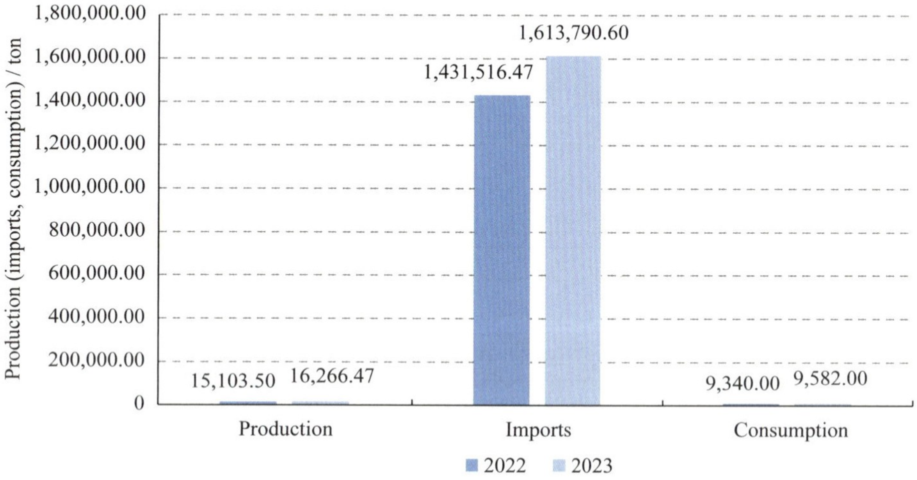

Figure 1–33 China's silver production, imports, and consumption in 2022—2023

Source: National Bureau of Statistics, General Administration of Customs

(V) Agricultural mineral potash and phosphate production output diverges, with surge in imports

In 2023, potash chloride imports reached a record high, while production and consumption showed divergent trends. According to the data from the Salt Lake Information Network, China's potash chloride production was 6.57 million tons in 2023, a 12.3% YOY decrease. Data from the General Administration of Customs indicated that potash chloride imports surged to 11.57 million tons, a 45.8% YOY increase, setting a new historical record. Russia, Belarus, and Canada remained China's primary suppliers, with imports from Laos also seeing a substantial increase of 134.8%. The apparent consumption of potash chloride reached approximately 17.89 million tons, a 16.2% YOY increase (Table 1–29; Figure 1–34). In the first half of 2024, cumulative potash chloride imports totaled 6.432 million tons, reflecting a 23.3% YOY increase, while apparent consumption reached 9.157 million tons, a 13.3% YOY increase.

Table 1–29 China's agricultural mineral production, imports, and apparent consumption in 2023

Mineral products	Production	Unit	Growth rate / %	Imports	Unit	Growth rate / %	Apparent consumption	Unit	Growth rate / %
Potash	657.00	10,000 tons	−12.3	1,157.00	10,000 tons	45.8	1,789.00	10,000 tons	16.2
Phosphate	10,530.88	10,000 tons	0.5	140.69	10,000 tons	4,296.6	10,402.73	10,000 tons	3.7

Source: Salt Lake Information Network, General Administration of Customs, National Bureau of Statistics, OilChem China.

In 2023, Phosphate rock production remained stable, while imports surged approximately 43-fold. According to the data from the National Bureau of Statistics, phosphate rock production in 2023 was

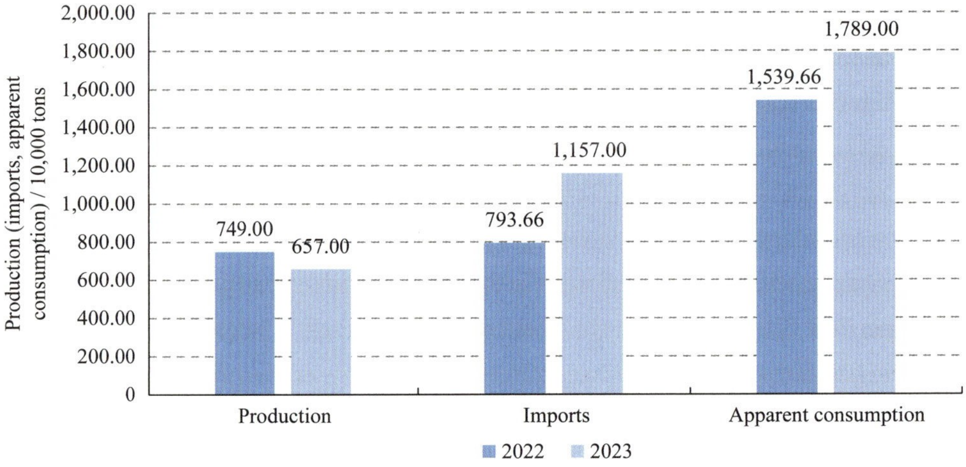

Figure 1–34　China's potash production, imports, and apparent consumption in 2022—2023

Source: Salt Lake Information Network, General Administration of Customs

105.3088 million tons, essentially unchanged YOY. With the concentrated commissioning of new energy projects domestically, the supply of phosphate rock became increasingly tight, leading to sustained high prices. As a result, some downstream enterprises turned to importing phosphate rock, driving a significant increase in imports. Data from the General Administration of Customs indicates that in 2023, phosphate rock imports reached 1.4069 million tons, representing an astonishing 4,296.6% YOY increase. The majority of these imports originated from five countries: Egypt, Jordan, Lebanon, Algeria, and Pakistan, collectively accounting for 99.99% of total imports, with Egypt alone contributing 80.6%. According to OilChem China, the apparent consumption of phosphate rock in China for 2023 totaled 104.0273 million tons, a 3.7% YOY increase (Table 1–29; Figure 1–35). In the first half of 2024, data from the China Business Industry Research Institute's database showed that China's phosphate rock production reached 50.812 million tons, a 4.8% YOY increase; meanwhile, data from the General Administration of Customs revealed that cumulative phosphate rock imports for the same period totaled 986,500 tons, a 29.9% increase compared to the same period last year. Of these, 889,200 tons were unground phosphate rock, and 97,300 tons were ground phosphate rock.

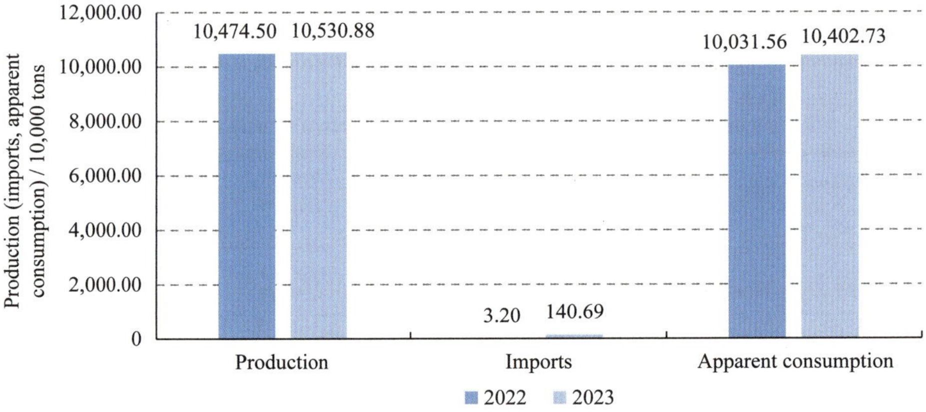

Figure 1–35　China's phosphate production, imports, and apparent consumption in 2022—2023

Source: General Administration of Customs, National Bureau of Statistics, OilChem China

>>> Chapter II

Global Mineral Exploration and Development Trends

In 2023, the global exploration budget for major solid minerals experienced a decline after reaching a high point, decreasing by 1.8% YOY to USD 12.76 billion. This marks the first drop since 2020 (Figure 2–1). Gold and copper exploration continued dominating, with rapid growth in lithium exploration investment; regionally, exploration budgets increasingly focused on Latin America, while Canada and Australia saw a decline; in terms of exploration phases, investments remained concentrated in detailed exploration and mine exploration stages; regarding funding sources, major mining companies continued dominating global solid mineral exploration funding, with the risk exploration market remaining active.

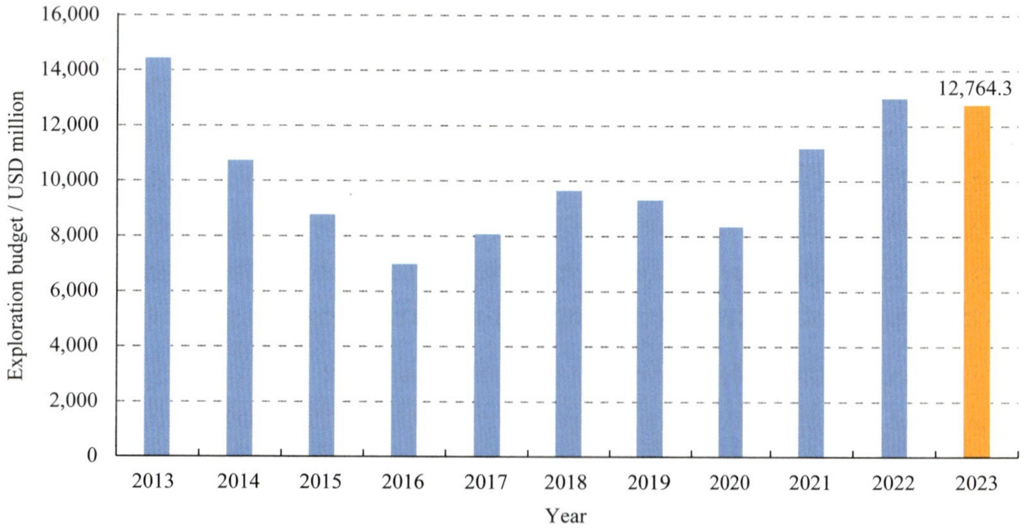

Figure 2–1 Changes in global exploration budget for major solid minerals in 2013—2023

Source: S&P Global Market Intelligence

In 2023, global solid mineral drilling activities saw a sharp reduction, with the number of drilling projects and drill holes decreasing by 23.7% and 23.5% YOY, respectively. The number of precious

metals drilling projects declined, while projects for bulk solid minerals and strategic emerging minerals increased. The concentration of mineral types in drilling projects for solid minerals decreased, with gold's share falling but remaining dominant. The share of gold and silver projects decreased by 8.3% and 1.7% respectively compared to 2022. Conversely, the number of drilling projects for bulk minerals and strategic emerging minerals increased, with their shares rising by 1.5% and 9.1% compared to 2022.

In 2023, global energy mineral reserves saw a slight overall increase, with a significant rise in strategic emerging mineral reserves, minor adjustments in bulk solid mineral reserves, a considerable increase in precious metal reserves, and a modest growth in agricultural mineral reserves. Specifically, oil and natural gas reserves increased by 0.5% and 0.7% YOY, respectively. Iron ore and copper reserves increased by 5.6% and 12.4% YOY, respectively. Bauxite reserves decreased by 3.2%. Lithium, cobalt, and nickel reserves increased by 7.1%, 32.5%, and 30.0% YOY, respectively. Gold, silver, and platinum reserves grew by 13.5%, 10.9%, and 1.4% YOY, respectively. Potash and phosphate reserves increased by 9.1% and 2.8% YOY, respectively.

In 2023, the total number of large-scale mining projects worldwide showed a slight decline when categorized by region. Compared to 2022, the number of large-scale mining projects in the U. S. and Canada remained steady, while the number of projects in Latin America and the Caribbean saw a slight increase in 2023. However, all the other four regions experienced varying degrees of reduction in the number of large-scale mining projects, with the Asia-Pacific region seeing the most significant decrease. When categorized by mineral type, the overall structure of global large-scale mining projects became more diversified. The number of large-scale coal, iron ore, copper, nickel, and gold mining projects decreased compared to 2022, while the numbers of large-scale lithium, cobalt, and silver mining projects increased. Significant progress was made in major projects such as the Simandou Iron Ore Project, the Oyu Tolgoi Copper Mine, and the Kipushi Mine.

I. A decline from its peak in the global solid mineral exploration budget

(I) Precious metals account for over half of the global solid mineral exploration budget, with copper exploration reaching a new decade-high

In 2023, the exploration budget for precious metals amounted to USD 6.602 billion, accounting for 51.7% of the global solid mineral exploration budget, maintaining its dominant position. Among them, the exploration budget for gold was USD 5.915 billion, ranking first among all minerals. Copper exploration ranked second, accounting for 24.4% of the budget, with a YOY increase of 11.6%, reaching USD 3.117 billion, the highest level in nearly 10 years. The exploration budget for strategic emerging minerals was USD 1.035 billion, a YOY decrease of 10.0%, showing a slow downward trend, accounting for 8.1% of the global solid mineral exploration budget. Notably, the exploration budget for lithium increased by 77.5% YOY, reaching a historic high (Figure 2–2).

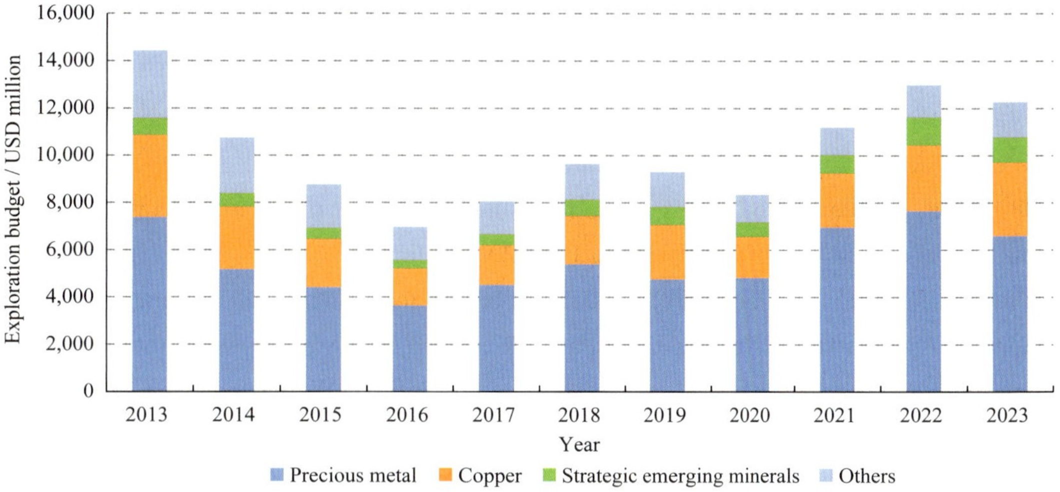

Figure 2-2 Changes in the global exploration budget by mineral type in 2013—2023

Source: S&P Global Market Intelligence

(II) Global solid mineral exploration budget focuses on Latin America, with YOY decreases in Canada and Australia

In 2023, Latin America had the highest exploration budget for solid minerals, amounting to USD 3.37 billion, representing 26.4% of the global total, with a YOY increase of 3.4%; Canada and Australia followed, with budgets of USD 2.44 billion and USD 2.2 billion, respectively, reflecting YOY decreases of 9.0% and 4.8%; the Asia-Pacific region had a relatively low exploration budget of USD 360 million, accounting for only 2.8% of the global total, but with a YOY increase of 5.9%; the exploration budget in Africa remained relatively stable, while the U.S. saw a YOY increase of 1.4% (Figure 2-3).

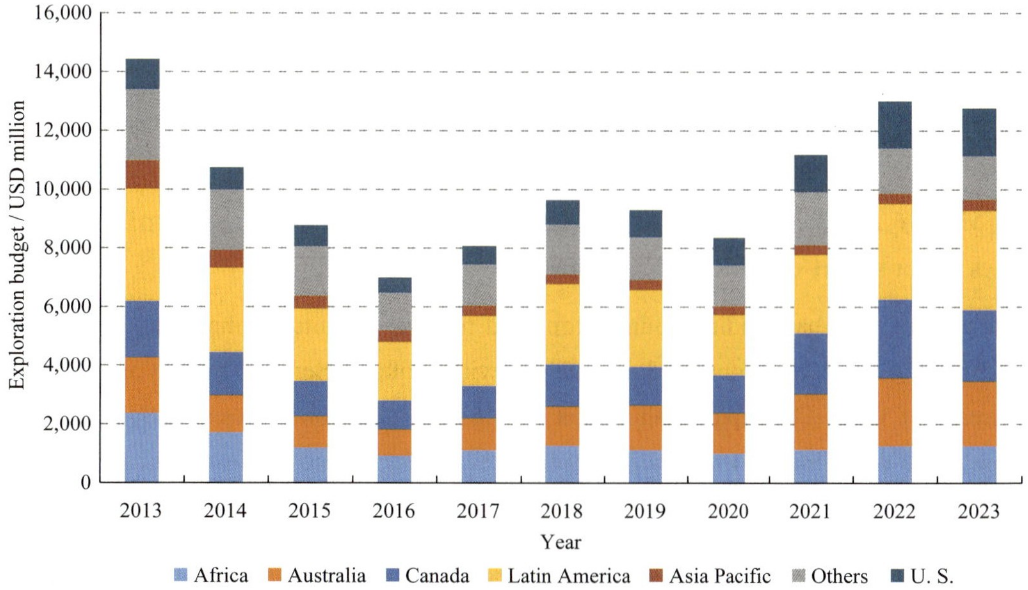

Figure 2-3 Changes in global exploration budgets for solid minerals by region (country) in 2013—2023

Source: S&P Global Market Intelligence

(III) Exploration budgets for solid minerals in the detailed exploration stage increase YOY, while budgets for Grassroots and mine exploration stages decrease

The global exploration budget for solid minerals has increasingly focused on the detailed exploration and mine exploration stages. In 2023, the exploration budget for the mine exploration stage reached USD 4.88 billion, accounting for 38.2% of the total; the budgets for the detailed exploration stage and Grassroots phases were USD 4.89 billion and USD 2.98 billion, respectively, representing 38.3% and 23.4% of the total (Figure 2–4). Compared to 2022, the budget for solid mineral exploration in the detailed exploration stage saw a steady increase, with a YOY growth of 3.8%; however, the budget for mine exploration stage, which was the largest in 2022, declined by 3.7% YOY, placing it second; the budget for Grassroots stage decreased by 9.8% YOY, remaining in third place.

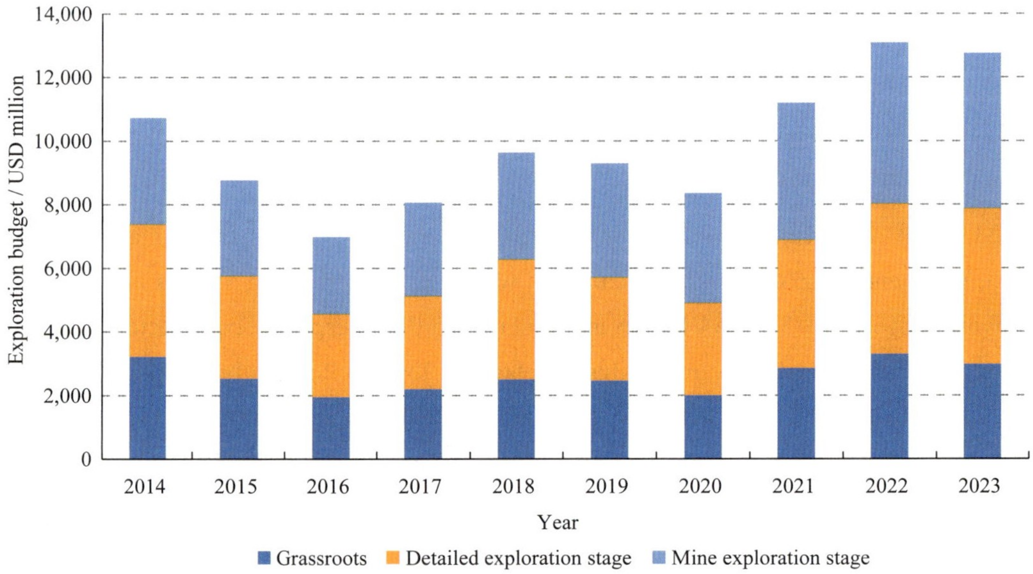

Figure 2–4 Changes in global exploration budgets for solid minerals by exploration stage in 2014—2023

Source: S&P Global Market Intelligence

(IV) Major mining companies maintain dominance, while junior exploration companies see a slight decline in investment

The structure of global funding sources for solid mineral exploration has gradually stabilized. In 2023, major mining companies continued dominating, with a total exploration budget of USD 6.02 billion, a YOY increase of 1.2%. The exploration budget for junior mining companies slightly decreased to USD 5.35 billion, a YOY decline of 4.6%, but still remained at the second-highest level in the past decade. Meanwhile, the budgets for intermediate mining companies and government departments for global solid mineral exploration decreased by 8.0% and 16.4% YOY, respectively (Figure 2–5).

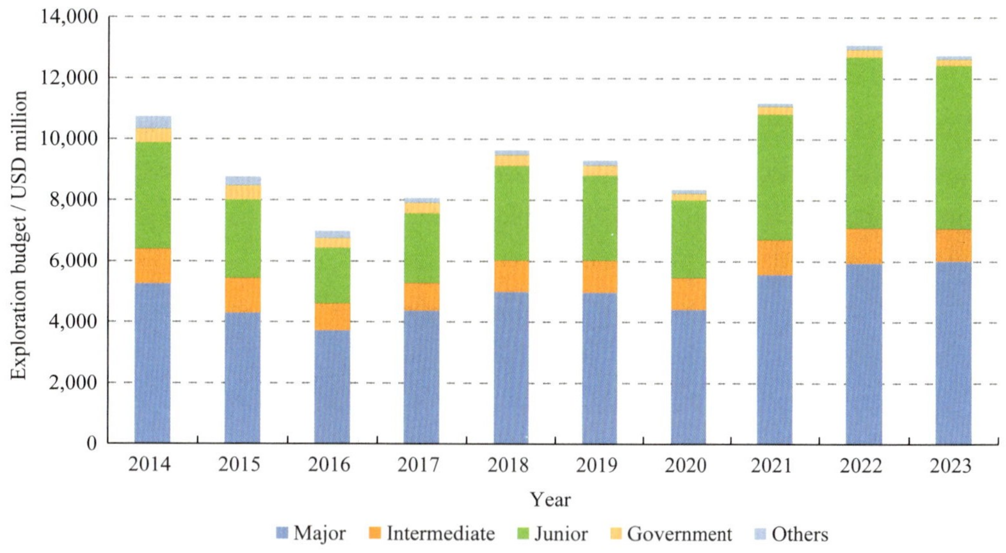

Figure 2–5 Changes in global exploration budgets by type of mining companies and government institutions in 2014—2023

Source: S&P Global Market Intelligence

II. Substantial decline in global solid mineral drilling activities

(I) Drilling activities slump, maintaining low volatility

In 2023, the number of global drilling projects for major solid minerals and the number of drill holes totaled 3,437 and 53,582, respectively, representing YOY decreases of 23.7% and 23.5%. By June 2024, the number of drilling projects and drill holes for major solid minerals globally had further declined to 186 and 3,535, respectively (Figure 2–6).

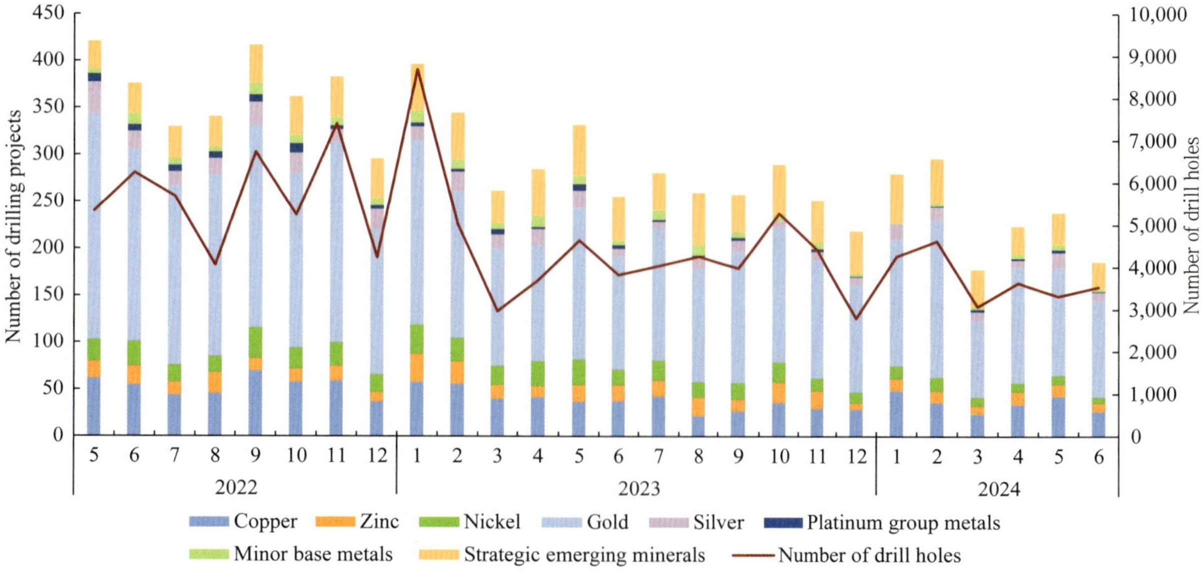

Figure 2–6 Monthly changes in global drilling activities for major solid minerals from May 2022 to June 2024

Source: S&P Global Market Intelligence

(II) Drilling projects for bulk solid minerals and strategic emerging minerals increase, and precious metals drilling projects decrease

The number of drilling projects for bulk solid minerals and strategic emerging minerals increased. In 2023, these projects accounted for 22.7% and 23.4% of the total drilling projects for solid minerals (Figure 2–7), reflecting increases of 1.5% and 9.1% compared to 2022.

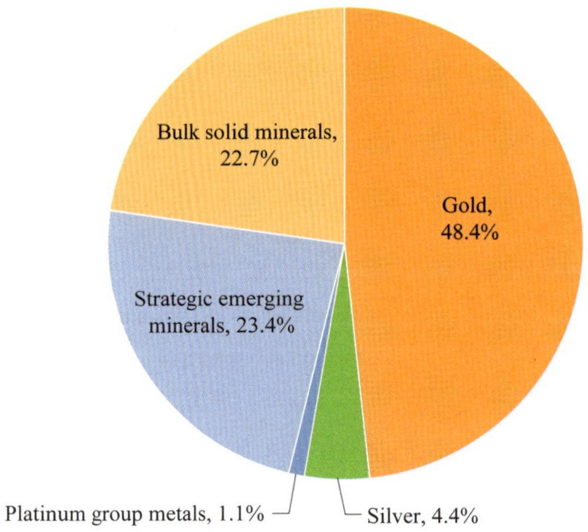

Figure 2–7 Composition of global drilling projects for major solid minerals in 2023

Source: S&P Global Market Intelligence

The proportion of drilling projects for precious metals decreased, though gold remained dominant. The proportions of drilling projects for gold, silver, and platinum group metals out of the total implemented projects were 48.4%, 4.4%, and 1.1%, respectively (Figure 2–7), representing decreases of 8.3%, 1.7%, and 0.6% compared to 2022. In 2023, the monthly proportion of gold drilling projects relative to the total completed projects for the year showed a downward trend, with the proportion decreasing to 3.6% by December 2023 (Figure 2–8).

III. Overall increase in global mineral resource reserves

(I) Energy minerals

1. Oil

Nearly half of the world’s oil reserves are concentrated in such five Middle Eastern countries as Saudi Arabia, Iran, Iraq, Kuwait, and the United Arab Emirates, while almost 20% of global oil reserves are located in Venezuela.

In 2023, global oil reserves reached 239.375 billion tons, marking a 0.5% YOY increase. The top five countries in terms of oil reserves were Venezuela, Saudi Arabia, Iran, Canada, and Iraq, holding 17.3%,

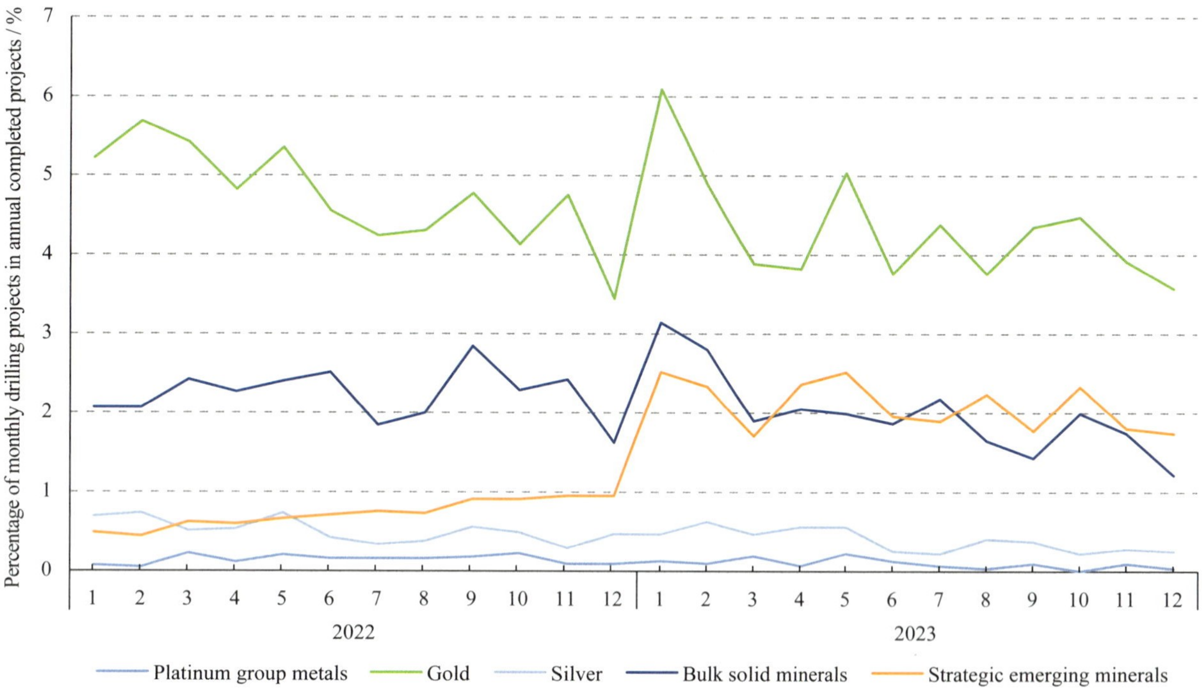

Figure 2–8 Proportion of monthly drilling projects for major solid minerals relative to the total completed projects annually in 2022—2023

Source: S&P Global Market Intelligence

15.2%, 11.9%, 9.3%, and 8.3% of global reserves, respectively, accounting for a combined total of 62.0%. China's oil reserves stood at 3.805 billion tons, representing 1.6% of global reserves and ranking 13th worldwide (Figure 2–9).

The countries with significant reserve growth included the U.S. (523 million tons), the United Arab Emirates (273 million tons), Brazil (220 million tons), and China (121 million tons), collectively adding 1.137 billion tons. Conversely, the countries with declining reserves were three, namely, Canada (95 million tons), the U.K. (41 million tons), and Venezuela (34 million tons), with a combined decrease of 170 million tons.

2. Natural gas

Nearly one-third of the world's natural gas reserves are concentrated in such three countries as Iran, Qatar, and Turkmenistan, while over 20% are located in Russia.

In 2023, global natural gas reserves reached 212.56 trillion cubic meters, reflecting a 0.7% YOY increase. The top five countries in terms of natural gas reserves were Russia, Iran, Qatar, the U.S., and Turkmenistan, holding 22.5%, 16.0%, 11.2%, 8.2%, and 5.3% of global reserves, respectively, accounting for a combined total of 63.2%. China's natural gas reserves were 7.50 trillion cubic meters, representing 3.5% of global reserves and ranking 8th globally (Figure 2–10).

The countries with increased reserves mainly included Saudi Arabia (1.01 trillion cubic meters), the U.S. (0.73 trillion cubic meters), and China (0.25 trillion cubic meters), with these three countries together

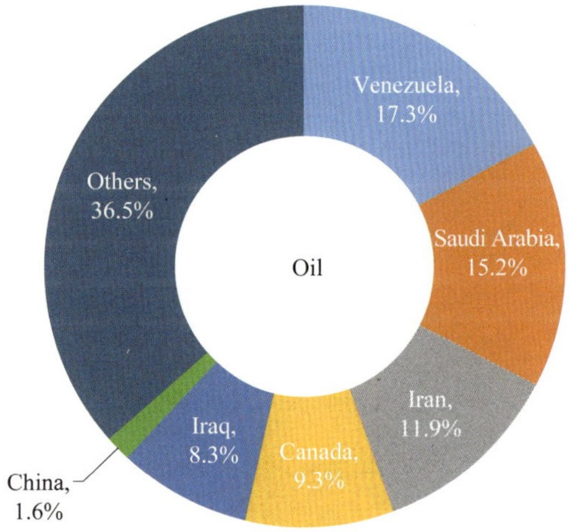

Figure 2–9 Distribution of global oil reserves in 2023

Source: *Oil & Gas Journal*

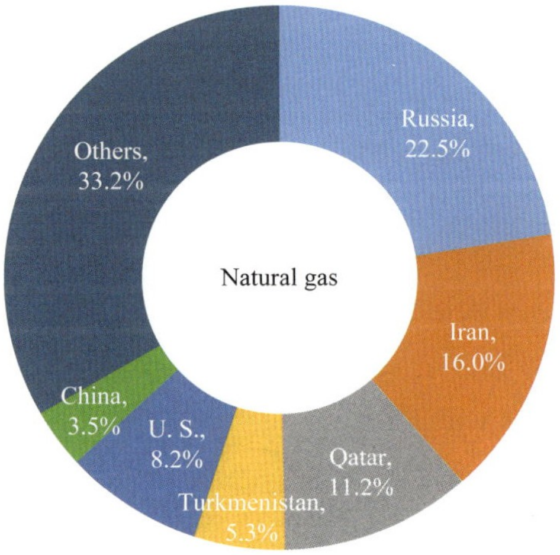

Figure 2–10 Distribution of global natural gas reserves in 2023

Source: *Oil & Gas Journal*

adding 1.99 trillion cubic meters. Conversely, the countries with reduced reserves included India (0.23 trillion cubic meters), Angola (0.17 trillion cubic meters), and Indonesia (0.15 trillion cubic meters), with these three countries together decreasing by 0.55 trillion cubic meters.

3. Coal

Global coal reserves are relatively concentrated, with the combined reserves of the U.S., Russia, Australia, China, and India accounting for over 75% of the global total.

In 2020, the world's proven coal reserves stood at 1,074.10 billion tons, with no new reserves added compared to 2019. The top five countries by coal reserves were the U.S., Russia, Australia, China, and India, accounting for 23.2%, 15.1%, 14.0%, 13.3%, and 10.3% of global coal reserves, respectively, totaling 75.9% (Figure 2–11).

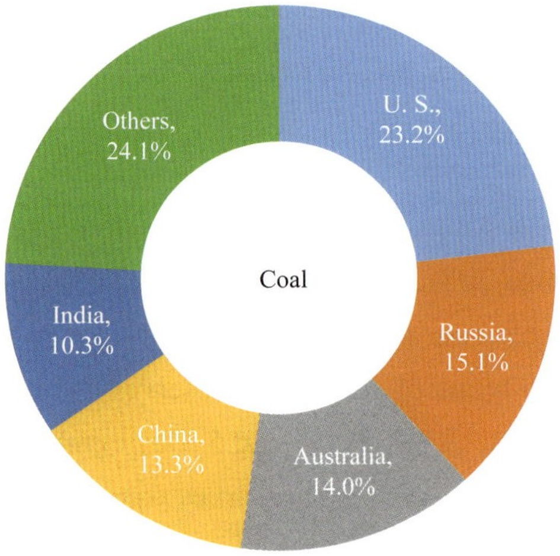

Figure 2-11 Distribution of global coal reserves in 2020

Source: BP *Statistical Review of World Energy 2022*

(II) Bulk solid minerals

1. Iron ore

More than 60% of the world's iron ore reserves are concentrated in Brazil, Russia, Australia, and Canada.

In 2023, global iron ore reserves amounted to 190 billion tons, a 5.6% YOY increase. The top five countries by iron ore reserves were Australia, Brazil, Russia, China, and Canada, accounting for 30.5%, 17.9%, 15.3%, 10.5%, and 3.2% of global reserves, respectively, totaling 77.4% (Figure 2–12). The countries with the most significant reserve increases were Australia (7.00 billion tons), Iran (0.60 billion tons), and the U.S. (0.10 billion tons), with these three countries together adding 7.70 billion tons.

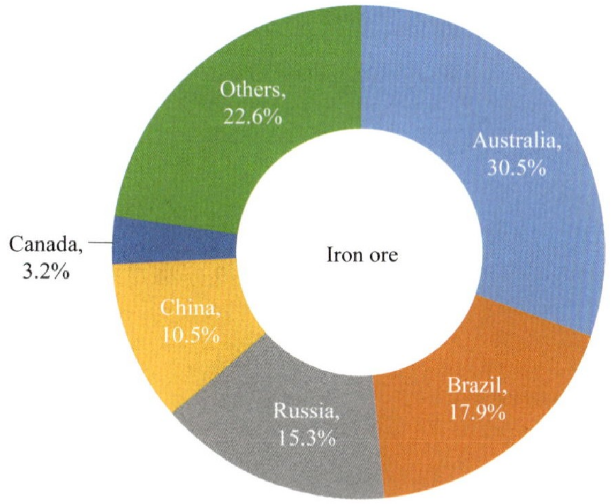

Figure 2–12 Distribution of global iron ore reserves in 2023

Source: USGS

2. Copper ore

Over 30% of the world's copper ore reserves are located in Chile and Peru.

In 2023, global copper ore reserves reached 1 billion tons, representing a 12.4% YOY increase. The top five countries by copper ore reserves were Chile, Peru, Australia, Russia, and the D.R. Congo, holding 19.0%, 12.0%, 10.0%, 8.0%, and 8.0% of global reserves, respectively, for a combined total of 57.0%. China's copper ore reserves amounted to 41 million tons, accounting for 4.1% of global reserves (Figure 2–13) and ranking 7th worldwide. The countries with the most significant reserve increases were the D.R. Congo (49 million tons), Peru (39 million tons), and Russia (18 million tons), with these three countries collectively adding 106 million tons.

3. Bauxite

More than 70% of the world's bauxite reserves are concentrated in Guinea, Vietnam, Australia, Brazil, and Jamaica.

In 2023, global bauxite reserves totaled 30 billion tons, marking a 3.2% YOY decrease. The top five countries by bauxite reserves were Guinea, Vietnam, Australia, Brazil, and Jamaica, holding 24.7%,

19.3%, 11.7%, 9.0%, and 6.7% of global reserves, respectively, totaling 71.4%. China's bauxite reserves stood at 710 million tons, representing 2.4% of global reserves and ranking 7th globally (Figure 2–14). The countries with the most significant decreases in reserves were Australia (1.6 billion tons), Russia (20 million tons), and India (10 million tons), with these three countries collectively reducing reserves by 1.63 billion tons.

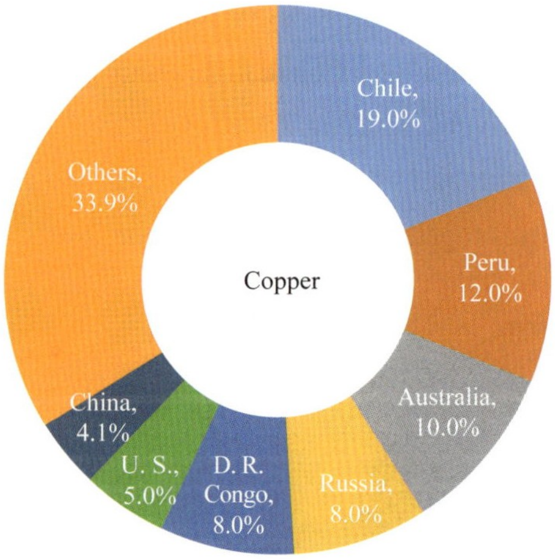

Figure 2–13 Distribution of global copper ore reserves in 2023
Source: USGS

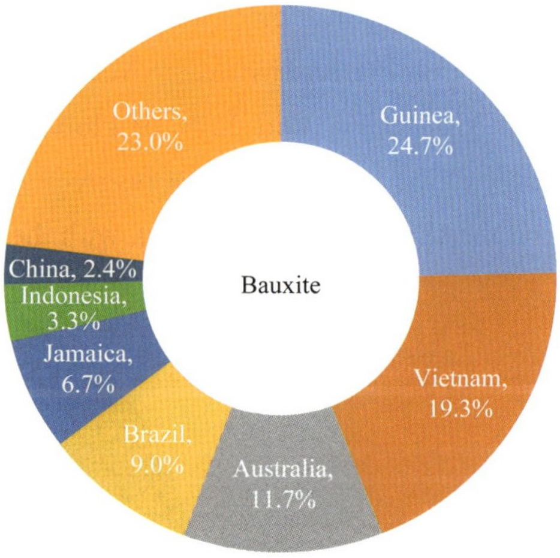

Figure 2–14 Distribution of global bauxite reserves in 2023
Source: USGS

(III) Strategic emerging minerals

1. Lithium

Nearly 50% of the world's lithium reserves are concentrated in Chile and Argentina, with nearly a quarter located in Australia.

In 2023, global lithium reserves (in lithium carbonate equivalent) amounted to 148.008 million tons, reflecting a 7.1% YOY increase. The top five countries by lithium reserves were Chile, Australia, Argentina, China, and the U.S., holding 33.2%, 22.1%, 12.9%, 10.7%, and 3.9% of global reserves, respectively, for a combined total of 82.8% (Figure 2–15). The countries with the most significant reserve increases were China (5.286 million tons), Argentina (4.7575 million tons), and Brazil (740,000 tons), with these three countries collectively adding 10.7835 million tons.

2. Cobalt ore

Over half of the world's cobalt ore reserves are located in the D.R. Congo, with nearly a quarter distributed across Australia, Cuba, and Indonesia.

In 2023, global cobalt ore reserves reached 11 million tons, representing a 32.5% YOY increase. The top five countries by cobalt ore reserves were the D.R. Congo, Australia, Cuba, Indonesia, and the Philippines, accounting for 54.5%, 15.5%, 4.5%, 4.5%, and 2.4% of global reserves, respectively, for a combined total of 81.4% (Figure 2–16). The countries with the most significant reserve increases were the D.R. Congo (2 million tons), Australia (200,000 tons), and Turkey (55,000 tons), with these three countries collectively adding 2.255 million tons.

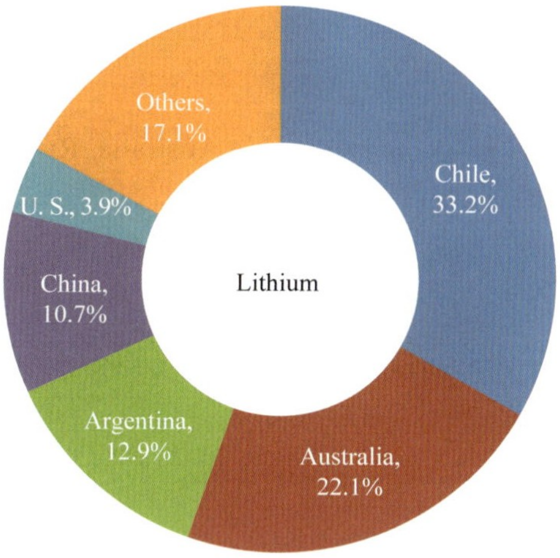

Figure 2–15 Distribution of global lithium ore reserves in 2023

Source: USGS

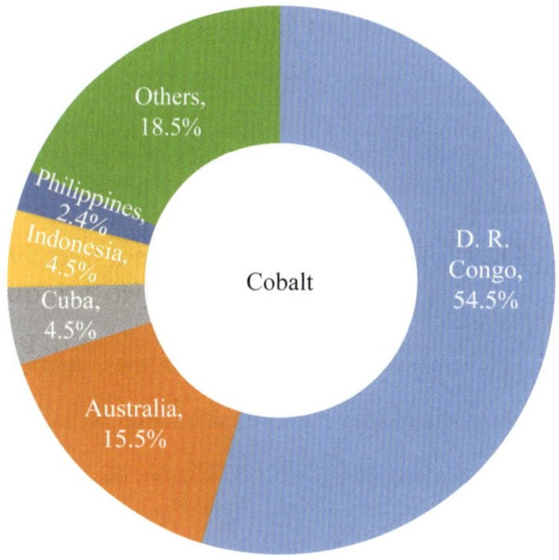

Figure 2–16 Distribution of global cobalt ore reserves in 2023

Source: USGS

3. Nickel ore

Over 40% of the world's nickel ore reserves are located in Indonesia, with over 30% distributed across Australia and Brazil.

In 2023, global nickel ore reserves totaled 130 million tons, marking a 30.0% YOY increase. The top five countries and regions by nickel ore reserves were Indonesia, Australia, Brazil, Russia, and New Caledonia (France), accounting for 42.3%, 18.5%, 12.3%, 6.4%, and 5.5% of global reserves, respectively, for a combined total of 85.0%. China's nickel reserves stood at 4.2 million tons, representing 3.2% of global reserves (Figure 2–17) and ranking 7th worldwide. The countries with the most significant reserve increases were Indonesia (34 million tons), Australia (3 million tons), and China (2.1 million tons), with these three countries collectively adding 39.1 million tons.

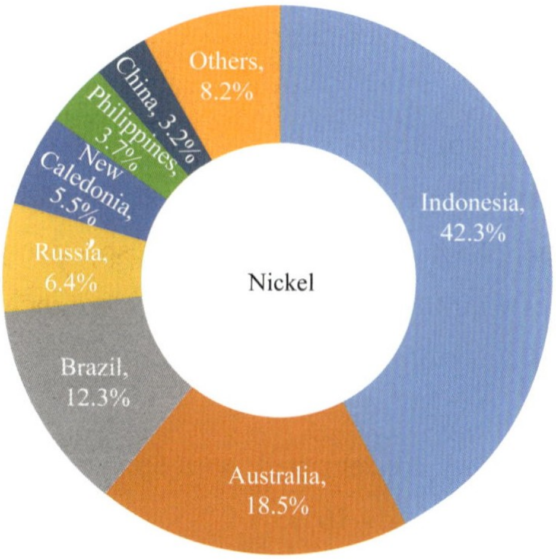

Figure 2–17 Distribution of global nickel ore reserves in 2023

Source: USGS

(IV) Precious metals

1. Gold

Global gold reserves are relatively widespread, with about half concentrated in Australia, Russia, and South Africa.

In 2023, global gold reserves reached 59,000 tons, reflecting a 13.5% YOY increase. The top five countries by gold reserves were Australia, Russia, South Africa, the U.S., and China, holding 20.3%, 18.8%, 8.5%, 5.1%, and 5.1% of global reserves, respectively, totaling 57.8% (Figure 2–18). The countries with the most significant reserve increases were Russia (4,300 tons), Australia (3,600 tons), and China (1,100 tons), collectively adding 9,000 tons. Conversely, Peru saw a decrease in reserves by 600 tons.

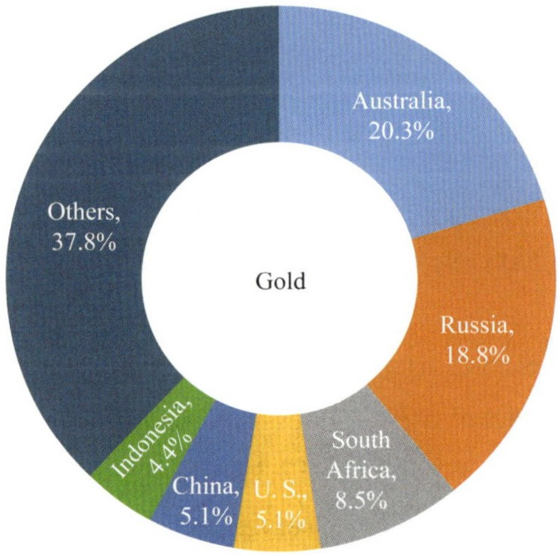

Figure 2–18 Distribution of global gold reserves in 2023

Source: USGS

2. Silver

More than two-thirds of the world's silver reserves are concentrated in such five countries as Peru, Australia, Russia, China, and Poland.

In 2023, global silver reserves totaled 610,000 tons, representing a 10.9% YOY increase. The top five countries by silver reserves were Peru, Australia, Russia, China, and Poland, accounting for 18.0%, 15.4%, 15.1%, 11.8%, and 10.3% of global reserves, respectively, for a combined total of 70.6% (Figure 2–19). The three countries with the most significant reserve increases were Russia (47,000 tons), Peru (12,000 tons), and Australia (2,000 tons), collectively adding 61,000 tons.

3. Platinum

Global platinum reserves are highly concentrated, with approximately 90% located in South Africa, while Russia and Zimbabwe account for nearly 10%.

In 2023, global platinum reserves stood at 71,000 tons, marking a 1.4% YOY increase. The majority of these reserves are concentrated in South Africa, Russia, and Zimbabwe, holding 88.7%, 7.7%, and

1.7% of global reserves, respectively, totaling 98.1% (Figure 2–20). The U.S. experienced a reduction in reserves by 80 tons.

Figure 2-19 Distribution of global silver reserves in 2023

Source: USGS

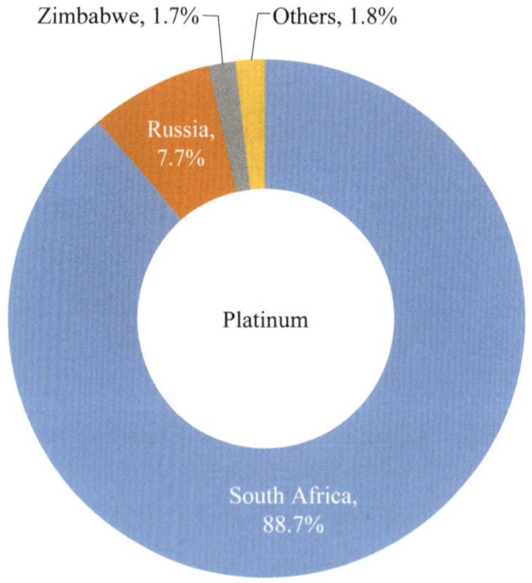

Figure 2-20 Distribution of global platinum reserves in 2023

Source: USGS

(V) Agricultural minerals

1. Potash

Global potash reserves are relatively widespread, with approximately 70% concentrated in Canada, Belarus, and Russia.

In 2023, global potash reserves exceeded 3.6 billion tons, reflecting a 9.1% YOY increase. The top five countries by potash reserves were Canada, Belarus, Russia, the U.S., and China, accounting for 30.6%, 20.9%, 18.1%, 6.1%, and 5.0% of global reserves, respectively, totaling 80.7% (Figure 2–21). Additionally, substantial salt lake-type potash reserves in Israel and Jordan have not been included in this count. The countries with the most significant reserve increases were Russia (250 million tons) and China (10 million tons), with these two countries collectively adding 260 million tons.

2. Phosphate rock

Global phosphate rock reserves are highly concentrated, with about 70% located in Morocco.

In 2023, global phosphate rock reserves totaled 74 billion tons, representing a 2.8% YOY increase. The top five countries by phosphate rock reserves were Morocco, China, Egypt, Tunisia, and Russia, holding 67.6%, 5.1%, 3.8%, 3.4%, and 3.2% of global reserves, respectively, for a combined total of 83.1% (Figure 2–22). The countries with the most significant reserve increases were China (1.90 billion tons) and Russia (1.80 billion tons), collectively adding 3.70 billion tons.

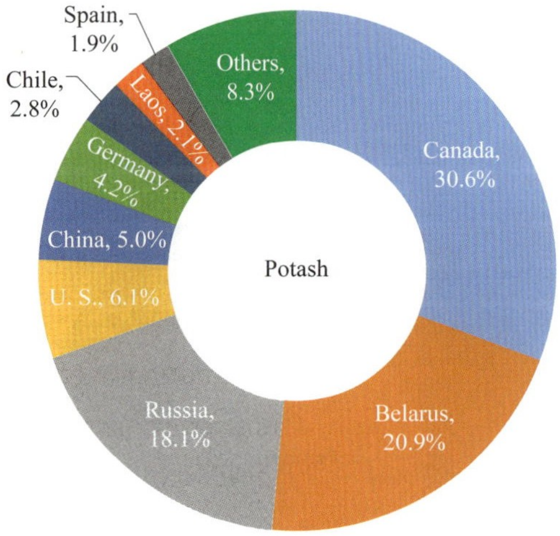

Figure 2–21 Distribution of global potash reserves in 2023
Source: USGS

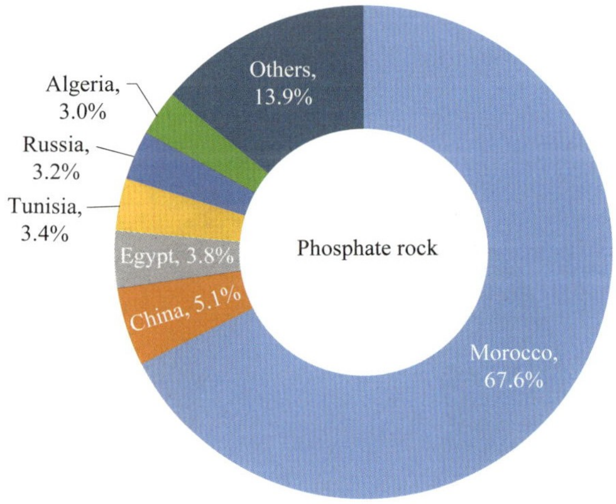

Figure 2–22 Distribution of global phosphate rock reserves in 2023
Source: USGS

IV. Slight decline in the total number of large-scale mining projects globally and divergence in mineral types

(I) Total number of large-scale mining projects declines slightly

In 2023, according to data from S&P Global Market Intelligence, there were a total of 2,301 large-scale mining projects worldwide, a decrease of 66 projects compared to 2022, representing a 2.8% YOY decline. Among the six major regions globally, the Asia-Pacific region had the most large-scale mining projects, totaling 1,082, which accounted for 47.0% of the global total. The Latin America and Caribbean region followed with 376 projects, representing 16.3% of the global total. The numbers of large-scale mining projects in Africa, the U.S. and Canada, and Europe were relatively similar, with 277, 274, and 271 projects, accounting for 12.0%, 11.9%, and 11.8% of the global total, respectively. The Middle East had the fewest large-scale mining projects, with 21, representing 0.9% of the global total. The number of large-scale mining projects in the U.S. and Canada remained the same as in 2022, while the Latin America and Caribbean region saw a slight increase. In contrast, the remaining four regions experienced varying degrees of decline compared to 2022, with the Asia-Pacific region experiencing the largest decrease, losing 60 projects, a 5.3% YOY drop (Figure 2–23).

(II) The structure of large-scale mining projects by mineral type diverges notably

In 2023, according to data from S&P Global Market Intelligence, there were 1,886 large-scale mining projects globally, categorized by mineral type into coal, iron ore, copper, lithium, cobalt, nickel, gold, and silver. This represents a decrease of 47 projects compared to 2022, marking a 2.4% YOY decline. Among these, the number of large-scale mining projects for coal, iron ore, copper, nickel, and gold decreased

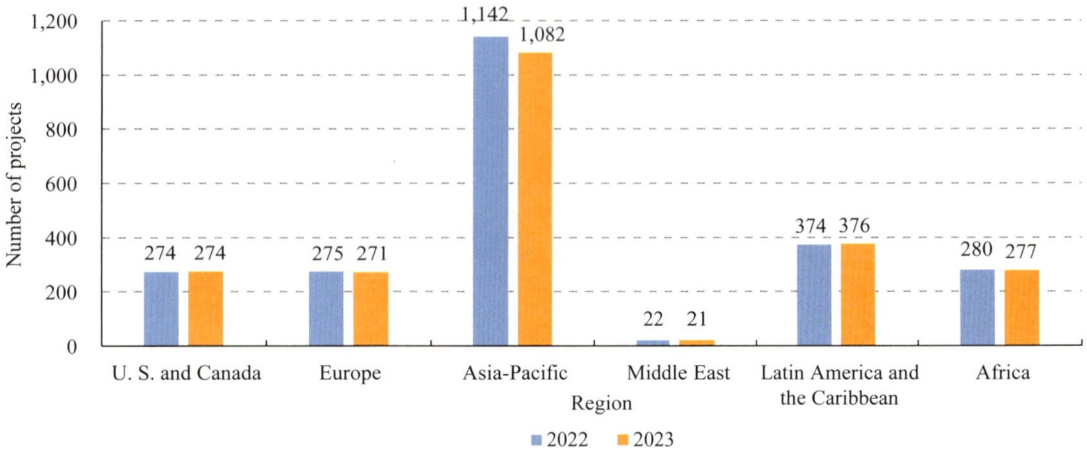

Figure 2–23 Changes in the number of large-scale mining projects by region in 2022—2023

Source: S&P Global Market Intelligence

compared to 2022, with reductions of 12, 9, 12, 6, and 19 projects, respectively, reflecting declines of 6.3%, 2.2%, 2.3%, 6.5%, and 3.2%. Conversely, the number of large-scale mining projects for lithium, cobalt, and silver increased compared to 2022, with lithium projects seeing the most significant growth, adding 9 projects, a YOY increase of 31.0% (Figure 2–24).

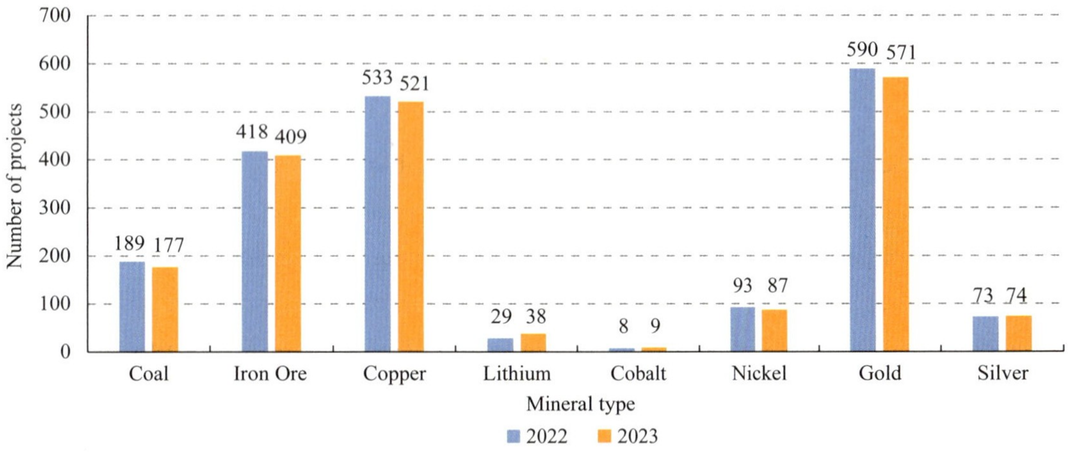

Figure 2–24 Changes in the number of large-scale mining projects by mineral type in 2022—2023

Source: S&P Global Market Intelligence

>>> Chapter III

Global Mineral Product Market Trends

In 2023, global mineral prices experienced a general downward fluctuation. Factors such as a sluggish global economy and increased banking risks led to an overall decline in energy mineral prices, with the average price dropping by more than 20% compared to 2022; the prices of major solid minerals showed a divergent trend with increased volatility; the prices for strategic emerging minerals continued falling, with battery-grade lithium carbonate experiencing a drop of over 80% throughout the year. In the first half of 2024, mineral prices continued diverging, energy mineral prices generally retreated; precious metal prices saw wide fluctuations and reached new historical highs; the prices of major solid minerals diverged, with iron ore prices falling by nearly 30% within the year, while copper prices hit a historic peak; the prices of strategic emerging minerals continued declining; agricultural mineral prices dropped by more than 20% within the year.

In 2023, the stock prices of mining companies fluctuated downward. The stock prices of major oil and gas companies declined, with a significant drop in net profits. The stock prices of major solid mineral companies initially declined but later rebounded, although net profits decreased by more than 20%, they remained at relatively high levels overall; however, the stock prices of strategic emerging mineral companies saw a sharp decline, with profits adversely affected. In the first quarter of 2024, mining company stock prices showed a pattern of initial decline followed by a rebound. The stock prices of major oil and gas companies experienced narrow fluctuations, with net profits down by more than 15% YOY; net profits of major solid mineral companies decreased amid a loose supply-demand balance. The companies focusing on gold as their primary business saw net profits increase by more than 100% YOY in the first two quarters of 2024; in contrast, net profits of major strategic emerging mineral companies decreased by more than 60% YOY; the companies primarily dealing in potash saw a decline in stock prices, with net profits falling by more than 50% YOY.

Since the beginning of 2023, the mining finance market has shown signs of cooling, with equity financing still playing a dominant role. Among them, financing for strategic emerging minerals has warmed up, while financing for major solid minerals remains under pressure, and gold financing has

declined. The Toronto Stock Exchange and the Australian Securities Exchange continue being the primary venues for financing solid mineral projects. The global market for major solid mineral M&A has seen a cautious recovery, with transactions concentrated in Oceania. In particular, investment in the precious metal M&A market has increased, mainly in Oceania; meanwhile, the major solid mineral M&A market has cooled, with copper still dominating; the M&A market for strategic emerging minerals has shown a divergent trend, with lithium cooling down while nickel and cobalt exhibited mixed trends.

I. Fluctuating downward in major mineral prices

(I) Energy mineral prices recede overall

1. Crude oil

In 2023, crude oil prices exhibited wide fluctuations, with a general downward trend, hitting the bottom six times and averaging an 18% decline compared to 2022. In the first half of 2024, crude oil prices experienced a pattern of initial rise followed by a decline.

In 2023, the Brent crude oil spot price saw significant fluctuations, influenced by factors such as interest rate hikes in major Western economies, the OPEC production cuts, and the Israel-Palestine conflict. During the first half of 2023, the Brent crude oil spot price followed the downward trend established at the end of 2022, experiencing further declines; in the second half of 2023, the prices initially rose and then declined. The third quarter witnessed a favorable supply-demand dynamic that supported an overall increase in oil prices, but by the fourth quarter, multiple bearish factors pressured the prices downward (Figure 3–1).

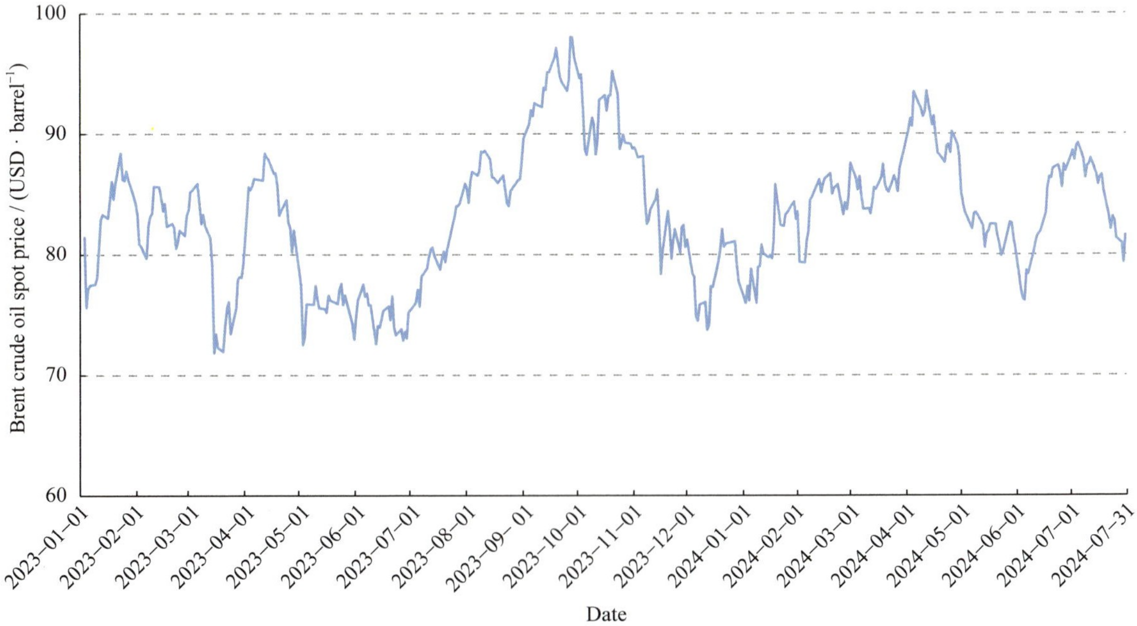

Figure 3–1 Trends in Brent crude oil spot prices from January 2023 to July 2024

Source: Wind

In the first half of 2024, the Brent crude oil spot price continued fluctuating widely, with the first and second quarters displaying a "rise followed by a decline" pattern. During the first quarter, oil prices rebounded and climbed, with the settlement price for Brent crude oil spot reaching USD 93.57 per barrel on April 12, 2024, a 23.2% increase compared to the beginning of 2024. However, after a fluctuating decline in the second quarter, the price rebounded slightly, closing at USD 81.60 per barrel on July 31, reflecting a 5.0% YOY decrease (Figure 3–1).

2. Natural gas

With a generally loose supply-demand balance, natural gas prices retreated from high levels, maintaining an overall low level; in the first half of 2024, natural gas prices continued their downward trend.

In 2023, natural gas prices generally trended downward from the high levels at the beginning of the year. Despite short-term increases due to geopolitical factors such as the Middle East situation and Australian gas worker strikes, the prices remained generally low due to mild weather, high inventory levels, and sluggish demand. By the end of 2023, the prices of European natural gas futures, U.K. natural gas futures, and Henry Hub natural gas futures had decreased YOY by 60.3%, 56.4%, and 40.6%, respectively. In 2024, the downward trend in natural gas prices persisted, with the Henry Hub natural gas spot price falling to USD 1.85 per million British thermal units (mmBtu)[1] on July 31, reflecting a YOY decrease of 29.8% and a 31.7% decline within the year (Figure 3–2).

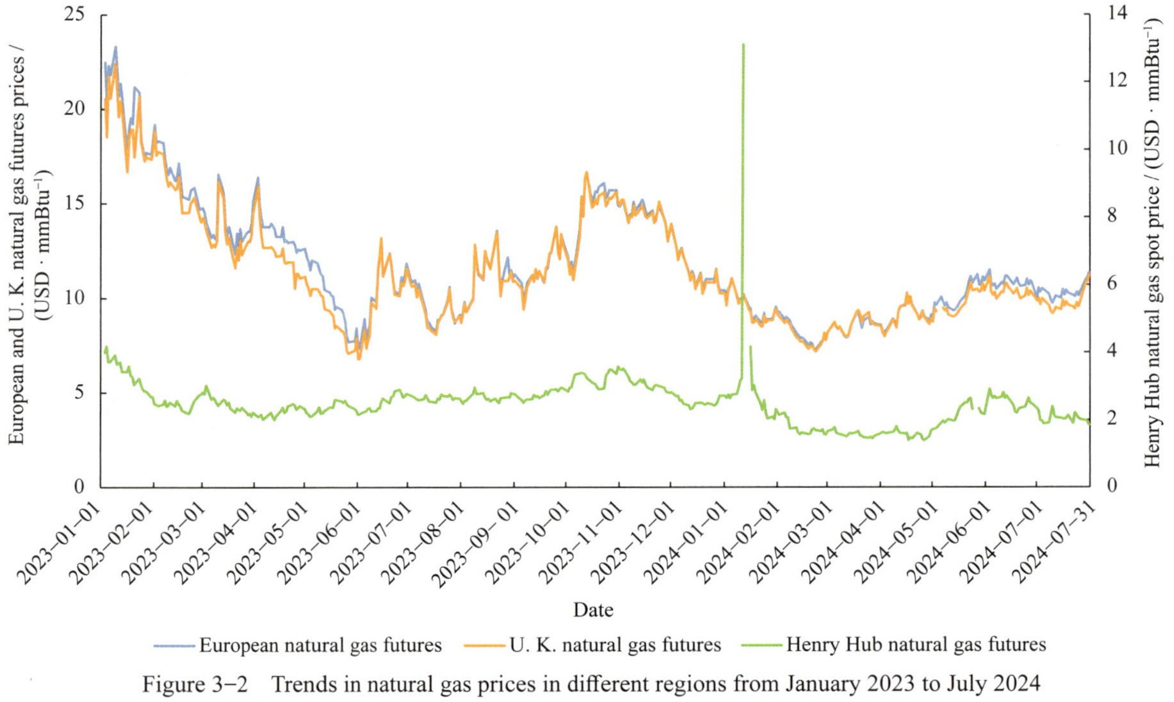

Figure 3–2 Trends in natural gas prices in different regions from January 2023 to July 2024

Source: Wind

3. Coal

In 2023, coal prices rapidly fell, maintaining low levels with an annual decrease reaching 62.5%;

[1] 1 million British thermal units (mmBtu) ≈ 1,055 GJ.

during the first half of 2024, coal prices experienced narrow fluctuations, with an average price of USD 131.41 per ton within the year.

In 2023, coal demand in developed economies decreased significantly, with coal consumption in the EU and the U.S. dropping by more than 20%. This led to a general downward trend in coal prices, with year-end prices in 2023 declining by 62.9% compared to the end of 2022. The average price of thermal coal at Newcastle Port in Australia was USD 171.28 per ton in 2023, a decrease of 44.7% compared to the average price in 2022. In the first half of 2024, coal prices experienced narrow fluctuations; after a decline in the first quarter, there was a slight rebound in the second quarter. By late July 2024, the price was quoted at USD 136.53 per ton, reflecting a 3.4% decline within the year, with the average price for the year down 23.2% compared to the average price in 2023 (Figure 3–3).

Figure 3–3 Trends in spot prices of thermal coal at Newcastle Port, Australia, from January 2023 to July 2024

Source: Wind

(II) Precious metal prices diverge, with broad fluctuations and an overall upward trend

1. Gold

In 2023, gold prices continued the upward trend established at the end of 2022, experiencing broad fluctuations and overall increases; during the first half of 2024, prices surged multiple times, setting new historical records.

In 2023, gold prices steadily climbed due to geopolitical risks and global economic pressures (Figure 3–4). The London spot gold price initially declined and then rose, closing at USD 2,062.40 per ounce on December 29, 2023, marking an 11.9% increase within the year. Against the backdrop of continued interest rate hikes by major central banks in the West and escalating global economic pressures,

central banks around the world engaged in large-scale, continuous purchases of gold. Combined with factors such as the Silicon Valley Bank "crisis", gold prices soared, reaching new highs in May and December. The average gold price in 2023 was USD 1,941.48 per ounce, a 7.9% increase compared to the average price in 2022. As expectations for interest rate cuts in the U.S. grew stronger in the second half of 2023, coupled with prolonged global geopolitical conflicts and heightened market risk aversion, gold prices continued rising. On April 12, 2024, gold prices surpassed the USD 2,400 mark, with a quote of USD 2,480.25 per ounce on July 17, setting a new historical record. By the end of July 2024, the year-to-date increase stood at 17.4%.

Figure 3-4 Trends in London spot gold prices from January 2023 to July 2024

Source: Wind

2. Silver

Since 2023, silver prices have experienced fluctuating upward movements, surpassing the growth rate of gold.

In 2023, global silver supply and demand both decreased by 2% and 10%, respectively, with industrial use (mainly for photovoltaic cells) increasing silver demand by approximately 15%. The supply-demand dynamics remained relatively stable, with prices fluctuating between USD 20 and USD 26 per ounce throughout the year (Figure 3-5). The average price was USD 23.3 per ounce, with several instances of volatility. On December 29 of 2023, London spot silver closed at USD 23.79 per ounce, marking a 2.1% decline for the year. In the first half of 2024, driven by the "spillover" effect from gold prices continually hitting new historical highs, silver prices showed an upward trend. On May 29 of 2024, London spot silver closed at USD 32.01 per ounce, a 33.7% increase compared to the beginning of the year. By the end of July, London spot silver prices had risen by 19.3% within the year.

Figure 3–5 Trends in London spot silver prices from January 2023 to July 2024

Source: Wind

3. Platinum

In 2023, platinum prices experienced frequent and wide fluctuations, resulting in a 7.6% decrease for the year; in the first half of 2024, platinum prices fluctuated, showing a tail-end uptick.

In the first quarter of 2023, platinum prices rapidly declined, then rebounded to USD 1,128 per ounce, approaching the historical highs of 2022, subsequently fluctuated downward (Figure 3–6), leading to a 7.6% decrease within the year. In the first half of 2024, platinum prices displayed a volatile pattern, initially declining and then rising. On July 31, London spot platinum was priced at USD 972 per ounce, representing a 2.4% YOY increase. The World Platinum Investment Council forecasts a supply-demand gap of approximately 130,000 tons of platinum in 2024, providing some support for platinum prices.

(III) Bulk solid mineral prices diverge with increased volatility

1. Iron ore

In 2023, iron ore prices exhibited an initial decline followed by a rebound, trending upward with notable fluctuations; however, in the first half of 2024, iron ore prices trended downward with increased volatility.

Throughout 2023, iron ore prices moved in the opposite direction of steel prices, demonstrating a volatile upward trajectory (Figure 3–7). By the end of the year, iron ore prices reached USD 140.98 per kiloton, marking a new high for the year and reflecting a YOY increase of 19.7%. In the first quarter, the market continued the momentum from late 2022, driven by improved demand following policy adjustments, pushing prices higher; however, from March to May, weak global economic conditions,

Figure 3–6 Trends in London spot platinum prices from January 2023 to July 2024

Source: Wind

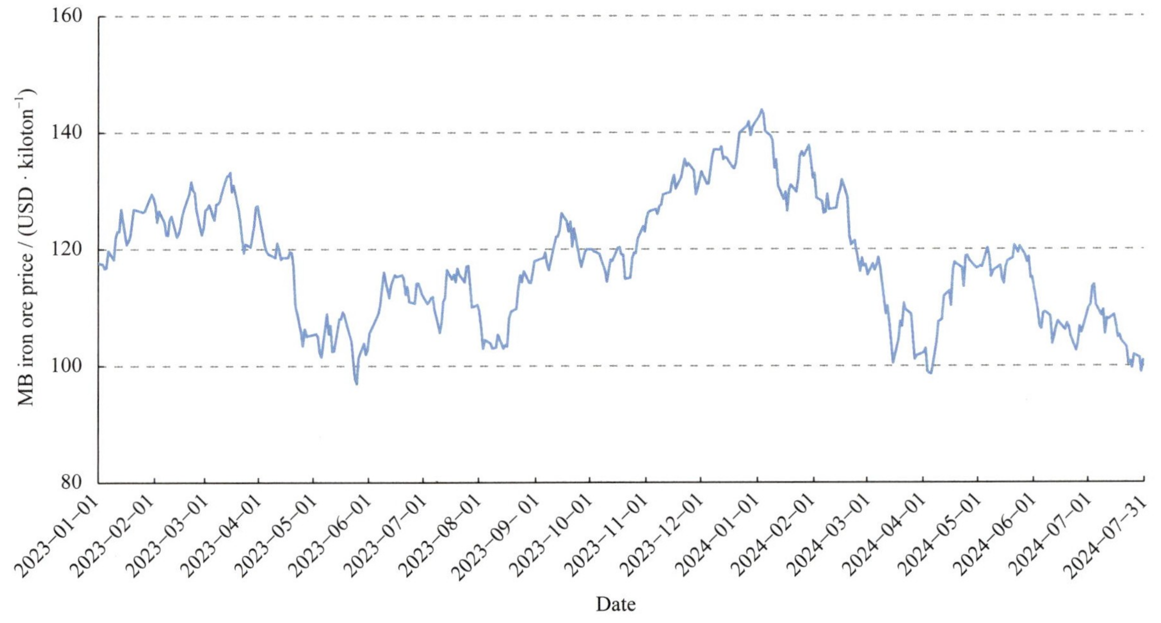

Figure 3–7 Trends in iron ore prices from January 2023 to July 2024

Source: Wind

compounded by overseas banking crises, led to a swift price correction, hitting a yearly low of just USD 96.98 per kiloton; subsequently, prices rebounded due to policy support and increased demand, once again reaching a new high for the year. In the first half of 2024, iron ore prices showed a downward trend, with

continuous declines in the first quarter, reaching a low point in early April before slightly rebounding. By July 31, 2024, iron ore prices settled at USD 100.95 per kiloton, marking a 29.4% decline within the year.

2. Copper

In 2023, copper prices surged initially but then gradually retreated, only to rebound by the end of the year, posting a 1.0% increase for the year; in the first half of 2024, copper prices followed a pattern of rising initially and then declining, reaching new historical highs.

The average copper price in 2023 was USD 8,477.8 per metric ton. In the first quarter of 2023, copper prices surged to USD 9,436 per metric ton, driven by stimulus measures in China's economic policies and positive investor expectations; however, pressures from weak Chinese demand, overseas banking crises, and the U.S. debt ceiling crisis led to a volatile downturn in copper prices, reaching a low of USD 7,922 per metric ton on May 25; in the second half of the year, as risks in overseas markets stabilized, the U.S. debt ceiling agreement was reached, and China introduced domestic policy stimuli, copper prices experienced narrow fluctuations. On December 29, the settlement price for LME (London Metal Exchange) copper spot was USD 8,476 per metric ton, marking a 1.0% increase for the year. In the first half of 2024, copper prices initially rose and then fell (Figure 3–8). The YOY increase in the global manufacturing PMI (Purchasing Managers' Index) and expectations of global economic recovery, combined with anticipated Federal Reserve interest rate cuts, supported the rise in copper prices; additional supply constraints, such as the shutdown of a copper mine in Panama and an accident at a Chilean copper mine, further tightened supply-demand dynamics, driving prices higher. In the first quarter of 2024, copper prices continued their upward trend from 2023; by mid-May, the settlement price for LME

Figure 3–8 Trends in LME copper spot settlement prices from January 2023 to July 2024

Source: Wind

copper spot reached USD 10,857 per metric ton, setting a new historical high with a 34.1% YOY increase; the prices then slightly retreated, with the settlement price for LME copper spot recorded at USD 9,014.5 per metric ton by the end of July, reflecting a 6.9% increase within the year.

3. Aluminum

In 2023, aluminum prices initially rose and then declined, with a brief upward movement followed by a downward trend. In the first half of 2024, aluminum prices peaked and then fell.

At the beginning of 2023, aluminum prices experienced a brief increase, followed by a fluctuating downward trend. The average price for the year was USD 2,249.5 per metric ton, a decrease of 16.8% compared to the average price in 2022. In the first half of 2024, aluminum prices exhibited an initial rise followed by a decline pattern, with a 3.6% decrease within the year. During the first quarter of 2024, the settlement price for the LME aluminum spot showed a volatile upward trend, reaching USD 2,695 per metric ton by the end of May, reflecting a 15.3% increase from the beginning of the year. However, the prices then fluctuated downward, with the settlement price for the LME aluminum spot closing at USD 2,252 per metric ton by the end of July (Figure 3–9), representing a 2.6% YOY increase.

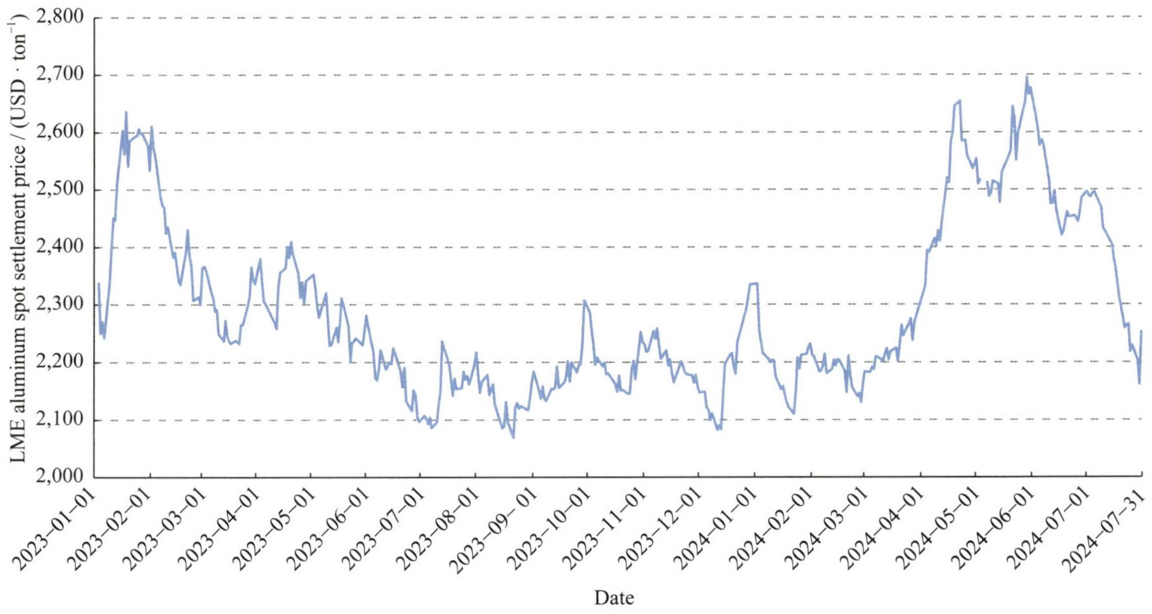

Figure 3–9 Trends in LME aluminum spot settlement prices from January 2023 to July 2024

Source: Wind

(IV) Strategic emerging mineral prices show a continuous downward trend with the annual drop widening

1. Lithium

In 2023, lithium carbonate prices plummeted, with an annual decline exceeding 80%; in the first half of 2024, the downward trend in lithium carbonate prices continued.

Throughout 2023, the global new energy vehicle industry experienced slower growth, and the growth of energy storage was below expectations. Coupled with overcapacity in upstream lithium mines, lithium carbonate prices continued the downward trend established at the end of 2022, reaching a two-year low. The price of battery-grade lithium carbonate dropped from RMB 510,000 per metric ton at the beginning of the year to RMB 97,000 per metric ton by the end of the year (Figure 3–10), reflecting an 81.0% decrease within the year. In the first half of 2024, prices continued fluctuating downward, with a slight rebound between March and May. By the end of July of 2024, the price of battery-grade lithium carbonate was quoted at RMB 81,960 per metric ton, representing a 15.4% decline within the year.

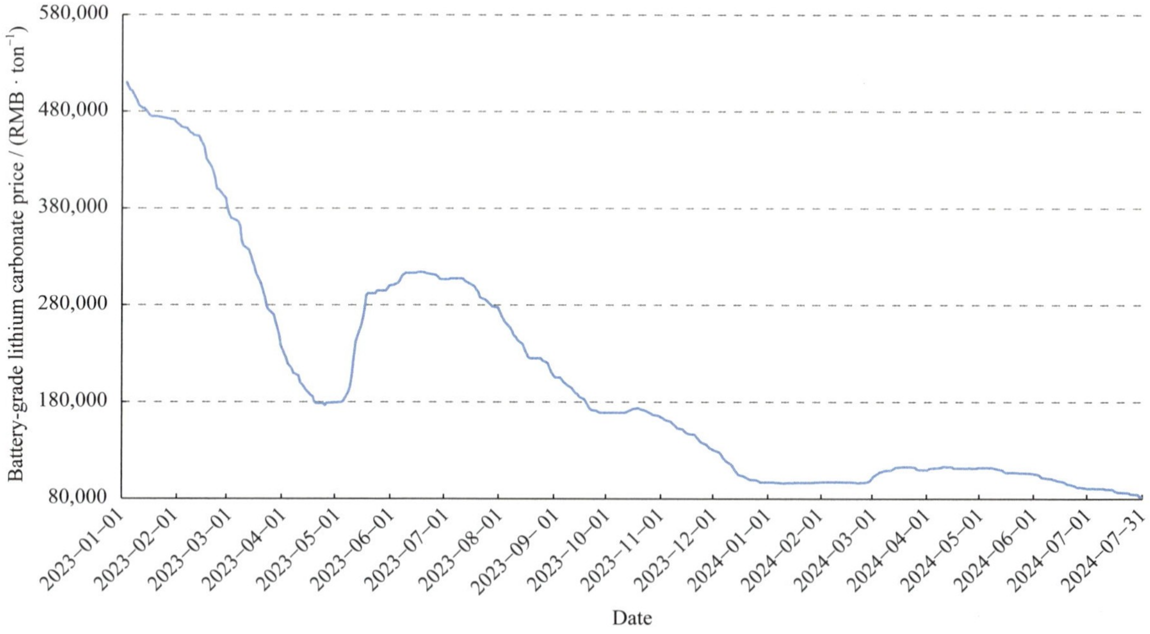

Figure 3–10 Trends in battery-grade lithium carbonate prices from January 2023 to July 2024

Source: Wind

2. Cobalt

From 2023 to the first half of 2024, cobalt prices continuously declined, reaching a two-year low.

In 2023, the consumption of cobalt in markets such as new energy vehicles and smartphones decreased, leading to a sluggish overall demand for cobalt. Combined with abundant global cobalt supply, this caused cobalt prices to decline overall (Figure 3–11). The average price for 2023 was USD 34,716.8 per metric ton, a 45.7% decrease compared to the average price in 2022. In the first half of 2024, cobalt prices continued their downward trend from 2023. By the end of July of 2024, the settlement price for LME 3-month cobalt futures was USD 26,625.0 per metric ton, reflecting an 8.6% decline within the year.

3. Nickel

In 2023, nickel prices continued declining, with a nearly 50% drop for the year. In the first half of 2024, nickel prices exhibited an initial rise followed by a decline pattern, decreasing by 2.08% within the year.

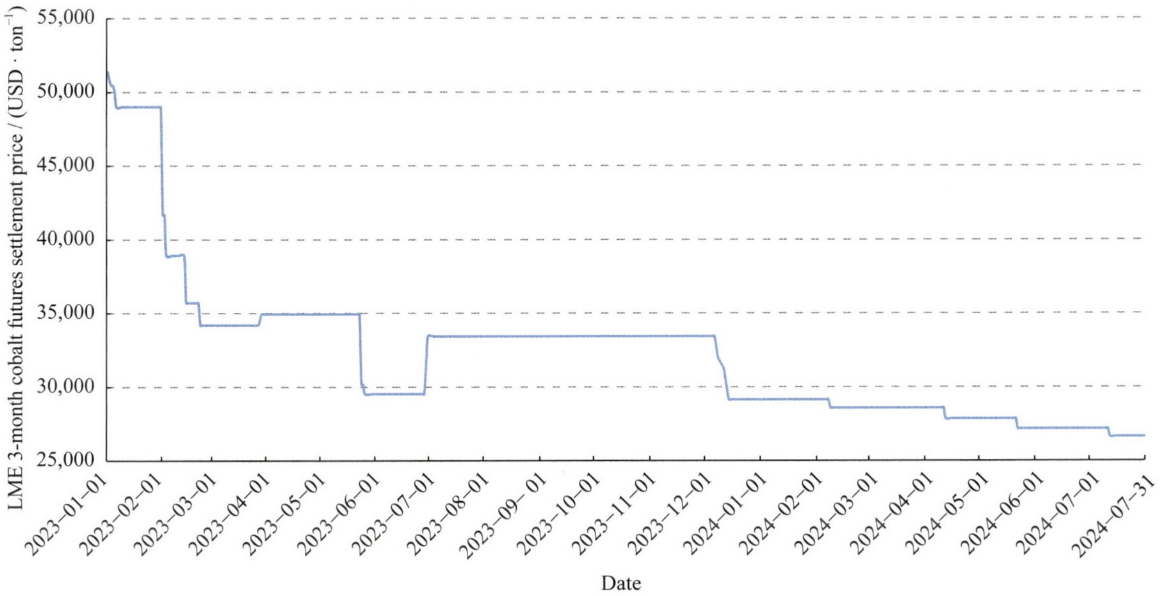

Figure 3–11 Trends in LME 3-month cobalt futures prices from January 2023 to July 2024

Source: Wind

In 2023, the continuous release of new nickel production capacity, coupled with the impact of weak global macroeconomic conditions, led to a structural oversupply in nickel, causing prices to decline persistently (Figure 3–12). Throughout the year, the settlement price for the LME nickel spot fell by 47.8%. In the first quarter of 2024, prices saw a rebound; on May 29, the settlement price for LME nickel spot reached USD 20,255 per metric ton, reflecting a 22.0% increase from the beginning of the year;

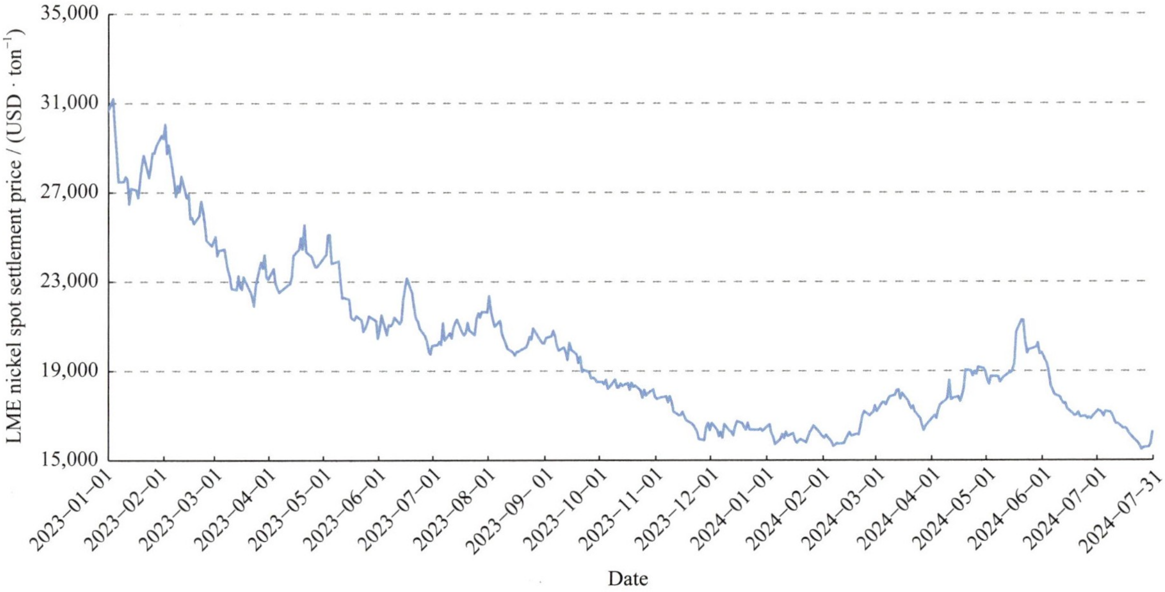

Figure 3–12 Trends in LME nickel spot settlement prices from January 2023 to July 2024

Source: Wind

however, prices then began to decline, with the settlement price for LME nickel spot closing at USD 16,255 per metric ton by the end of July, a YOY decrease of 24.8%.

(V) Agricultural mineral prices fluctuated downward, with average prices declining YOY

1. Potash

Since 2023, potash prices have generally trended downward.

In 2023, the lackluster global economic recovery, combined with strong supply and weak demand in the potash market, led to a continuation of the downward trend seen in the second half of 2022. Prices experienced wide fluctuations and continued falling (Figure 3–13). The average price for the year was USD 383.22 per metric ton[1], a YOY decline of 55.6%, with prices falling by 38.7% within the year. In the first half of 2024, potash prices initially declined and then rose, rebounding after hitting a low point in February. By the end of July, the World Bank's potassium chloride price was USD 300.63 per metric ton, a YOY decrease of 12.0%.

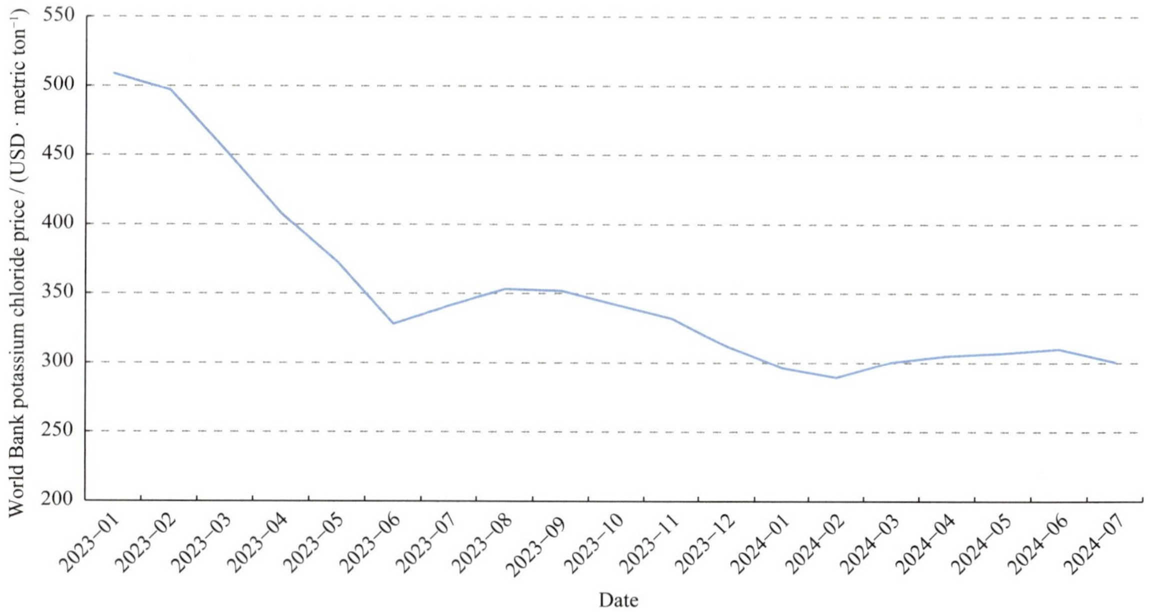

Figure 3–13 Trends in World Bank potassium chloride prices from January 2023 to July 2024

Source: Wind

2. Phosphate

In 2023, phosphate prices exhibited a "V-shaped" fluctuation, while in the first half of 2024, they followed an initial rise followed by a decline pattern.

In 2023, ongoing geopolitical conflicts, prominent supply-demand imbalances, and increasing concerns over food security led to heightened volatility in phosphate fertilizer prices. In the first two quarters of 2023, phosphate fertilizer prices initially rose and then fell, with the World Bank's diammonium phosphate (DAP) price dropping by 28.0% by the end of June compared to the beginning

[1] 1 metric ton = 1000 kilograms.

of the year. Subsequently, increased market demand supported a rebound in prices, resulting in a 10.7% decline for the year. In 2023, the World Bank's average price for DAP was USD 550.05 per metric ton, representing a YOY decrease of 28.8%. In the first half of 2024, DAP prices from the World Bank opened high and then declined. In the first quarter, prices rose supported by market demand, but then fluctuated downward. By the end of July, the World Bank's DAP price stood at USD 539.40 per metric ton (Figure 3–14), reflecting a 9.5% decrease within 2024.

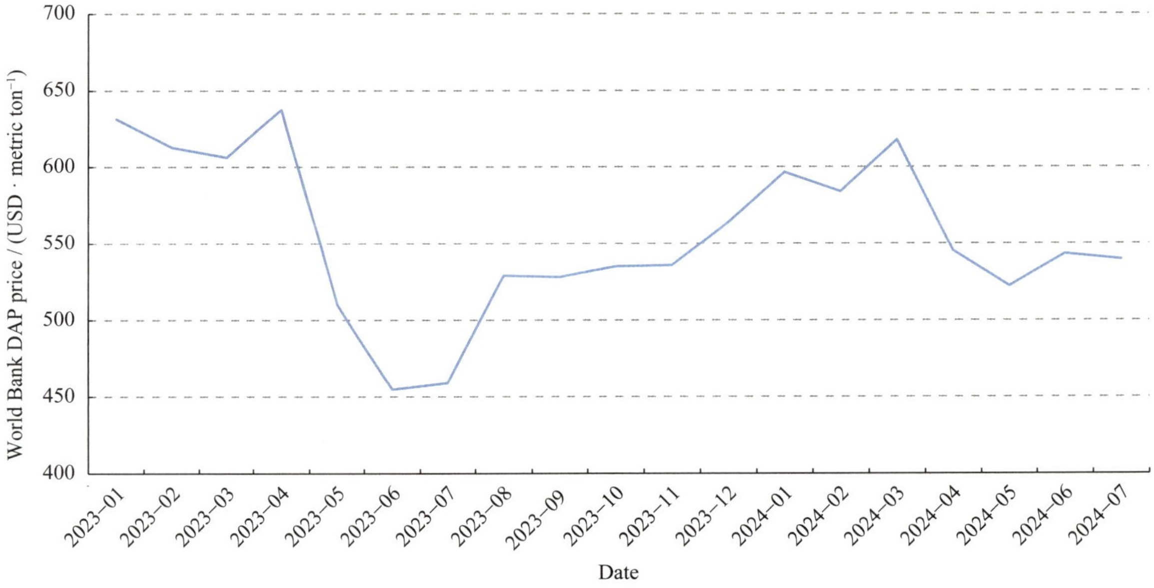

Figure 3–14 Trends in World Bank DAP prices from January 2023 to July 2024

Source: Wind

II. Retreat from its peak in mining companies' stock prices

(I) Major oil and gas companies' stock prices fluctuated, with net profits declining but remaining at high levels

In 2023, under the influence of interest rate hikes by major economies, oil prices exhibited wide fluctuations, leading to volatile stock prices for major oil and gas companies (Figure 3–15). Although profits declined in 2023 compared to the record-breaking figures of 2022, they remained at relatively high levels in recent years. The six major international oil and gas companies — Saudi Aramco, BP, ExxonMobil, Shell, TotalEnergies, and Chevron — collectively achieved net profits of USD 243.92 billion. ExxonMobil's net profit for 2023 was USD 36.01 billion, down 35.4% from 2022, yet it was still among the highest levels since 2014; Chevron's net profit for 2023 was USD 21.4 billion, a decrease of USD 14 billion from 2022, representing a 39.5% YOY decline, primarily due to a drop in fourth-quarter profits. However, this was still the highest profit Chevron had achieved in the past decade. In 2024,

stock prices experienced narrow fluctuations, with first-quarter net profits down by more than 15% YOY. ExxonMobil and Chevron reported first-quarter net profits of USD 8.22 billion and USD 5.501 billion, respectively, reflecting YOY declines of 28.1% and 16.3%.

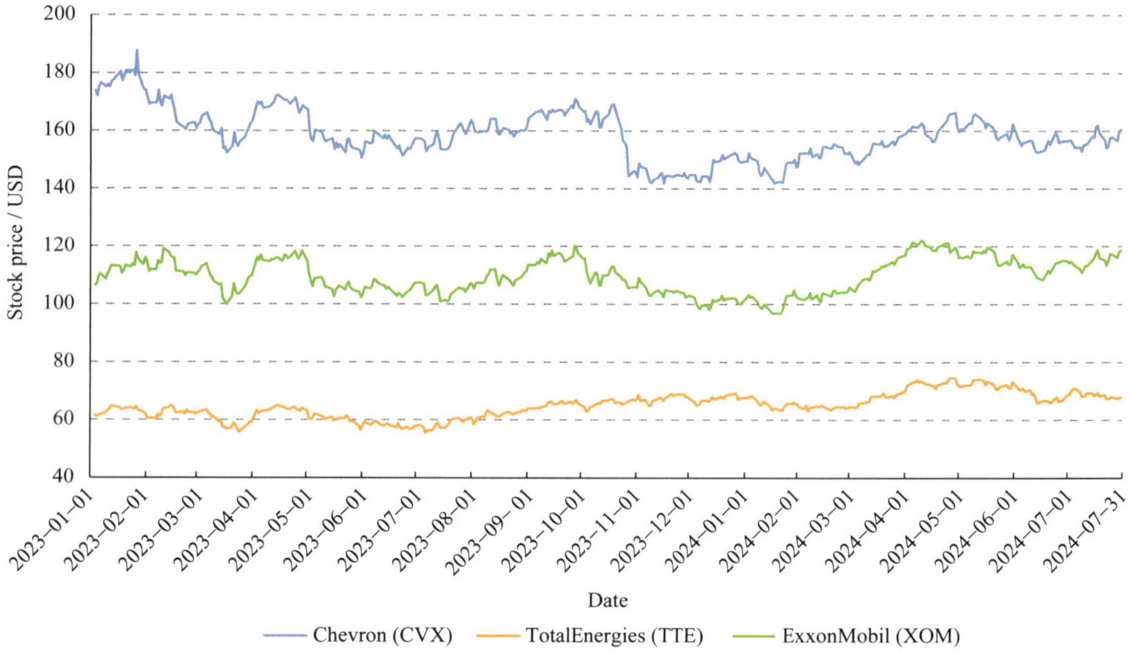

Figure 3–15 Trends in major oil companies' stock prices from January 2023 to July 2024

Source: S&P Global Market Intelligence

(II) Major solid mineral companies' stock prices fluctuated downward, with declining net profits

In 2023, influenced by the divergence in bulk solid mineral prices — particularly the initial decline followed by a rebound in iron ore prices — the stock prices of major solid mineral companies exhibited a downward trend during the first three quarters, followed by an upward rebound in the fourth quarter (Figure 3–16). The weakness in iron ore prices led to a decrease in profits for companies primarily engaged in copper and iron ore. In 2023, Rio Tinto, whose main business is iron ore, reported a net profit of USD 10.1 billion, down 23.7% YOY. BHP's net profit was USD 14.324 billion, a 56.7% YOY decline. Despite the decrease in net profits, the figures remained relatively substantial, with Rio Tinto's 2023 net profit exceeding the total profit of China's steel industry (approximately RMB 56.5 billion). In 2024, amid a loose supply-demand balance in the iron ore market, stock prices followed a pattern of decline followed by a rebound. In the first quarter of 2024, the net profits of major solid mineral companies all showed declines, with Vale's first-quarter net profit standing at USD 1.679 billion, down 30.6% compared to the fourth quarter of 2023.

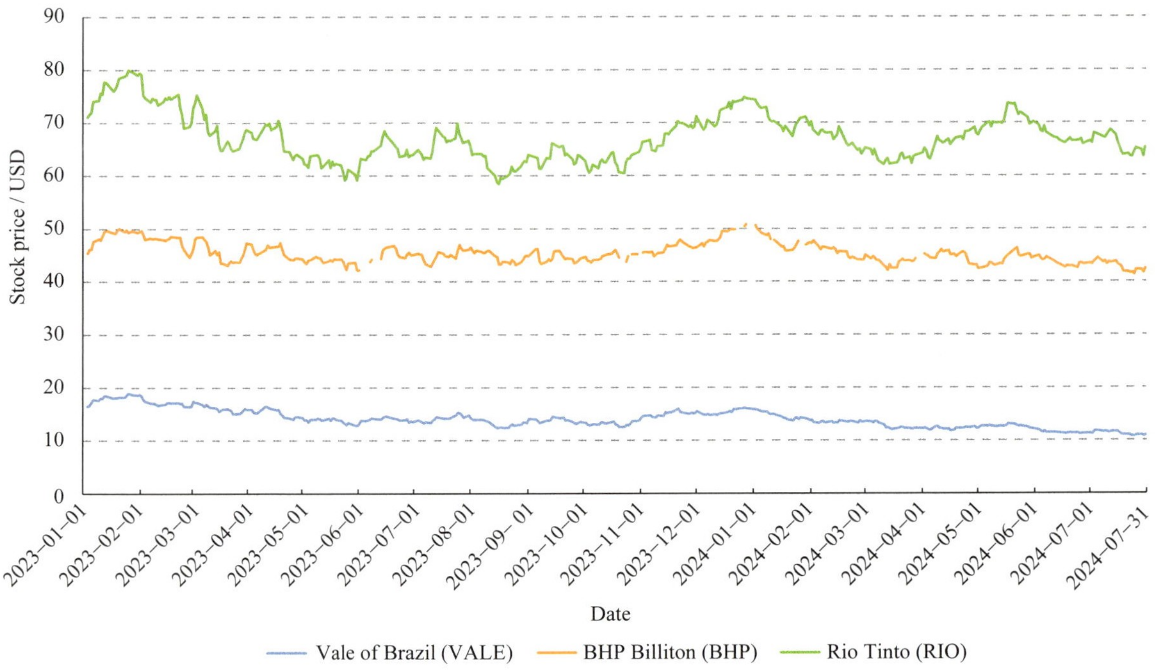

Figure 3–16 Trends in major solid mineral companies' stock prices from January 2023 to July 2024

Source: S&P Global Market Intelligence

(III) Companies primarily engaged in gold saw wide fluctuations in stock prices and rising net profits

In 2023, the stock prices of companies primarily engaged in gold saw a rapid decline in the first quarter, followed by a rebound. The second quarter of 2023 marked the year's high point, after which the prices continued declining, with a year-end rebound (Figure 3–17). In 2023, the difference between the high and low points in AngloGold Ashanti's stock price was about 48%, while the stock prices of Newmont and Barrick Gold saw a fluctuation range exceeding 30% within the year. In 2024, as gold prices continuously hit new highs, the stock prices of major gold companies rose with fluctuations, showing outstanding performance. Newmont's net profit for the first two quarters of 2024 was USD 7.291 billion, a 106.5% increase compared to the net profit (of USD 3.53 billion) in the same period in 2023.

(IV) Stock prices and profits of major strategic emerging mineral companies generally declined

In 2023, companies primarily engaged in strategic emerging minerals experienced significant declines in stock prices, with profits being adversely affected. This downward trend continued into the first half of 2024, with the net profits of major emerging mineral companies declining by over 60% in the first quarter. Throughout 2023, global average lithium prices continued falling, with an overall drop exceeding 80%, leading to a sustained decline in the stock prices of companies focused on lithium and

Figure 3–17 Trends in stock prices of companies primarily engaged in gold from January 2023 to July 2024

Source: S&P Global Market Intelligence

cobalt. By the end of 2023, the stock prices of Huayou Cobalt, Ganfeng Lithium, and Tianqi Lithium had decreased YOY by 44.2%, 42.6%, and 31.0%, respectively (Figure 3–18). Ganfeng Lithium's net profits for the first, second, and third quarters of 2023 decreased YOY by 21.0%, 77.6%, and 17.5%, respectively. The downward trend persisted into the first half of 2024, with the net profits of Ganfeng Lithium, Tianqi Lithium, and Huayou Cobalt declining YOY in the first quarter by 127.5%, 109.8%, and 61.1%, respectively. However, in the second quarter, Huayou Cobalt's net profit increased by 24.5% YOY.

(V) Stock prices and profits of companies primarily engaged in potash generally declined

In 2023, companies primarily focused on potash saw a general decline in stock prices (Figure 3–19). The average stock prices of PotashCorp, Mosaic, and Salt Lake Stock in 2023 decreased YOY by 24.5%, 24.4%, and 30.3%, respectively, with their full-year net profits amounting to USD 1.282 billion, USD 1.165 billion, and RMB 7.914 billion, reflecting YOY declines of 83.3%, 67.5%, and 49.2%, respectively. In 2024, the stock prices of major potash companies initially rose before declining, driven by increased demand in the first quarter, followed by fluctuating decreases. In the first quarter of 2024, Salt Lake Stock's net profit was RMB 1.049 billion, a YOY decline of 7.3%.

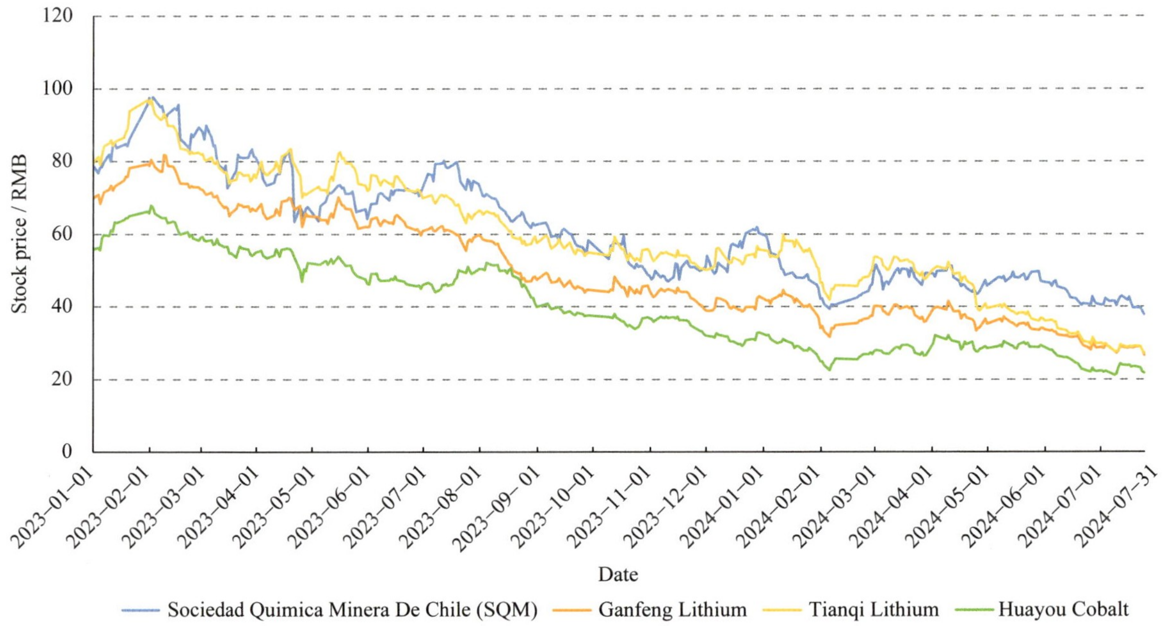

Figure 3-18 Trends in stock prices of major strategic emerging mineral companies from January 2023 to July 2024

Source: S&P Global Market Intelligence

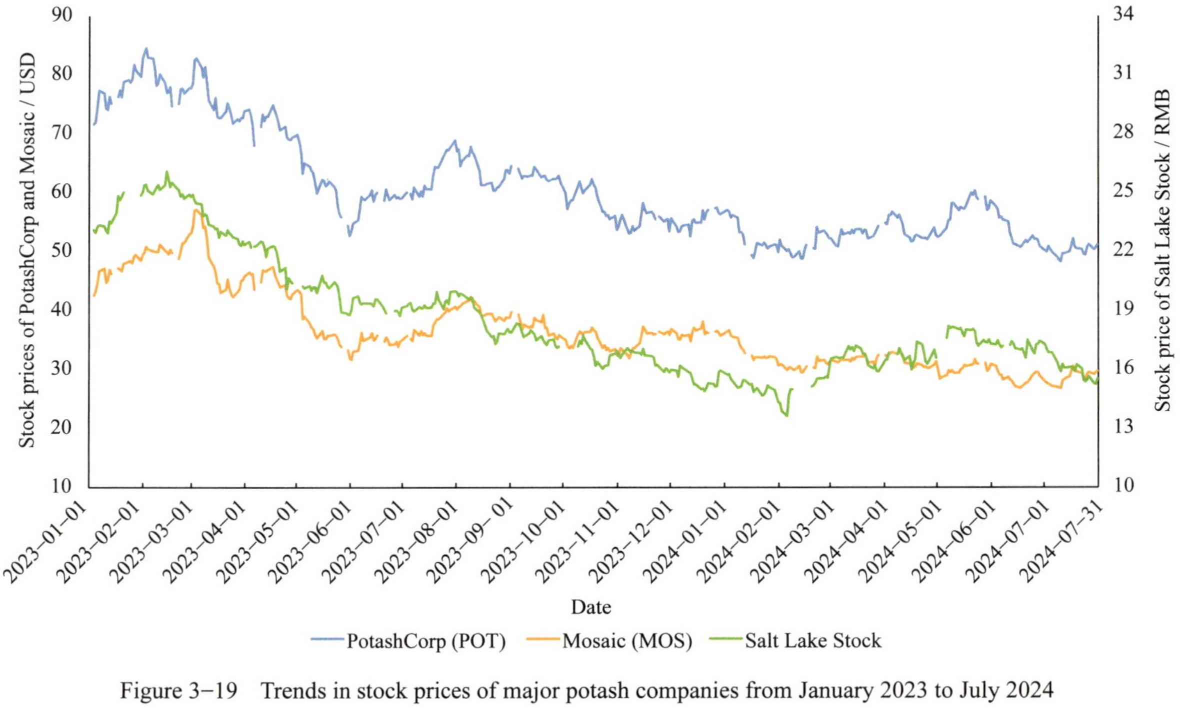

Figure 3-19 Trends in stock prices of major potash companies from January 2023 to July 2024

Source: S&P Global Market Intelligence

III. Continued cooling of major solid mineral financing, but warming up of M&A activity

(I) Major solid mineral financing declines overall

Firstly, in the context of high interest rates, the global mining financing market faces both challenges and opportunities, showing a cooling trend from the beginning of 2023 to the present.

In 2023, the global mining financing market underwent a complex journey, characterized by both challenges and opportunities. Throughout the year, a total of 2,748 mining financing projects were completed worldwide, representing a 16.4% increase YOY. However, the total financing amount reached USD 11.623 billion, a 3.7% decline YOY, with the average financing amount per project being USD 4.2296 million, a decrease of 20.7% YOY. The disparity in the quality of financing projects became more pronounced, with high-quality projects typically securing larger financing amounts, while lower-quality or higher-risk projects faced difficulties in obtaining financing. This trend further intensified market competition. In the second half of 2023, the financing amount experienced a cyclical rebound, with USD 6.122 billion raised between July and December, marking a 13.7% increase YOY, which significantly contributed to the annual financing figures. In the first half of 2024, a total of 1,214 mining financing projects were completed, raising USD 4.811 billion, a 12.5% decline YOY (Figure 3–20). The high-interest-rate environment led to increased financing costs, heightened market risks, and a corresponding increase in return on investment requirements. Mining projects, which typically require substantial capital investments for equipment purchases, exploration, and mine construction, became less attractive under these conditions, resulting in reduced financing.

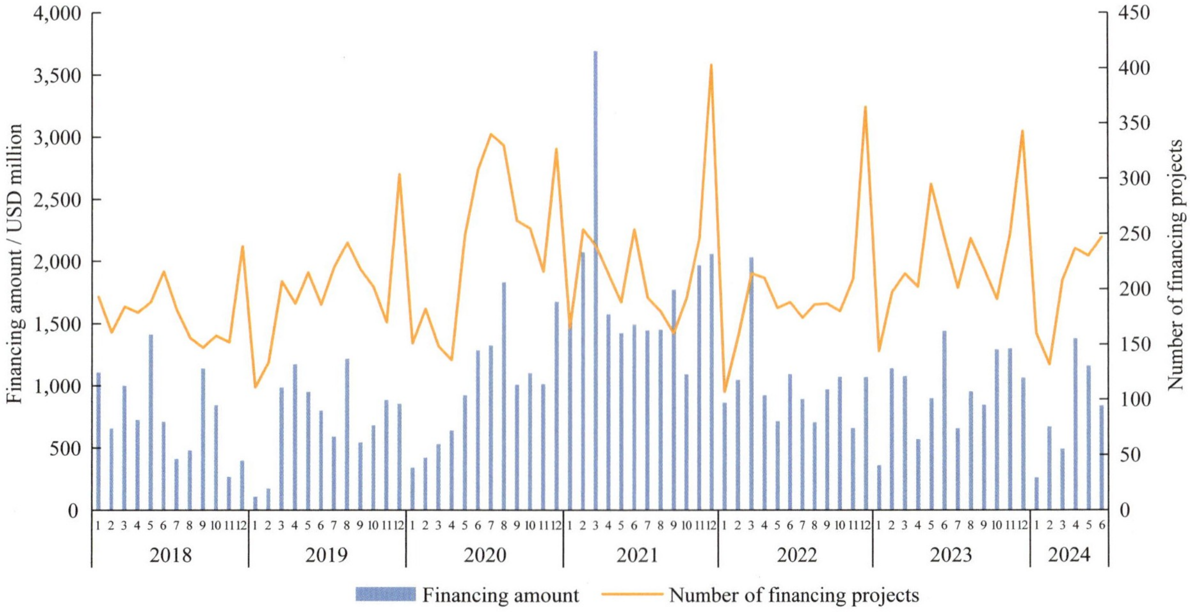

Figure 3–20 Global major solid mineral financing amounts and number of financing projects from January 2018 to June 2024

Source: S&P Global Market Intelligence

Secondly, equity financing remains dominant, with the Toronto Stock Exchange and the Australian Securities Exchange continuing being the primary venues for solid mineral project financing.

Due to the inherently capital-intensive nature of the mining industry, equity financing has long been the main method of raising capital. Since 2014, equity financing has consistently accounted for over 70% of the total global solid mineral financing, with the figure exceeding 95% at one point in 2016. Entering 2023, despite the complex and volatile global economic environment, equity financing still accounted for 88.2% of the total solid mineral financing, an increase of 11.2 percentage points compared to 2022 (Figure 3–21).

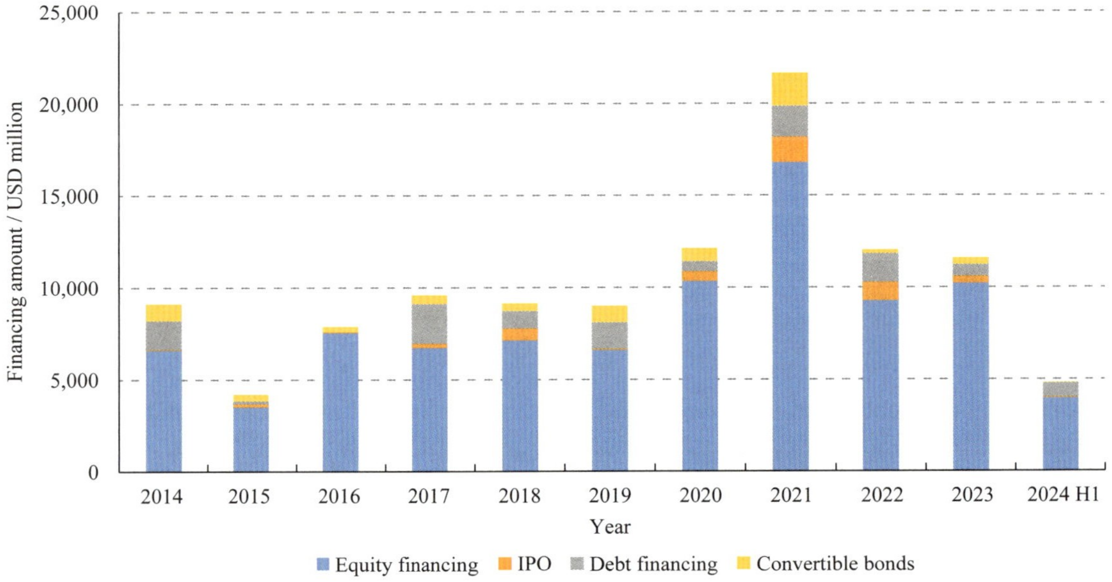

Figure 3–21 Global distribution of major solid mineral financing amounts (by financing method) from January 2014 to June 2024

Source: S&P Global Market Intelligence

Canada and Australia, as the world's most important mining capital markets, hold significant advantages in raising funds for exploration projects. The Toronto Stock Exchange (TSX) and the Australian Securities Exchange (ASX) are the leading venues globally for equity financing of mining projects, particularly high-risk exploration projects. In 2023, the TSX and ASX accounted for 41.9% and 33.6%, respectively, of the global solid mineral financing total, maintaining similar proportions to 2022. The combined share of the two exceeds 75%. In the first half of 2024, the TSX raised USD 2.418 billion, with its share rising to 50.3%, while the ASX raised USD 1.508 billion, with its share decreasing to 31.4%, together accounting for 81.7% of the total (Figure 3–22).

Thirdly, financing for strategic emerging minerals has rebounded, while financing for bulk solid minerals remains under pressure, and gold financing has declined.

After a peak in declining financing in 2022, strategic emerging minerals saw a significant rebound in 2023, with a total financing amount of USD 3.204 billion (Figure 3–23), representing a YOY increase of

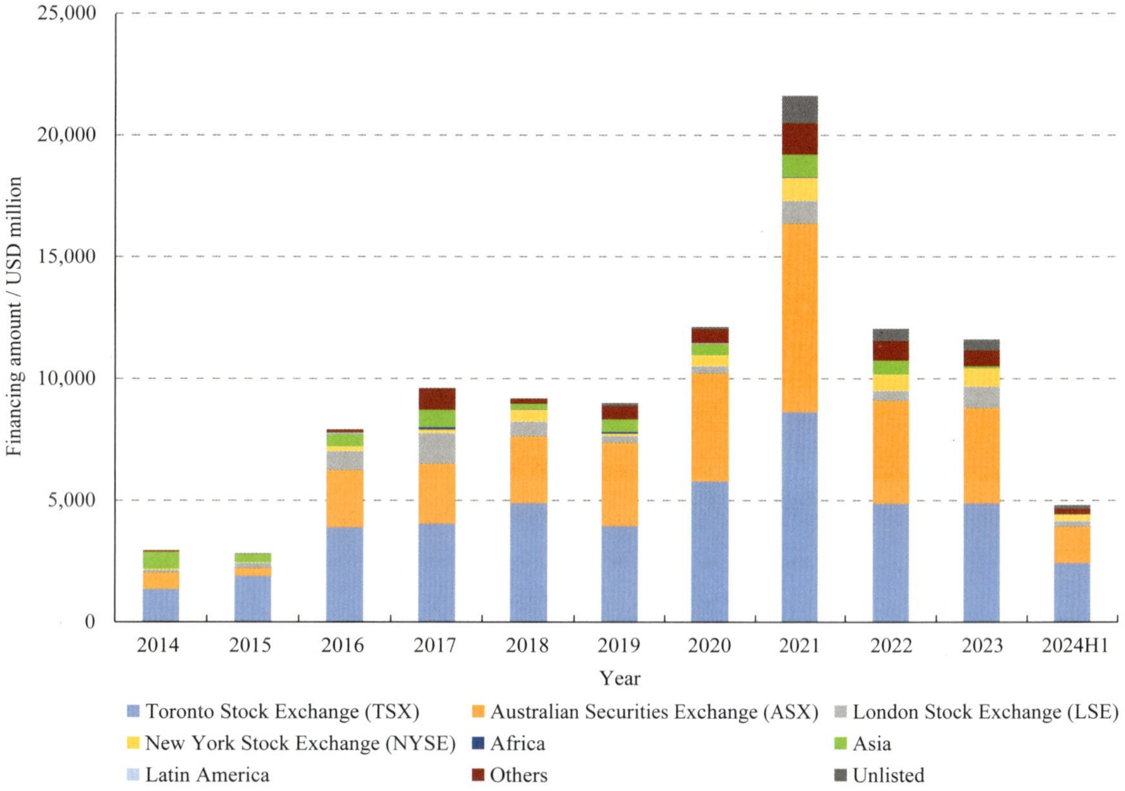

Figure 3–22 Global distribution of major solid mineral financing amounts by exchange from January 2014 to June 2024

Source: S&P Global Market Intelligence

30.6%. Of this, lithium mining accounted for USD 2.064 billion, making up 64.4% of the total financing for strategic emerging minerals. The number of financing projects was 489, reflecting a YOY increase of 48.6%. In the first half of 2024, the total financing amount for strategic emerging minerals was USD 1.141 billion, with an expected downward trend for the full year.

Compared to the rebound in financing for strategic emerging minerals, the financing performance for bulk solid minerals in 2023 faced more pressure. The total financing amount for bulk solid minerals was USD 3.984 billion (Figure 3–23), representing a YOY decrease of 7.2%. Of this, copper mining accounted for USD 2.4 billion, which is 20.7% of the total solid mineral financing and 60.2% of the bulk solid mineral financing. The number of financing projects for bulk solid minerals reached 885, reflecting a YOY increase of 27.5%. In the first half of 2024, the financing amount for bulk solid minerals was USD 1.778 billion, with 398 financing projects completed. It is expected that the total number of financing projects for the full year will be on par with 2023.

Amid increasing global economic uncertainty, gold has demonstrated strong risk aversion capabilities and possesses a certain "counter-cyclical" quality. In 2023, global gold financing significantly declined, with a total amount of USD 4.435 billion (Figure 3–23), marking a YOY decrease of 16.7%. The number of financing projects reached 1,501, reflecting a 12.3% YOY increase. In the first half of 2024, gold

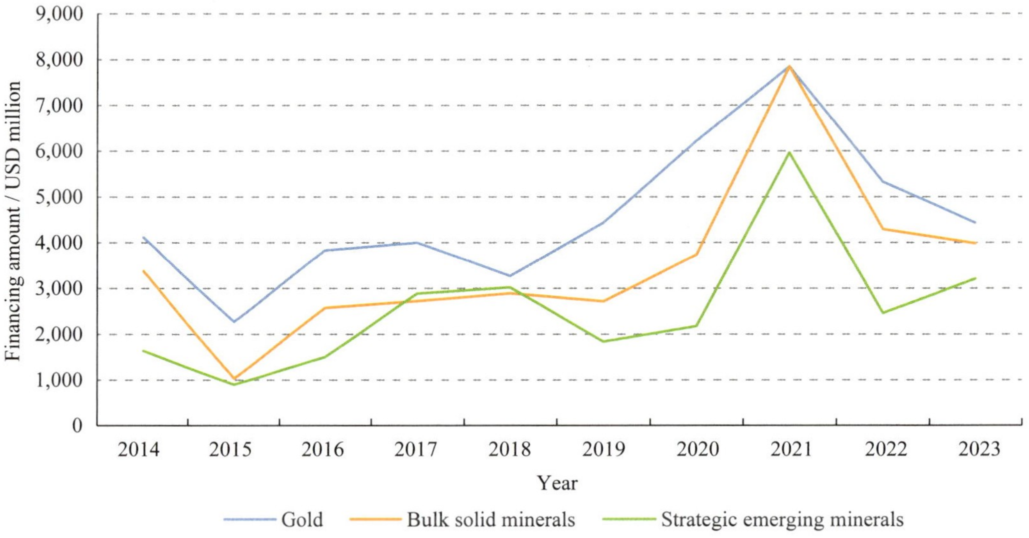

Figure 3–23 Changes in global major solid mineral financing amounts in 2014—2023

Source: S&P Global Market Intelligence

financing amounted to USD 1.892 billion, with a notable reduction in the number of financing projects, totaling 582.

(II) Global M&A market for major solid minerals shows overall recovery, with diverging hotspots

Firstly, the global M&A market for major solid minerals has shown a recovery, with a preference for large-scale projects.

Influenced by macroeconomic policies such as the U.S. Federal Reserve's interest rate hikes in the second half of 2022, the pace of market investment slowed down, entering a consolidation phase. In 2023, the total M&A transaction value for major solid minerals (including coal, gold, silver, platinum, iron ore, copper, bauxite, lead, zinc, lithium, cobalt, and nickel) reached USD 51.116 billion, representing a YOY increase of 25.7% and a 51.6% increase compared to 2020 (Figure 3–24). The total number of M&A projects for major solid minerals was 976, a YOY decrease of 32.2%, indicating a market preference for high-quality, large-scale M&A targets.

Secondly, global M&A transactions for major solid minerals have been concentrated in Oceania.

In terms of the geographic distribution of global M&A targets for major solid minerals, the market in 2023 exhibited significant regional differences and evolving trends. The M&A transaction value in the U.S. and Canada was USD 11.134 billion, representing a YOY decline of 26.7%. In contrast, the transaction value in Oceania reached USD 29.616 billion, marking a substantial YOY increase of 171.6%. In Europe, the transaction value dropped sharply to USD 351 million, a YOY decrease of 90.4%. Meanwhile, in Asia, the transaction value rose to USD 4.971 billion, reflecting a YOY growth of 51.2%, with the transaction value in China alone reaching USD 3.08 billion, up 72.0% YOY (Figure 3–25).

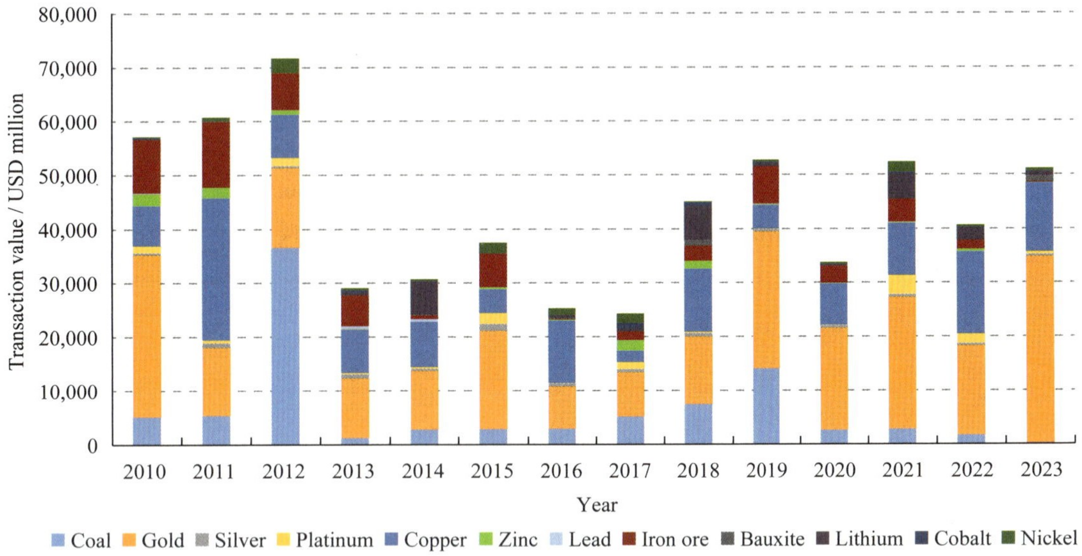

Figure 3–24 Global M&A transaction values for major solid minerals in 2010—2023

Source: S&P Global Market Intelligence

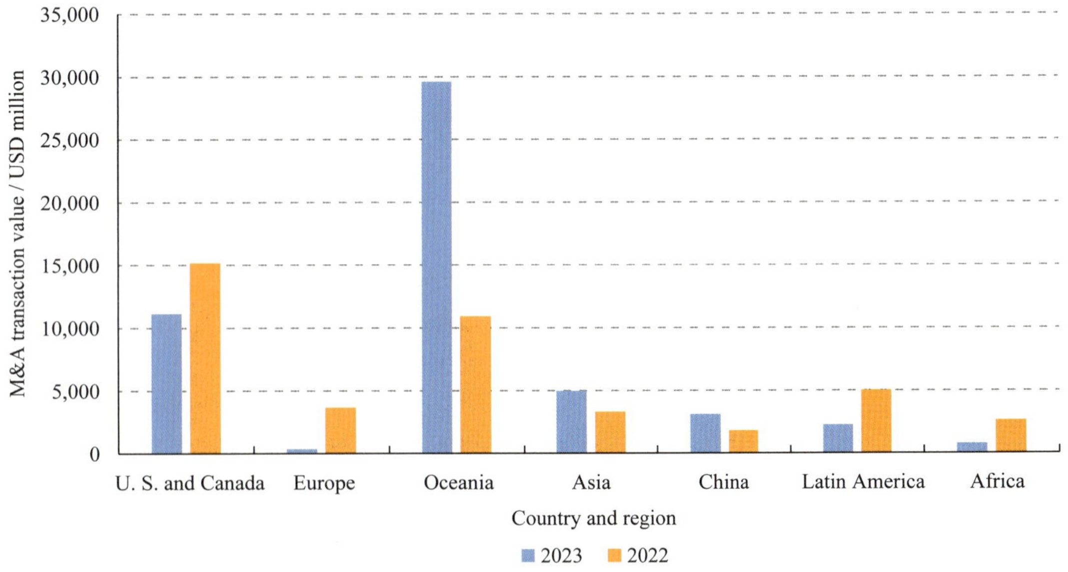

Figure 3–25 M&A transaction values for major solid minerals in world's major countries and regions in 2022—2023

Source: S&P Global Market Intelligence

Thirdly, investment in the precious metals M&A market has increased, focusing on Oceania Australia.

In 2023, the global M&A transaction value for major precious metals (gold, silver, platinum) reached USD 35.575 billion, representing a YOY increase of 90.0% and marking the highest level since 2010. However, the number of M&A transactions decreased to 398, a YOY decline of 41.2%. Of these transactions, targets located in Oceania accounted for USD 20.406 billion, representing 57.4% of the

global precious metals M&A transaction value, making Oceania the dominant region. Gold, as the leader of the precious metals market, saw M&A transaction values rise to USD 34.64 billion, up 108.4% YOY (Figure 3–26), accounting for 97.4% of the global precious metals M&A transaction value, an increase of 8.8 percentage points compared to 2022. The number of gold-related M&A transactions decreased to 352, a YOY drop of 42.3%. The M&A transaction value for precious metals located in Oceania accounted for 69.0% of the combined M&A transaction values for precious metals, bulk solid minerals, and strategic emerging minerals in the region (Figure 3–27). In contrast, the global M&A transaction value for silver was USD 361 million in 2023 showing a downward trend (Figure 3–24).

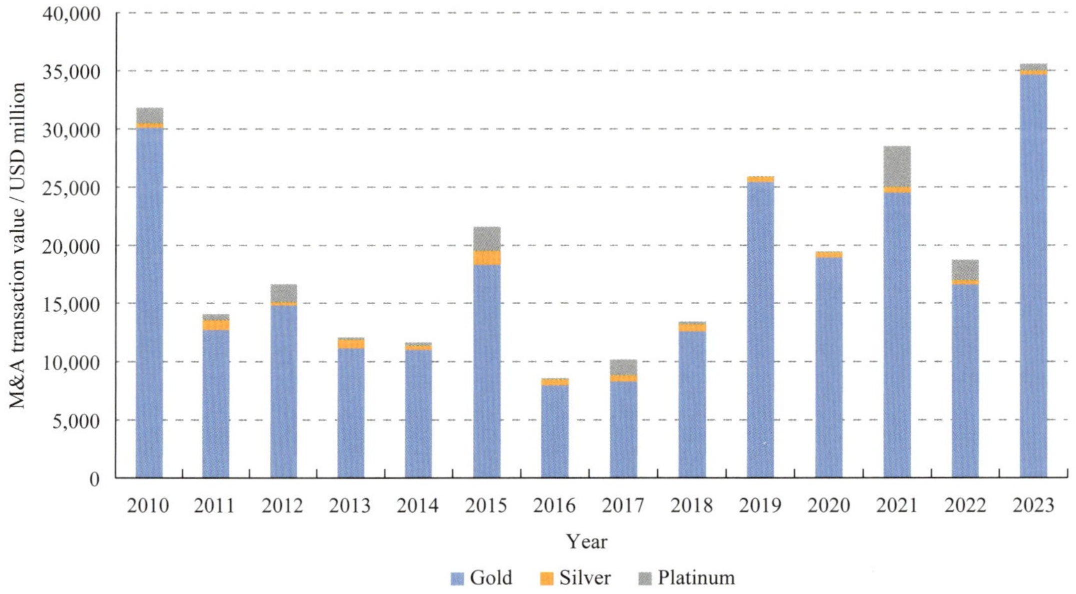

Figure 3–26 Global M&A transaction values for major precious metals in 2010—2023

Source: S&P Global Market Intelligence

Fourthly, the global M&A market for bulk solid minerals has cooled down, with copper remaining the dominant metal.

In 2023, the global M&A transaction value for major bulk solid minerals (iron ore, copper, bauxite, lead, zinc) totaled USD 13.971 billion, a YOY decrease of 20%. The number of M&A transactions was 194, down 36.2% YOY (Figure 3–28). Of these, the M&A transaction value for bulk solid minerals in Oceania was USD 8.607 billion, and in the U.S. and Canada, it was USD 1.292 billion. Together, these regions accounted for 70.8% of the global M&A transaction value for bulk solid minerals (Figure 3–27). In 2023, the global M&A transaction value for copper was USD 12.713 billion, representing a YOY decrease of 16.9% and accounting for 91.0% of the total M&A transaction value for bulk solid minerals. The number of copper M&A transactions was 144, down 37.4% YOY. Of these, the M&A transaction value for copper in Oceania, the U.S., and Canada was USD 9.845 billion, accounting for 77.4% of the global copper M&A transaction value. In 2023, the global M&A transaction value for bauxite was USD

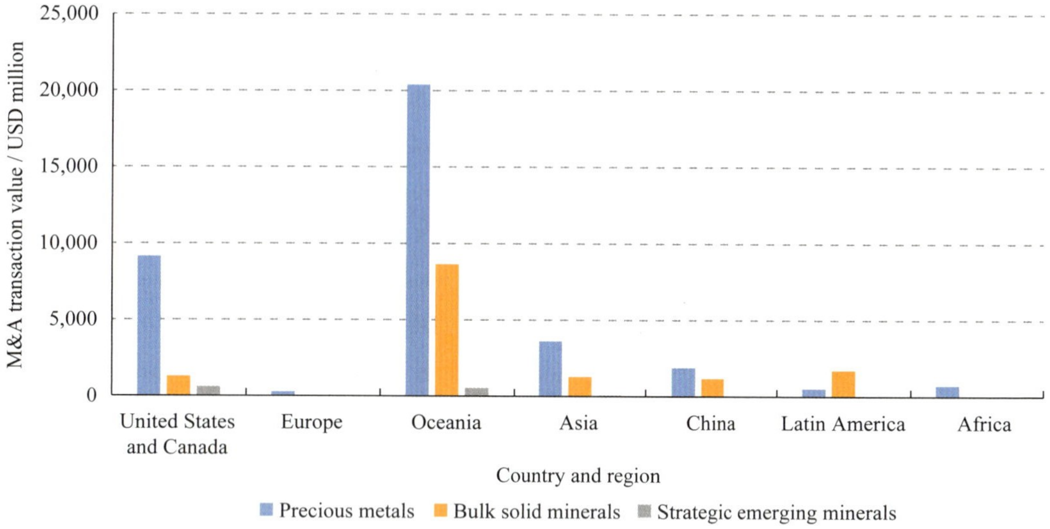

Figure 3–27 M&A transaction values for precious metals, bulk solid minerals, and strategic emerging minerals in world's major countries and regions in 2023

Source: S&P Global Market Intelligence

1.11 billion, accounting for 7.9% of the global M&A transaction value for bulk solid minerals. The M&A transaction value for zinc was USD 45 million (Figure 3–28).

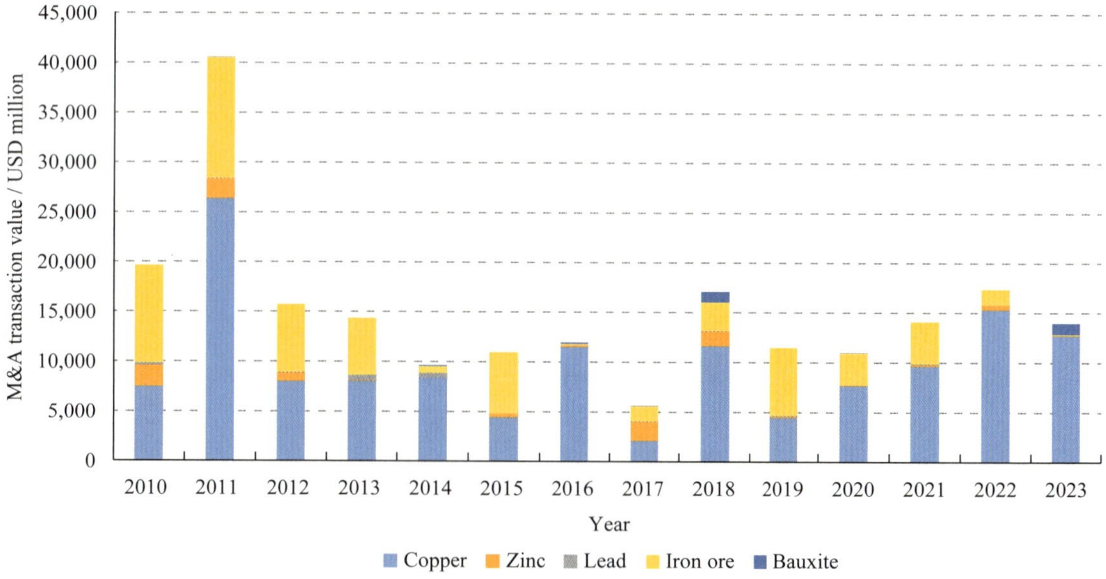

Figure 3–28 Global M&A transaction values for major bulk solid minerals in 2010—2023

Source: S&P Global Market Intelligence

Fifthly, in the global M&A market for strategic emerging minerals, lithium has cooled down, while nickel and cobalt have showed divergent trends.

With the rapid development of the global energy transition and the new energy vehicle industry, the

strategic importance of critical minerals has become increasingly prominent, making their M&A activities a key indicator of industry trends. In 2023, the global M&A transaction value for strategic emerging minerals (lithium, cobalt, nickel) was USD 1.428 billion, a YOY decrease of 50.4%, with the number of M&A transactions totaling 375, down 14.6% YOY. Of these, the M&A transaction value for strategic emerging minerals in the U.S. and Canada was USD 612 million, accounting for 42.9% of the global total (Figure 3–27). In 2023, the M&A transaction value for lithium was USD 864 million, down 65.1% YOY, accounting for 60.5% of the global M&A transaction value for strategic emerging minerals, an increase of 25.4 percentage points from 2022. The number of lithium M&A transactions was 320, roughly the same as in 2022. Of these, the M&A transaction value for lithium in Latin America and Oceania was USD 257 million, accounting for 29.7% of the total lithium M&A transaction value. The M&A transaction values for nickel and cobalt were USD 562 million and USD 2 million, respectively, representing YOY growth of 43.7% and a decline of 85.7% (Figure 3–29).

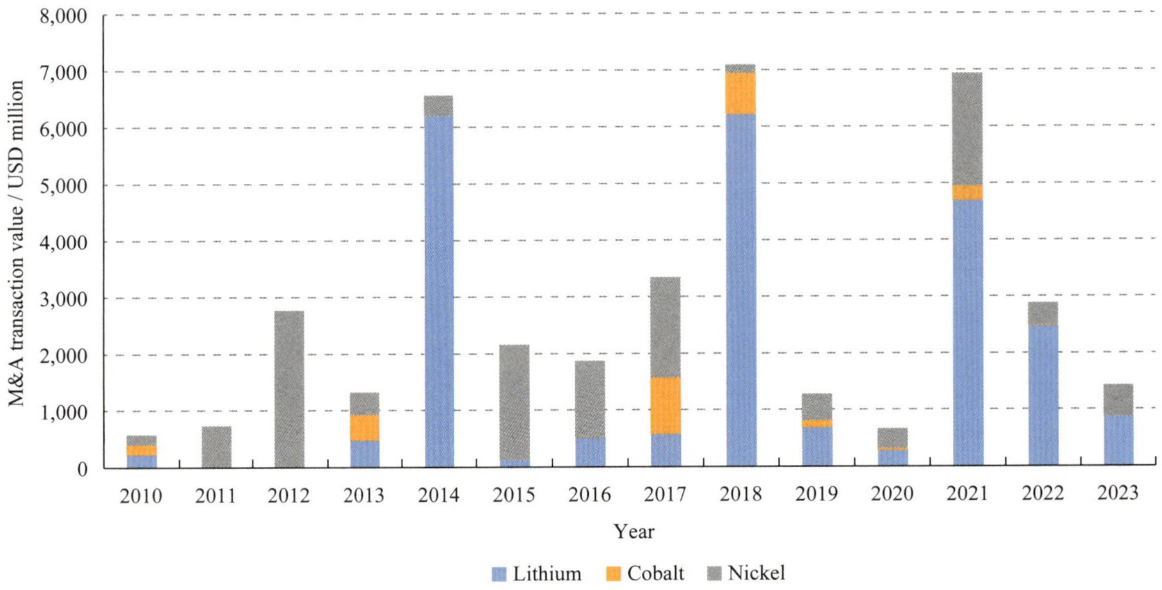

Figure 3–29 Global M&A transaction values for strategic emerging minerals in 2010—2023

Source: S&P Global Market Intelligence

>>> Chapter IV

Developments of Global Mining Companies

The total market capitalization of the world's top 50 mining companies remains stable. The increase in copper and gold prices, and the decrease in the prices of strategic emerging minerals, especially lithium, have brought about significant changes in the structure of the world's top 50 mining companies. Global mining capital market see fluctuations and differentiation, and large mining companies undergo significant changes. The number of mining companies in China registers an increase of 5.9% YOY, which focuses on non-metallic mining and coal mining, and the total profit shows a downward trend. The coal market remains stable, the new energy market is stagnant, and the market as a whole is stable.

A slowdown in global demand for electric vehicles is being felt upstream, and there is a structural surplus of production capacity of traction batteries. Despite a period of development for energy storage batteries, the increment is limited, causing a slowdown in the growth of lithium supply and demand. The decline in lithium prices has led to a decrease in the net profit of many large lithium mining enterprises and a reduction in capital in the industrial chain. The hydrogen energy industry has seen booming development around the world, with a lot of room for development at the investment level. Europe, North America, and Asia have their respective strengths in the development of the hydrogen energy industrial chain. Many African countries including Egypt and Morocco have joined in the development of hydrogen energy and enjoy great potential in hydrogen energy production and export.

ESG policies are influenced by climate change and carbon emission regulations. In major economies, standards on ESG information disclosure have been regulated. The degree of ESG financialization has been improved, becoming a core indicator to enhance the competitiveness of the mining industry. ESG governance in the mining industry has been continuously improved, and leading enterprises as well as enterprises engaged in the mining and utilization of a variety of mineral resources have seen good performance. Different mining companies have performed differently. China's mining industry has improved significantly in ESG performance.

Reducing emissions in the mining sector is now a global consensus. The *Paris Agreement* reached

in 2015 is an important milestone in the global climate governance process, promoting carbon emission reduction in all countries. The mining industry is a big emitter of greenhouse gases in the world, and therefore its emission reduction actions not only concern environmental sustainability but also directly affect the realization of global carbon neutrality goals. International mining industry organizations are leading the transition to a low-carbon economy for member states and businesses through such measures as the promotion of low-carbon technologies and enhanced international cooperation. Governments have set emission reduction targets through legislation, supported industrial transformation and technological innovation, spurred the development of renewable energy, and leveraged market mechanisms to promote corporate emissions reduction. In keeping with the trends of carbon emission reduction, mining companies take comprehensive measures, including setting emission reduction targets, optimizing energy structures, investing in new technologies, promoting green mine development, advancing digital upgrades, managing supply chains, and increasing ESG transparency, to achieve low-carbon operations and sustainable development, and contribute to the global goal of carbon neutrality.

I. Divergence in market capitalization and performance of global large mining companies

(I) The total market capitalization of the world's top 50 mining companies remains stable, and the structure has changed significantly

First, the total market capitalization of the world's top 50 mining companies (Table 4–1) is stable, and the entry threshold is lowered.

Table 4–1 List of the world's top 50 mining companies (second quarter of 2024)

Ranking	English name	Chinese name	Country	Main business
1	BHP Group	必和必拓	Australia	Diversified
2	Rio Tinto	力拓	Australia	Diversified
3	Southern Copper	南方铜业	U.S.	Copper
4	Glencore	嘉能可	Switzerland	Diversified
5	Freeport-McMoRan	自由港集团	U.S.	Copper
6	Zijin Mining	紫金矿业	China	Diversified
7	Amman Mineral	安曼矿产	Indonesia	Copper
8	Newmont Gold	纽蒙特黄金	U.S.	Precious metal
9	Vale	淡水河谷	Brazil	Diversified
10	Fortescue Metals	福蒂斯丘金属集团	Australia	Iron ore
11	Ma'aden	沙特阿拉伯矿业公司	Saudi Arabia	Diversified
12	Anglo American	英美资源	U.K.	Diversified
13	Shaanxi Coal	陕西煤业	China	Coal
14	Coal India	印度煤业	India	Coal

Continued

Ranking	English name	Chinese name	Country	Main business
15	Agnico Eagle	伊格尔矿业	Canada	Gold
16	Barrick Gold	巴里克黄金	Canada	Precious metal
17	Antofagasta	安托法加斯塔	U.K.	Copper
18	Teck Resources	泰克资源	Canada	Diversified
19	Nutrien	纽蒂安	Canada	Chemical fertilizer
20	CMOC Group	洛阳钼业	China	Molybdenum
21	Wheaton Precious Metals	惠顿贵金属	Canada	Royalty
22	Norilsk Nickel	诺里尔斯克镍业	Russia	Diversified
23	Franco-Nevada	弗兰克内华达	Canada	Royalty
24	Cameco	卡梅科	Canada	Uranium
25	Vedanta	韦丹塔集团	India	Base metals
26	Yanzhou Coal	兖州煤业	China	Coal
27	Polyus	极地黄金	Russia	Gold
28	Ivanhoe Mines	艾芬豪矿业公司	Canada	Copper
29	Shandong Gold Mining	山东黄金	China	Gold
30	Gold Field	金田公司	South Africa	Precious metal
31	SQM	智利矿业	Chile	Lithium
32	Albemarle	雅宝	U.S.	Lithium
33	South32	南方 32 公司	Australia	Base metals
34	First Quantum Minerals	第一量子矿业公司	Canada	Copper
35	AngloGold Ashanti	盎格鲁黄金	U.S.	Gold
36	Kazatomprom	哈萨克斯坦国家原子能公司	Kazakhstan	Uranium
37	Kinross Gold	金罗斯黄金公司	Canada	Precious metal
38	Northern Star Resources	北星资源	Australia	Precious metal
39	Jiangxi Copper	江西铜业	China	Copper
40	Mosaic	美盛公司	U.S.	Sylvite
41	Northern Rare Earth	北方稀土	China	Rare earth
42	Boliden	博利登	Sweden	Diversified
43	Lundin Mining	伦丁矿业	Canada	Copper
44	Sumitomo Metal Mining	住友金属矿业	Japan	Base metals
45	Royal Gold	皇家黄金	U.S.	Royalty
46	Anglo American Platinum	英美铂金	South Africa	Platinum group metals
47	KGHM	凯戈汉姆	Poland	Copper
48	Cleveland-Cliffs	克利夫兰克里夫公司	U.S.	Iron ore
49	Pan American Silver	泛美白银	Canada	Precious metal
50	Ganfeng Lithium	赣锋锂业	China	Lithium

Source: compiled based on Mining.com *The top 50 biggest mining companies in the world.*

In 2023, the total market capitalization of the world's top 50 mining companies rarely changed, reaching USD 1.43 trillion in the first quarter, witnessing a slight decline in the second and third quarters, and climbing back to USD 142 million in the fourth quarter, up by 2.9% from the previous quarter. The total market capitalization of the world's top 50 mining companies steadily increased in the first half of 2024, and reached USD 1.43 trillion in the second quarter, up 2.1% from the previous quarter, rebounding to early 2023 levels, mainly as a result of higher copper and gold prices (Figure 4–1). The total market capitalization of the top five companies dipped compared to 2023, but the positions are stable. The threshold for ranking among the top 50 in the second quarter of 2024 is USD 7.1 billion, down from USD 7.2 billion in 2023 and USD 7.9 billion in 2022.

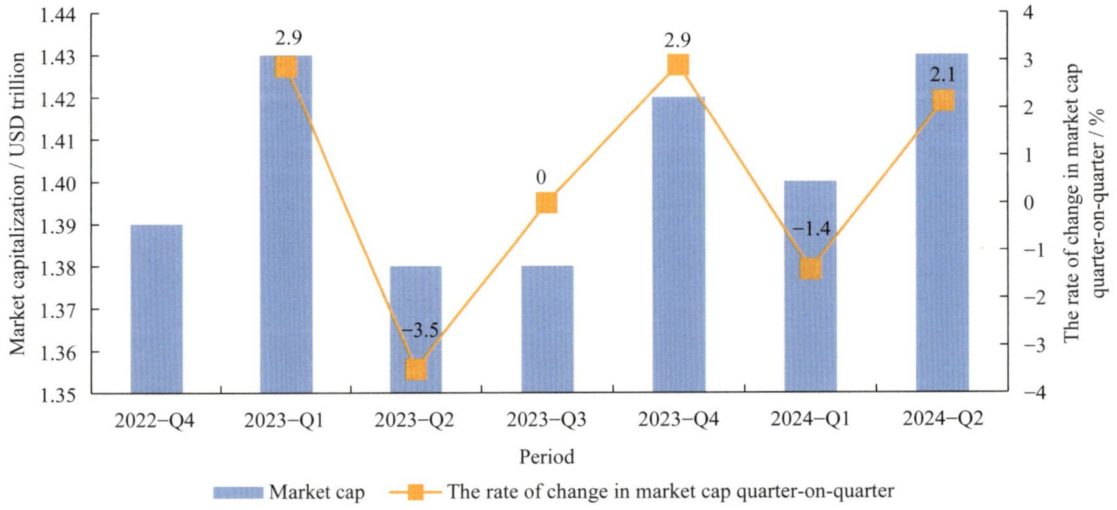

Figure 4–1 Changes in the market capitalization of the world's top 50 mining companies from Q4 2022 to Q2 2024

Source: compiled based on Mining.com *The top 50 biggest mining companies in the world*

Second, the operation of mineral types is diversified among the world's top 50 mining companies.

Among the world's top 50 mining companies in the second quarter of 2024, the proportion of companies engaged in diversified operations, copper and precious metals is the largest. There are 10 companies with diversified operations, and nine mainly engaged in copper operations, six in precious metals operations, four in gold operations, and three each in lithium, coal, and base metals operations. It is noteworthy that on the list are two companies that are mainly engaged in uranium operations (Table 4–1, Figure 4–2). Compared with 2023, we see the biggest change in the number of companies that are mainly engaged in copper and lithium, with three new companies mainly engaged in copper and a reduction of three companies mainly engaged in lithium. At the same time, the proportion of their overall market capitalization also changed significantly.

Third, according to the list of the world's top 50 mining companies, Canadian companies are the most, and the total market capitalization of Australian companies is the highest.

Of the top 50 mining companies in the world, there are 12 Canadian companies, eight Chinese

and U.S. companies each, five Australian companies, two South African, Russian, Indian, and British companies each, and 10 other companies belonging to different countries (Figure 4–3). In terms of market capitalization performance, there are only five Australian companies on the list, but the total market capitalization reached USD 324.2 billion due to the high market capitalization of mining giants such as Rio Tinto and BHP Group, accounting for 23.5% of the total market capitalization of the world's top 50 mining companies. The 12 Canadian mining companies have a combined market capitalization of USD 232.8 billion, basically on par with that in 2023. The market capitalization of the eight Chinese mining companies is USD 185.5 billion, an increase of USD 16.3 billion from that in 2023, basically climbing back to the high level in 2022, accounting for 13.4% of the total market capitalization of the world's top 50 mining companies, ranking fourth for three consecutive years, after Australia, the U.S. and Canada (Figure 4–4).

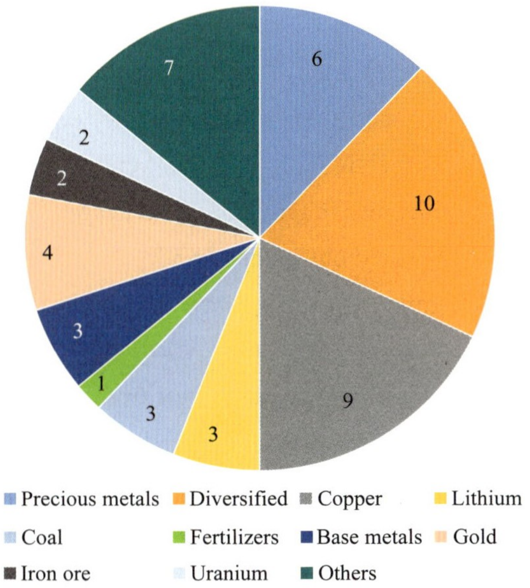

Figure 4–2 Distribution of main business of the world's top 50 mining companies

Source: compiled based on Mining.com *The top 50 biggest mining companies in the world*

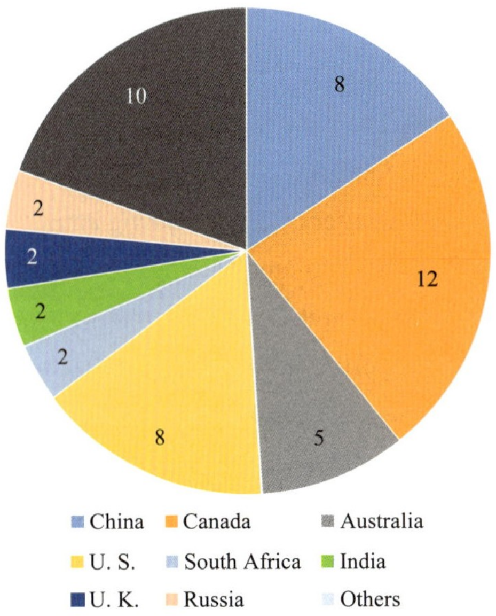

Figure 4–3 Distribution of the world's top 50 mining companies by country

Source: compiled based on Mining.com *The top 50 biggest mining companies in the world*

Fourth, the global mining capital market is volatile and differentiated.

From the perspective of changes in market capitalization, the market capitalization of copper and uranium enterprises has continued rising, while that of lithium and iron enterprises has decreased to varying degrees. The market capitalization of Amman Minerals and Cameco continued their trend of 2023. By the second quarter of 2024, Amman Minerals' market capitalization grew by 29.1%, ranking 7th. Cameco steadily remains at the 24th. Cleveland-Cliffs of the U.S., which is mainly engaged in iron

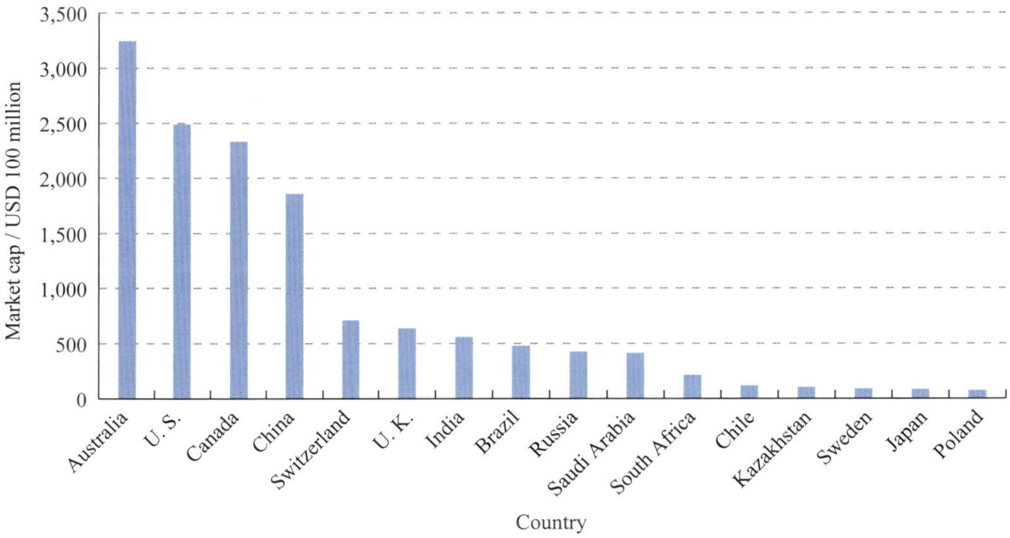

Figure 4–4 The total market capitalization of the world's top 50 mining companies by country

Source: compiled based on Mining.com *The top 50 biggest mining companies in the world*

ore, saw a decrease of 35.4% in market capitalization in the second quarter of 2024, falling from 39th in 2023 to 48th. The American Albemarle, China's Ganfeng Lithium and SQM, which is mainly engaged in lithium operations, saw a decrease of 27.5%, 23.3% and 17.1% respectively in their market capitalization in the second quarter of 2024, ranking among the bottom five companies in terms of market capitalization. Moreover, Tianqi Lithium, Mining Assets and Pilbara Minerals dropped out of the top 50.

The market capitalization of mining giants has declined significantly. Due to the decline in iron ore prices, the proportion of market capitalization of the four mining giants BHP Group, Rio Tinto, Glencore, and Vale in the total market capitalization of the world's top 50 mining companies fell from 36% at the end of 2022, to 29% in 2023 and to 26% in the second quarter of 2024, hitting a new low. Since the beginning of 2024, the traditional five mining giants — BHP Group, Rio Tinto, Glencore, Vale, and Anglo American — have incurred cumulative losses of USD 59 billion. BHP Group and Rio Tinto, which have a market capitalization of USD 100 billion, saw a double-digit decrease in market capitalization by the end of the first quarter of 2024. Glencore's rating over the past few years has been reversed, and its shares fell by 9% in 2024. Since the end of 2023, Vale's market capitalization in USD terms has fallen by 24%, remaining in a bear market. In 2024, Anglo American's market capitalization fell below USD 30 billion for the first time since the outbreak of the pandemic, decreasing by more than 30% in the past 12 months.

Fifth, the overall trend of market capitalization of mining enterprises and mineral product price fluctuations is similar.

Copper and gold mining companies have witnessed eye-catching performance. Since the beginning of 2024, the share prices of copper companies rose by 33%. First Quantum Minerals was again on the list in the second quarter of 2024, with its market capitalization rising by 58%, to the 34th place. The market capitalization of Amman Minerals further grew significantly by USD 51.2 billion by the second quarter of

2024, putting it 7th among the top 50. Lundin Mining ranked among the top 50 for the first time in 2023 and its market capitalization increased by 25% in 2024, putting it 43rd. KGHM, a Polish copper company, saw an increase of 15% in market capitalization since 2023, ranking 47th among the top 50 by the second quarter of 2024. The four gold mine companies have a combined market capitalization of USD 77.7 billion, with AngloGold Ashanti ranking 35th among the top 50 mining companies in 2023.

Uranium mining companies have rebounded in the rankings. In 2023, the international uranium price doubled, reaching triple digits for the first time in 16 years. The market capitalization of Canada's Cameco doubled in 2023, ranking 24th. The market capitalization of Kazatomprom reached USD 10 billion at the end of 2023 and has stabilized to this day, putting it 36th in the second quarter of 2024.

Lithium mining companies have underperformed, registering a large decline. In 2023, among the top ten companies with the largest decline in market capitalization, there were four companies engaged in lithium mines and lithium chemical engineering, namely Ganfeng Lithium, Albemarle, Tianqi Lithium and SQM. By the end of the second quarter of 2024, CSN of Brazil, Huayou Cobalt, as well as Pilbara Minerals, Perth Mineral Resources and Tianqi Lithium dropped out of the top 50 rankings. The total market capitalization of lithium mining companies among the world's top 50 mining companies has now fallen from USD 119 billion in the second quarter of 2022 to USD 29.9 billion.

(II) The performance of energy and fertilizer mining enterprises declines

First, the net profit of international oil and gas giants has declined.

The six major international oil and gas giants (Saudi Aramco, British Petroleum Company, ExxonMobil, Shell, TotalEnergies and Chevron) registered a combined net profit of USD 243.911 billion in 2023, down from 2022. In 2023, Saudi Aramco's net profit decreased by 24.7%, from USD 161.1 billion in 2022 to USD 121.3 billion, according to the financial performance and market developments shown in the financial report. The company increased its huge dividends despite economic "headwinds". ExxonMobil's net profit in 2023 fell by 35.4% YOY, and its operating revenue fell by 16.4% YOY. TotalEnergies maintained its growth momentum and registered positive growth, with a net profit of USD 21.4 billion in 2023, up by 4% YOY. British Petroleum Company's net profit in the first quarter of 2023 increased by 140.3% YOY, to USD 8.218 billion, demonstrating strong profitability. Chevron registered a profit of USD 6.5 billion in the third quarter of 2023, down from the same period last year, but its net profit for 2023 increased by 5.0% YOY, reaching USD 6.574 billion (Figure 4–5).

Second, the revenue and profits of most coal companies have declined.

In 2023, Teck Resources realized a total operating revenue of CAD8.118 billion, a net profit of CAD1.424 billion and a net profit attributable to common shareholders of the parent company of CAD1.453 billion. Glencore's operating revenue in 2023 was USD 217.829 billion, down by 15.0% YOY; and its net profit reached USD 4.6 billion, down by 304.7% YOY. Shaanxi Coal's operating revenue in 2023 reached RMB170.814 billion, a YOY increase of 2.4%, and its net profit was RMB21.26 billion, a YOY decrease of 39.6%. Yanzhou Coal Mining's data for 2023 shows that its operating revenue was

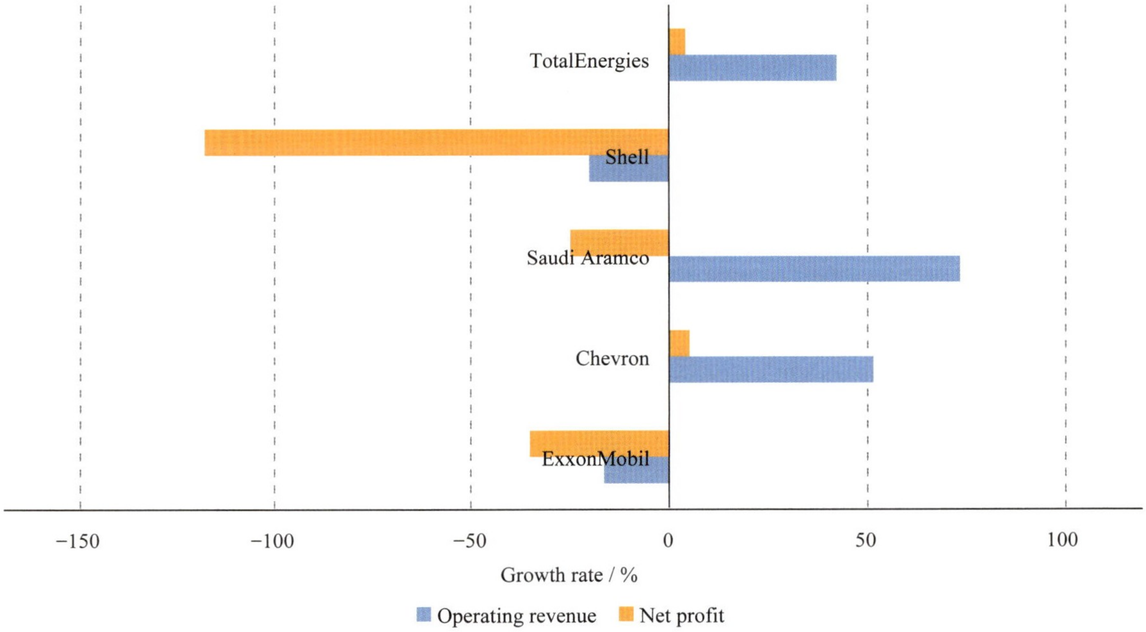

Figure 4–5 Growth rates of operating revenue and net profit of some large oil and gas companies in 2023

Source: S&P Global Market Intelligence, annual reports of mining companies

RMB150 billion, down by 33.3% YOY; and its net profit was RMB20.1 billion, down by 39.6% YOY. China Coal Group realized a total operating revenue of RMB192.969 billion in 2023, a YOY decrease of 12.5%; and its net profit was RMB19.534 billion, down by 7.0% YOY (Figure 4–6).

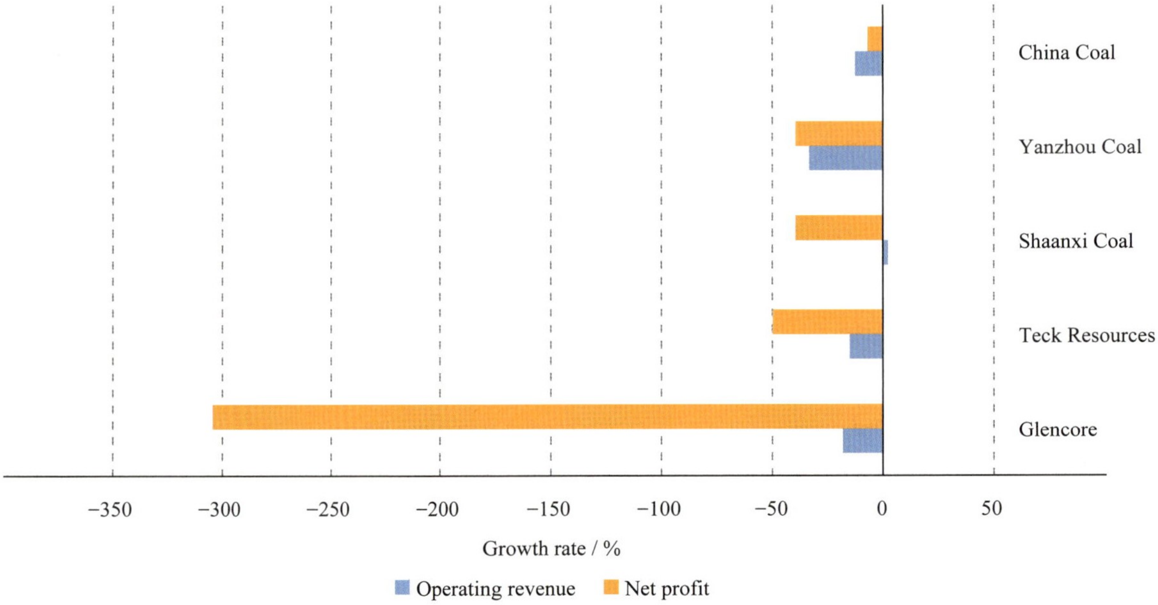

Figure 4–6 Growth rates of operating revenue and net profit of some large coal companies in 2023

Source: S&P Global Market Intelligence, annual reports of mining companies

Third, large-scale fertilizer and mineral enterprises have underperformed.

Nutrien, the world's largest fertilizer producer, saw a 24.3% YOY decline in operating revenue and a 508.9% YOY decline in net profit in 2023. Mosaic of the U.S., the world's largest phosphate fertilizer company, registered a 28.4% YOY decline in operating revenue and a 207.0% YOY decline in net profit in 2023. Israel Chemicals Ltd (ICL), one of the world's largest specialty fertilizer manufacturers, realized an operating revenue of USD 7.536 billion in 2023, down by 24.8% YOY and a net profit of USD 647 million, down by 70% YOY. China's fertilizer companies saw a decline in performance to varying degrees. Yuntianhua, a phosphate fertilizer giant, achieved operating revenue of RMB69.06 billion in 2023, down by 8.3% YOY, and a net profit attributable to shareholders of listed companies of RMB4.522 billion, down by 24.9% YOY. Salt Lake Industry, a leading potash fertilizer company in China, registered a decline in its operating revenue and net profit; for the whole year, the company's operating revenue was approximately RMB21.579 billion, down by 29.8% YOY, and its net profit was approximately RMB7.914 billion, down by 49.2% YOY (Figure 4–7).

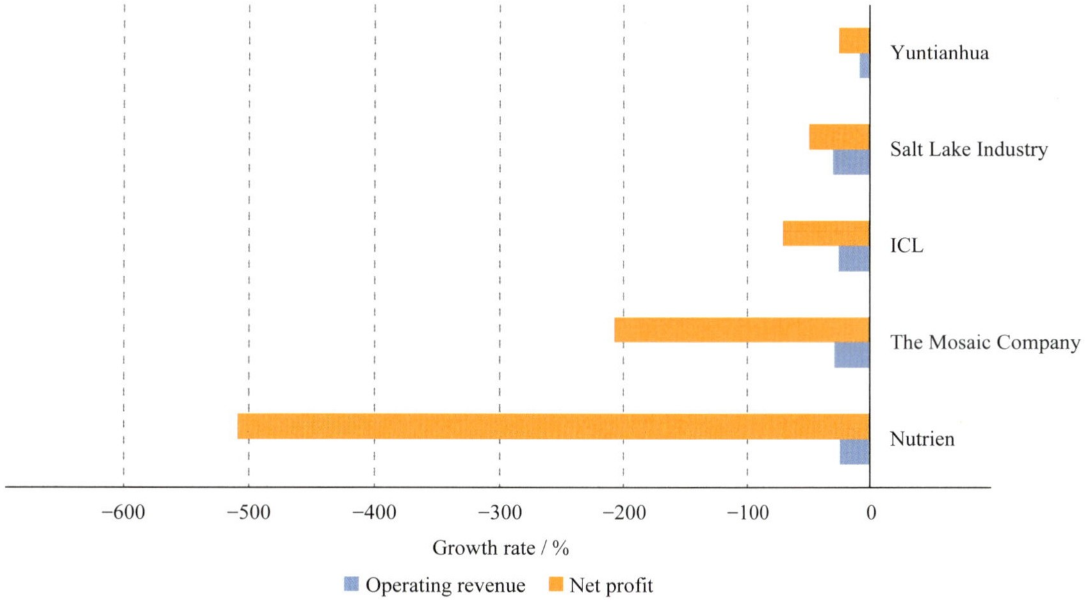

Figure 4–7 Growth rates of operating revenue and net profit of some large fertilizer companies in 2023

Source: S&P Global Market Intelligence, annual reports of mining companies

(III) The number of mining companies in China increases, while the new energy market remains in the doldrums

First, the number of mining companies in China has increased by 5.9% YOY, and their total profits have declined.

According to the data from the National Bureau of Statistics, the number of mining companies in China climbed back to 12,310 as of 2023, up 5.9% YOY, but lower than the growth rate of 10% in 2022. From

a structural perspective, China's mining companies are mostly non-metallic mining companies and coal mining companies, while the number of oil and gas extraction companies and other mining companies is relatively small. By the end of 2023, there were 4,942 coal mining companies, 4,036 non-metallic mining companies, 1,526 ferrous metal mining companies, 1,278 non-ferrous metal mining companies, 161 oil and gas mining companies, and 367 other mining companies in China (Figure 4–8).

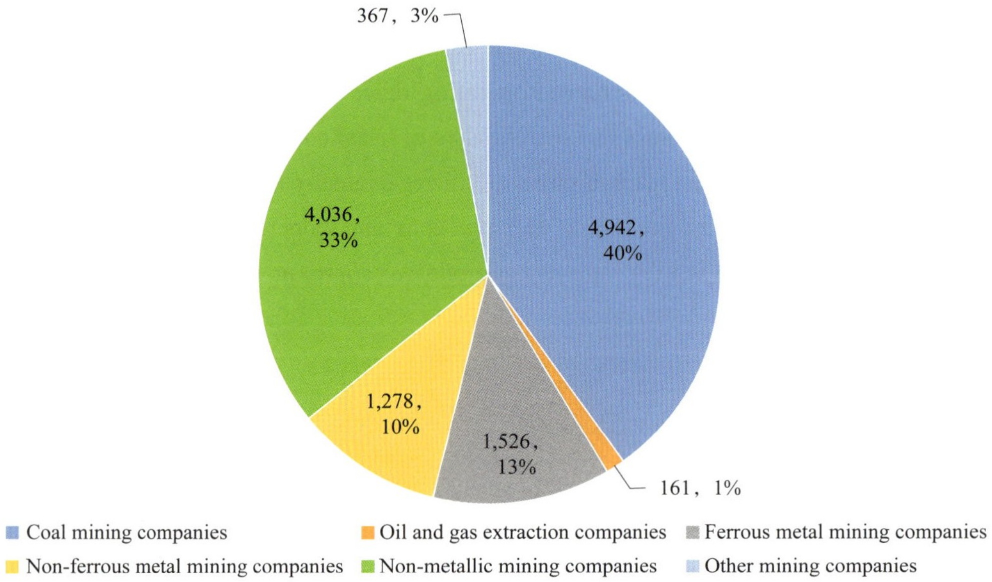

Figure 4–8 Distribution of mining enterprises in China by type in 2023

Source: National Bureau of Statistics

The value-added performance of mining companies varies. The added value of the oil and natural gas extraction industry, coal mining and washing industry, and ferrous metal mining and processing industry has increased by 3.7%, 2.4%, and 5.0% YOY respectively, while the added value of non-ferrous metal mining and processing industry and non-metallic mining and processing industry has decreased by 1.6% and 5.7% YOY respectively.

Second, the operating revenue and profits of mining companies above a designated size have declined overall.

In 2023, the total profit of industrial enterprises above a designated size was RMB7,685.83 billion, down by 2.3% from 2022. The profit of mining enterprises above a designated size in China was RMB1.2 trillion. Although it decreased by 18.3% YOY, it was still at the second highest level in history. Of this, the profit of coal mining and washing enterprises was RMB711.8 billion, a YOY decrease of 25.9%; the profit of oil and natural gas extraction enterprises was RMB354.6 billion, a YOY decrease of 8.5%; the profit of ferrous metal mining and processing enterprises was RMB48.7 billion, a YOY increase of 2.6%; the profit of non-ferrous metal mining and processing enterprises was RMB73.3 billion, a YOY increase of 7.6%; the profit of non-metallic mineral mining and processing enterprises was RMB37.2 billion, a YOY increase of 0.9%.

Third, the mining market is stable, and enterprises engaged in different mineral types perform differently.

According to data from Mining.com, eight Chinese enterprises including Zijin Mining, Shaanxi Coal, CMOC Group, Yanzhou Coal, Shandong Gold Mining, Jiangxi Copper, Northern Rare Earth, and Ganfeng Lithium ranked among the world's top 50 mining companies, compared to the 10 enterprises in 2023, but their total market capitalization reached USD 185.5 billion, an increase of nearly USD 20 billion compared to 2023. A number of Chinese coal and new energy mining companies rank among the world's top 50 mining companies.

The investment boom in the new energy market gradually weakened, and the share prices of relevant leading listed companies declined. Due to factors such as the new energy technology revolution, the demand for lithium, cobalt and nickel resources continued growing. In July 2021, new energy investment boomed, and the share prices of companies peaked. Due to factors such as cyclical adjustment, policy and subsidy reduction, and rapid changes in the industry, the share prices of China's new energy mining companies gradually declined in 2023, but still remained at a high level overall. The stock prices of Ganfeng Lithium and Huayou Cobalt rose slightly. In 2024, the boom as a whole subsided, and stock prices fell to the lowest levels in years (Figure 4–9).

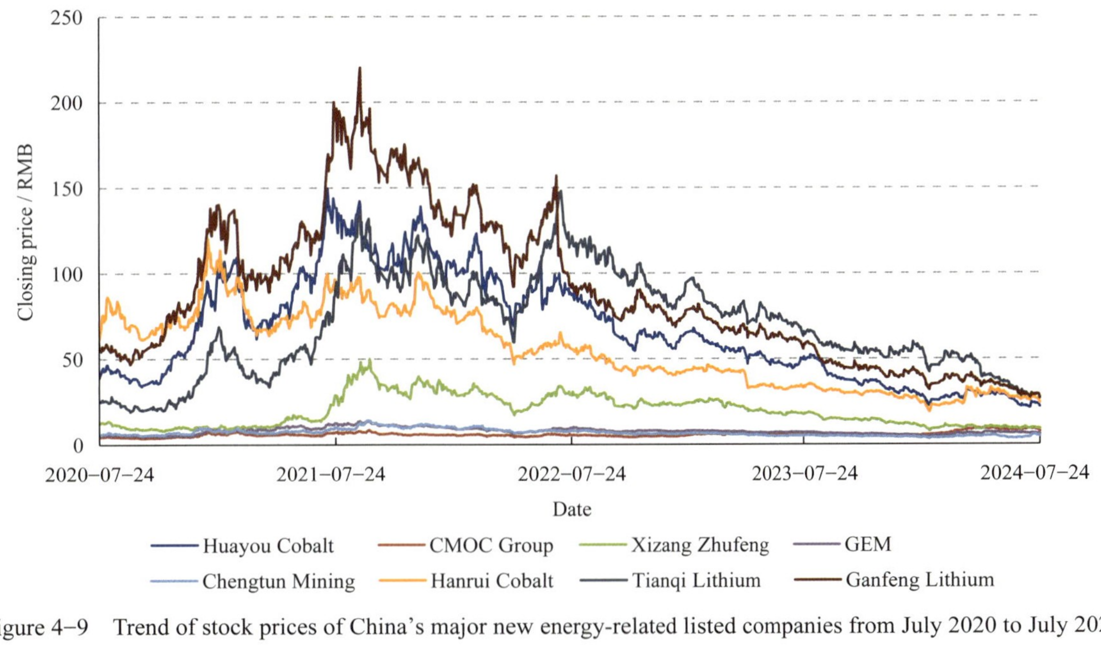

Figure 4–9 Trend of stock prices of China's major new energy-related listed companies from July 2020 to July 2024

Source: Wind

The rare earth supply policy tightened, and the stock prices of leading listed companies fell from a high level and stabilized. In 2021, the stock prices of China's rare earth companies rose sharply, and remained high as a whole. On January 15, 2021, the *Regulations on the Administration of Rare Earths (Draft for Comments)* were released, and the rare earth policy was gradually tightened. Due to multiple

factors such as the macroeconomic situation, industry policies, and downstream demand falling short of expectations, the market prices of rare earth products exhibited a downward trend from 2023 to the second quarter of 2024, and typical listed rare earth companies in China continued maintaining a trend of stable development in 2022 as rare earth prices gradually stabilized (Figure 4–10).

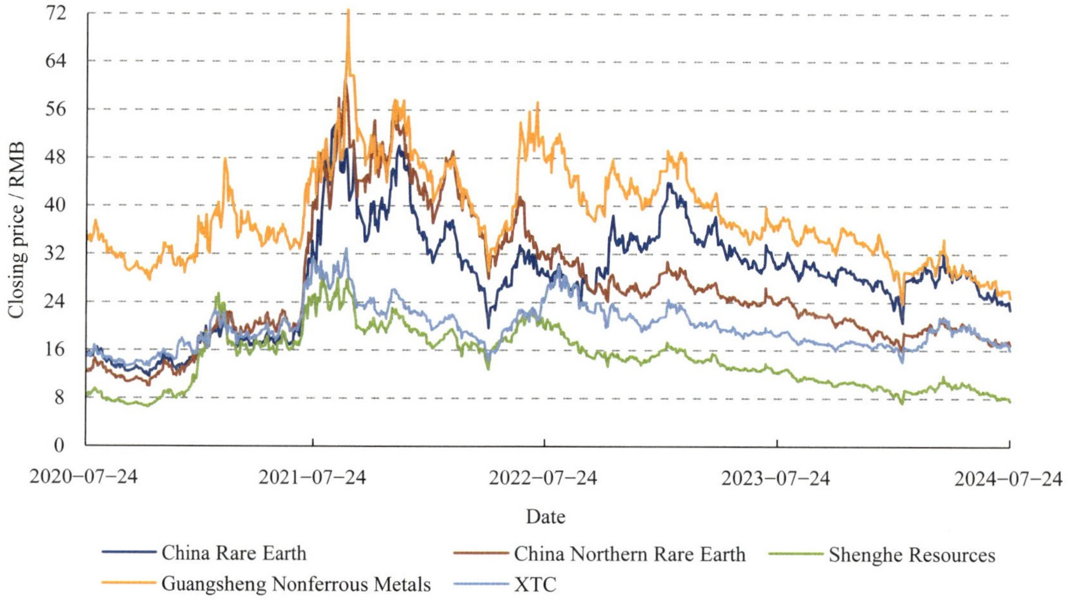

Figure 4–10 Trend of stock prices of major rare earth-related listed companies in China from July 2020 to July 2024

Source: Wind

The stock prices of China's coal companies generally showed a trend of falling first and then rising. According to the *2023 Report on the Development of the Coal Industry*, the operating revenue of coal enterprises above a designated size reached RMB3.5 trillion, a YOY decrease of 13.1%. In early 2023, the Customs Tariff Commission of the State Council extended the implementation period of the provisional zero tax rate for coal imports, a policy that augmented domestic coal supply and forced down domestic coal prices, thus affecting the operating revenue and profits of coal companies. From the first to the third quarter of 2023, the relationship between supply and demand in the coal industry was loose, and coal prices showed a trend of fluctuating downwards, thus affecting the performance and stock price of coal companies. As advanced production capacity was released in the fourth quarter, the domestic producer price index (PPI) bottomed out and stabilized. The growth of coal demand led to a significant increase in the share prices of leading companies in the coal industry such as China Shenhua and Shaanxi Coal Industry. These companies performed well in the market thanks to factors such as long-term sound operations, low valuation, and high dividends (Figure 4–11).

The share price of China National Petroleum Corporation (CNPC) was relatively stable, and its corporate profits hit record highs. In 2023, energy supplies in Europe were blocked, and international oil and gas prices skyrocketed. Oil and gas companies ushered in development opportunities, and their

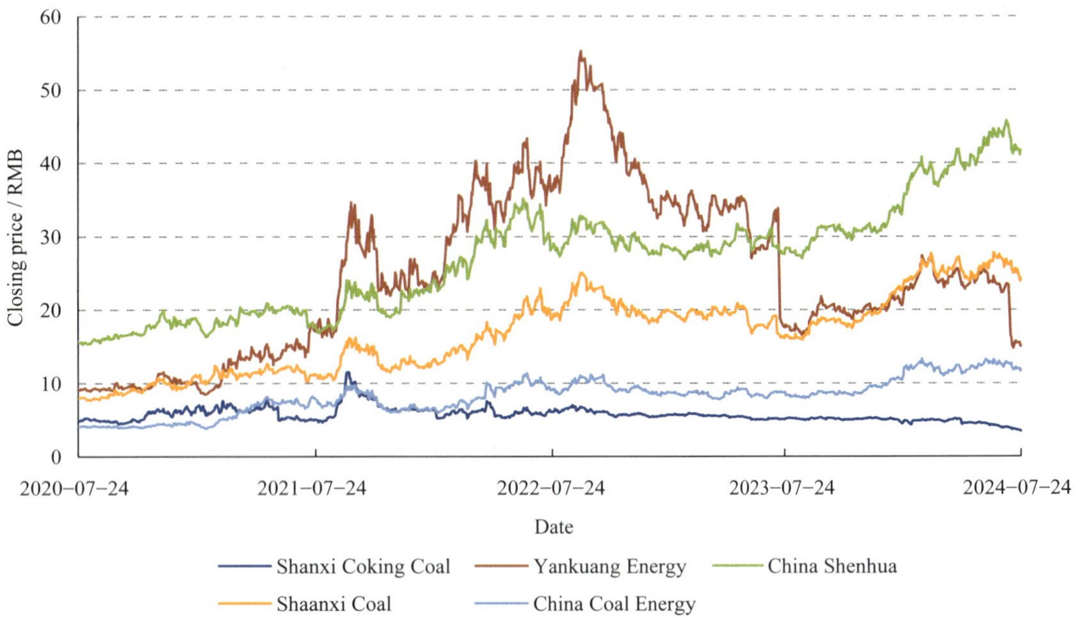

Figure 4–11 Trend of stock prices of China's major coal-related listed companies from July 2020 to July 2024

Source: Wind

corporate profits rose significantly. CNPC's operating revenue in 2023 reached RMB3 trillion, and its net profit reached RMB161.15 billion, a YOY increase of 8.3%, hitting an all-time high. The net profit of China National Offshore Oil Corporation (CNOOC) in 2023 reached RMB123.8 billion. From 2019 to 2023, its net production grew at a compound growth rate of 7.6%, demonstrating its leading position in the industry. Moreover, CNOOC's oil and gas sales revenue accounted for 78.7% of its total revenue. Its oil sales volume was up 7.5% YOY and natural gas up 11.2% YOY. In terms of stock prices, CNPC and Sinopec generally saw slight fluctuations, and share prices peaked in May 2023 and then slowly declined. The closing price of CNPC's shares began to rise slightly in 2024, and CNOOC shows a trend of fluctuating growth (Figure 4–12).

The stock prices of leading non-ferrous metal companies showed a trend of large-scale fluctuations and stability with a slight decline. In 2022, the Russia-Ukraine conflict gave rise to a rapid rise in non-ferrous metal prices in a short period of time, and this is good news for corporate stock prices. As the conflict persisted, the shares of non-ferrous metals companies gradually declined. In 2023, copper prices fluctuated downwards as a whole, zinc prices fell, and lead prices showed an upward trend that exceeded expectations and are expected to show a trend of low prices before rising. Despite the fact that the non-ferrous metals industry index rose 14.7% at the beginning of 2023 due to the expectation of a rapid recovery of the Chinese economy and a slowdown in the Fed's interest rate hikes, the industry performance is gradually weakening, and the valuations have fallen to an all-time low as the pace of the domestic economic recovery slows down and the Fed's interest rate hikes caused by overseas inflation resilience come into play (Figure 4–13).

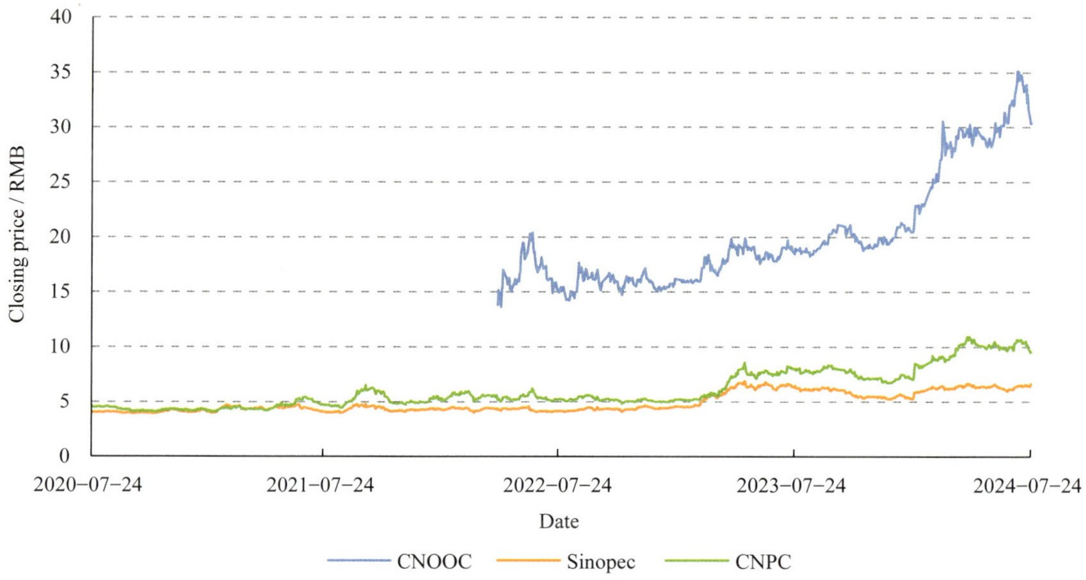

Figure 4-12 Trend of stock prices of China's major oil companies from July 2020 to July 2024

Source: Wind

The share prices of steel companies were basically the same as the previous year, exhibiting a slight downward trend. In 2022, the profits of steel companies declined and there was greater pressure to reduce costs and increase efficiency due to high energy prices. In 2023, the steel industry faced the dual pressure of dwindling demand and falling prices. Corporate performance is generally under pressure. Shandong

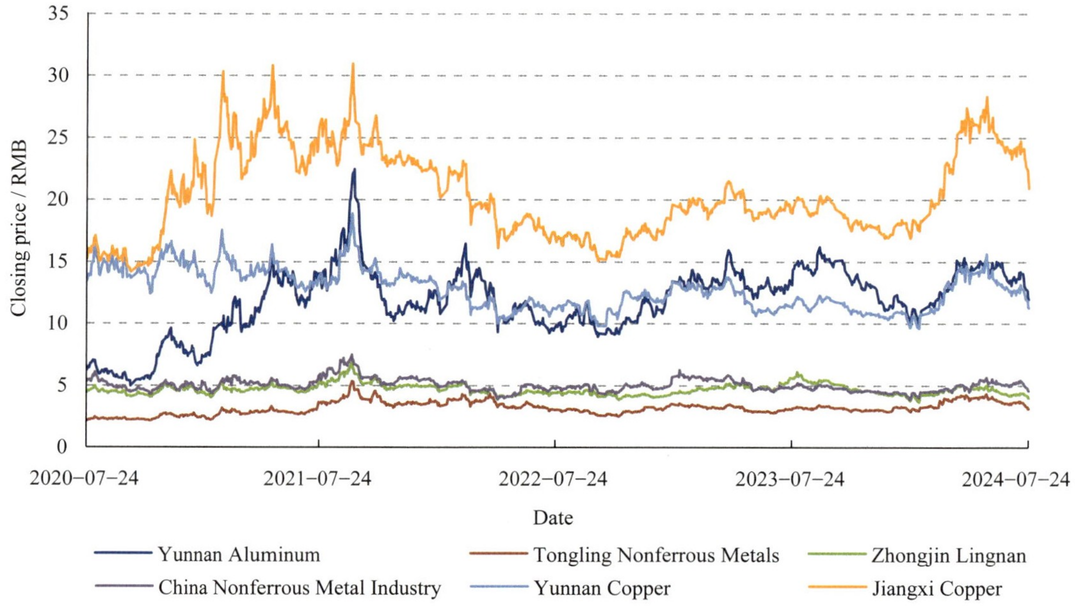

Figure 4-13 Trend of stock prices of China's major non-ferrous metals listed companies from July 2020 to July 2024

Source: Wind

Iron & Steel and Shougang Co., Ltd. faced a situation of incurring losses. Baosteel's annual operating revenue decreased by 8.5% YOY and the attributable net profit decreased by 11.8% YOY, facing strong downward pressure (Figure 4–14).

Figure 4–14 Trends of China's major listed steel companies from July 2020 to July 2024

Source: Wind

The stock prices of precious metals companies mainly fluctuated at high levels. In March 2023, the Fed's decision to announce the end of the interest rate hike cycle had an important impact on the precious metals market. The comprehensive resumption of normal economic and social operation had also promoted the recovery of the national economy to a certain extent. In the first half of 2023, national gold consumption increased by 16.4% YOY, showing a clear recovery. The growth in downstream demand has also had a positive impact on the precious metal materials industry. Moreover, Yintai Gold mentioned in its 2023 annual report that in addition to the Fed's interest rate cuts, factors such as gold purchases by the central bank and ETF flows have also become important support for gold prices. Since the beginning of 2024, gold prices have been fluctuating at a high level (Figure 4–15).

The share prices of fertilizer and mineral companies gradually fell and stabilized as the market panic gradually subsided. Despite the fact that agricultural minerals companies experienced a decline in product prices and performance fluctuations in 2023, factors such as the stability of agricultural demand, improved corporate performance, the increase in production, and the improvement of the overall industry environment have all had a positive impact on the company's share price. As a result, the share prices of agricultural mineral companies have exhibited an upward trend or remained stable in 2023 and the first half of 2024 (Figure 4–16).

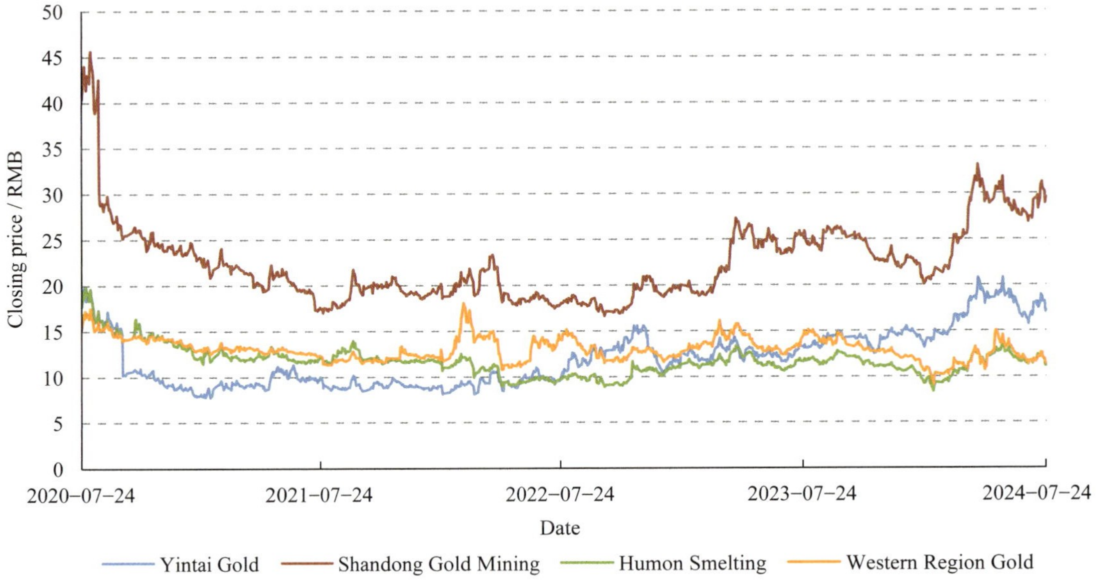

Figure 4–15 Trends of stock prices of major listed precious metals companies in China from July 2020 to July 2024

Source: Wind

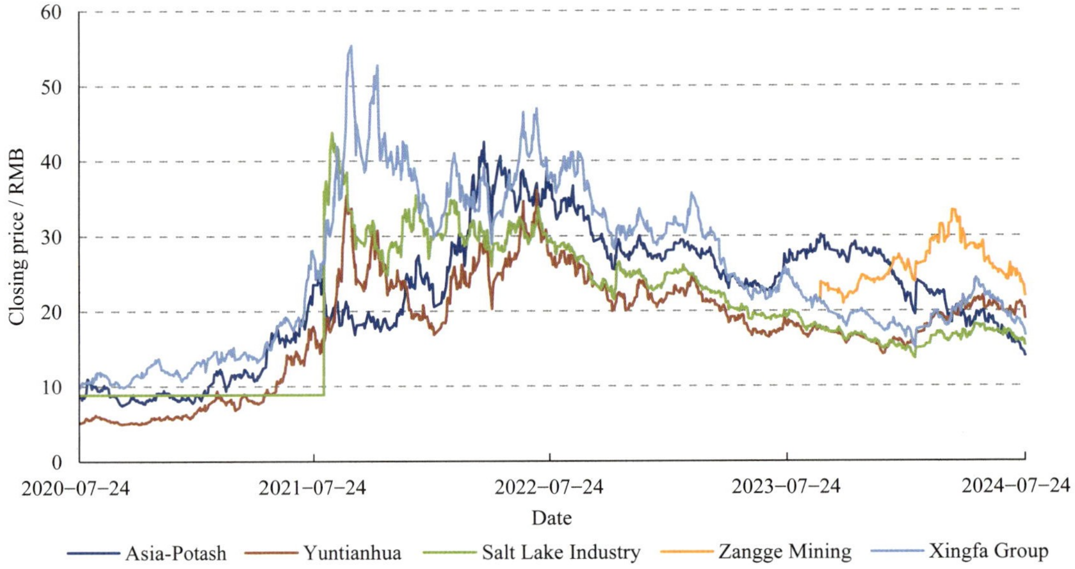

Figure 4–16 Trends of stock prices of China's major listed agricultural mineral companies from July 2020 to July 2024

Source: Wind

II. Continuous invest of mining capital in the new energy industry

(I) Cooperation between the upstream and downstream areas of the global lithium battery industrial chain is strengthened

First, the net profit of lithium mining enterprises declines, and leading lithium mining enterprises

pursue close binding with downstream users.

In 2023, when the development of the global new energy vehicle market slowed down and upstream demand was reduced, the net profit of large lithium mining companies declined compared with the previous year. The net profits of four major global lithium mining companies, Albemarle, SQM, Tianqi Lithium, and Ganfeng Lithium, decreased by 42%, 49%, 70%, and 76% YOY, respectively, but remained profitable (Figure 4–17). The downward trend continued in the first half of 2024, and the net profit turned negative. In order to ease economic pressure, major enterprises have strengthened cooperation with downstream users. Albemarle announced a long-term partnership with BMW Group to supply lithium hydroxide. SQM has a long-term supply agreement with automotive companies Hyundai and Kia. China's Tianqi Lithium has signed a number of cooperation agreements with automotive companies Geely, Mercedes-Benz and SMART. China's Ganfeng Lithium and Changan Auto cooperate to promote a joint venture project for the research and development of (semi-) solid-state batteries.

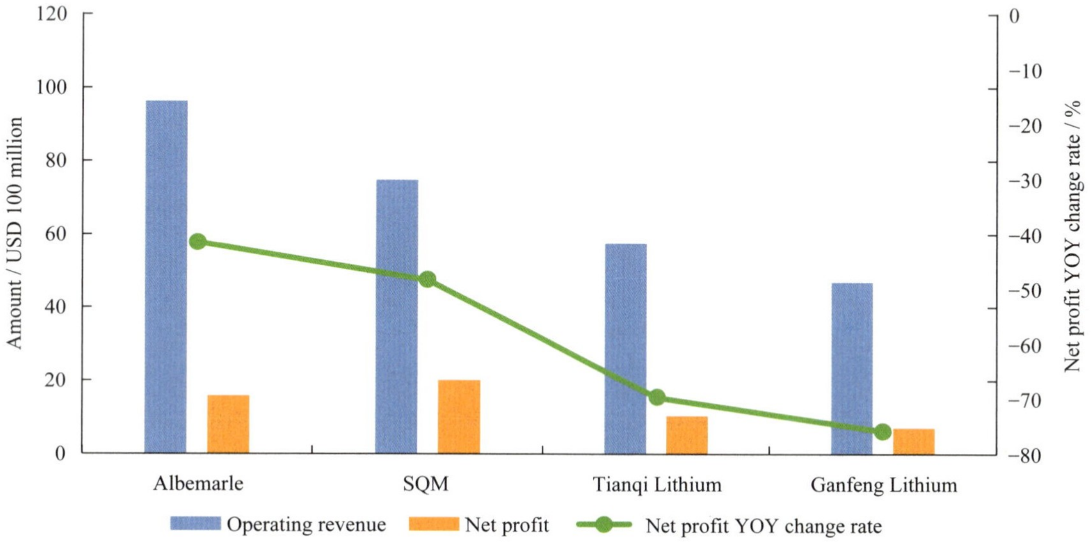

Figure 4–17 Operating revenue, net profit and YOY change rate of the world's four largest lithium mining companies in 2023

Source: Mining.com, annual reports of mining companies

Second, global lithium battery and electric vehicle companies make plans for upstream new energy mineral resources.

Traction battery companies such as CATL and LG New Energy, as well as electric vehicle companies such as BYD and Tesla, are making plans for lithium mining projects and increasing production capacity. In 2023, CATL's global traction battery market share reached 36.8%, ranking first. From January to April 2024, its market share held the top spot, but decreased to 35.5% (Figure 4–18). In addition to plans for salt lake lithium resources in Bolivia, it has made breakthroughs in the Jiangxi Yichun Lithium-bearing Kaolin Project, the Sichuan Sinuowei Hard Rock Lithium Project, and Bolivia Salt Lake Operation Project, and has launched high-quality lithium iron phosphate batteries. BYD joined the lithium mining rush in South

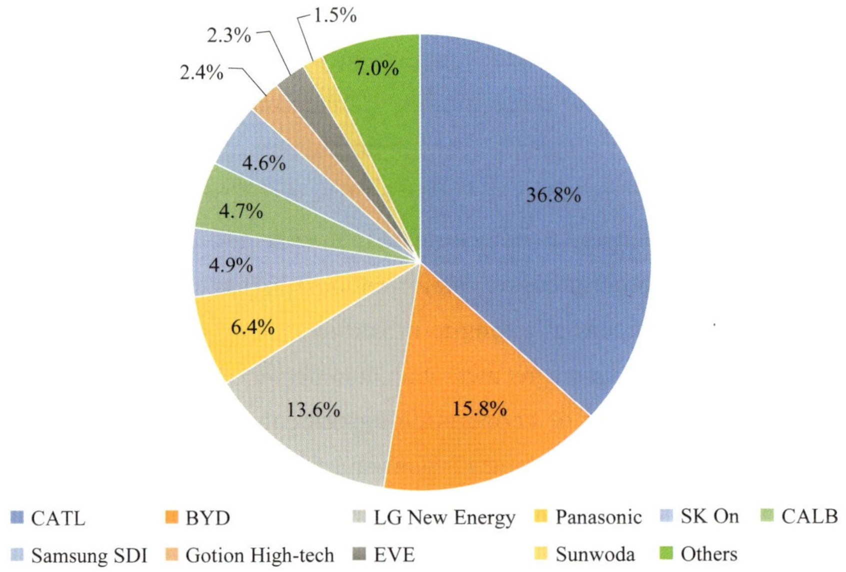

Figure 4–18 Market share of the world's major power battery companies in 2023

Source: SNE Research

America and made breakthroughs in six lithium projects in Africa and a battery-grade lithium mining and processing development project in Yichun City, Jiangxi Province.

(II) The hydrogen energy industry see a global development boom

First, hydrogen energy has become a key area for the future industry in the world.

In the past decade, investment in hydrogen energy accounted for less than 15% due to high production, transportation and storage costs, coupled with uneven profit distribution in the upstream and downstream areas of the industrial chain. According to the data from the International Energy Agency, energy transition has promoted the development of the global hydrogen energy sector in recent years, and investment in hydrogen energy has increased significantly. The size of the global hydrogen production market reached USD 167.62 billion in 2023 and is expected to grow to USD 176.74 billion by 2024 and USD 278.26 billion by 2032, with a compound growth rate of 5.84% from 2023 to 2032. Currently, hydrogen projects are expanding in size, and investment in the hydrogen value chain exceeds USD 600 billion, but no more than 20% of projects reach the final investment decision stage or are under construction and operation. Investment in hydrogen production from water electrolysis is expected to grow by 140%, reaching USD 5 billion in 2024, but it accounts for only 0.3% of clean energy investment. The Hydrogen Council expects the global demand for hydrogen to reach 41 million tons by 2030, of which 400,000 tons are clean hydrogen; hydrogen demand will grow to 4 million tons by 2050. Total hydrogen-related investments are expected to reach USD 12 trillion.

Second, countries around the world have made remarkable progress in the development of hydrogen energy.

In 2024, close to 40% of the world's proposed hydrogen project investment will be made in Europe. The European Commission plans to invest EUR3 billion to establish the "hydrogen market of the future". Seventy percent of North America's hydrogen production capacity is low-carbon hydrogen, accounting for over 50% of the world's total low-carbon hydrogen production. The U.S. government plans to invest USD 9.5 billion in the construction of a regional hydrogen energy center as well as the demonstration and research & development of the hydrogen energy industrial chain. China is the world's largest hydrogen producer, and its annual hydrogen production has exceeded 10 million tons, paving the way for the rapid development of the hydrogen energy economy. More than half of the world's hydrogen refueling stations in operation are located in Asia, indicating that hydrogen refueling stations around the world have entered a period of rapid construction. Furthermore, large-scale and 10,000-ton-level water electrolysis-based hydrogen production projects are emerging. Among the newly completed water electrolysis-based hydrogen production projects around the world, the number of projects with a hydrogen production capacity of more than 1,000 tons has increased significantly.

Third, many African countries have expedited the development of the hydrogen energy industry.

In 2024, at least 12 countries in Africa are implementing hydrogen energy projects, and 19 countries have formulated policies or plans for the hydrogen energy industry. Africa has world-class renewable energy resources, with the installed capacity of wind power accounting for up to 69% and installed solar capacity up to 25%. Africa has great potential to become a producer and exporter of renewable hydrogen and its derivatives. In February 2024, the Egyptian government signed seven memorandums of understanding with international developers to develop green hydrogen and renewable energy projects in the Suez Canal Economic Zone. Mozambique released its energy transition strategy, aiming to become a leader in hydrogen production in southern Africa by 2030. In March 2024, Morocco launched the "Morocco Offer" plan, which will dedicate 1 million hectares of land to green hydrogen projects to make Morocco a major producer and exporter of green hydrogen in the region. Currently, only one percent of projects in Africa have passed the final investment decision. It is expected that by 2050, renewable hydrogen production for export will increase from 1 million tons in 2030 to 11 million tons in 2050 if African countries can receive 15% of the world's expected hydrogen trading volume. Renewable hydrogen production can lead to USD 400 billion in cumulative investment and increase Africa's exports by USD 15 billion.

III. ESG becoming an important indicator for mining companies to attract investment and enhance competitiveness

(I) ESG standards are becoming increasingly stringent

First, ESG policies focus on climate change and the energy transition.

The 28th session of the Conference of the Parties (COP28) to the UN Framework Convention on Climate Change was held in December 2023, and the "UAE Consensus" was reached. The parties reached

agreements on the first global stocktake, mitigation, adaptation, finance, losses and damage, just transition and other issues of the *Paris Agreement*, marking a new page in the global climate governance process. In June 2023, the International Sustainability Standards Board (ISSB) officially published *IFRS Sustainability Disclosure Standards No. 1 — General Requirements for Disclosure of Sustainability-related Financial Information (IFRS S1)* and *IFRS S2 Climate-related Disclosures (IFRS S2)*. In June 2023, the European Commission released a new sustainable finance package aimed at reinforcing the EU's sustainable finance framework. This plan focuses on ESG ratings, the EU Sustainable Taxonomy and transition finance. In August 2023, the Canadian Government released the *Sustainable Jobs Plan*, which sets out its long-term idea for a just transition.

Second, major economies have tightened ESG investment supervision and promoted the standardization of green financial products.

In March 2024, the U.S. Securities and Exchange Commission (SEC) issued climate-related disclosure rules, which require listed companies to disclose climate-related risks, including impact on business strategy, results of operations and financial condition, in their annual reports and registration statements. Moreover, the roles and processes for managing climate risks in the corporate governance structure need to be disclosed. In April 2024, the European Parliament plenary session passed the *Directive on Corporate Sustainability Due Diligence*, which requires companies to conduct due diligence in the course of their operations to ensure that their business activities will not have negative social and environmental impacts. This includes assessing and managing risks related to ESG and promoting sustainable development. It marks key progress in the EU incorporating mandatory regulatory standards for sustainable supply chains into its legal framework. In July 2023, the Monetary Authority of Singapore (MAS) published the *Code of Conduct for ESG Rating and Data Product Providers* aimed at improving the transparency, comparability and reliability of ESG ratings and data. In November 2023, the Financial Conduct Authority (FCA) of the U.K. unveiled a new version of the *Sustainability Disclosure Requirements (SDR) and Investment Labels* to tighten ESG investment rules and encourage investment in areas such as energy conservation, environmental protection, and low-carbon emission reduction.

Third, the scale of ESG funds recovers rapidly, but the number of new funds decreases.

The asset size of ESG funds around the world ballooned significantly, reaching USD 2.74 trillion in 2021, but falling to USD 2.50 trillion in 2022. Although it was nearly double the USD 1.26 trillion in 2020, it was down by 8.8% compared to USD 2.74 trillion in 2021. In 2023, the overall asset size of global ESG funds expanded, and it climbed back to an all-time high of USD 3 trillion in the fourth quarter, up by 8.2% quarter-on-quarter. The issuance of ESG funds slowed down as a whole in 2023, with 539 new funds added for the year, far less than the figure in 2022, primarily due to a significant decrease in new ESG funds issued in Europe (Table 4–2).

Fourth, Europe still maintains its leadership in terms of ESG funds, while China's share has declined.

In 2023, Europe continued its dominance in global sustainable fund assets, with a share of up to

Table 4–2 Global ESG fund size and number of new funds in 2021 — 2023

ESG fund index	2021	2022	2023
ESG fund size / USD trillion	2.74	2.50	3.00
Number of new ESG funds	1,190	927	539

84.2%. The U.S. accounted for 11.4% (Figure 4–19) and Asia (excluding Japan) ranked third. In Asia (excluding Japan), China had the highest proportion, but its share fell from 71% in 2022 to 63% in 2023.

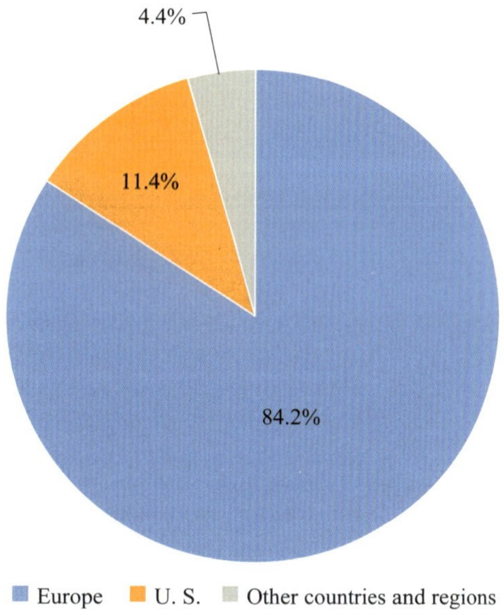

Figure 4–19 Proportion of global ESG fund size in 2023

(II) Challenges and opportunities coexist for ESG in the mining industry

First, increasing importance is attached to ESG in the mining industry.

Ernst & Young has rated ESG issues as the biggest risk to the mining industry for three consecutive years in the *Top 10 Business Risks and Opportunities for the Global Mining & Metals Industry in 2022, Top 10 Business Risks and Opportunities for the Global Mining & Metals Industry in 2023* and *Top 10 Business Risks and Opportunities for the Global Mining & Metals Industry in 2024*. The EY reports note that investors and all sectors of society pay increasing attention to ESG topics in the mining industry. While the 2024 report is not much different from the preceding two reports in terms of rankings, ESG is emerging as a long-term goal and priority for mining companies (Table 4–3). Mining companies need to balance ESG goals against other business goals such as productivity. This opportunity, if seized, can bring many positive benefits, such as easier access to capital, an improved talent pool, or further ease of obtaining business licenses. In order to address the increasingly complex ESG issues, mining companies need to tighten ESG data management and improve ESG reporting transparency in addition to considering regulatory compliance and controlling costs, in order to adapt to market changes and development trends.

Table 4–3 Comparison of the top 10 business risks in the global mining and metals industry in 2022, 2023 and 2024

Risk factors	Ranking in 2024	Ranking in 2023	Ranking in 2022
ESG	1	1	1
Capital	2	8	5
Business license	3	4	3
Climate change	4	3	2
Digitalization and innovation	5	9	7
Cost and productivity	6	5	10
Geopolitics	7	2	4
Cybersecurity	8	None	None
New business mode	9	10	9
Labor force	10	7	8

Source: Ernst & Young.

Second, leading mining companies embed ESG standards into their corporate structures and integrate them into future development strategies.

Mining is the mainstay for energy transition, but the mining industry itself accounts for 4%—7% of global greenhouse gas emissions. In 2023, the world's leading mining companies formulated corresponding ESG strategies and goals, with a focus on improving the production methods of minerals to achieve global energy transition and sustainable development. BHP Group plans to reduce greenhouse gas emissions from operations by 32% by 2030 and introduce low/zero GHG-emission vessels. Rio Tinto aims to reduce emissions by 20% by 2025 and invests heavily in resource recycling. British Petroleum Company has invested heavily in renewable energy production, set up a British electric vehicle charging hub, and built electric vehicle infrastructure around the world. Southern Copper has updated its climate strategy in keeping with the United Nations Sustainable Development Goals. Freeport-McMoRan is moving toward its 2030 emissions reduction target, centering on water resources management, biodiversity and effective waste management.

(III) Leading mining enterprises perform better in ESG, and there is further differentiation for different types of minerals

First, the ESG scores of the world's top 50 mining companies increased slightly, and the advantage of the top five companies by market capitalization shrink.

In the second quarter of 2024, the average ESG score of the world's top 50 mining companies was 71.7, more than the 70.9 in 2023. The world's top mining companies pay more attention to ESG improvement. Theoretically, the top five mining companies by market capitalization are more ready and able to improve ESG governance, but in practice, the gap between the top five mining companies by market capitalization and the rest of the top 50 mining companies in terms of ESG scores is narrowing. In the second quarter of

2024, the average score of the top five companies by market capitalization, that is, BHP Group, Rio Tinto, Southern Copper, Glencore, and Freeport-McMoRan was 78.2, a significant decrease from 86.4 in 2023. The ESG score of the second-ranking Rio Tinto dropped from 81.0 to 75.0, while Southern Copper, which replaced Vale among the top five, climbed rapidly in terms of market capitalization but had a low ESG score of 55.0 (Figure 4–20).

Second, enterprises engaged in multiple types of minerals perform the best in ESG, while copper and gold companies underperform, but the performance of lithium and coal companies improve.

The operations of the world's top 50 mining companies are categorized into diversified operations, copper, gold, lithium, and coal, and the average ESG scores of each type of mining companies are calculated, as shown in Figure 4–21. Multi-mineral companies are still leaders in ESG governance, with an average ESG score of 82.1 in 2024, up from 80.4 in 2023. The market capitalization of multi-mineral companies among the world's top 50 mining companies is high, and most of them rank among the top one-third of the list. Generally speaking, multi-mineral enterprises are large in scale, with strong economic strength, performance of environmental and social responsibilities, and good corporate governance.

In the second quarter of 2024, the ESG scores of copper and gold miners were 67.8 and 60.0, respectively, down from 71.8 and 69.3 in 2023. Compared to mining enterprises engaged in multiple types of minerals, copper and gold mining enterprises are engaged in single areas of business and are relatively weak in resisting ESG risks. In terms of sub-indicators, the environmental score of copper mining enterprises is low, while gold mining enterprises performed poorly in social and corporate governance indicators. In order to improve ESG performance, copper mining companies have to put in more effort to treat the pollution they may have caused or have caused, while gold mining companies have to take into account the negative environmental and social impact of their production activities and corporate decisions.

In 2023, the performance of lithium miners in ESG was not satisfactory, with an average score of 67.6 below the average of the top 50 companies, but the score grew significantly to 74.0 in 2024. As a typical traditional energy industry, the coal industry is characterized by high pollution levels, high emissions, and high energy consumption, and is prone to safety accidents. Therefore, it is not at an advantage in ESG-related scores, with an average score of only 57.0 points, but it is still a great improvement from 49.6 points in 2023 (Figure 4–21), indicating that traditional energy and new energy mining enterprises attach increasing importance to ESG governance and jointly contribute to global energy transition and development.

(IV) The level of ESG governance in China's mining industry further improves

First, the government's top-level planning clearly supports ESG development in China.

In recent years, China has been attaching increasing importance to ecological progress, and the concept of "lucid waters and lush mountains are invaluable assets" is gaining popular support, which dovetails with the concept of ESG development (Table 4–4). The *Opinions of the CPC Central Committee*

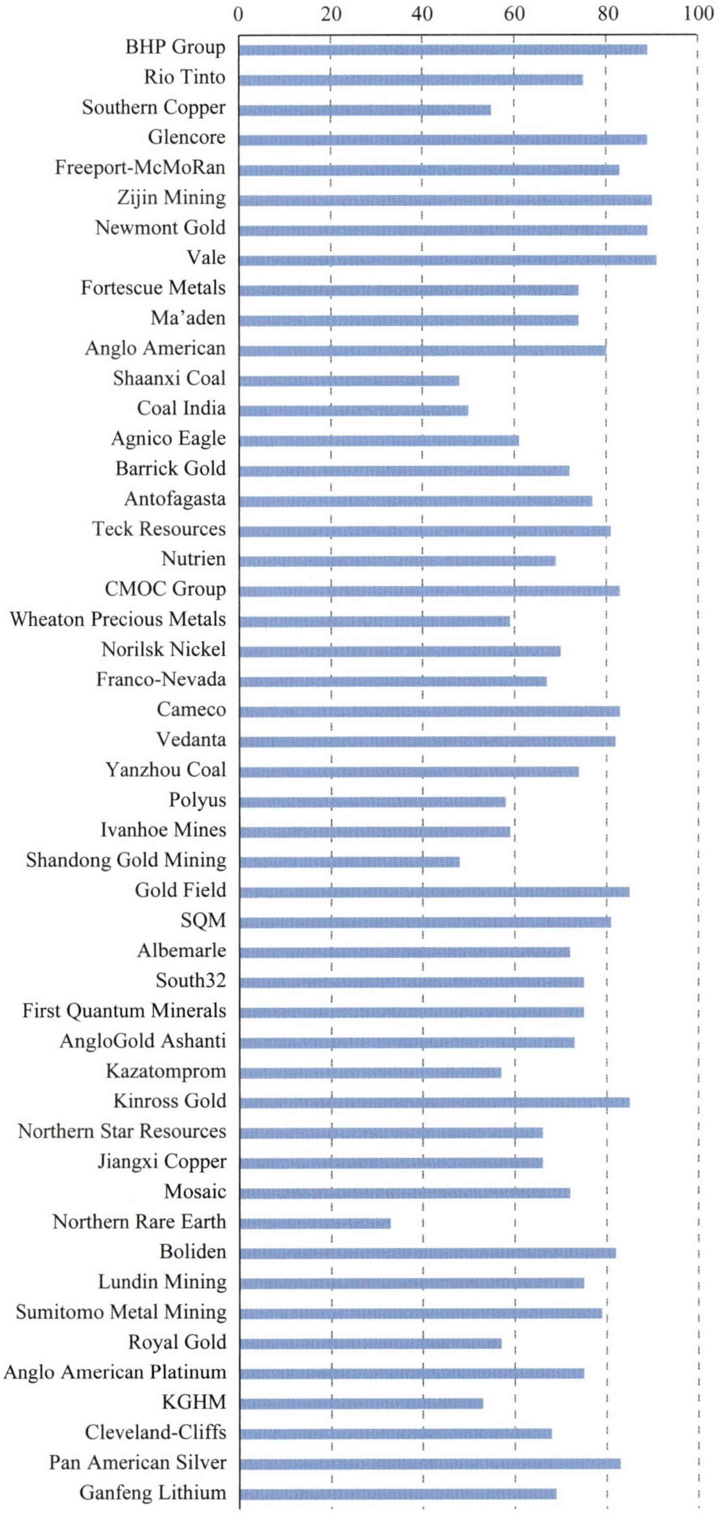

Figure 4–20 ESG scores of the world's top 50 mining companies in the second quarter of 2024

Source: London Stock Exchange Group (LSEG) website[1]

[1] Amman Minerals was listed in July 2023 and its ESG score is not included on the LSEG website.

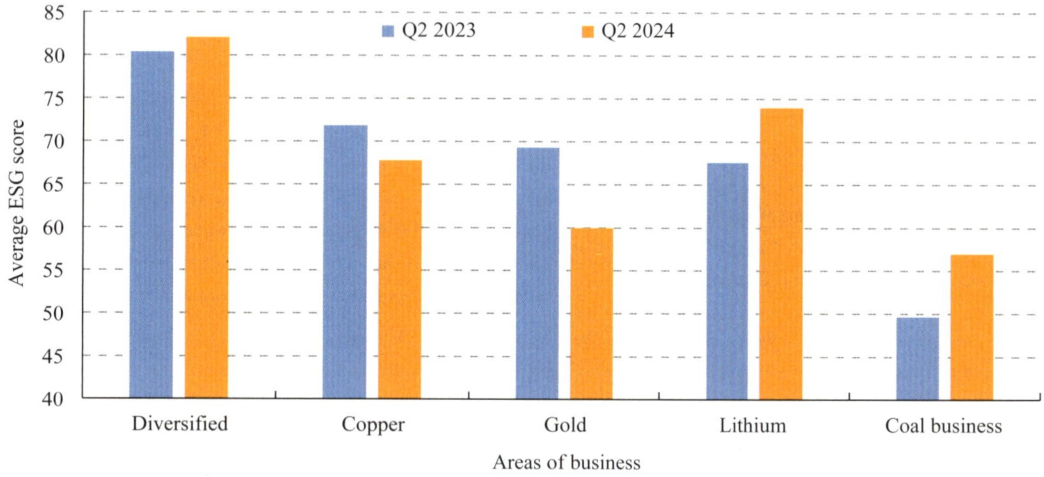

Figure 4–21 Average ESG scores of the world's top 50 mining companies by business areas in Q2 2023 and Q2 2024

Source: LSEG website

and the State Council on Comprehensively Promoting the Building of Beautiful China released in early 2024 state regarding "exploring and conducting environmental, social and corporate governance evaluation" as part of a sound support system for the building of beautiful China. This is a clear signal of China's support for ESG governance. By the end of 2023, China had built more than 1,100 national green mines, 15 provinces had formulated local standards for green mine construction, and a number of demonstration zones for green mining development had been established. These measures have greatly facilitated the ESG process in China's mining sector.

Table 4–4 ESG-related policies introduced in China in 2023

Date	Government documents	Significance	Area involved
July 2023	Circular of the General Office of the State-owned Assets Supervision and Administration Commission of the State Council on Forwarding the *Study on the Preparation of ESG Reports for Listed Companies Controlled by Central State-owned Enterprises*	Provide suggestions and references for the preparation of ESG reports for listed companies controlled by central state-owned enterprises	ESG
August 2023	The General Office of the Ministry of Ecology and Environment of the People's Republic of China and others issued the *Circular on Advancing the Pilot Construction of Climate-Resilient Cities* (Huanbanqihou [2023] No. 1)	Encourage the 28 cities for pilot climate-resilient construction announced in 2017 to continue applying for further pilot programs, and further make clear that the pilot cities should generally be cities at the prefecture level and above; national-level new areas are encouraged to apply	ES
October 2023	The State Council of the People's Republic of China issued the *Implementation Opinions on Promoting the High-quality Development of Inclusive Finance* (Guofa [2023] No. 15)	Set out the guiding ideas, basic principles and main objectives of promoting the high-quality development of inclusive finance in the next five years, and put forward a series of policy measures	ES

Continued

Date	Government documents	Significance	Area involved
October 2023	The Ministry of Ecology and Environment of the People's Republic of China and the State Administration for Market Regulation issued the *Administrative Measures for Voluntary Greenhouse Gas Emission Reduction Trading (Trial)*	It is a basic system for ensuring the orderly operation of the national voluntary greenhouse gas emission reduction trading market, stipulating the basic management requirements for voluntary greenhouse gas emission reduction trading and related activities, and making clear the rights and responsibilities of market participant	E
December 2023	*Opinions of the CPC Central Committee and the State Council on Comprehensively Promoting the Building of Beautiful China*	Explore and conduct environmental, social and corporate governance evaluation as an effort to " improve the support system for the building of beautiful China "	ESG

Second, the performance of the domestic mining industry in ESG has improved significantly, but it is still lower than the average. From 2018 to 2023, the ESG performance of mining companies among the constituent stocks of the CSI 800 improved significantly based on the statistics of SynTao Green Finance Platform, with the number of companies rated B+ or above increasing from 4 in 2018 to 18 in 2023, up by 350%, and the number of companies rated C+ or below falling from 14 in 2018 to 4, down by 71.4%. In 2023, a mining company (CMOC Group) was rated A for the first time (Figure 4–22).

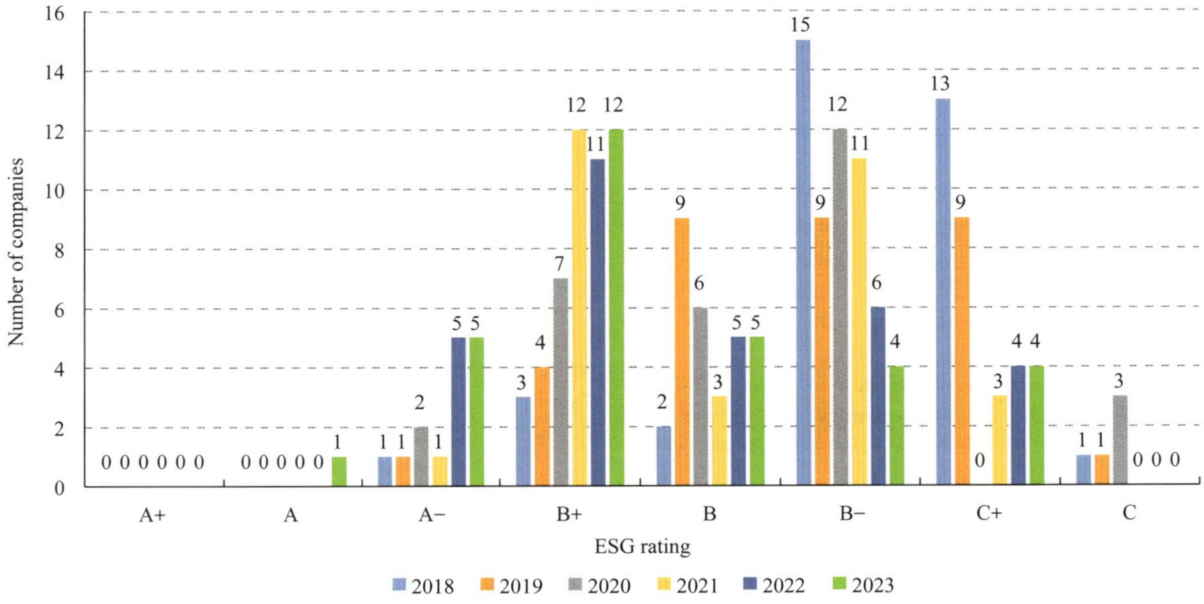

Figure 4–22 Distribution of ESG ratings of CSI 800 constituent stocks in the mining industry in 2018—2023

Source: SynTao Green Finance

With the average ESG score of the CSI 800 constituent stock companies as the base 1, and the average ESG performance of other industries presented as relative to the average index (Figure 4–23), the figure shows that the health service industry is the industry with the best average ESG performance, and

the other service industries have the lowest average ESG score. The mining industry ranks 11th and its score is lower than the average ESG score of CSI 800 constituent stock companies. The domestic mining industry faces the serious issues of insufficient ESG information disclosure, poor ESG management and high risks. While promoting scientific and technological innovation as well as industrial transformation and upgrading, Chinese mining companies should pay more attention to employee safety, improve environmental management, and promote the "rebirth" of traditional mining for a green and sustainable future.

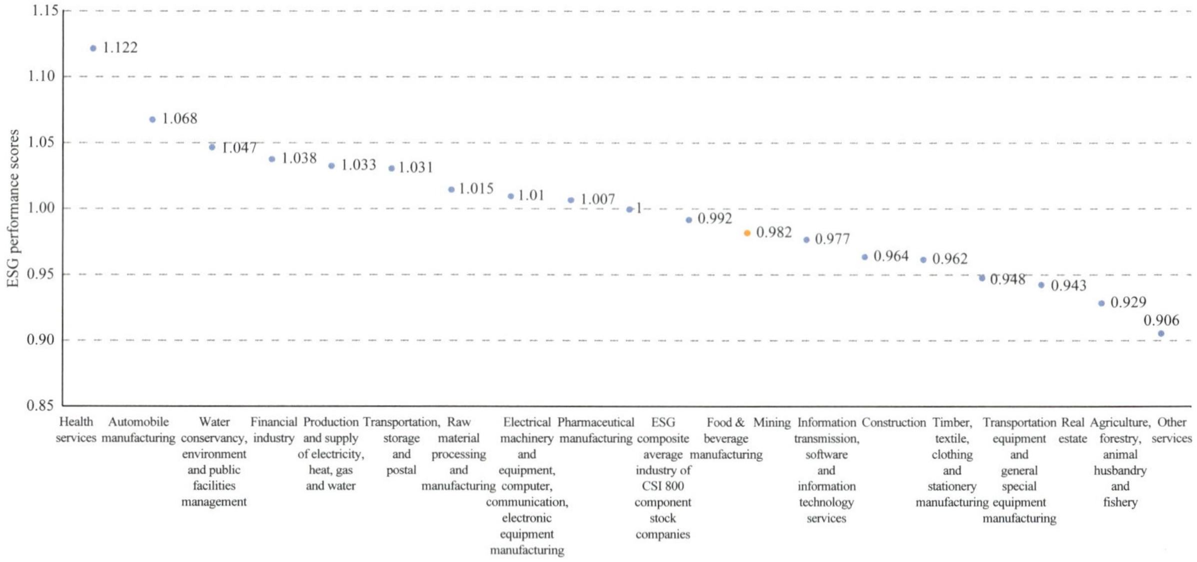

Figure 4–23 Comparison of ESG performance of CSI 800 constituent stock companies by industry in 2023

Source: SynTao Green Finance

IV. Carbon emission reduction strategies for the global mining industry

(I) International mining industry organizations put forward initiatives to promote carbon emission reduction in the mining industry

Mining is a major carbon emitter. According to McKinsey data, 4% to 7% of global greenhouse gas emissions are attributed to mining activities, and mineral production and metal smelting drive greenhouse gas emissions up to 28%. Emissions reduction in the mining industry is vital for achieving global climate goals. Major international mining industry organizations actively play a leading and coordinating role in the global mining carbon reduction campaign, jointly putting forward emission reduction initiatives and guiding member countries and enterprises to transition to a low-carbon economy. This shows that the global mining industry has a growing consensus on carbon emission reduction. Industry organizations and representatives of the mining industry including the World Coal Association, the Oil and Gas Climate Initiative, the China Iron and Steel Association, the International Copper Association, the International

Aluminium Institute, the China Non-Metallic Minerals Industry Association, and the International Council on Mining and Metals (ICMM) have proposed mining emission reduction initiatives. Specifically, these include five areas: First, actively promote low-carbon clean technologies such as hydrogen energy and carbon capture, utilization and storage (CCUS), encourage the use of clean energy for power generation and utilization of waste heat from blast furnace gas, promote tailings reuse, and improve the comprehensive utilization efficiency of resources. Second, promote energy substitution and transition, gradually reduce the increase in global fossil energy consumption, control the total consumption of coal, increase the proportion of clean energy such as natural gas, and develop clean energy minerals related to new energy. Third, do a good job in industry carbon accounting, have a grasp of carbon emissions in each link, perform targeted carbon reduction, and prepare for participating in the carbon market. Fourth, promote the digital construction of mines, conduct the intelligent construction of mines, apply electric mining equipment and intelligent management systems, promote the low-carbon transformation of mining with technologies, and improve the safe, green and intelligent level of mining. Fifth, foster international cooperation and exchanges, promote the sharing of clean energy technologies and models of low-carbon production among mining enterprises, improve the efficiency and economy of emission reduction for mining enterprises, and ensure green and sustainable development of the global mining industry (Table 4–5).

Table 4–5 Initiatives and measures of some international mining industry organizations in terms of carbon reduction

Organization	Details of the initiative/action	Goal/effect	Related links or documents
World Coal Association	Call on the industry to work together and deploy CCUS technology on a large scale in power generation, industrial applications, bioenergy and other fields; Fund the promotion of advanced clean coal technologies and CCUS technologies to contribute to emissions reduction in the coal industry	Keep the position of coal in the energy system; Reduce emissions in the coal sector; Form energy complementarity	In 2018, the World Coal Association released the report *Driving CCUS Deployment: The Pathway to Zero Emissions from Coal*
Oil and Gas Climate Initiative	Reduce methane and carbon dioxide emissions; CCUS as the core research and investment area; China as an important practice area; Establish the OGCI (CI) Fund to invest in companies, technologies and projects that speed up the decarbonization of sectors such as energy	Achieve the temperature control targets under the *Paris Agreement*; Zero Routine Flaring by 2030; Reduce greenhouse gas emissions	In 2021, the Oil and Gas Climate Initiative released a new strategy for carbon neutrality
China Iron and Steel Association	Accelerate the low-carbon transition; Optimize the technological process and raw material structure; Increase the use of steel scrap and pellets; Harness clean energy; Release a carbon neutral vision and low-carbon technology roadmap for the steel industry	Achieve carbon peaking ahead of schedule; Reduce carbon intensity; Promote a clean and low-carbon energy mix; Innovate and develop low-carbon technologies; Build a green and low-carbon industrial chain	In 2021, the China Iron and Steel Association released *Steel, embarking on a new low-carbon journey — proposal for low-carbon action for the steel industry*

Continued

Organization	Details of the initiative/action	Goal/effect	Related links or documents
International Copper Association	Study and promote the social value of copper; Improve the recyclability of copper; Promote green development	Promote the green development of the economy and industry; Win-win cooperation in the copper industrial chain	The International Copper Association promotes the green and sustainable development of the industry
International Aluminium Institute	Maximize the use of bauxite residues; Release the *Aluminium Sector Greenhouse Gas Pathways to 2050*; Reduce greenhouse gas emissions	Reduce social, environmental and economic impacts; Reduce emissions by 77% by 2050	In 2021, the International Aluminum Institute released a report stating that the global aluminum industry needs to reduce emissions by 77% by 2050
China Non-Metallic Minerals Industry Association	Regard energy consumption and emissions as obligatory targets; Accelerate the elimination of outdated equipment and processes; Scientific and technological innovation and R&D of new materials	Promote green development; Promote green and low-carbon transformation; Smart mine and digital factory construction	In 2021, the China Non-Metallic Minerals Industry Association put forward a proposal to promote carbon peaking and carbon neutrality in the non-metallic minerals industry
International Council on Mining and Metals (ICMM)	Promote emission reduction along the value chain; Formulate a greenhouse gas protocol; Disclose the corresponding absolute increase or decrease in greenhouse gas emissions	Promote decarbonization and sustainable development; ICMM members (28 mining companies and 35 commodity associations) are encouraged to set carbon reduction targets	In 2021, ICMM makes a landmark climate commitment to achieving net-zero emissions by 2050

(II) Countries promote carbon emission reduction through fiscal policies, carbon trading and other measures

1. Emission reduction measures and action plans in foreign countries

At present, 54 countries around the world have peaked their carbon emissions, accounting for 40% of the world's total carbon emissions. By September 2023, 133 of the 198 countries around the world had set carbon neutrality goals, covering 94.17% of the world's GDP, 86.47% of the population, and 90.94% of carbon emissions[1]. Marked by the adoption of the *United Nations Framework Convention on Climate Change* by the United Nations General Assembly in 1992, major Western industrial countries gradually have put ecological environment management and greenhouse gas emission reduction on the agenda, and have amassed experience, which includes the following: First, put forward the concept of low-carbon economic development and climate protection strategies. Second, adjust the energy structure, control the total consumption of fossil energy, hike energy prices to reflect environmental costs, increase the proportion of non-fossil energy consumption, and encourage enterprises to develop renewable energy

[1] Institute of Climate Change and Sustainable Development of Tsinghua University, 2023. 2023 Global Carbon Neutrality Annual Progress Report [EB/OL]. https://www.cntracker.tsinghua.edu.cn/file/public/report/5a7a6e4fd9814d688274d2bf3c2ac206.pdf.

and to use clean energy. Third, transform traditional carbon-intensive industries, encourage low-carbon technology innovation, eliminate backward and surplus capacity, and promote the transformation and upgrading of industrial structure. Fourth, use market mechanisms to encourage enterprises to reduce emissions, set up a carbon market, quantify the cost of carbon emissions, incentivize enterprises to invest in emission reduction technologies, encourage financial institutions to provide preferential loans for low-carbon mining projects, reduce taxes on low-carbon technologies and products, levy carbon taxes on high carbon emissions, and incentivize mining enterprises to increase investment in emission reduction. The action plans taken by some countries and regions are shown in Table 4–6.

Table 4–6 Carbon emission reduction action plans adopted by some countries and regions

Country/region	Action plans and measures
Russia	Implement emission reduction plans, low-emission energy sources account for 45% of energy supply; provide preferential treatment for mining companies devoted to ecological protection; promote the development and use of liquefied natural gas
U.S.	Realize carbon-free power generation through the transition to renewable energy; pay attention to environmental protection and efficient use of coal resources; increase investment in alternative energy and clean energy technologies; through the *Inflation Reduction Act*, it is expected to invest about USD 36.9 billion in the deployment and development of clean energy technologies
Saudi Arabia	Improve the efficiency of hydrocarbon technologies; it is planned that renewable energy accounts for 50% of primary energy consumption by 2030
Canada	Increase the carbon emission tax for enterprises and raise the tax rate; optimize all kinds of emission equipment for oilfield production; develop a federal oil and gas carbon market plan
Iran	Put forward a plan for the use of idle mines; seek cooperation with international giants to develop mining resources
Brazil	Promote biofuels, especially biodiesel and ethanol; reform the mining system
Australia	Release the *policy green paper Emission Reduction Plan*; set higher targets for emission reduction; new cooperation with China on mining emission reduction
Venezuela	Foreign investors are welcome to participate in mineral joint ventures to jointly reduce emissions
Iraq	Comply with agreements to cut oil production; sign a contract with TotalEnergies on a large-scale integrated oil and gas project to help reduce emissions
European Union	Develop world-class energy technologies that are cheap, clean, efficient and low-emission; establish a greenhouse gas emissions trading system and widen the scope of trading; renewable energy accounts for 32% of end-use energy consumption by 2030
U.K.	Build more efficient power plants that use clean coal technologies; introduce a 25-year renewable energy obligation and climate change tax
Germany	Put forward a high-tech strategy for climate protection; vigorously develop wind energy, encourage the development of biogas energy, and promote cogeneration technology; levy energy consumption tax and cut energy penalty

Continued

Country/region	Action plans and measures
Japan	Invest in emission reduction technology and equipment for fossil fuel; emphasize the role of nuclear power and solar energy; vigorously develop clean energy and green fuels
Chile	Increase investment and promote carbon sequestration; promote electrification of mining equipment to spur sustainable development of mines
India	Reduce methane emissions in coal mining areas

2. China's emission reduction measures and action plans

As the world's largest producer and consumer of mineral resources and the world's largest carbon emitter, China has carried out effective and pragmatic cooperation with the international community to honor its commitments and obligations while developing its economy. In 2020, China pledged at the United Nations General Assembly to "strive to peak carbon dioxide emissions before 2030 and achieve carbon neutrality before 2060", pointing the way forward for energy transition and industrial development. In recent years, China has promoted the green development of the traditional mining industry and energy industry, introduced policies to promote the "dual carbon" process, and made plans to achieve the goal of carbon peaking and carbon neutrality. Specifically, it includes the following: First, optimize the energy structure and speed up green transformation and upgrading of steel, non-ferrous metals and petrochemical industries; strictly control the total consumption of fossil energy, increase the proportion of natural gas in total energy consumption, increase the clean and efficient use of coal, and eliminate backward and surplus production capacity. Second, promote the comprehensive conservation and utilization of mineral resources, advocate the use of advanced technology to enhance the level of mining and recovery, concentration recovery and comprehensive utilization in the mining and dressing links, and recycle waste as resources. Third, promote the construction and exploration of green mines, and encourage the ecological remediation of abandoned mines. The carbon sink function of the ecosystem is restored through ecological remediation and reconstruction of damaged and abandoned land in mines. Fourth, ensure the statistical accounting of energy consumption and carbon emissions, set energy consumption and carbon emission targets and tasks corresponding to the management of energy conservation and carbon reduction targets, consolidate the foundation of statistical accounting of carbon emissions for fossil energy, non-fossil energy, and raw material energy, and establish an energy consumption and carbon emission monitoring system based on carbon market data (Table 4–7).

Table 4–7 China's national policies for reducing carbon emissions in mining-related sectors

Date	Policies/meetings	Main content
December 2016	*Opinions on Promoting the Comprehensive Conservation and Efficient Utilization of Mineral Resources*	Specific requirements in four areas: strengthening the management of exploration and development, researching, developing, and applying advanced and applicable technologies, leveraging the mandatory and leading role of standards and norms, and establishing a long-term mechanism

Continued

Date	Policies/meetings	Main content
December 2016	*Work Plan for Investigation and Evaluation System of Mineral Resources Development and Utilization Level*	Dynamically investigate the current situation of the development and utilization of mineral resources, make scientific evaluations, improve the evaluation index system, create an incentive and restraint mechanism, and promote a fundamental change in the utilization of mineral resources
February 2018	*Guiding Opinions on Energy Work 2018*	Put forward the need to promote the merger and reorganization of coal mining enterprises and the integration of upstream and downstream areas of coal power, coal transport and coal chemical industry, and improve the capacity to resist market risks; make overall planning for resolving surplus coal capacity and introducing advanced production capacity, achieve a dynamic balance between coal supply and demand, and maintain price stability
April 2019	*Opinions on Promoting the Realization of Ultra-low Emissions in the Iron and Steel Industry*	By the end of 2025, the transformation of steel enterprises for ultra-low emissions in key regions will be basically completed, and more than 80% of the country's production capacity will have been transformed
February 2021	*Guiding Opinions of the State Council on Accelerating the Establishment and Improvement of a Sound System for the Green, Low-Carbon and Circular Economy*	Improve the production system for green, low-carbon and circular development, and promote the green upgrading of industry; move faster to promote green transformation in petrochemical, chemical, nonferrous metals and other industries; implement mandatory cleaner production audits, etc. in accordance with the law in the industries that cause pollution above national pollutant discharge standards and use toxic and harmful raw materials for production or discharge toxic and harmful substances in production
November 2022	*Implementation Plan for Carbon Peaking in the Non-ferrous Metals Industry*	The non-ferrous metals industry strives to be the first to peak carbon emissions by 2025 and reduce emissions by 40% by 2040
May 2022	*Guidelines on Preferential Tax Policies to Support Green Development*	Have introduced 56 preferential tax policies to support green development in four areas: supporting environmental protection, promoting energy conservation, encouraging comprehensive utilization of resources, and promoting the development of low-carbon industries; it includes the reduction of resource tax for mineral products mined in the depletion stage, the reduction and exemption of resource tax for the mining of associated ores, and the reduction and exemption of resource tax for the mining of low-grade ores
May 2024	*Implementation Plan for the Establishment of a Carbon Footprint Management System*	Release carbon footprint accounting rules and standards for key products, prioritize key products such as electric power, coal, natural gas, fuel oil, steel, electrolytic aluminum, cement, fertilizers, hydrogen, lime, glass, ethylene, synthetic ammonia, calcium carbide, methanol, lithium batteries, new energy vehicles, photovoltaics, and electronic appliances, and formulate and publish accounting rules and standards
May 2024	*2024—2025 Energy Conservation and Carbon Reduction Action Plan*	Strictly and rationally control coal consumption and optimize the structure of oil and gas consumption; tighten the control of steel production capacity and output, adjust the structure of steel products, and speed up transformation for energy conservation and carbon reduction in the steel industry; set stricter petrochemical industry policy requirements, accelerate the transformation of the petrochemical industry for energy conservation and carbon reduction, and promote petrochemical process reengineering; optimize the plan for non-ferrous metal production capacity, raise the entry threshold for new non-ferrous metal projects, and promote the transformation of the non-ferrous metal industry for energy saving and carbon reduction

Continued

Date	Policies/meetings	Main content
July 2024	*Work Plan for Accelerating the Establishment of a Dual Control System for Carbon Emissions*	Incorporate carbon emission indicators and related requirements into national plans, introduce sound policies, systems and management mechanisms for local carbon assessment, industry carbon control, enterprise carbon management, project carbon evaluation, and product carbon footprint, align with the national carbon emission trading market, and build a systematic and sound dual control system for carbon emissions, so as to provide strong support for achieving the goals of carbon peaking and carbon neutrality

(III) Mining enterprises actively respond to the call for carbon reduction and implement green transformation

1. Carbon reduction management and initiatives of major mining companies around the world

The first is to respond to the call of the government and public organizations to establish a good public governance system. Large mining companies have expressed their support for the emission reduction policies introduced by governments according to their actual conditions and needs, proactively communicate with government agencies, undertake corresponding social responsibilities, continuously improve the information disclosure mechanism, contribute to the global response to climate change, and strive to achieve the goals of the United Nations Sustainable Development Goals and the *Paris Agreement*. Mining companies are integrating into industry organizations and summit organizations for carbon reduction, airing their voices, participating in the formulation of regulations, and responding to and leading emission reduction instead of being the object of regulation.

The second is to promote technological innovation and directly reduce carbon emissions. In response to climate change, mining enterprises promote the R&D of carbon reduction technologies, lead technological innovation, and regard carbon reduction technologies as the key to boosting their core competitiveness. The latest technological developments primarily include: First, develop and apply new technologies to reduce carbon emissions, such as CCUS technology, and biomass energy carbon capture and storage technology, strengthen the management of carbon dioxide in the capture, transport, utilization and storage links, use captured carbon dioxide as resources, reduce carbon emissions in the production process, and generate economic benefits. Second, apply clean energy technologies and upgrade transport equipment to reduce energy consumption; use clean energy such as photovoltaic energy and wind energy for power generation, gradually introduce electric or hybrid means of transportation, such as driverless electric trucks and hybrid locomotives, to replace traditional diesel-driven transportation equipment, and reduce carbon emissions in the process of electricity generation and transportation. Third, actively build intelligent green mines, promote the intelligent transformation of mining production, optimize production processes through digital management, achieve the efficient comprehensive utilization of resources, manage energy consumption in a targeted manner, and promote the construction of green mines and the ecological remediation of abandoned mines to achieve biological carbon sinks.

The third is to tighten the management of the carbon footprint of the industrial chain and promote carbon reduction throughout the industrial chain. Mining enterprises formulate carbon footprint accounting rules and standards for products, apply the whole life cycle carbon emission assessment method to calculate the greenhouse gas emissions of products in the entire process from raw material acquisition, production, use to disposal, and cooperate in setting emission reduction targets and plans. Efforts are made to establish a carbon data management system to realize the digital and accurate calculation as well as routine supervision of carbon emissions, strengthen the alignment between product carbon footprint and trade, fiscal and financial policies, and disclose the data on the carbon footprint of mineral products on a regular basis. The companies establish strict supplier standards, track and reduce carbon emissions in the entire chain from raw material procurement to product sales, and strive to realize transparent management of the carbon footprint of the supply chain.

2. Carbon emission reduction action plans adopted by major foreign mining companies

Many international energy and mining giants such as Rio Tinto, BHP Group, Glencore, Vale, Barrick Gold, and Newmont Gold have set carbon emission reduction targets and prepared corresponding action plans for carbon emission control[1]. Despite the fact that the carbon emission reduction measures adopted by different companies have different focuses in form and content, some common characteristics and rules can be observed: First, they basically have a clear schedule and roadmap for emission reduction, and will formulate their plans for each stage according to their existing emission reduction targets. Second, all enterprises actively implement the energy transition strategy, reduce the mining of coal, petroleum and fossil energy fuels, and research, develop and apply new low-carbon and environmental protection technologies, new processes, new equipment and new materials to reduce carbon emissions in the mining process. Third, companies take a long-term view, focus on establishing long-term mechanisms, and reduce emissions from the perspective of management mechanisms (Table 4–8).

Table 4–8 Summary of carbon emission reduction action plans adopted by some mining companies

Mining companies	Content of plan
BHP Group	Release the *Climate Transition Action Plan*, comprehensively deepen the Group's climate strategy, further reduce greenhouse gas emissions, and tighten climate risk management in the global value chain; invest in emerging technologies; address emissions from the customer's use of mineral resources outside mines; assist shippers and other partners in working together to reduce emissions
Rio Tinto	Plan to reduce direct carbon emissions by 50% by 2030 and reach net-zero emissions by 2050; in 2022, six large-scale emission reduction projects were launched, focusing on renewable energy, industrial heat, diesel and zero-carbon electrolytic aluminum technologies; the carbon footprint of operations is reduced by producing the materials needed for a low-carbon future; work with partners to reduce the carbon footprint of the industrial chain; enhance resilience to physical climate risks

[1] Qiang Haiyang, Gao Bing, Guo Dongyan, et al., 2021. Selection of path for sustainable development of the mining industry in the context of carbon neutrality [J]. *Natural Resources Economics of China*, 34(4): 4-11.

Continued

Mining companies	Content of plan
Vale	Plan to reduce carbon emissions by 33% by 2030 and achieve net-zero emissions by 2050; promote carbon sequestration; identify, analyze and recommend proposals that help formulate regulatory frameworks related to climate change, and work with all parties in the supply chain to reduce greenhouse gas emissions
Glencore	Plan to reduce indirect greenhouse gas emissions by about 30% by 2035; further pledge to transition to a low-carbon economy and limit coal production; link executives' compensation to progress toward climate change goals
Barrick Gold	Aim to achieve at least 10% carbon emission reductions by 2030; update its emission baselines and review them regularly; display carbon footprints to cut energy usage and associated costs
Anglo American	Plan to achieve carbon neutrality by 2040; reduce energy use and carbon emissions across the business; analyze the risks and opportunities of carbon emissions-related products; use green hydrogen as fuel for some transport trucks

3. Carbon reduction action plans adopted by domestic mining enterprises

The goal of carbon neutrality has brought new opportunities and challenges to the development of China's mining enterprises. At present, many Chinese enterprises such as Zijin Mining, Minmetals Group, CMOC Group, CNOOC, Shandong Gold Mining, and Jiangxi Copper have launched carbon emission reduction action plans (Table 4–9). Specifically, first, the companies improve the energy structure, gradually replace high-carbon emission energy with clean energy, reduce the total carbon emissions, energy consumption intensity, carbon emission intensity and total emissions of major pollutants to the greatest extent, and promote industrial transformation and upgrading. Second, perform ecological restoration of mining areas, parallel production and transformation, continuously invest in environmental protection, greening and reclamation, and also promote the intensive management of mines and conduct large-scale mining. Third, carry out carbon verification, perform corporate ESG information disclosure, and raise the sense of responsibility of enterprises to reduce emissions.

Table 4–9 Summary of carbon emission reduction action plans adopted by some Chinese mining companies

Mining companies	Content of plan
Zijin Mining	It is proposed that by 2030, all mines will meet the green mine construction standards, and all smelting and processing enterprises will meet the green factory construction standards; gradually introduce electric transport vehicles to replace the existing diesel transport vehicles, there are a total of about 300 electric vehicles of various types; it strives to achieve carbon peaking in 2029, one year ahead of the target set by the state, and achieve carbon neutrality in 2050, ten years ahead of the target set by the state
Minmetals Group	It has set twelve key tasks for carbon peaking; in 2023, the company's comprehensive energy consumption, energy intensity and carbon dioxide emission intensity decreased by 4.1%, 3.9% and 8.4% YOY, respectively; solve global problems in beryllium slag disposal; use technologies such as battery swapping for heavy-duty trucks, 5G communication, and new energy replenishment to achieve low-carbon operations, reducing carbon dioxide emissions by 2,400 tons per year

Continued

Mining companies	Content of plan
CMOC Group	It has formulated a carbon neutrality roadmap, pledged to achieve carbon peaking by 2030 and carbon neutrality by 2050, and planned to invest no less than USD 1.5 billion in the implementation of the action plan; it has initiated the identification, assessment and disclosure of climate-related risks, and begun to disclose TCFD reports; it plans to promote the use of clean energy so that renewable energy accounts for not less than 40% of total energy consumption by 2025
CNOOC	It puts forward the *CNOOC Action Plan for Carbon Peaking and Carbon Neutrality*, which specifies the three-stage implementation path, including clean substitution, low-carbon leapfrogging and green development, and plans "six actions and 23 key projects" to achieve carbon emission control and reduction
Shandong Gold Mining	In 2020, it became the first case of remote control transformation of imported drill jumbo and the application of 5G technology in China; study and formulate the Group's medium- and long-term implementation plan for carbon peaking before 2030, and build a long-term management mechanism for carbon peaking; adopt measures for structural carbon control, technological carbon reduction, efficiency enhancement and carbon reduction, pollution and carbon reduction, and ecological carbon sequestration
Jiangxi Copper	Focus on the environmental protection of mining areas; reduce the discharge of acidic wastewater at the source; promote the construction of green mines, and conduct ecological and environmental management throughout the whole life cycle of mines; innovate technologies for ecological restoration and use of copper tailings as resources; use mine tailings filling process to improve the utilization of tailings; formulate nine key action plans, covering optimizing the energy structure, increasing green investment and financing, improving carbon emission management, and innovating low-carbon technology

>>> Chapter V

Trends in Mining Policies of Major Countries in the World

Since 2023, the demand for critical minerals has continued growing under the backdrop of new energy, exacerbated by external geopolitical risks such as the intensified Israel-Palestine crisis and the prolonged Russia-Ukraine conflict. The fight over critical minerals among countries has escalated, with the impacts of great power rivalries continuously transmitting through all stages of the mining industrial chain, shaping the direction of mining policies globally. In response, major developed economies have been refining their critical mineral strategies, updating critical mineral lists, and distinguishing the concept of strategic minerals. These countries are also expanding the scope of international alliances on critical minerals through bilateral and multilateral intergovernmental agreements, and they are comprehensively strengthening the strategic layout of the industrial and supply chains for critical mineral resources. At the same time, many resource-rich developing countries are increasingly controlling raw ore exports to extend their mining industrial chains, promoting the diversification of their mining economies, and placing greater emphasis on sustainable and green development in mining. Mining policies in these countries are trending toward localization, regionalization, full industrial chain integration, and green development.

I. Major developed economies' continuous enhancement of global layout and governance of critical minerals

Currently, the competition over critical minerals among countries is highly overlapping, with clear geopolitical rivalries. An increasing number of developed economies are elevating the supply of critical minerals to the level of national and regional strategy. They are adjusting and strengthening critical mineral strategies and lists, further distinguishing the concept of strategic minerals, and actively promoting enhanced international bilateral and multilateral cooperation in mining. They aim to expand alliances around critical minerals and form a complete mining industrial chain.

(I) Continuously updating and releasing of critical mineral strategies

In 2023, R.O. Korea released its critical minerals strategy, establishing a supply chain center around the Ministry of Trade, Industry, and Energy to strengthen the management of critical and strategic minerals. The strategy includes setting up a global mineral supply and early warning system, enhancing high-level diplomacy with resource-rich countries, and encouraging investment in overseas mining projects, so as to ensure the stability of critical mineral supply chains.

Australia issued the *Critical Minerals Strategy 2023—2030*, emphasizing increased collaboration with investors and international partners to develop its critical minerals processing industry, with a goal of becoming a significant global producer of critical minerals by 2030.

The EU released the *Critical Raw Materials Act*, encouraging the member states to increase domestic mining investments, promote exploration activities, and simplify the permitting and administrative procedures for critical raw material projects.

The U.K. updated its critical minerals strategy and published its first battery strategy, aiming to accelerate the enhancement of domestic production capacity for critical minerals and expand international partnerships, and broaden market access for critical mineral trade, establishing a globally competitive battery supply chain by 2030.

(II) Expanding critical mineral lists and defining strategic minerals

Since 2023, R.O. Korea's critical minerals strategy has identified 33 critical minerals, with 10 of these, including lithium, cobalt, and nickel, being crucial to high-tech industries and therefore prioritized as strategic critical minerals for strengthened management. Australia adjusted its critical minerals list twice in 2023, increasing the number of critical minerals from 26 to 30 by adding fluorine (fluorite), molybdenum, arsenic, selenium, and tellurium, while removing helium. Additionally, six minerals—aluminum, copper, nickel, phosphorus, tin, and zinc—though not meeting the criteria for critical minerals in terms of supply chain vulnerability, were still widely recognized for their strategic applications and were included in a newly added strategic minerals list.

In May 2024, the EU's *Critical Raw Materials Act* officially came into effect, updating the critical raw materials list from 30 in 2020 to 34 [adding rare earths, lithium, cobalt, and nickel (battery grade)]. Among these, 17 particularly important or scarce materials, including cobalt, copper, gallium, germanium, and lithium (battery grade), were designated as strategic raw materials (Table 5-1).

(III) Strengthening whole industrial chain cooperation and alliances for critical minerals

According to incomplete statistics, in 2023, the U.S., the EU, the U.K., Australia, Canada, R.O. Korea, and Japan, along with countries like D.R. Congo, Zambia, Chile, Argentina, Kazakhstan, and Mongolia, entered into over 20 partnerships, memorandums of understanding, joint statements, and trade

Table 5–1 List of critical minerals (raw materials) and strategic minerals (raw materials) published by major developed economies in 2023

Country / region	Name	Mineral number / type	Minerals involved
R.O. Korea	Critical minerals	33	Lithium, Nickel, Cobalt, Manganese, Graphite, Neodymium, Dysprosium, Terbium, Cerium, Lanthanum, Niobium, Copper, Aluminum, Silicon, Magnesium, Molybdenum, Vanadium, Platinum, Palladium, Tin, Titanium, Tungsten, Antimony, Bismuth, Chromium, Lead, Zinc, Gallium, Indium, Tantalum, Zirconium, Strontium, Selenium
R.O. Korea	Strategic critical minerals	10	Lithium, Nickel, Cobalt, Manganese, Graphite, Neodymium, Dysprosium, Terbium, Cerium, Lanthanum
Australia	Critical minerals	30	Lithium, Gallium, Titanium, Chromium, Manganese, Vanadium, Cobalt, Tungsten, Bismuth, Antimony, Magnesium, Platinum Group Metals (PGMs), Niobium, Tantalum, Beryllium, Zirconium, Rare Earth Elements (REEs), Scandium, Germanium, Indium, Hafnium, Molybdenum, Graphite, High Purity Aluminum Oxide, Silicon, Fluorspar, Arsenic, Selenium, Tellurium
Australia	Strategic minerals	6	Aluminum, Copper, Nickel, Phosphorus, Tin, Zinc
EU	Critical raw materials	34	Antimony, Arsenic, Bauxite/Aluminum Oxide/Aluminum, Barite, Beryllium, Bismuth, Boron, Cobalt, Coking Coal, Copper, Feldspar, Fluorspar, Gallium, Germanium, Hafnium, Helium, Heavy Rare Earth Elements (HREEs), Light Rare Earth Elements (LREEs), Lithium, Magnesium, Manganese, Graphite, Nickel (Battery Grade), Niobium, Phosphate Rock, Phosphorus, Platinum Group Metals, Scandium, Silicon Metal, Strontium, Tantalum, Titanium Metal, Tungsten, Vanadium
	Strategic raw materials	17	Bauxite/Aluminum Oxide/Aluminum, Bismuth, Boron (Metallurgical Grade), Cobalt, Copper, Gallium, Germanium, Lithium (Battery Grade), Magnesium Metal, Manganese (Battery Grade), Graphite (Battery Grade), Nickel (Battery Grade), Platinum Group Metals, Rare Earth Elements (Neodymium, Praseodymium, Terbium, Dysprosium, Gadolinium, Samarium, Cerium), Silicon Metal, Titanium Metal, Tungsten

agreements in the field of critical minerals. For example, the U.S., along with 14 other countries, including Australia, India, and Japan, established a critical minerals dialogue mechanism under the Indo-Pacific Economic Framework for Prosperity; the U.S. and Japan reached a critical minerals trade agreement, stipulating that electric vehicles using critical minerals sourced or processed in Japan would qualify for tax credits under the U.S. *Inflation Reduction Act*; the EU established sustainable raw material value chain partnerships with Argentina, Chile, D.R. Congo, and Zambia; the U.K. reached critical mineral supply agreements with countries like Saudi Arabia, Kazakhstan, Canada, and Australia. Additionally, the U.S. accelerated the global implementation of the Mineral Security Partnership (MSP), with Norway, India, and Italy joining in 2023, expanding MSP membership to 14 countries. Currently, MSP and other international mineral alliances have built a comprehensive mining industrial chain, with upstream countries including resource-rich nations like Australia, D.R. Congo, and Canada, midstream countries with strong processing

capabilities like Japan, R.O. Korea, and Finland, and downstream countries like the U.S., Japan, R.O. Korea, and Germany as major consumers. The supported critical mineral projects encompass all stages from extraction to processing and recycling.

II. Mining policy adjustments in developing countries rich in key mineral resources moving toward localization, diversification, and green development

Currently, many resource-rich developing countries have economies that are structurally single and fragile. To avoid falling into the "resource trap," these countries are strengthening the management of their mineral resources, attracting foreign investment, extending industrial chains, and promoting industrial upgrading and economic diversification by increasing government intervention, revising mining regulations, and formulating relevant industrial plans. These efforts aim to elevate their position in the global value chain. Since 2023, an increasing number of resource-rich developing countries have recognized the importance of mineral resources for the global energy transition and the economic and social value they can create for their nations. Consequently, these countries have adopted a stronger stance on mineral resource management and are placing greater emphasis on sustainable development.

(I) Strengthening government intervention and enhancing the share of benefits for resource-rich countries

First, some governments are participating in the entire process of developing key minerals like lithium. Resource-rich developing countries are currently taking various direct intervention measures beyond market mechanisms to enhance control over their essential minerals. For example, Chile has released a national lithium resource development strategy, established its National Lithium and Saline Commission, and is promoting the creation of a national lithium company. The strategy mandates that state-owned enterprises must hold a controlling stake in domestic projects of strategic value. Guinea intends to extend its industrial chain through the Simandou iron ore project, leveraging the project to enhance domestic infrastructure development and achieve national infrastructure goals and strategies.

Second, increasing the equity share of national or local governments. New mining legislation in Mali has raised the government's free carry interest in mining projects to 10%, with provisions allowing for the purchase of an additional 20% of shares within two years of the mine commencing commercial production. Local private enterprises can also acquire a 5% share, meaning Mali could hold up to a 35% total equity stake. The Namibian government plans to revise its mining and petroleum laws as part of its current government's work plan, fully considering future holdings of free carry interest in mining or petroleum companies. In Argentina's Jujuy Province, it has been clearly stipulated that provincial companies must hold an 8.5% stake in lithium mining projects.

Third, raising royalty rates. Increasing royalty rates is expected to significantly boost national

government revenues and enhance the mining sector's contribution to domestic GDP. Burkina Faso has implemented a tiered royalty rate based on gold prices, raising it from 5% to between 6% and 7% (specifically, the rate is 6% for gold priced between USD 1,500 and USD 1,700 per ounce, 6.5% between USD 1,700 and USD 2,000 per ounce, and 7% for prices above USD 2,000 per ounce). This applies to both existing and future mining contracts. Madagascar, through a new draft mining law, plans to increase its royalty rate from 2% to 5%.

Fourth, placing greater emphasis on property rights in mining management. Mexico's Senate has passed amendments to its mining law, changing the granting of mining rights from an "application first" basis to public tender. The validity of mining rights has been shortened from 50 years to 30 years, with renewal periods reduced from 50 years to 25 years. The amendments also tighten regulations on the transfer of mining rights, surface land use rights, and water concessions, and mandate that at least 5% of mining profits be returned to local communities. Colombia has announced plans to revise its mining law within the next year, with a focus on strengthening environmental and social governance and simplifying the approval process for mining projects. Colombia will also establish its national mining company to lead the exploration and development of strategic minerals.

(II) Extending local industrial chains and promoting economic diversification in mining economies

First, implementing raw ore export bans and raising concentrate export taxes. To extend their industrial chains and increase the added value of mineral products, many resource-rich developing countries, including Zimbabwe, Namibia, Mali, Tanzania, Malaysia, Indonesia, and the Philippines, have imposed bans on the export of raw ores such as lithium and raised export taxes on concentrates. For example, Namibia has banned the export of unprocessed critical minerals like lithium, cobalt, manganese, graphite, and rare earth elements, encouraging local processing. Mali has suspended the export of raw ore from the Goulamina lithium mine and is negotiating with investors regarding equity and raw ore export terms. Tanzania bans the export of unrefined lithium ore starting in 2024, requiring lithium miners to establish refineries within the country and increase the mineral's value by at least 5% to obtain export licenses. Indonesia, based on the construction progress of smelters, gradually increases the export tax rate for copper concentrate from 5% to 10%, adjusts the export tax rate for iron, zinc, and lead concentrates to 7.5%, and plans to suspend the export of copper concentrate by the end of 2024.

Second, requiring mining companies to increase investment in value-added activities. In recent years, many resource-rich developing countries and international organizations have required mining companies to increase investment in value-added activities within the mining sector, proactively encouraging the mining industry's contributions to economic diversification and ensuring that the value of resources transforms into economic value. For instance, Mongolia is exploring a comprehensive policy for mineral exploration, development, processing, sales, and distribution, aiming to increase the added value and tax revenue from the deep processing of mineral products, create new jobs, and stimulate the development of

small- and medium-sized enterprise clusters. Nigeria requires mining companies to invest in local mineral processing and submit value-added operation plans before obtaining licenses, to enhance the refining and processing of minerals such as lithium and zinc. Indonesia has further emphasized the localization of processing and refining of advantageous minerals, planning to complete the construction of 53 metal smelters, including aluminum, copper, and iron, by 2024, with a total investment of USD 21.59 billion. Since 2024, Zimbabwe has required lithium mining companies to submit production plans for battery-grade lithium. The Southern African Development Community (SADC) has called for the establishment of regional value chains, encouraging economic transformation, creating more jobs, eradicating poverty, and accelerating subregional industrialization. Major resource countries in Latin America, including Brazil, Argentina, Chile, Ecuador, Colombia, and Bolivia, are strengthening the full industrial chain construction for mining, such as copper and lithium, using their resource advantages to drive national industrialization. Additionally, many countries are requiring foreign mining companies to prioritize the hiring of local personnel, sourcing domestic products and services, and contributing to relevant community development funds.

(III) Attracting investment and emphasizing ecological protection

First, government diversifies incentives to attract mining investment. Some resource-rich countries are implementing exploration and development incentive programs, simplifying approval processes, and improving the convenience of mining rights registration to attract foreign mining investment. For example, Zambia has introduced an online mining cadastre system to simplify the application and approval process for mining rights. Saudi Arabia, recognizing mining as a key component of its "Vision 2030" strategy, held mining block auctions in 2023, issued hundreds of mining licenses, and launched exploration incentive programs.

Second, promoting small-scale mining in remote areas and deep mineral exploration. Russia, to revitalize small- and medium-sized placer gold mining in the Far East and Arctic regions, implemented the *Personal Gold Mining Act* in 2024, allowing residents to mine gold in a non-industrial manner from small alluvial deposits or already exploited placer mines. India, through its 2023 *Mines and Minerals (Development and Regulation) Amendment Bill*, introduced deep-seated and critical mineral exploration licenses to encourage the private sector to explore these resources.

Third, promoting green development. As global concern for ecological security grows, more countries are inclined to ban mining activities in nature reserves, critical water source areas, and nearby regions, emphasizing green and sustainable development in the mining sector. Since 2023, Colombia announced that it would stop issuing new open-pit mining licenses, though existing mines and previously granted licenses are not affected. Peru suspended the granting of new mining rights in the Nanay basin, a tributary of the Amazon in the northern Loreto region, for 12 months. Out of concerns about environmental destruction, Panama's Supreme Court declared the concession contract for the Cobre copper mine,

developed by Canada's First Quantum Minerals Ltd., unconstitutional and ordered the cessation of its operations. Kazakhstan released the *National Strategy for Mineral Resource Development and Utilization (2023—2030)* aimed at promoting sustainable mining, protecting the environment, and safeguarding social interests. Tajikistan proposed the *Strategy for the Development of Green Economy in Tajikistan for 2023—2037* and formulated a three-year implementation plan to strengthen international cooperation in green economy initiatives. Over the next 15 years, Tajikistan plans to invest more than TJS 21.5 billion in developing its green economy.

>>> Chapter VI

Frontiers in Mining Technology Development

Currently, the world is experiencing unprecedented changes unseen in a century, with a new round of technological and industrial transformations rapidly flourishing. Major global economies are intensifying their strategic focus and layout on the development and utilization of critical mineral resources. Mining technology and equipment have become pivotal variables in international mining cooperation and competition, while cutting-edge technologies represent crucial strategic arenas in global power rivalries. Since 2023, technologies such as AI have emerged as new quality productive forces, significantly influencing global mineral resource development models. As a result, exploration, development, and resource recycling and utilization technologies and equipment are evolving rapidly, trending toward greater efficiency, intelligence, precision, and green, low-carbon practices. To implement the decisions and deployments of the Central Committee of the Communist Party of China and the State Council on the new round of strategic actions for mineral exploration breakthroughs and to promote large-scale equipment renewal, and to strengthen the construction of mineral exploration equipment and build a modern equipment system, in April 2024, the General Office of the Ministry of Natural Resources of the People's Repubic of China issued the *Guiding Opinions on Strengthening Equipment Construction for the New Round of Strategic Mineral Exploration*, reflecting that equipment development is a key driver in the new round of strategic mineral exploration and a focal point for technological innovation in geological exploration and development.

I. New quality productive forces accelerating the development of mineral exploration technologies and equipment

Since 2023, AI, new energy, digital technologies, and other typical new quality productive forces have begun to quietly transform utilization methods of global energy and resources, with AI-driven mineral exploration approaches already showing initial success in practical applications. Additionally,

geophysical, geochemical, and remote sensing technologies, which are the most commonly used methods in mineral exploration, have seen accelerated advancements in their technical and equipment levels, driven by these new quality productive forces. When comparing China's exploration technologies and equipment to international standards, certain Chinese technologies have reached or surpassed global levels. However, the majority of advanced instruments and equipment are still imported, placing China in a relatively disadvantaged position overall. As the new round of strategic mineral exploration continues progressing, China's exploration technologies and equipment are making significant breakthroughs and exhibiting an accelerated development trend.

(I) Despite holding great promise, AI-driven mineral exploration faces short-term challenges

First, AI-driven mineral exploration shows significant advantages over traditional methods. Traditional mineral exploration methods require a large amount of manual effort to collect and process various geological data. Due to limited data acquired, these methods often result in wasted time and labor costs when exploratory drilling does not yield the desired minerals. Currently, the exploration of traditional minerals like copper, gold, and cobalt is extremely challenging, and the success rate for new mineral exploration is only 0.5%, with over 99% of conventional exploration projects failing to develop into mines. Compared to traditional methods, AI technology can rapidly and accurately process and analyze vast amounts of data, automating data extraction, integration, analysis, and modeling. This significantly enhances exploration efficiency, narrows exploration areas, and reduces costs. AI is particularly capable of identifying prospective mineralization zones in greenfield exploration projects where data is scarce. In February 2024, KoBold Metals, a mining company invested by Bill Gates, announced the discovery of the large, high-grade Mingomba copper deposit in Zambia using AI technology, which has already captured global attention.

Second, the global application of AI in mineral exploration is gaining momentum. In the wave of the new scientific and technological revolution and industrial transformation, the mining industry is undergoing one of the most dramatic changes in its history. Mineral exploration is becoming one of the most innovative and dynamic fields, with mining startups emerging as the most promising group for breakthroughs. According to statistics from a Silicon Valley technology review database, there are nearly 100 startups globally using AI technology for mineral exploration, including Ver AI, Earth AI, Plotlogic, Geologic AI, and Ideon Technologies. Chinese researchers have also been actively exploring this field. Institutions like the Institute of Mineral Resources at the Chinese Academy of Geological Sciences, China University of Geosciences, and Central South University have made numerous innovations in theory and technology, establishing a "triad" big data-based deep mineral resource prediction system comprising exploration models, 3D modeling, and quantitative prediction, and have made certain breakthroughs in practical exploration applications.

Third, AI-driven mineral exploration is still in the exploratory stage and requires overcoming

numerous technical challenges. Mineralization is a complex geological process, with no two mineral deposits being identical in the world. Exploration data is often heterogeneous, multi-scaled, amorphous, and discontinuous. Therefore, AI-based exploration needs to overcome several technical challenges, such as difficulties in detecting deep geological information and extracting weak signals indicative of mineralization. Currently, AI-driven mineral exploration is still in its early stages, and large-scale, mature applications are still some distance away. The key prerequisite for its application is big data, which still relies on traditional exploration methods for acquisition. However, as AI technology continues developing and geophysical exploration techniques become more precise and closely integrated with geology and mineral resources, AI-driven exploration is expected to bring about a disruptive transformation in the mineral exploration industry in the near future.

(II) The development of geophysical technology and equipment is trending toward integration, intelligence, and multi-dimensionality

First, technical systems are evolving toward integration, concentration, and intelligence. As mineral exploration becomes increasingly challenging, the demands on geophysical exploration technology are escalating, with advancements moving toward greater depth, higher precision, and wider spatial coverage. Technical systems are transitioning toward integration, concentration, and intelligence. Data acquisition is developing in the direction of high precision, multi-dimensionality, multi-parameterization, refinement, and telemetry. For example, the French geophysical company CGG has developed high-precision 3D and 4D seismic acquisition technologies with over ten thousand channels, while Canada's Quantec Geoscience has developed the TITAN24 array MT+IP measurement technology. Additionally, emerging technologies such as cloud computing, big data, and AI are being widely introduced into the field.

Second, the equipment systems are transitioning toward multi-platform, multi-dimensional, intelligent, and unmanned operations. As the service sector shifts toward diversified demands and development models evolve toward specialized cooperation, the global equipment system is leveraging high-end services and cutting-edge equipment to continually expand the application space for new technologies, methods, and instruments. The main performance characteristics of geophysical exploration equipment are advancing toward greater dynamic range, higher sensitivity, portability, intelligence, and unmanned operation. Simultaneously, scientific exchange is moving toward data aggregation and shared services, with efforts to construct a networked, intelligent scientific data management and sharing service system that is accessible to society.

Third, China's technology is generally lagging behind international advanced levels, with most commercial instruments being imported. Currently, China's geophysical exploration technology is in a state of "comprehensive but not strong". For example, most domestically produced instruments, such as ground proton magnetometers and ground relative gravimeters, are technically inferior to international leading standards. The development and production of large-scale geophysical technology and equipment are controlled by a few international companies, with most large-scale geophysical technology and

equipment in China being imported. For instance, China imports about 500 ground electromagnetic exploration devices, while domestic purchases are less than 200, resulting in a foreign dependency rate exceeding 96%. Although China's independent research and development are still in a "catch-up" phase, there have been significant improvements in recent years. Some instruments and equipment have reached internationally advanced levels in related technical indicators, such as aerial total magnetic field, aerial magnetic gradient, and aerial magnetic three-component technology, particularly in instrument resolution, noise levels, and transmission power.

(III) The development of geochemical technology and equipment is trending toward multi-element, high-precision, and real-time analysis

First, geochemical analysis instruments and technologies are continuously advancing toward high precision, multi-element, and real-time analysis. Currently, geochemical analysis instruments and technologies can provide geologists with rapid and low-cost analysis results for various chemical elements, compounds, and minerals. For example, the Australian Commonwealth Scientific and Industrial Research Organisation (CSIRO) has developed tools such as detectORE and Portable ppb, which, when used in conjunction with portable X-ray fluorescence (XRF) analyzers, can achieve ppb (parts per billion) level accuracy in analyzing gold elements in samples. Additionally, the German company Bruker has developed the world's first desktop Micro-XRF spectrometer, which can perform highly sensitive, non-destructive elemental analysis on samples with minimal preparation, significantly reducing testing time and costs compared to traditional quantitative analysis methods.

Second, on-site analytical testing has become an important development direction in exploration geochemistry. Currently, the precision and stability of advanced handheld XRF analyzers internationally are sufficient to meet the requirements for real-time quantitative analysis in the field. These devices are widely used for on-site elemental composition analysis of solids, liquids, and gases in the field. Laser-induced breakdown spectroscopy (LIBS) technology can emit high-power laser pulses onto a given rock sample and analyze the resulting spectrum, allowing for the quantitative and qualitative analysis of rock elemental composition with speed, real-time capability, and high precision.

Third, China's geochemical exploration technology is generally at the forefront internationally, but testing instruments are largely dependent on imports. In China, the analysis and testing of geochemical mapping samples utilize a comprehensive system of multiple methods and instruments, with XRF and inductively coupled plasma mass spectrometry (ICP-MS) as the core techniques, capable of analyzing dozens of elements in a single run, positioning China at an international leading level. Foreign sample analysis and testing technologies typically analyze fewer elements in a single test and fail to meet the requirements for key elements such as gold, silver, tin, and certain rare earth and rare dispersed elements that are crucial for mineral exploration. However, China's large-scale multi-element analysis instruments are heavily reliant on imports. For example, XRF instruments are primarily sourced from companies in

the Netherlands, Germany, and Japan, while ICP-MS instruments are mainly sourced from companies in the U.S., with foreign brands holding nearly 100% market share. Chinese-made instruments have only reached the prototype stage successfully, with no significant precedent for actual utilization in the geological system.

(IV) The development of remote sensing technology and equipment for mineral exploration is moving toward high precision, integration, and intelligence

First, remote sensing technology is generally evolving toward quantification, high precision, and integration. Currently, satellite remote sensing technology is experiencing rapid growth, with an increasingly rich array of data sources. Although the application of traditional aerial remote sensing technology has been significantly challenged, remote sensing for mineral exploration is still primarily dominated by aerial remote sensing. As demand continues growing in various areas such as three-dimensional geographic information systems and integrated land-sea development, global advancements in aerial remote sensing are focusing on “airborne remote sensing laboratories” and other geological experimental technologies. These advancements include large-scale, high-precision three-dimensional surface information acquisition technologies like oblique aerial photography and airborne LiDAR, as well as airborne LiDAR bathymetric technology, UAV (unmanned aerial vehicle) remote sensing technology, and unattended manned aerial remote sensing technology. The integration of multiple payloads and full-spectrum applications is gradually becoming a new operational model in aerial remote sensing.

Second, remote sensing equipment is progressing toward unmanned operation, collaboration, and intelligence. At present, UAV remote sensing systems and unattended manned aerial remote sensing systems are key development directions for aerial remote sensing equipment. Various types of payloads, such as serialized UAV platforms, UAV digital cameras, UAV multispectral cameras, UAV hyperspectral imagers, UAV LiDAR, and UAV SAR (synthetic aperture radar), are gradually becoming practical and are advancing toward higher performance and greater precision. Traditional manned aerial remote sensing equipment manufacturers are also shifting their research and development focus toward unmanned operation of manned systems. Large digital aerial cameras, such as the ADS100, now feature unattended operation capabilities, and manufacturers like Optech are actively exploring the unmanned operation of airborne LiDAR equipment.

Third, China’s remote sensing technology for mineral exploration is rapidly developing, but equipment is predominantly imported. China has seen rapid advancements in satellite remote sensing technology, particularly in the area of satellite hyperspectral data, where it holds an advantage. Chinese satellites like the GF-5, GF-5-02, ZY-01-02D, and 02E have technical superiority in payload specifications compared to Italy’s PRISMA satellite and Germany’s EnMAP satellite. However, the technological advantages of China’s hyperspectral satellite data in mineral exploration have yet to be fully realized. In terms of aerial and ground-based remote sensing equipment, China primarily relies on imports. For

instance, the main airborne hyperspectral imagers currently in use in China are the HyMap from Australia, CASI/SASI from Canada, and AVIRIS from the U.S. The primary airborne thermal infrared hyperspectral imagers used are TASI from Canada and HyTES from the U.S., while the primary UAV hyperspectral imagers are from HEADWALL in the U.S. and HySpex in Norway. Remote sensing equipment produced in China is mostly in the prototype stage, with many products facing challenges in stability, signal-to-noise ratio, and other areas, requiring further research and development efforts.

II. Technology and equipment for low-grade, difficult-to-process ores evolving toward green, efficient, and intelligent solutions

In recent years, with the large-scale extraction of mineral resources, the reserves of high-grade, easily extractable ores have been gradually depleted, leading to an intensification of resource shortages. The development and application of low-grade, difficult-to-process ores are key to the future of mineral resource development and utilization. However, due to the poor resource endowment of low-grade ores, their development involves high economic and environmental costs, driving mining enterprises to seek greener, more efficient, and more intelligent beneficiation technologies and equipment.

(I) The technology for low-grade, difficult-to-process ores is evolving toward green and intelligent development

First, the development and application of beneficiation reagents and comprehensive utilization of tailings are increasingly focused on green and efficient practices. Efficient beneficiation reagents are a crucial condition for achieving refined beneficiation processes, and China leads the world in research on the structure and performance of flotation reagents. Currently, China has undertaken research on computer-aided molecular design (CAMD) technology for beneficiation and smelting reagent structure and green synthesis processes, as well as key technologies for green design of beneficiation and smelting reagents. A molecular database for beneficiation reagents based on CAMD has been established, and green preparation technologies have been developed that feature high conversion rates of raw materials and no production of polluting intermediates or by-products. This has led to the creation of a core technology system for the green preparation of beneficiation reagents, significantly shortening the R&D cycle of these reagents and reducing their environmental impact. Additionally, enhancing the comprehensive utilization of mine tailings and their resource recovery is a necessary requirement for energy conservation and emission reduction. Currently, there is a global emphasis on strengthening the comprehensive utilization of solid wastes such as mine tailings in areas like secondary recovery, building material utilization, and backfilling of mined-out areas.

Second, the application of intelligent beneficiation technologies is expanding. Intelligent beneficiation relies on existing cyber-physical manufacturing systems and integrates and processes information

through technologies such as big data, the IoT, cloud computing, and virtual manufacturing. This includes online analysis and detection technologies for beneficiation processes, intelligent optimization and control technologies, and other information integration technologies. These advancements can optimize resource allocation and intelligent manufacturing in the beneficiation process, aiding the high-quality development of the beneficiation industry. In recent years, global research institutions have been dedicated to establishing networked data and control centers that provide integrated automation technologies and full production cycle services for mining manufacturing. By combining internet and cloud services with mining, these institutions enhance centralized monitoring, technical support, and operational services in the industry to improve beneficiation efficiency. Leading international mining technology and solution providers, such as Metso from Finland, Mintek from South Africa, SGS Group from Switzerland, and Central South University and BGRIMM Group from China, have successively launched various intelligent beneficiation technology solutions, including the CourierX series, BOXA series, ACT Advanced Control Industrial Suite, StarCS series control software, and expert flotation control systems.

(II) The equipment for low-grade, difficult-to-process ores is evolving toward large-scale, multi-field, and multidisciplinary development

First, beneficiation equipment is trending toward a larger scale. In recent years, China has made significant progress in the research, development, and application of large-scale crushing and grinding equipment as well as large flotation machines. In the field of flotation equipment, companies such as BGRIMM, Outotec, and FLSmidth have entered a competitive phase, with some of their developed equipment reaching international standards and entering the global high-end mining market. The SABC (crushing + semi-autogenous grinding + ball milling + pebble crushing) process has been widely adopted, and autogenous and semi-autogenous mills have rapidly advanced. For example, both Metso and CITIC Heavy Industries have successfully developed short-cylinder mills with dimensions of Φ12.8 meters × 7.6 meters and installed power reaching 28 megawatts; the largest long-cylinder mill in use in Peru has dimensions of Φ9.76 meters × 10.37 meters; Outotec's TankCell® flotation machine has a maximum volume of 630 cubic meters; FLSmidth's SuperCell™ has a maximum volume of 650 cubic meters; and BGRIMM's HIF flotation machine has a maximum volume of 680 cubic meters, with self-aspirating flotation equipment volumes also reaching 320 cubic meters.

Second, the development of beneficiation equipment is moving toward the integration of multiple force fields and multi disciplinary fusion. Sorting equipment represents a typical example of beneficiation machinery that involves multiple disciplines and compound force fields. Due to the overall technical and economic advantages brought by pre-discarding tailings, sorting technology has experienced rapid development over the past decade. Given the complex nature of China's low-grade ores, which often contain a variety of associated minerals, detection and identification challenges in processing these difficult ores have been addressed by integrating X-ray technology with multi-dimensional detection

methods such as color cameras and 3D cameras. The combination of gravity separation and flotation is one of the key directions in the multi disciplinary fusion of beneficiation equipment. Among these, fluidization technology represents an emerging direction in the flotation field, primarily addressing the long-standing challenge of pre-discarding tailings in the flotation process for particles smaller than 0.5 millimeters. This has become a focal point and a cutting-edge issue in global flotation equipment research.

III. Global focus on building technological systems for the recycling and utilization of mineral resources increasing

The vast amount of scrap metal in "urban mines" is actually a resource that has been misplaced. As the global competition for critical mineral resources intensifies, coupled with the trend of the global economy and industrial structure toward green and low-carbon transformation under the new energy background, more and more emphasis is placed on developing mineral resource recycling and utilization technology systems.

(I) Global major economies continue intensifying efforts in mineral resource recycling and utilization

First, "urban mining" recycling plays an increasingly important role in mineral resource supply. According to the 2022 statistics from the World Steel Association, International Aluminium Institute, and International Copper Association, approximately 630 million tons of steel, 20.57 million tons of aluminum, and 8.7 million tons of copper are recycled annually from metal scrap worldwide. The recycling rates at the end-of-life stage [it refers to the proportion of recycled metal in the total amount of metal waste] for 18 metals (including steel, aluminum, copper, cobalt, chromium, gold, lead, manganese, niobium, nickel, palladium, platinum, rhenium, rhodium, silver, tin, titanium, and zinc) exceed 50%. Currently, China's utilization level of scrap metal still lags significantly behind the international average, but in recent years, "urban mining" resources have become increasingly important in China's resource supply. For example, in 2023, China recycled approximately 260 million tons of scrap steel, which met over 20% of the country's crude steel production needs. However, this figure is still well below the international average utilization level of scrap steel (35%—40%) and that of developed countries (e.g., over 80% in Turkey and around 70% in the U.S.). The International Energy Agency (IEA) in its *Global Critical Minerals Outlook (2024)* report pointed out that the supply of six key minerals—lithium, nickel, cobalt, graphite, copper, and rare earth elements—may not fully keep pace with the growth in demand. By 2035, the global supply of copper is projected to meet only 70% of the estimated demand, and the lithium supply may meet only 50% of the estimated demand. Addressing this issue will require reliance on resource recycling. Relevant data indicates that establishing an efficient and reliable recycling system for critical minerals is urgently needed.

Second, there are increased investments in critical mineral resource recycling by the U.S., Canada, the EU, Japan, and other mining-advanced nations and regions. In 2023, the U.S. Department of Energy (DOE) invested USD 16 million to design, build, and operate the first domestic critical mineral refining demonstration facility, aimed at recovering and extracting rare earth elements and critical minerals from lignite waste. In the same year, Canada's Innovation, Science and Economic Development Department (ISED) established a "Strategic Innovation Fund (SIF)," providing CAD 1.5 billion to accelerate investments in critical mineral projects, with a focus on processing, manufacturing, and recycling of critical minerals. In May 2024, the EU *Critical Raw Materials Act* came into effect, aiming to ensure the diversification, security, and sustainability of critical raw material supplies for EU industries, enhance the EU's capabilities in mining, processing, and recycling critical raw materials, and propose the creation of value chains to improve the circularity and efficient use of these materials. In June 2024, according to reports from *Nihon Keizai Shimbun (Nikkei)*, the Japanese government plans to establish a system within the country to recycle metals from "urban mines," such as scrap home appliances and computer circuit boards, to prevent copper and rare metals from flowing overseas. Over the next three years, the Japanese government intends to invest JPY 30 billion and collaborate with companies like Mitsubishi Materials Corporation to set up around 10 recycling facilities.

Third, China has continuously introduced policies related to the recycling of strategic mineral resources to promote the construction of recycling systems. Since 2023, China has issued several policy documents to comprehensively strengthen the construction of strategic mineral resource recycling systems and the R&D of recycling technologies and equipment. In December 2023, eight departments, including the Ministry of Industry and Information Technology, issued the *Guideline on Accelerating the Transformation and Upgrading of Traditional Manufacturing Industries* (MIIT [2023] No. 258), which proposed the development and implementation of industrial development plans for strategic resources, strengthening the comprehensive utilization of associated mineral resources, and vigorously developing the recycling and comprehensive utilization industries for scrap steel and non-ferrous metals. In January 2024, the General Office of the State Council of the People's Republic of China issued the *Opinions on Accelerating the Establishment of a Waste-recycling System* (Guobanfa [2024] No. 7), which set a target to initially build a waste recycling system covering all fields and stages by 2025, with an annual utilization of 450 million tons of major recycled resources such as scrap steel, copper, aluminum, lead, and zinc. In April 2024, the State Council of the People's Republic of China issued the *Action Plan to Promote Large-scale Equipment Renewals and Trade-ins of Consumer Goods*, proposing the establishment and improvement of resource recycling systems and the development of new models such as "new for old + recycling". In May 2024, the State Council of the People's Republic of China issued the *Energy Conservation and Carbon Reduction Action Plan (2024—2025)*, requiring a vigorous development of the recycled metal industry, with the share of recycled metal supply reaching over 24% by the end of 2025.

(II) The number of patents for recycling and utilization technologies of bulk solid minerals and strategic emerging minerals significantly grows

First, in 2023, the number of patents for recycling technologies in bulk solid minerals (iron, copper, aluminum, etc.) and strategic emerging minerals (lithium, cobalt, nickel, rare earth elements, etc.) saw significant growth, with the most substantial increase observed in patents for lithium recycling technologies. According to the Derwent Innovations Index database, after a decline in 2022, global patent numbers for recycling technologies of bulk solid minerals (iron, copper, aluminum, etc.) and strategic emerging minerals (lithium, cobalt, nickel, rare earth elements, etc.) experienced rapid growth in 2023. Specifically, the YOY increases for scrap steel, scrap copper, scrap aluminum, lithium, cobalt, nickel, and rare earth elements were 62.0%, 35.7%, 44.2%, 85.3%, 26.4%, 48.6%, and 70.9%, respectively. Since 2000, there has been a significant surge in the number of patents for various mineral recycling technologies worldwide, especially against the backdrop of the booming new energy industry. The number of patents for lithium recycling technologies has seen the most notable growth, increasing from 55 in 2000 to 934 in 2023—an approximately 16-fold increase (Figure 6–1).

Second, since 2010, China's share of global patents in strategic mineral resource recycling technologies has been increasing annually. Before 2010, patents for recycling technologies of both bulk

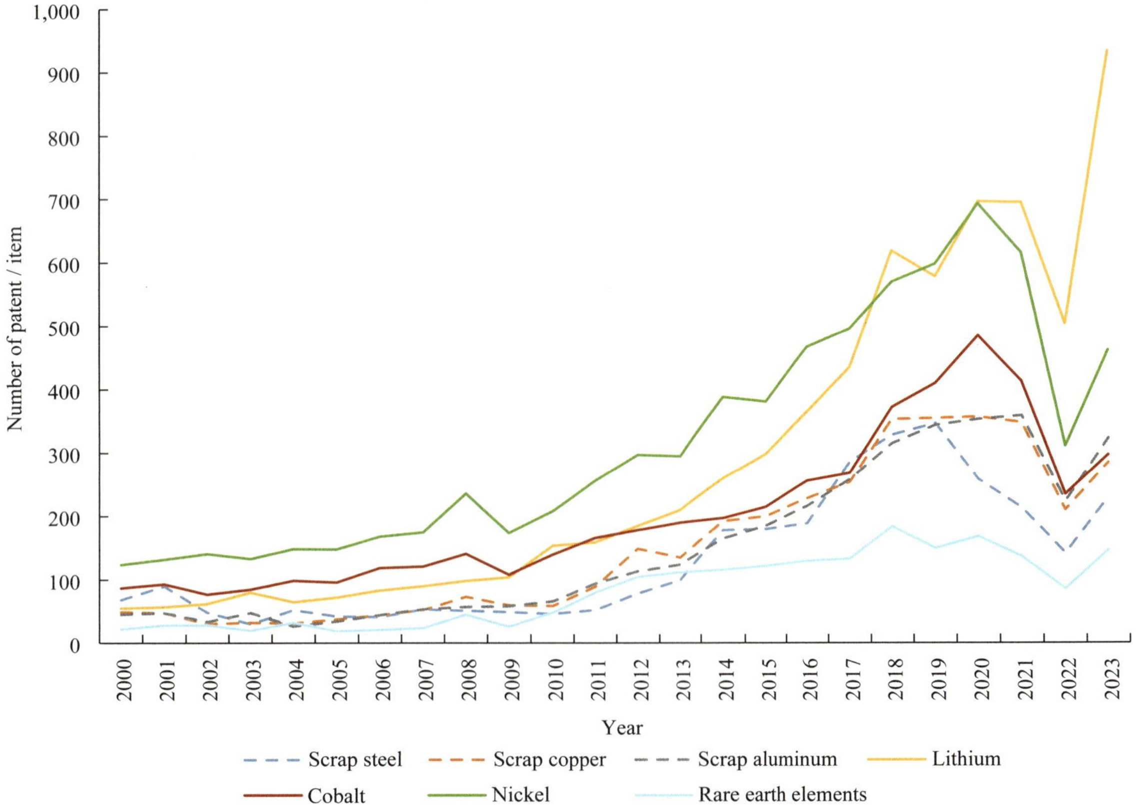

Figure 6–1 Number of technology patents for the recycling and utilization of certain minerals globally in 2000—2023

Source: Derwent World Patents Index Database

solid minerals (iron, copper, aluminum, etc.) and strategic emerging minerals (lithium, cobalt, nickel, rare earth elements, etc.) were primarily dominated by developed countries like the U.S and Japan, with China holding almost no independently developed technology patents. Since 2010, China has gradually increased its investment in the research and development of mineral resource recycling technologies, resulting in a steady annual increase in its global patent share. In recent years, China has particularly come to dominate the global patent landscape for mineral resource recycling technologies. In 2023, China held 183, 720, and 123 patents for the recycling technologies of scrap steel, lithium, and rare earth elements, respectively, accounting for 79.6%, 77.1%, and 83.7% of the global total (Figures 6–2 to 6–4). Although China has a numerical advantage in recycling technology patents, there remains a gap in practical application compared to developed countries, necessitating further strengthening of R&D and application efforts.

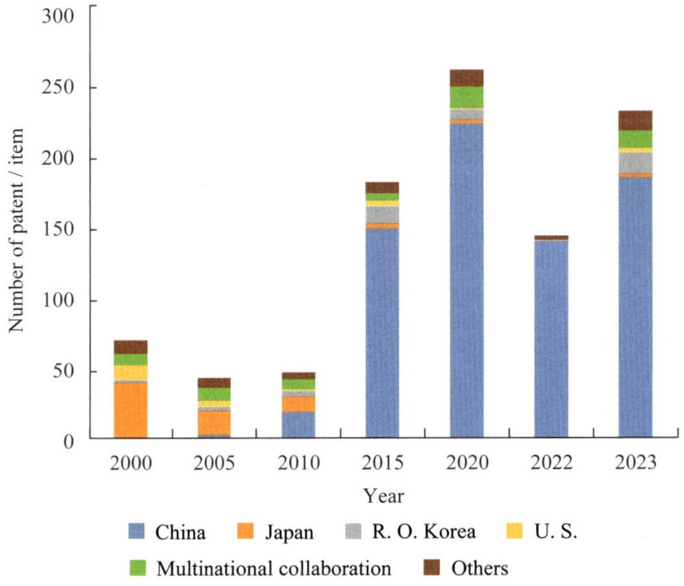

Figure 6–2 Number of scrap steel recycling and utilization technology patents in major countries and regions globally in 2000—2023

Source: Derwent World Patents Index Database

(III) Hot topics and new trends in mineral resource recycling and utilization

First, countries are placing greater emphasis on the research and development of technologies and equipment for recycling tailings and waste rock. In 2023, Australia's Phibion Pty Ltd launched the world's first fully autonomous MudMaster® in 2023. This MudMaster® mining tailings management machinery can operate around the clock in the most challenging environments, capable of halving the volume of tailings on-site while recovering entrapped tailings water and enhancing the geotechnical strength and safety of tailings storage facilities. Additionally, TAKRAF's Australian branch introduced the DELKOR tailings thickener, designed to concentrate solid particles in tailings, thereby reducing their volume and moisture content, so as to improve thickening efficiency and processing capacity. China, in its

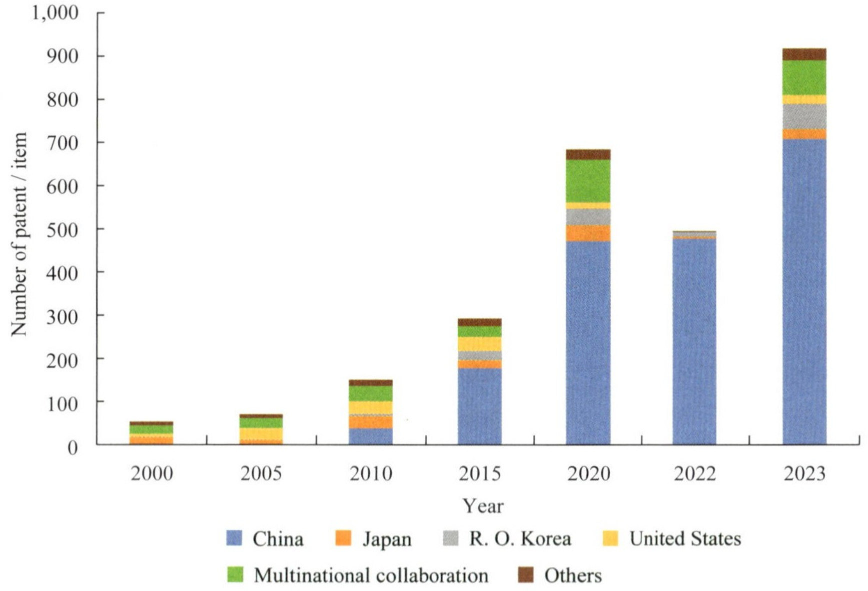

Figure 6–3 Number of lithium recycling and utilization technology patents in major countries and regions globally in 2000—2023

Source: Derwent World Patents Index Database

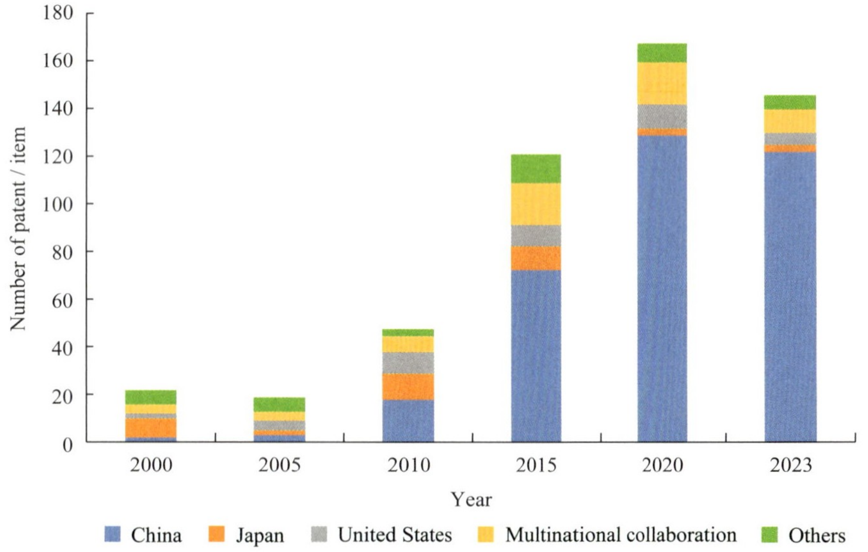

Figure 6–4 Number of rare earth elements recycling and utilization technology patents in major countries and regions globally in 2000—2023

Source: Derwent World Patents Index Database

new round of strategic actions for breakthroughs in mineral exploration, is placing significant emphasis on the resource assessment and technological development of existing tailings dams and mining waste rocks. China's focus is on improving recovery rates and the utilization of waste rock resources. These technologies are expected to effectively increase the supply of mineral resources. For example, at China's

Dexing Copper Mine, over 80 million tons of waste rock are generated annually (with a copper content of approximately 0.1%), containing an estimated 80,000 tons of copper metal, with economic benefits exceeding RMB 5 billion—equivalent to a super-large-scale copper mine.

Second, technologies for recovering metals from wastewater and rare earth elements from electronic waste are garnering more attention. In 2023, Finland's technology suppliers Weeefiner and Sensmet developed a water treatment solution, including an Intelligent Recovery Unit (IRU), which uses 4D Scavenger technology to locate and extract dissolved metals, enabling selective recovery of critical minerals and rare earth metals from mining-impacted waters. Weeefiner and Sensmet are currently collaborating with Rio Tinto to achieve the on-site application of this technology. E-waste is a significant source of rare earth metals, and its recycling can effectively increase the supply of rare earth metals and promote their circular utilization. However, metals from e-waste are not yet fully and efficiently recycled. According to a report by the United Nations, the global formal recycling rate of e-waste decreased from 23.3% in 2010 to 22.3% in 2022. In 2023, China generated 15 million tons of e-waste, with conservative estimates suggesting that more than one-third did not enter the recycling stream. Therefore, the technology for metal recovery from e-waste remains a key focus of research and development worldwide. For example, since 2024, a research team at ETH Zurich has proposed a new recycling process that efficiently recovers the rare earth metal europium from waste fluorescent lamps and other electronic waste, with extraction yields significantly higher than existing methods. Additionally, researchers at the U.S. Department of Energy have proposed a method to extract rare earth elements from old hard drives, achieving rare earth oxide purities exceeding 99.5%.

>>> Chapter VII
Outlook

I. Downward pressure on the global economy and mining industry to grow

The global economy has generally entered a period of slow growth, with manufacturing sector expansion slowing down. While there are overall increases in the supply and consumption of mineral resources, mineral product prices are trending downward, and mining industry profit margins are declining. Additionally, geopolitical conflicts are heightening risks to supply and industrial chains. The development of the mining industry is deeply intertwined with the international financial landscape. Against the backdrop of high inflation, high interest rates, and high debt, global economic recovery requires more momentum. Potential financial risks are accompanied by expectations of U.S. dollar interest rate cuts, leading to price volatility in mineral products. The development of strategic emerging minerals faces the challenge of capacity elimination.

II. Evolution of geopolitical landscapes to continue driving changes in the global mining structure

Amid profound changes unseen in a century, global mining governance is broadly affected by the evolution of the geopolitical landscape. "Small yards with high walls" and "decoupling and chain breaking" continue impacting supply chains and industrial chains of global mineral resources, triggering a wave of anti-globalization, although the overall stickiness of the mining industrial chain remains significant. Geopolitical games continue provoking regional conflicts, profoundly influencing the direction of mining governance and market structure. The Russia-Ukraine conflict and the Israel-Palestine crisis are driving the continuous evolution of regional mining production structures and trade structures. The economic interests of the mining market coexist with political power struggles. The resilience of the economic forces in the mining market is evident. The instrumentalization of global financial public goods

has reduced the credibility of leading currency and trade settlement systems, making it imperative to build multi-channel, alternative global mining trade platforms and transaction tools. Resource nationalism continues impacting the legitimate rights and interests of mineral resource owners, reducing the sustainable development capacity of the mining industry.

III. New quality productive forces to provide the mining industry with new momentum for high-quality development

New quality productive forces are leading the way in the new track of mining development. Revolutionary breakthroughs in mining require the development and application of new theories, technologies, methods, techniques, and equipment for mineral resource exploration and development. Advanced technologies such as satellite remote sensing, big data, and the IOT will continue fostering new industries such as AI-based exploration and smart mines. The innovative allocation of mining production elements requires the organic integration of innovation chains, industrial chains, capital chains, data chains, and talent chains in mineral resources. Data asset pricing will lead the new infrastructure of the global mining industry, promote the enhancement of comprehensive utilization of mineral resources, and optimize the "urban mining" utilization model, bringing new momentum to the development of the mining industry. The deep transformation and upgrading of the mining industry require collaborative scientific and technological innovation across the entire industrial chain, accelerating the green transformation of the mining industry, promoting energy conservation and carbon reduction in the mining sector, achieving effective coordination between mine development and ecological protection, and cultivating new development models for the mining industry.

IV. Extending the industrial chain for common development to build a mining community with a shared future

Guided by the concept of building a community with a shared future for mankind, multiple countries around the world are actively responding to the Global Development Initiative, the Global Security Initiative, and the Global Civilization Initiative. The extension of the industrial chain at the origin of minerals is irreversible, and major manufacturing and infrastructure countries are highlighting their competitive advantages, continuing contributing industrial strength to global mining cooperation. ESG is advancing toward a dual-driven approach of financialization and the rule of law, with carbon reduction penetrating leading mining companies. Countries should strengthen cooperation in key mineral areas, jointly maintain the stability and smooth flow of industrial and supply chains, guide and promote healthy industry development, and contribute to global economic growth.

>>> Postscript

Funded by the Geological Survey Project (DD20230124) of the China Geological Survey, the International Mining Research Center of the China Geological Survey was joined by the Mining Market Research Institute, Mining Policy Research Institute, Mining Science and Technology Research Institute, and Mining Big Data Research Institute to compile the *Global Mining Development Report 2024*. Fully displaying the development trends of the global mining industry in 2023, the report thoroughly analyzes the impact of profound adjustments in the industrial and supply chains under the new situation on the global mining industry, provides precise services for the high-quality development of China's mining industry, and promotes the sustainable development of the global mining industry.

All data in the report were obtained from official sources, including the Ministry of Natural Resources of the People's Republic of China, the National Bureau of Statistics, the General Administration of Customs, the China Geological Survey, the China Nonferrous Metals Industry Association, the United Nations Statistics Division, the International Monetary Fund, the U.S. Energy Information Administration, the U.S. Geological Survey, the Organization of the Petroleum Exporting Countries, Wind Information, S&P Global Market Intelligence, the World Steel Association, the World Bureau of Metal Statistics, BP, Rio Tinto, China Minmetals Corporation, Aluminum Corporation of China, Zijin Mining, the Forbes Global 2000 list, and other government agencies, international organizations, industry associations, and enterprises. Due to space limitations, the list of sources of data is incomplete. We appreciate your understanding. Most of the data is as of December 31, 2023, with some data for situation analysis and demand forecasts extending slightly beyond this date.

During the compilation of the report, the leaders of the China Geological Survey listened to the reports and provided guidance on the work many times, and held several symposiums to solicit opinions from relevant departments of the Ministry of Natural Resources of the People's Republic of China, the National Development and Reform Commission, the Ministry of Finance of the People's Republic of China, the Party School of the Central Committee of the Communist Party of China, the Development Research Center of the State Council, the Chinese Academy of Engineering, Tsinghua University, China University of Geosciences (Beijing), and other scientific research institutions and universities, as well as mining enterprises such as China Minmetals Corporation, Aluminum Corporation of China, Zijin

Mining, with a total of more than 40 experts. These experts include Zhang Hongtao, Wang Lu, Lei Yalin, Liu Yingkui, Li Hongwei, Zeng Xianlai, Jin Zhifeng, Wang Gaoshang, Lin Zhongyue, etc., to whom we express our gratitude here.

Due to the tight timeline for finalizing the manuscript and the limited expertise of the editors, there are still shortcomings in the book. The views and conclusions presented are for reference only and do not constitute any investment or decision-making advice.

Editorial Committee of the Book
August 2024